黃清泉 注譯
陳滿銘 校閱

新譯列女傳

三民書局

國家圖書館出版品預行編目資料

新譯列女傳／黃清泉注譯;陳滿銘校閱.——二版三刷.——臺北市：三民，2022
面；　公分.——(古籍今注新譯叢書)

ISBN 978-957-14-2169-8 （平裝）
1. 列女傳－註釋

782.222

古籍今注新譯叢書
新譯列女傳

注 譯 者　黃清泉
校 閱 者　陳滿銘

發 行 人　劉振強
出 版 者　三民書局股份有限公司
地　　址　臺北市復興北路 386 號 (復北門市)
　　　　　臺北市重慶南路一段 61 號 (重南門市)
電　　話　(02)25006600
網　　址　三民網路書店 https://www.sanmin.com.tw

出版日期　初版一刷 1996 年 1 月
　　　　　二版一刷 2008 年 9 月
　　　　　二版三刷 2022 年 4 月
書籍編號　S030860
I S B N　978-957-14-2169-8

三民書局

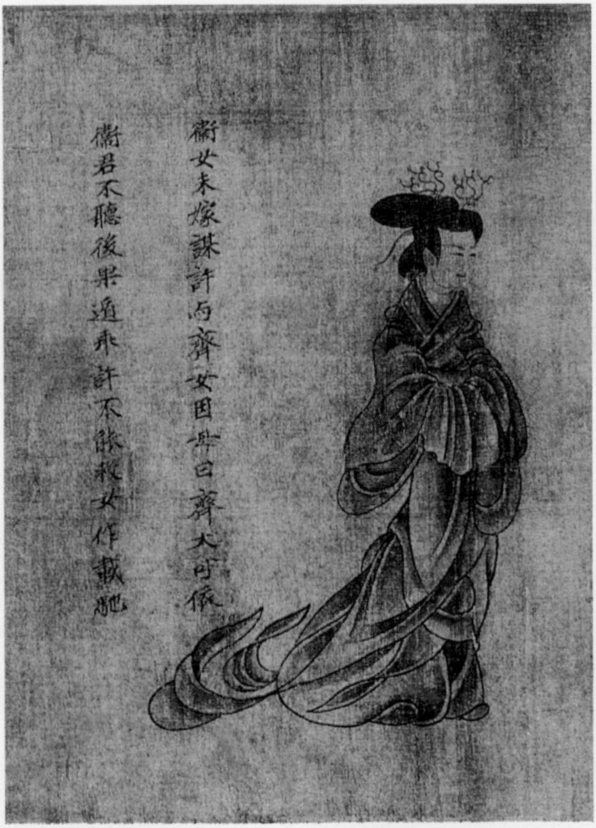

圖一　許穆夫人，顧愷之繪。

東晉著名畫家顧愷之曾以繪畫方式表現劉向《列女傳》中的人物和故事，原蹟已不存，北京故宮博物院現收藏有宋人之摹本，圖為該摹本之局部。

圖二　曹僖氏妻。來源同上。

新編古列女傳目錄

漢護左都水使者光祿大夫劉　向　編撰

晉大司馬參軍顧　凱之　圖畫

○第一卷

母儀傳右列女傳頌義大序一篇小序七章 頌一百單五章云劉歆撰大序見前

惟若母儀賢聖有智行爲儀表言則中義

胎養子孫以漸教化旣成以德致其功業

姑母察此不可不法

右係頌義小序頌見逐傳篇末

圖三　清道光年間阮氏仿宋刻上圖下文本《新編古列女傳》書影之一。

新刊古列女傳卷之一

母儀傳

有虞二妃

有虞二妃者帝堯之二女也長娥皇次女英舜父頑母嚚父號瞽叟弟曰象敖游於嫚舜能諧柔之承事瞽叟以孝母憎舜而愛象舜猶内治靡有姦意四嶽薦之於堯堯乃妻以二女以觀厥内二女承事舜於畎畒之中不以天子之女故而驕盈怠嫚猶謙謙恭儉思盡婦道瞽叟與象謀殺舜使塗廩舜歸告二女曰父母使我塗廩我其往二女曰往哉舜既治廩乃捐階瞽叟焚廩舜往飛出象復與父母謀使舜浚井舜乃告二女二女曰俞往哉舜往浚井格其出入從掩舜潛出時既不能殺舜瞽叟又速舜飲酒醉將殺之舜告二女二女乃

圖四　清道光年間阮氏仿宋刻上圖下文本《新編古列女傳》書影之二。

刊印古籍今注新譯叢書緣起

劉振強

人類歷史發展，每至偏執一端，往而不返的關頭，總有一股新興的反本運動繼起，要求回顧過往的源頭，從中汲取新生的創造力量。孔子所謂的述而不作，溫故知新，以及西方文藝復興所強調的再生精神，都體現了創造源頭這股日新不竭的力量。古典之所以重要，古籍之所以不可不讀，正在這層尋本與啟示的意義上。處於現代世界而倡言讀古書，並不是迷信傳統，更不是故步自封；而是當我們愈懂得聆聽來自根源的聲音，我們就愈懂得如何向歷史追問，也就愈能夠清醒正對當世的苦厄。要擴大心量，冥契古今心靈，會通宇宙精神，不能不由學會讀古書這一層根本的工夫做起。

基於這樣的想法，本局自草創以來，即懷著注譯傳統重要典籍的理想，由第一部的四書做起，希望藉由文字障礙的掃除，幫助有心的讀者，打開禁錮於古老話語中的豐沛寶藏。我們工作的原則是「兼取諸家，直注明解」。一方面熔鑄眾說，擇善而從；一方面也力求明白可喻，達到學術普及化的要求。叢書自陸續出刊以來，頗受各界的喜愛，使我們得到很大的鼓勵，也有信心繼續推廣這項工作。隨著海峽兩岸的交流，我們注譯的成員，也由臺灣各大學的教授，擴及大陸各有專長的學者。陣容的充實，使我們有更多的資源，整理更多樣化的古籍。兼採經、史、子、集四部的要典，重拾對通才器識的重視，將是我們進一步工作的目標。

古籍的注譯，固然是一件繁難的工作，但其實也只是整個工作的開端而已，最後的完成與意義的賦予，全賴讀者的閱讀與自得自證。我們期望這項工作能有助於為世界文化的未來匯流，注入一股源頭活水；也希望各界博雅君子不吝指正，讓我們的步伐能夠更堅穩地走下去。

新譯列女傳 目次

卷二 賢明傳

卷三 仁智傳

卷四 貞順傳

卷五 節義傳

卷六　辯通傳

卷七　孽嬖傳

卷八 續列女傳

導讀

一

我國最早為婦女立傳的《列女傳》，是由西漢時期的劉向所編纂的。

劉向，約生於西漢昭帝元鳳四年（西元前七七年），卒於西漢哀帝建平元年（西元前六年），原名更生，字子政，西漢沛（今江蘇沛縣）人。

劉向，十二歲便任為輦郎，宣帝時，因為「通達能屬文辭」，以「名儒俊才」選拔到皇帝左右，給以「待詔金馬門」的名義，以備顧問。宣帝甘露三年（西元前五一年），朝廷召開討論五經異同的學術會議，今文經內部的「春秋公羊派」與「春秋穀梁派」各派代表參加，劉向則為穀梁派代表。討論的結果，穀梁派佔了優勢，使原不受重視的穀梁派，從此也立了博士，劉向更被任為散騎諫大夫。這就是西漢有名的石渠閣會議。漢元帝時，他任散騎宗正，漢成帝時改名向，任光祿大夫，終中壘校尉。後世因稱為劉中壘。

劉向數奏封事，批評時政得失，並與太子太傅蕭望之、光祿勳周堪一起參與反宦官外戚的鬥爭，因而屢遭讒謗，曾兩次下獄，幾乎死於獄中。《漢書》有傳，附〈楚元王傳〉後。

漢代，是中國文化學術史上又一個輝煌燦爛的時期，擁有經學家董仲舒，史學家司馬遷，文學家司馬相如、揚雄，音樂家李延年等。劉向就站在這些學術文化代表人物的行列中，成為西漢後期著名的經學家、史學家、文學家和校讎目錄學家。

劉向最大的歷史功績，就在於他長期從事經學研究和皇家圖書的整理編輯，對中國學術文化事業的長足發展，作出了卓越的貢獻。

漢代統一後，「大收篇籍，廣開獻書之路」。漢武帝時，有鑑於「書缺簡脫，禮壞樂崩」，便「建藏書之策」，又「置寫書之官」（《漢書・藝文志》）。成帝時，再一次大規模地徵求圖書。此外，西漢還建立了典藏制度，使皇家圖書分別藏於石渠閣、天祿閣、麒麟閣、蘭臺、石室、延閣、廣內等處，稱「祕書」或「中書」、「內書」；另太常、太史、博士等處也有藏書，稱為「外書」。這一來，「百年之間，書積如丘山」（《太平御覽・卷二三三・職官部・三十一》），但是，這些徵求來的遺書，由於年代久遠，散佚錯訛，零亂殘缺。因此，對皇家圖書進行整理編輯就顯得非常必要了，而劉向正好順應了這一歷史要求，在漢成帝河平三年（西元前二六年），奉命整理中祕藏書，也就是庋藏於石渠閣等處的皇家藏書，參與了中國歷史上最早的，也是規模最大的圖書整理和編輯活動。

劉向對皇家圖書的整理，創造了他自稱為「校讎」的方法，這種「校讎」的方法，有一定的程序：

首先，由於當時圖書來源不同，多有異本，如「及《春秋》左氏丘明所修，皆古文舊書，多者二十餘通，臧於祕府，伏而未發」（《漢書・楚元王傳》附〈劉歆傳〉）。所以校讎的第一步就是廣羅抄本，比勘異同。如劉向《別錄》之〈鄧析敘錄〉就說到：「中《鄧析書》四篇，臣敘書一篇，凡中、外書五篇，以相校。」一書往往有多種抄本，文字內容有較大出入，不加比勘，則易謬誤相傳。

其次，當時圖書，篇章或脫簡，或重複，或錯雜無篇次。所以校讎的第二步就是要校正脫簡，訂正舛訛，刪除重複，訂定篇章。如〈孫卿敘錄〉說：「臣向言：所校讎中《孫卿書》凡三百二十二篇，以相校，除重複二百九十篇，定著三十三篇，皆已定。」又據《漢書・藝文志》記載，關於古文《尚書》，「劉向以中古文校歐陽、大小夏侯三家經文，〈酒誥〉脫簡一，〈召誥〉脫簡二。率簡二十五字者，脫亦二十五字，簡二十二字者，脫亦二十二字，文字異者七百有餘，脫字數十」。

再次，當時圖書書名雜出，莫衷一是。所以校讎的第三步，即統一書名，繕寫清本。首先是統一書名，如〈戰國策敘錄〉稱：「中書本號，或曰『國策』，或曰『國事』，或曰『短長』，或曰『事語』，或曰『長書』，或曰『修書』。臣向以為戰國時游士輔所用之國，為之策謀，宜為『戰國策』。」再是繕寫清本，將初步校定本寫在殺青後的竹簡上，稱「殺青書」，備作修改之用；而修改後的定本則寫在素帛上，呈給皇帝閱覽。至此也就完成了全部校讎的工作。

劉向整理圖書有一重大成就，就是將校讎、校定的圖書，依據其內容與流別，進行分類，編成系統的目錄。《漢書・藝文志》說：「每一書已，向輒條其篇目，撮其指意，錄而奏之。」這「條其篇目」就是所謂的「目」，指書的分篇分卷的名稱；「撮其指意」就是所謂的「錄」，也稱「敘錄」或「書錄」，記的是有關書的內容、書的評價、作者以及校讎的過程等。這些敘錄，言簡意賅，富有學術性，如〈戰國策敘錄〉有謂「蘇秦為從，張儀為橫，橫則秦帝，從則楚王。所在國重，所去國輕。」後來劉向的兒子劉歆將這些敘錄匯抄成書，即為《別錄》，這是我國古代一部綜合性的書目提要，系統地總結了先秦至西漢有關學術發展的情況。但它在唐、宋時已佚亡，現在見到的只有《戰國策》、《管子》、《列子》、《鄧析子》、《孫卿》、《韓非子》等所輯佚文。

劉向去世後，其子劉歆繼承他的事業，繼續整理編輯皇家圖書，並在劉向《別錄》的基礎上完成了《七略》。它的第一篇〈輯略〉，為全書的敘錄，其他如〈六藝略〉、〈諸子略〉、〈詩賦略〉、〈兵書略〉、〈數術略〉、〈方技略〉等將圖書進行分類、分種，計錄圖書「三十八種，六百三家，一萬三千二百十九卷」（阮孝緒《七略・序》附〈古今書最〉）。這是經過選擇、比勘、分類、編目、寫成定本等過程所完成的巨著，奠定了圖書目錄學的基礎，它的主要內容仍保存在《漢書・藝文志》中，對中國的文化事業發生深遠的影響。

劉向的著述，有《洪範五行傳論》、《五經通義》、《世說》、《說老子》，作有辭賦三十三篇，大部分已散佚。另有《列仙傳》，不見《漢書・藝文志》及《漢書》本傳，可能是後人所偽託。現在流傳下來的有《新序》、《列女傳》、《說苑》三書，是比較有價值的。明人另輯有《劉中壘集》。

二

正統的儒家思想，是劉向社會政治思想的基礎。他的一生，都致力於維護西漢王朝的統治。

劉向為西漢皇族宗室，是漢高祖同父異母少弟楚元王劉交的四世孫。他的祖父劉辟彊，好讀詩，會寫文章，常以書自娛，不肯出仕。後拜為光祿大夫，守長樂衛尉，死前數月徙為宗正。他的父親劉德，學習黃老之術，有智略，性寬厚。漢武帝曾在甘泉宮召見他，稱之為「千里駒」。劉德也任過宗正，賜爵關內侯，封為陽城侯。這樣一個典型的皇族家庭，一方面具有濃厚的學術文化氛圍，另一方面由於幾代都擔任過主管皇族內部事務的宗正，與宮廷內外、皇親國戚、郡國諸侯都有密切的聯繫，這對劉向的思想和學術素養，自然有潛移默化的作用。

但是，尤為重要的還是社會環境、時代思潮對他的深遠影響。

劉向生活在昭、宣、元、成四朝，是為西漢王朝由盛到衰的時期。宦官弄權、后妃逾禮、外戚專政，乃西漢後期嚴重的社會危機之一。漢元帝即位，沈湎聲色，一任宦官弘恭、石顯胡作亂為，貴戚近臣，奢侈揮霍。漢成帝寵幸趙飛燕姊娣，貴傾後宮，凡御幸有子，即被趙氏妒殺，以致無子嗣位。他為自己建陵墓，「重增賦斂，徵發如雨」，使得「公家無一年之畜，百姓無旬日之儲」（《漢書・谷永傳》），他的舅家王氏集團，兄弟五人，同日封侯。王鳳、王商、王音、王根等相繼任大司馬大將軍，輪流執政，烜赫一時。王氏「爭為奢侈，賂遺珍寶，四面而至；後庭姬妾，各數十人，僮奴以千百數，羅鐘磬，舞鄭女，作倡優，狗馬馳逐」（《漢書・元后傳》）。另一方面，由於賦稅徭役的加重，土地兼併的加劇，廣大農民過著極其悲慘的生活，如元帝時，「民眾久困，連年流離，離其城郭，相枕席於道路」（《漢書・賈捐之傳》）。在這矛盾日益尖銳、危機日趨嚴重的情勢下，劉向必然站在儒家正統立場，為挽救西漢王朝的衰頹而努力，且不遺餘力。

劉向的儒家正統思想，有它自己的時代特點。將儒學改造為一統天下的官學，以適應大一統的政治需要，這是西漢王朝文化思想政策的鮮明特點。漢武帝時，「罷黜百家，獨尊儒術」，於是倡導「大一統」、尊王攘夷、正名定分的春秋公羊學派，被推到「獨尊」的地位。該派大師董仲舒，在新形勢下對儒學作了一番新的改造。他鼓吹「天人感應」的目的論，認為「天」是人格化了的上帝，是至高無上的主宰。君主受命於「天」，體現了「天」的統治意志與權力，也就是「君權神授」。他宣揚「天不變，道亦不變」的形而上學，並根據「陽尊陰卑」的理論，建立起「三綱」（即君為臣綱、父為子綱、夫為妻綱）、「五常」（仁、義、禮、智、信）的社會規範與道德準則。他還從「陽為德，陰為刑」出發，主張任德而不任刑。總之，董仲舒在中國歷史上最早對封建社會的合理性、永恆性，作了新的論證。這種被改造過的儒學，就是被稱為新儒學的今文經學，它對鞏固西漢新建立的封建秩序、加強中央集權起了重要作用。劉向的思想體系，就屬於這種新儒學，並直接受西漢一代儒宗董仲舒的影響。不過他對陰陽家、法家、墨家的學說也兼容並包，使思想呈現出駁雜的形態。

劉向編撰的《列女傳》，從遠古到西漢，載有列女一百一十人，有后妃、夫人和民女，歷史跨度長，人物眾多。

據《漢書・楚元王傳》附〈劉向傳〉稱：

> 向睹俗彌奢淫，而趙、衛之屬，起微賤，逾禮制。向以為王教由內及外，自近者始，故採取《詩》、《書》所載賢妃貞婦、興國顯家可法則，及孽嬖亂亡者，序次為《列女傳》，凡八篇，以戒天子。

其中所謂趙、衛之屬，即指漢元帝時的趙飛燕姊娣、衛婕妤等。這說明《列女傳》的編撰，就在於反對后妃逾禮、外戚專政，來達到挽救社會危機、維護西漢王朝統治的目的。清人譚獻稱劉向「以著述當諫書」（《復堂日記・卷六》），《列女傳》就是一部「以戒天子」的典型「諫書」。它比較具體地反映劉向以儒家正統思想為主導的社會政治思想。

宣揚儒家的「德治」思想，表現劉向的政治觀，是《列女傳》的主要內容。首先，「德治」要求君主在處理君民關係方面「尚德緩刑」，以禮樂教化為主。〈齊傷槐女〉寫齊景公愛槐，下令說：「犯槐者，刑！傷槐者，死！」有個叫衍的人，犯令當死，他女兒找齊相晏子辯冤，講宋景公時，鬧旱災，三年沒有下雨。景公讓卜者占卜，卜辭上說：「應當用人祭天。」景公說：「我求雨，是為了我的子民百姓。如果非要用人祭天不可，那就用我來祭天好了。」話未說完，天就下了大雨。這個愛民的故事，是「德治」的形象化、具體化，有力地批判了齊景公愛槐而賤民、重物而輕人的思想行為。劉向認為，「萬物得其本者生，百事得其道者成。道之所在，天下歸之；德之所在，天下貴之；仁之所在，天下愛之；義之所在，天下畏之」（《說苑・談叢》）。《列女傳》通過〈母儀〉、〈賢明〉、〈仁智〉、〈節義〉等傳，樹立起「德治」的範型。

「德」與「刑」，是治國的「二機」，劉向也重視刑法的作用，「自古明聖，未有無誅而治者也」（《漢書・楚元王傳》附〈劉向傳〉）。不過刑法只是輔助「德治」的手段，反對不教而誅，刑殺不正。〈齊太倉女〉寫太倉令淳于公有罪當受肉刑，其女緹縈上書救父，說受肉刑「死者不可復生，刑者不可復屬，雖欲改過自新，其道無由也」。終於感動孝文皇帝，廢除了肉刑。

其次，「德治」在處理君臣關係方面，要求君主尊賢下士、賞罰分明。漢元帝時，劉向曾上書揭露「今賢不肖渾殽，白黑不分，邪正雜糅，忠讒並進」的現象；又上書抨擊外戚王氏集團「行汙而寄治，身私而託公，依東宮之尊，假甥舅之親，以為威重，尚書九卿州牧郡守皆出其門」（《漢書・楚元王傳》附〈劉向傳〉）。從這樣的社會現實出發，劉向清醒地看到

「朝無賢人，猶鴻鵠之無羽翼也」（《列女傳・衛靈夫人》），「國多賢臣，國之福也」（《列女傳・衛靈夫人》）。他借司城子罕之口說：「國家之危定，百姓之治亂，在君行之賞罰也。賞當則賢人勸，罰得則姦人止。」（《說苑・君道》）他非常讚賞歷史上的賢臣，載入《列女傳》的就有伊尹、呂尚、管仲、孫叔敖、晏子等。〈楚江乙母〉提到「上不明，則下不治；相不賢，則國不寧」。〈齊孤逐女〉更強調國相的重大作用：「柱，相國是也。夫柱不正，則棟不安，棟不安，則榱橑墮，則屋幾覆矣。王，則棟矣；庶民，榱橑也；國家，屋也。夫屋堅與不堅在乎柱，國家安與不安在乎相。」這就將賢相與君主、庶民、國家的利害關係都說到了。

劉向主張「賢賢賤不肖」，因為「讒邪進則眾賢退，群枉盛則正士消」、「正臣進者，治之表也；正臣陷者，亂之機也」（《漢書・楚元王傳》附〈劉向傳〉）。《列女傳》中的〈楚莊樊姬〉寫樊姬指責虞丘子「所薦非子弟則族昆弟，未聞進賢退不肖，是蔽君而塞賢路」，認為「知賢不進，是不忠；不知其賢，是不智也」，使楚莊王退虞丘子而用孫叔敖，三年後楚稱霸於世。〈齊威虞姬〉寫佞臣周破胡「專權擅勢，嫉賢妒能」。當他得知虞姬推薦賢人北郭先生時，就對虞姬造謠汙蔑，使虞姬身陷囹圄。後來威王覺悟，烹殺周破胡，齊國便大治。

劉向篤信天人感應，王權神授，說是「和氣致祥，乖氣致異；祥多者其國安，異眾者其國危，天地之常經，古今之通義也」（《漢書・楚元王傳》附〈劉向傳〉）。但他認為吉凶禍福又以仁德為轉移。〈孫叔敖母〉記載：有見兩頭蛇者必死。而孫叔敖小時出遊見兩頭蛇，怕人復見，便殺了並埋了牠。他回家告知母親，母親說：「夫有陰德者，陽報之。德勝不祥，仁除百禍，天之處高而聽卑。」孫叔敖果然不死，長大後還做了楚國令尹。

宣揚儒家的「三綱」、「五常」，表現劉向的倫理道德觀，是《列女傳》的又一重要內容。

封建社會的宗法制度，是以注重人倫關係、血緣關係為表徵。「三綱」、「五常」的作用，在於維護宗法制度，制約人倫關係，做到父子有親、君臣有義、夫婦有別、長幼有序、朋友有信，實現齊家、治國、平天下的理想，這就是儒家「禮治」的內容。儒家思想的最大特點是政治、倫理的一體化。因此，在婦女問題上，劉向注重「德治」的同時，也注重禮教、禮治。他通過《列女傳》中的人物，強調「男女之別，國之大節也」（〈魯莊哀姜〉），「夫婦之道，固人倫之始，王教之端」（〈楚平伯嬴〉）。這男女有別、夫婦有義就是禮，無「別」、無「義」就不合禮。〈魏曲沃負〉寫魏哀王派使者為太子娶妃子，因太子妃長得漂亮，哀王就想收為自己的妃子，這就是禮別不明、人倫錯亂了。魏曲沃負就叩開宮門，上書進諫哀王：「夫男女之盛，合之以禮則父子生焉，君臣成焉，故為萬物始。君臣、父子、夫婦三者，天下之大綱紀也。三者治則治，亂則亂。今大王亂人道之始，棄綱紀之務。敵國五六，南有從楚，西有橫秦，而魏國居其間，可謂僅存矣。王不憂此，而從亂無別，父子同女，妾恐大王之國政危矣。」這段話說到儒家的婚禮的內容，《禮記．昏義》說：「禮之大體，而所以成男女之別，而立夫婦之義也。男女有別，而後夫婦有義；夫婦有義，而後父子有親；父子有親，而後君臣有正，故曰昏禮者，禮之本也。」儒家甚至將男女有別與治國的大政方針相提並論：「親親，尊尊，長長，男女之有別，人道之大者也。」（《禮記．喪服小記》）顯然，劉向是把婚禮看作是「禮之本」，把婚姻問題看作是宗法制度的基礎、人倫秩序的關鍵、禮樂教化的開端。

劉向反對不符合禮儀的婚姻行為。古代婚禮有所謂「六禮」，即納采（送禮求婚）、問名（詢問女方名字和出生年月）、納吉（送禮訂婚約）、納徵（送聘禮）、請期（議定婚期）、親迎（男方親自迎娶），故「六禮」不備，貞女不行。〈召南申女〉中的申女出嫁，男方禮不備足，就想把她娶過去。申女認為「夫婦者，人倫之始也，不可不正」，表示一物不具、一禮不備，守節持義，必死不往。劉向稱讚她「得婦道之儀」。

由於劉向主張「禮治」，必然提倡婦女的「三從」、「四德」。「三從」出於《儀禮・喪服・子夏傳》，「四德」見於《周禮・天官・九嬪》，它是對「三綱」特別是「夫為妻綱」的具體化，是對婦女進行「禮治」的最現實、最直接的手段。〈鄒孟軻母〉中的孟母指出：「婦人無擅制之義，而有三從之道也。」〈魯之母師〉中的母師也說明：「婦人有三從之義，而無專制之行。」劉向在本篇中明確提出「夫禮，婦人未嫁，則以父母為天；既嫁，則以夫為天，其喪父母，則降服一等，無二天之義也」。這「無二天之義」的命題，正是《大戴禮記・本命》所提出的「禮治」的道德準則：「天無二日，士無二王，國無二君，家無二尊，以一治之也。」

「三從」、「四德」，實際上是一種被強制、被桎梏的道德行為。它強制婦女絕對貞順，所謂「以專一為貞，以善從為順」（〈宋鮑女宗〉），《列女傳》中的〈貞順傳〉、〈節義傳〉，就有一些這樣的貞女順婦。它還強制婦女主「內治」、盡婦職，即「精五飯、冪酒漿、養舅姑、縫衣裳」等等。

劉向在提倡「三從」、「四德」的同時，也寫了一些落後、保守、消極的東西。如〈梁寡高行〉中的寡婦，為了拒絕梁王的行聘，竟「援鏡持刀，以割其鼻」，採取了殘酷的刑身毀容的方式。〈京師節女〉中的節女，用犧牲自己的生命，去換取丈夫、父親生命的安全，無非是為了盡孝行義。這種愚孝愚義，是弱者、愚昧者的悲劇，完全喪失了婦女的自身價值和人格力量，是不足為訓的。至於寫「能為君子和好眾妾」的有娎（〈湯妃有娎〉）、贊成「夫有外妻」的鮑女（〈宋鮑女宗〉）、選薦美人與己同列的樊姬（〈楚莊樊姬〉），那是肯定封建社會極不合理的一夫多妻制了。這都說明了劉向的思想局限。

宣揚儒家的重「義」輕「利」，表現劉向的「義利」觀，是《列女傳》的另一內容。

儒家重視「義利」之辨，認為君子和小人的區別，就在「義」、「利」兩字。孔子謂「君子喻於義，小人喻於利」（《論語・里仁》）；董仲舒說：「夫仁人者，正其誼不謀其利，明其道不計其功。」（《漢書・董仲舒傳》）而劉向同樣認為，「君子行德以全其身，小人行貪以亡其身」（《說苑・談叢》）、「凡人之性，莫不欲善其德，然而不能為善德者，利敗之也」（《說苑・貴德》）。《列女傳》寫了一些講究「義利」之辨的婦女，楚白貞姬是個寡婦，吳王聽說她美貌又有品德，便派大夫帶著一百鎰黃金、一雙白璧去行聘。貞姬不貪夫人之高位，不圖金璧之重利，辭聘不行，說是「棄義從欲者，汙也；見利忘死者，貪也」（〈楚白貞姬〉），這是將棄義求利看作是一種「貪汙」行為，在春秋時代就有這樣精闢的見解，很不簡單。魏節乳母，在秦破魏的危急關頭，冒死帶魏公子出逃。秦下令交出魏公子者，賜金千鎰，藏匿者罪至滅族。有一魏國老臣勸乳母交出公子以獲利，乳母斥責他「見利而反上者，逆也；畏死而棄義者，亂也」（〈魏節乳母〉），這就把如何處理「義」與「利」提到國家治亂的高度了。其實，這正代表劉向的思想：「故天子好利則諸侯貪；諸侯貪則大夫鄙；大夫鄙則庶人盜，上之變下，猶風之靡草也。」（《說苑・貴德》）

三

《列女傳》是由一個個歷史故事組成的，其中有許多故事，往往包含有合理因素與積極意義，既反映出劉向有民主色彩的婦女觀，也表現出《列女傳》的思想價值。

第一，重視婦女的社會地位與力量。封建社會的宗法制度，確立「君君、臣臣、父父、子子」的關係，是以男性為中心的，而「婦無公事」、「牝雞司晨」、「無攸遂，在中饋」、「無非無儀，唯酒食是儀」，卻將婦女完全摒除於社會生活之外，成為男性的附庸、家庭的奴僕，不能過問國家大事。《禮記》就提出「內治」和「外治」的問題，說是古代天子立六宮，「以聽天下之內治」，天子立六官，「以聽天下之外治」，「故曰天子聽男教，后聽女順，天子理陽道，后治陰德，天子聽外治，后聽內職，教順成俗，外內和順，國家理治，此之謂盛德」（〈昏義〉第四四）。劉向雖然擺脫不了這種「男尊女卑」的觀念，但他畢竟比較客觀地看到了婦女的地位和力量。〈魏曲沃負〉就談到「內治」的作用：「自古聖王，必正妃匹，妃匹正則興，不正則亂。夏之興也以塗山，亡也以末喜；殷之興也以有㜪，亡也以妲己；周之興也以太姒，亡也以褒姒。」這是說后妃品德的好壞，可以影響到歷史的盛衰、社會的治亂、國家的興亡，當然這也代表了劉向政由內出的看法。《列女傳》就寫了一些具有參政意識、關心國家大事的婦女。最為典型的是那個憂國憂民的魯漆室女。由於國君年老，太子年幼，她很擔心魯國岌岌可危的命運，常常「倚柱而嘯」，顯得很悲傷。有人勸她這不是婦女該管的事，她堅定地表示婦女該管國事，因為國家有了禍患，君臣父子都會受到汙辱，還會禍及百姓，我們婦女也無法避免禍患。劉向很讚賞這種把國家命運與個人命運結合起來的深謀遠慮。其他如用「五患」、「三難」說服楚頃襄王不遠遊，終使楚國復強的楚處莊姪（〈楚處莊姪〉）；用「四殆」告誡齊宣王的鍾離春（〈齊鍾離春〉）；與佞臣相周旋的齊威虞姬（〈齊威虞姬〉）等等。這些婦女的言行表明，國家興亡，匹婦有責，很有教育意義。

第二，弘揚婦女的教育思想和教育作用。劉向曾上書漢成帝，認為「宜興辟雍，設庠序，陳禮樂，隆雅頌之聲，盛揖讓之容，以風化天下」（《漢書・禮樂志》）。這種禮樂教化的教育思想，在婦女身上也閃耀著光彩。

《禮記》上說：「其夫屬乎父道者，妻皆母道也；其夫屬乎子道者，妻皆婦道也。」（〈大傳〉第十六）這從倫理關係說明婦女的兩重身分，又從教育的角度說明婦女的兩重職能，也就是婦道在於「匡夫」，母道在於「教子」。

「匡夫」，是匡正夫君的過失。晉公子重耳被迫流亡到齊國，齊桓公待他很好，將同宗的女兒嫁給他，將八十匹馬送給他。重耳心滿意足，忘了國仇家恨，準備永遠住在齊國，說是「人生只圖個安樂，別的事不用去管他」。晉文齊姜便規勸他，並設計讓他返回晉國，被立為君主，即是晉文公，後來他稱霸天下，成為諸侯的盟主（〈晉文齊姜〉）。這是以國家大局匡夫。齊相晏子有一個馬車夫，當晏子出門時，他就「擁大蓋，策駟馬」，洋洋得意，自以為很了不起。他的妻子就提醒他「躬仁義，事明主」，「寧榮於義而賤，不虛驕以貴」，使他改過從善（〈齊相御妻〉），這是以戒除虛驕匡夫。上述「匡夫」的方式，是「正位」、「正家」的表現，如《周易》所說：「女正位乎內，男正位乎外；男女正，天地之大義也。」又說：「父父，子子，兄兄，弟弟，夫夫，婦婦，而家道正，正家而天下定矣。」（〈家人卦·彖辭〉）

「教子」，這個家庭教育的重要課題，是社會教育、學校教育的基礎。《列女傳》寫了身教、辭教、詩教、胎教、政教、德教、禮教、遷教，多層次、多側面地展現了「教子」的內容與方法。

孟母的「遷教」，是有口皆碑的。開始，孟母住在一個靠近墳墓的地方，年小的孟子就在墳墓地中戲耍，學些墓葬的事。孟母認為不適合孩子教育成長，就搬到一個市場附近安家，孟子就學商賈炫耀叫賣的事。孟母覺得不妥當，便又搬到一所學校附近，孟子就學習禮儀，擺弄祭器，孟母這才安心住了下來，終於將孟子教育成為天下的名儒（〈鄒孟軻母〉）。這三遷三教，是注重社會環境的影響，注重耳濡目染、潛移默化的教育方法，在二千四百多年前的春秋時期，實在是一大發明。一個家庭婦女能如此重視家庭教育，非常難得。

「德教」，是實現「德治」的教育手段。太姒是武王之母，禹後有莘姒氏之女，仁而明道，號稱「文母」。她教育所生的十個兒子，自少及長，未嘗見有什麼邪僻行為，最終成就武王、周公的德行（〈周室三母〉）。田稷子做了齊國的相，有次他部下的官吏向他行賄，送給他一百鎰黃金，他收下又轉送給母親。當母親得知是賄金後，就教育兒子必須廉潔正直，拒絕賄賂，說是「修身潔行，不為苟得；竭情盡實，不行詐偽，非義之事，不計於心；非理之利，不入於家」。她指出「為人臣不忠，是為人子不孝也。不義之財，非吾有也；不孝之子，非吾子也」。這些話融進了母德和母愛，義正辭嚴，錚錚作響。田稷子很慚愧，立即退回賄金（〈齊田稷母〉）。這是廉政的教育，難能可貴。

魯季敬姜的「政教」、「禮教」，也有豐富的內容。她發現兒子文伯的朋友，對待文伯像事奉父兄那樣，就立刻警覺起來。她以周武王、周公、齊桓公為例，教育兒子屈居人下，選擇嚴師良友做學習的榜樣。文伯做了魯國的相，她就教育他治國如同治理絲縷，它的綱要全在於「經」，並運用「幅」、「晝」、「物」、「捆」、「綜」、「均」、「軸」、「摘」等一連串的比喻，說明官吏的職能和作用。這種結合婦女紡絲緝麻的經驗的比喻，顯得非常樸實，說服力很強。她還教育文伯，從政不能怠惰，這是因為民眾勞苦，就思量節儉，思量節儉就會產生仁義的善心；民眾安逸，就思量享樂，有了享樂就會忘了仁義，產生醜惡之心。從而使文伯不忘先王之訓、先人之業。有次，文伯用小鼈去待客，客人對這種小家子氣很生氣。敬姜告誡他要謹小慎微、禮尊賓客的道理（〈魯季敬姜〉）。

儒家很重視「詩教」，把《詩經》看作是「經夫婦，成孝敬，厚人倫，美教化，移風俗」（《毛詩・序》）的教化工具。〈齊女傅母〉中的傅母，發現衛莊公夫人齊女婦道「不正」，就以詩歌的形式教育齊女，使她改變淫泆之心、邪僻之行。這首詩就是《詩經》之〈衛風・碩人〉。

劉向也充分肯定了周室三母中太任的「胎教」。太任有娠，「目不視惡色，耳不聽淫聲，口不出敖言」，生下了文王，果然聰明穎悟。因此劉向認為婦人懷胎時要「寢不側，坐不邊，立不蹕，不食邪味；割不正不食，席不正不坐，目不視於邪色，耳不聽於淫聲；夜則令瞽誦詩、道正事。如此，則生子形容端正，才德必過人矣」。現代科學證實，「胎教」確是可行的。

這教育思想部分，集中於〈母儀傳〉、〈賢明傳〉，是《列女傳》最具教育價值和思想活力部分。看來，婦女不只是事夫室、事舅姑，更重要的是負有「匡夫」、「教子」的責任。因此，劉向在〈齊相御妻〉中提出：「故賢人之所以成者，其道博矣，非特師傅、朋友相與切磋也，妃匹亦居多焉。」這是說得不錯的。

第三，表彰婦女明辨是非、躬行仁義的高尚品德。婦女明確的是非觀，往往與她們仁義的品德是相聯繫的。〈蓋將之妻〉寫道：

蓋之偏將邱子之妻也。戎伐蓋，殺其君，令於蓋群臣曰：「敢有自殺者，妻子盡誅！」邱子自殺，人救之，不得死。

既歸，其妻謂之曰：「吾聞將節勇而不果生，故士民盡力而不畏死，是以戰勝攻取，故能存國安君。夫戰而忘勇，非孝也；君亡不死，非忠也。今軍敗君死，子獨何生？忠孝忘於身，何忍以歸？」……其妻曰：「吾聞之，主憂臣辱，主辱臣死。今君死而子不死，可謂『義』乎？多殺士民，不能存國而自活，可謂『仁』乎？憂妻子而忘仁義，背故君而事強暴，可謂『忠』乎？人無忠臣之道，仁義之行，可謂『賢』乎？《周書》曰：『先君而後臣，先父母而後兄弟，先兄弟而後交友，先交友而後妻子。』妻子，私愛也；事君，公義也。今子以妻子之故，失人臣之節，無事君之禮，棄忠臣之公道，營妻子之私愛，偷生苟活，妾等恥之，況於子乎？吾不能與子蒙恥而生焉。」遂自殺。戎君賢之，祠以太牢，而以將禮葬之，賜其弟金百鎰，以為卿，而使別治蓋。

蓋將之妻，大義凜然，嚴格地劃分「忠」與「愛」、「公」與「私」的界限，認為不能以「愛」損「忠」，以「私」害「公」，偷生苟活，失人臣之節。這是一種先國家之急而後妻子的精神境界。

〈魯義姑姊〉寫齊軍攻打魯國，追趕一位攜抱兩個孩子逃難的婦女。那婦女在不能兩護孩子的危急情勢下，寧願捨棄自己的兒子來保全其兄的兒子，因為她面臨著「公」與「私」

的抉擇。她認識到己之子是私愛，兄之子是公義，如果背公義而向私愛，亡兄子而存己子，那麼魯君不會收留我，大夫不會養護我，百姓也不會同我來往。因此，她提醒齊軍將士「故忍棄子而行義，不能無義而視魯國。」於是齊將便命令部隊停止攻打，並派人稟報齊君：不能攻打魯國。我們部隊僅僅到達邊境，就發現魯國一個草野民女都知道持節行義，不以私害公，更何況是那些朝臣士大夫呢？齊君便把部隊撤回去了。這又是一個公私分明、保全國家的婦女。

有些婦女能做到捨己救人、捨生取義。法令規定，凡夾帶珍珠入關者處以死刑。珠崖郡令的女兒與繼母送喪回家，不知九歲的弟弟藏珠於鏡奩中。至海關，搜索得珠，犯法當死，母女二人推讓爭死，哀感旁人（〈珠崖二義〉）。有人格鬥死於路上，適有異母兄弟二人在路旁被當作兇手。官府判定需一人抵命，兄弟二人爭相代死。後來由其母決定誰死誰活，其母便捨棄己子而救前妻之子。兄友弟恭，母慈子孝，齊宣王便赦免不殺（〈齊義繼母〉）。這兩個例子仍然是不以私愛而廢公義的典範。劉向指出：「夫義，其大哉！雖在匹婦，國猶賴之，況以禮義治國乎？」（〈魯義姑姊〉）

第四，歌頌婦女的膽識和才智。婦女的膽識有多方面的表現。許穆夫人從祖國的安危出發，主張出嫁到大國、近鄰，反對嫁到遠方，附和小國，因為一旦有敵軍侵犯，就能向大國、近鄰求援（〈許穆夫人〉）。陶荅子妻發現丈夫能薄而官大，家富而國貧，做官五年，「從車百乘」，就能預見丈夫敗亡之徵兆（〈陶荅子妻〉），這是極具遠見卓識的。楚接輿妻不願「受人重祿，乘人堅良，食人肥鮮」（〈楚接輿妻〉），楚於陵妻認為「左琴右書，樂亦在其中矣」（〈楚於陵妻〉），這是很能安貧樂道的。

〈齊管妾婧〉最能表現婦女的聰明才智。甯戚擊牛角而商歌，並說了句「浩浩乎，白水！」齊相管仲不知是什麼意思，齊管妾婧就告訴他這是古代的「白水之歌」，甯戚的意思是想在齊國求官。她向管仲提出「毋老老、毋賤賤、毋少少、毋弱弱」的識才、用才的標準，並且通過伊尹、呂尚、皐子、駃騠等故事，講了不拘一格、重用人才的道理，使管仲深受啟發，使甯戚得到重用，收到「齊國大治」的效應。這樣的聰明才智，並不比國相差。〈晉弓工妻〉寫弓工的妻子解救無辜的丈夫。她向晉平公講了三位君主的仁政：公劉恩德澤及草木；秦穆公發現自己的駿馬被盜殺，卻送酒給盜馬者喝；楚莊王的某大臣拽他夫人的衣服，夫人將大臣帽帶扯斷。莊王不怪罪，與某大臣一起喝酒。晉平公受到感動，便釋放了她的丈夫。這種機敏的應變能力，確能折服對方。

上述《列女傳》的思想價值，是與劉向具有「民本」思想分不開的。他曾提出「故國不務大，而務得民心」（《說苑・尊賢》）之說，並在《說苑・建本》中引用這麼一個故事：「齊桓公問管仲曰：『王者何貴？』曰：『貴天。』桓公仰而視天。管仲曰：『所謂天者，非蒼莽莽之天也。君人者以百姓為天。百姓與之則安，輔之則強，非之則危，背之則亡。』」這真是總結了一個寶貴的歷史經驗與教訓，也就是先秦儒家所謂「民為邦本，本固邦寧」、「敬德保民」、「民貴君輕」的「民本」思想。劉向正是繼承了這一優良的傳統。

《列女傳》還具有史學、文學和文獻價值，對後世的史學、文學都很有影響。它有幾個方面值得我們注意：

一是開創了為婦女立傳的體例。唐代史學家劉知幾，在《史通》中提出史才的「三長」，即史才、史學、史識，而且「貴在史識」。在「男尊女卑」觀念充斥的封建社會裡，劉向能客觀公正地展現婦女的歷史活動和社會作用，並為她們樹碑立傳、歌功頌德。這正是一種可貴的史識。《列女傳》的編纂，直接受《左傳》，特別是《史記》的影響。《左傳》是編年體，其編纂體例，是以時間順序為中心記載史事；《史記》是紀傳體，其編纂體例，是以人物活動為中心記載史事。《列女傳》既以時間為順序，又以婦女為中心，從縱橫方面組織起一個個的傳記。它的「君子曰」、「君子謂」、「《詩》云」、「頌曰」，也是繼承《左傳》的「君子曰」、《史記》的「太史公曰」而來，是一種將事實判斷與價值判斷相結合的論贊形式，表現出劉向對人事的褒貶愛憎。

《列女傳》的出現，標誌著婦女文化有了一個新的開端。從現有的材料看，可以斷定，為婦女立傳最早是從《列女傳》開始的。西漢以前，女性在史書中，在文學作品中是沒有什麼地位的，即使有記載，有描寫，也很簡略。而《列女傳》卻讓西漢以前九十個著名婦女，擁有屬於她們自己的歷史傳記，保有她們應有的聲名、榮譽和地位，這是值得婦女們自豪的事。「列女」的「列」，是羅列、排比的意思。劉向將入傳的婦女排列開來，分成七種類型，即「母儀」（匡夫教子的賢妻良母）、「賢明」（通達事理、明辨是非的婦女）、「仁智」（有膽識才智的婦女）、「貞順」（恪守禮教的婦女）、「節義」（躬行節義的婦女）、「辯通」（能言善辯、從容應變的婦女）、「孽嬖」（荒淫無道的婦女）等等。這種分類，除〈孽嬖傳〉外，是對婦女的一種多元化的價值取向，包括她們的道德修養、聰明才智、教育功能、內治效應等，表明婦女充當了社會政治生活的角色，而不是單純的家庭、婚戀的角色了。

《列女傳》也標誌著史官文化有個新的進展，這就是「雜傳」體的產生。《史記》從古代的左史記言、右史記事，發展到寫人物，這是個新的成就。《列女傳》由紀傳體的寫人物，發展到為婦女立傳，這也是個進展。《隋書・經籍志》、《舊唐書・經籍志》、《新唐書・藝文志》，都將《列女傳》列入「史部」的「雜傳」類。這「雜傳」仍然是圍繞人物來記言、記事，又通過記言、記事來突出人物的思想面貌與性格特點。《列女傳》共有一百零四傳，一般是一個人物只擇取一個典型事件，這就出現了一人一事的獨傳，但也有二人或三人的合傳，如〈有虞二妃〉、〈周室三母〉、〈衛宗二順〉、〈珠崖二義〉、〈衛二亂女〉等。《史記》以後的「雜傳」，《列女傳》也算是較早的一種。

二是繼承和發展史官「實錄」的優良傳統。東漢班固曾說：「然自劉向、揚雄博極群書，皆稱遷有良史之材，服其善序事理，辨而不華，質而不俚，其文直，其事核，不虛美，不隱惡，故謂之『實錄』。」（《漢書・司馬遷傳》）這說明劉向是非常服膺、推崇司馬遷的「實錄」的史筆，也說明「實錄」的原則就是據事直書，忠於史實，具有不虛美、不隱惡的客觀真實性。從先秦、兩漢至魏晉，史學家都很重視「實錄」，把它看作檢驗史材、史學的至高標準。

如晉人裴啟，編了一本《語林》，因有關謝安的言語不合事實，《語林》遂被作廢（《世說新語．輕詆》）。晉人張華編有《博物志》，也因為不合「實錄」的要求，被晉武帝貶斥為「記事採言，亦多浮妄」（《拾遺記．卷九》）。可見「實錄」是與「浮妄」不相容的，只有做到「實錄」，還歷史以本來面目，才能「傳信」，讓歷史確鑿無疑、流傳久遠。《列女傳》採輯古史，正是繼承了「實錄」的傳統。它所採諸書，有《左傳》、《國語》、《戰國策》、《管子》、《荀子》、《韓非子》、《韓詩外傳》、《呂氏春秋》、《史記》、《淮南子》等。其中有史書，有子書，對於有關婦女的記載，除遠古傳說外，一般說都是歷史上的真人真事，這就為《列女傳》提供了史實的客觀依據。劉向的編纂工作，就是將散見於這些書的有關某個傳主的材料匯集起來整理，如〈晉文齊姜〉傳本於《左傳．僖公二十三年》、《國語．晉語四》、《史記．晉世家》；〈齊管妾婧〉傳本於《管子．小問》、《呂氏春秋．舉難》、《淮南子．道應》；〈晉圉懷嬴〉傳本於《左傳．僖公二十二年》、《史記．晉世家》等等，這類例子，不勝枚舉。不過，劉向的功績首先在善於發現和開掘材料。如《史記．夏本紀》對夏桀的記載十分簡略：「桀不務德而武傷百姓，百姓弗堪。……桀走鳴條，遂放而死。」但到了《列女傳》的〈夏桀末喜〉傳中，卻發展為四百字左右的一篇傳記。夏桀如何「不務德」、「傷百姓」呢？劉向終於發現《韓詩外傳》中的兩條材料，恰好是這個問題的注腳和答案。一條是「昔者桀為酒池糟隄，縱靡靡之樂，一鼓而牛飲者三千人」（卷二第二十二章）；一條是「桀為酒池，可以運舟，糟丘足以望十里，一鼓而牛飲者三千人」（卷四第三章），這成了本傳的主幹材料。

《列女傳》是劉向在整理皇家圖書的過程中編纂而成的，可以想見，材料的來源非常廣泛、駁雜，其中也有街談巷議的、道聽塗說的、傳聞異辭的。要將這些材料組織為獨立成篇、首尾完整的傳記，必須做一番去偽存真、去粗取精的工作，不可能一字不易、一句不改地照搬材料，於是劉向就對材料進行比勘、選擇、剪裁、刊誤、修改、補充，把校讎的方法與「實錄」的方法結合起來了。今將下面一組材料作一比較，就可看到校讎與實錄相結合的特點。

《左傳・僖公二十四年》：

狄人歸季隗於晉，而請其二子。文公妻趙衰，生原同、屏括、樓嬰，趙姬請逆盾與其母，子餘辭。姬曰：「得寵而忘舊，何以使人？必逆之。」固請，許之。來。以盾為才，因請於公，以為嫡子，而以其三子下之，以叔隗為內子，而己下之。

《史記・趙世家》：

重耳以驪姬之亂亡奔翟。趙衰從。翟伐廧咎如，得二女，翟以其少女妻重耳，長女妻趙衰而生盾。初，重耳在晉時，趙衰妻亦生趙同、趙括、趙嬰齊。……趙衰已反晉，晉之妻固要迎翟妻，而以其子盾為適嗣，晉妻三子皆下事之。

《列女傳》之〈晉趙衰妻〉：

初，文公為公子時，與趙衰奔狄，狄人入其二女叔隗、季隗於公子，公以叔隗妻趙衰，生盾。

及反國，文公以其女趙姬妻趙衰，生原同、屏括、樓嬰。趙姬請迎盾與其母而納之，趙衰辭而不敢。姬曰：「不可！夫得寵而忘舊，舍義；好新而嫚故，無恩；與人勤於隘厄，富貴而不顧，無禮。君棄此三者，何以使人？……君其逆之，無以新廢舊。」

〈晉趙衰妻〉傳採自《左傳》、《史記》。但《史記》把翟妻與晉妻（即趙姬）的嫡庶關係完全顛倒過來了，晉妻與三子在前，則晉妻為正妻，三子為嫡子，那麼以盾為嫡嗣，「三子皆下事之」，就違反禮儀而不倫不類了。劉向即依據《左傳》，訂正了這個錯誤。《左傳》寫趙姬請迎盾與其母的話只短短三句，而傳記卻生發出一大段話，「舍義」、「無恩」、「無禮」之說，內容更豐富，使人物性格更鮮明。這是有兩種材料可以比勘異同的，但《列女傳》對只有單獨一種材料為依據，並無別的材料可以參證和比勘的，也合理地改動某些字句或增加內容。如全部採自《韓詩外傳・卷一・第三章》的〈阿谷處女〉就是如此，結尾增加了「子貢以告孔子。孔子曰：『丘已知之矣。斯婦人達於人情而知禮。』」二十四字，使處女所經受的種種考驗，有一個總結性的肯定評價。

三是建構理想人格。婦女問題，是封建社會突出的社會問題，對婦女的態度，往往成為檢驗作家作品的試金石。《列女傳》的重要成就，集中表現在對婦女理想人格的建構上面，它的多元化的價值取向，歸根結底，還是理想人格的價值取向。「實錄」是排斥想像、虛構的，算不上是創作，《列女傳》也不像《史記》傳記文學那樣，注重人物、環境的典型描寫，注重情節的曲折、細節的真實。但是，劉向在編纂的過程中，也自覺不自覺地運用一些表現方法，去建構他心目中的婦女理想人格。如通過矛盾衝突、性格衝突，表現婦女處變不驚、臨危不懼、臨難不苟的機智、勇敢的性格。〈楚野辨女〉中的一位民女，乘車外出，與鄭國大夫狹路相逢，無可迴避，兩車車轂發生碰撞，折斷了大夫的車軸，矛盾發生了。大夫很生氣，就想用鞭子抽打她，矛盾激化了。民女在這個時候，沈著冷靜，不卑不亢，用道理說服大夫，使大夫放下了鞭子。又如通過對話來表現人物性格，通過人物自己的語言行動來表現自己的性格等。這些表現方法使《列女傳》具有文學意味。

《列女傳》有兩個傳記是最富於文學性的。〈魯秋潔婦〉是一個民間故事，寫魯國秋胡子與其妻結婚五日，即到陳地做官。五年後，在回家途中看見路旁有個採桑婦，喜歡上她，就下車邀她一塊休息吃東西，近似調戲。採桑婦以「採桑不輟」的動作，表示無聲的抗議。秋胡子要給她金子，採桑婦嚴辭拒絕。秋胡子回到家，見到妻子，沒想到就是那個採桑婦，覺得很慚愧，妻子責備他：「今也乃悅路傍婦人，下子之裝，以金予之，是忘母也；忘母不孝。好色淫泆，是汙行也；汙行不義。夫事親不孝，則事君不忠；處家不義，則治官不理。孝義並亡，必不遂矣。」便投河而死，以示決絕。〈楚平伯嬴〉中的伯嬴，當吳王準備姦汙她時，她以「持刃」的強烈動作，表示抗爭。她警告吳王：「妾聞：生而辱，不若死而榮。若使君王棄其儀表，則無以臨國，妾有淫端，則無以生世，壹舉而兩辱。妾以死守之，不敢承命。」真是寧為玉碎，毋為瓦全，終於制止了吳王的暴行，保持了自己的清白。

這兩個傳主，都是通過自己的語言和行動表現自己的性格。她們都是在同一層面上的理想人格，即捍衛自身的權利和人格的尊嚴。不過她們的角度不同：採桑婦的行動表現在拒誘上，不為金錢動心；伯嬴的行動表現在抗暴上，不為強暴易節。這種貧賤不能移、威武不能屈的精神，堂堂正正，是我們民族精神的體現。

劉向還具有美學思想，在《列女傳》中進行「善」與「惡」、「美」與「醜」的對比，這是與他主張「以色親，以德固」的思想分不開的。〈周宣姜后〉中的周宣王，因寵幸后夫人，早臥晏起，荒廢朝政。姜后就待罪於永巷，引過自責，並勸諫宣王：「夫苟樂色，必好奢窮欲，亂之所興也。」〈楚白貞姬〉也提出「忠臣不借人以力，貞女不假人以色」，這大概就是他另立〈孽嬖傳〉的原因。〈母儀〉、〈賢明〉、〈仁智〉、〈貞順〉、〈節義〉、〈辯通〉等傳，是從「美」的角度去審視和讚美婦女，而〈孽嬖傳〉是從「醜」的角度去審視批判婦女。婦女的「醜」、「惡」在於專擅後宮，邀寵獻媚，驕奢淫泆，亂倫亂政，逾越禮儀，禍國殃民。如縱欲亂倫的文姜（〈魯桓文姜〉）、哀姜（〈魯莊哀姜〉），謀譖太子、亂及五世的驪姬（〈晉獻驪姬〉），殺一國君而滅三室的東郭姜（〈齊東郭姜〉），受賂亡趙的倡后（〈趙悼倡后〉）等等，她們以悲劇告終，從反面說明「德治」、「禮教」的重要性。不可否認，劉向的婦女觀有進步的一面，但也不免雜糅有歧視婦女的傳統偏見和錯誤觀點，這是讀〈孽嬖傳〉時要注意到的。《列女傳》所引用的西漢以前的古籍，有的已經亡佚，作為思想資料能保存流傳至今，具有文獻價值，顯得十分寶貴。

上述《列女傳》的價值，奠定了它的歷史地位。它對史學的影響，如宋人王回在《列女傳·序》中說：「蓋凡以『列女』名書者，皆祖之劉氏。」從劉向《列女傳》後，不論是正史還是野史雜傳，紛紛為婦女立傳，如正史立有〈列女傳〉的有《後漢書》、《隋書》、《舊唐書》、《新唐書》、《宋史》、《金史》、《元史》、《明史》等，至於私家著錄的，據宋代曾鞏〈古列女傳目錄序〉稱，「《唐志》錄〈列女傳〉凡十六家」，在漢、唐就不少。還有編寫婦女教科書的，從東漢班昭（即曹大家）的《女誡》（《後漢書·列女傳》），到唐代的《女論語》、《女孝經》，再到明清名目繁多的《女兒經》、《閨訓千字文》等。

《列女傳》對文學方面也有所影響。唐代傳奇分為「傳」與「記」兩類，前者以記「人」為主，後者以記「事」為主；「傳」與「記」是小說的故事框架，「人」與「事」是小說的人物和情節。這在一定程度上是受《列女傳》編纂體例、表現方法的啟示。《世說新語》及其他筆記，也學習了《列女傳》的分類方法。《列女傳》有些傳記，後來成為成語故事，並成為詩人、小說家、戲曲家筆下的題材，如〈魯漆室女〉就出現了表示關心國事的「魯女憂葵」、「倚楹嘯歌」、「倚杜長嘆」、「憂葵」、「漆嘆」等成語；〈陶荅子妻〉有了「南山霧豹」、「霧豹成文」的典故。而「孟母三遷」（〈鄒孟軻母〉）的故事被詩人反覆詠嘆，如何晏〈景福殿賦〉：「嘉班妾之辭輦，偉孟母之擇鄰。」杜甫〈奉送十七舅下邵桂詩〉：「縹緲蒼梧帝，推遷孟母鄰。」蘇軾〈崔文學甲攜文見過〉：「自言總角歲，慈母為擇鄰。」又〈魯秋潔婦〉，為元代雜劇作家石君寶創作《秋胡戲妻》提供了素材。

四

最後，談談《列女傳》的版本問題。

《列女傳》最早著錄於劉向的《七略別錄》，據《初學記・卷二五・屏風第三》引：

劉向《七略別錄》曰：「臣向與黃門侍郎歆所校《烈（應為『列』）女傳》，種類相從為七篇，以著禍福榮辱之效、是非得失之分，畫之於屏風四堵。」

可知校讎定本原為七篇。而《漢書・楚元王傳》附〈劉向傳〉則稱：「序次為《列女傳》，凡八篇，以戒天子。」這說的是八篇，與《七略別錄》所說的七篇有矛盾。那麼，矛盾的癥結在哪裡呢？《漢書・藝文志》著錄：「劉向所序六十七篇，《新序》、《說苑》、《世說》、《列女傳頌圖》也。」這雖未標明《列女傳》的篇（卷）數，但另標明有「頌」有「圖」。如說七篇，當專指傳記，不包括「頌」與「圖」；如說八篇，當指傳記七篇，傳頌一篇，因為「畫之於屏風四堵」，當然就不包括「圖」在內了。《崇文總目》稱：「《古列女傳》，劉向撰，後漢班氏注。按：向作《列女傳》八篇：一曰〈母儀〉，二曰〈賢明〉，三曰〈仁智〉，四曰〈貞順〉，五曰〈節義〉，六曰〈辯通〉，七曰〈孽嬖〉，八曰〈傳頌〉。」這也是以包括「傳頌」在內，計為八篇。

東漢以後，有班昭、綦毋邃、虞貞節三家注，今皆不傳。據《隋書・經籍志》、《新唐書・藝文志》著錄班昭注《列女傳》十五卷，《舊唐書・經籍志》著錄《列女傳》二卷，則隋唐以前，有十五卷本和二卷本流行於世。北齊顏之推作《家訓》，已羼入《列女傳》的內容。

到了北宋，《列女傳》已受到重視，對其體例、篇卷結構進行整理。嘉祐年間，集賢校理蘇頌，以己意更定篇次，仍定為八篇。長樂王回「並錄其目，而以頌證之。刪為八篇，號『古列女傳』。」這說明王回整理的本子，共有二個組成部分：一為劉向所撰的稱《古列女傳》，有七篇，即〈母儀〉、〈賢明〉、〈仁智〉、〈貞順〉、〈節義〉、〈辯通〉、〈孽嬖〉等篇，「而各頌其義，圖其狀，總為卒篇，傳如《太史公記》，頌如《詩》之四言，而圖為屏風云」。一為後人羼入的二十傳，「自周郊婦至東漢梁嫕等，以時次之，別為一篇，號《續列女傳》」（《古列女傳・序》）。南宋嘉定年間，武夷蔡驥在王回本的基礎上加以整理刊印，「以向所撰《列女傳》七篇，並《續列女傳》二十傳為一篇，共計八篇。今止依此，將頌義、大序列於目錄前，小序七篇散見目錄中間，頌見各人傳後」（《古列女傳・跋》）。這個本子成為從南宋至明清的各種版本之所本，而劉向的祖本，反而不可考見了。

《列女傳》的版本，據清人汪遠孫《列女傳・序》說「世所傳者，以建安余氏本為最古」，這即是南宋建安氏勤有堂本。余氏一說名仁仲，生平不詳。此本篇卷從蔡驥本，有《古列女傳》七卷，《續列女傳》一卷。唯〈母儀〉僅有十四傳，又佚去頌義大序。現能見到的為清代道光年間阮福影刻的《文選樓叢書》本，收入《古書叢刊》的，首有王回序、曾鞏序，後有嘉慶二十五年江藩題後，與道光五年阮福跋。

明代有嘉靖本，有嘉靖三十年黃魯曾序。現見到的為光緒年間崇文書局影刻的。此本〈母儀〉中之〈鄒孟軻母〉的順序置於〈魯季敬姜〉、〈楚子發母〉之前，與南宋余氏本置於其後不同。上海涵芬樓《四部叢刊》本，為借印長沙葉氏（即葉德輝）觀古堂藏明刊本，即萬曆年間的黃嘉育本，每傳附有圖。

清代有《四庫全書》本，現有臺灣商務印書館影印的文淵閣本。由於清代考據學發達，有不少名家對《列女傳》進行了校注，如盧文弨、段玉裁、王念孫、王引之、顧廣圻、黃丕烈、孫詒讓、臧庸、馬瑞辰、洪頤煊、胡承珙、陳奐、牟房、王紹蘭等。清代有二家校注本，頗有學術價值。一是王照圓（女）的《列女傳補注》八卷，附〈敘錄〉一卷、〈校正〉一卷。首有臧庸、馬瑞辰序，和王回、曾鞏舊序及王照圓自序。其《補注》結合考據，多所發明。二是梁端的《列女傳校注》，有道光年間汪氏振綺堂刻本，收有汪遠孫、梁德繩序，及曾鞏、王回舊序，其書重在校勘，相當謹嚴精審。另外，還有蕭道管的《列女傳集注》，有光緒年間刊刻本。

《新譯列女傳》以《四部叢刊》本為底本，校以《古書叢刊》所收的建安余氏本、明嘉靖本、清王照圓《補注》本、梁端《校注》本。班昭、綦毋邃、虞貞節三家注已佚，但仍有片斷和字句散見於《文選》、《藝文類聚》、《初學記》、《詩正義》、《史記正義》、《史記索隱》、《太平御覽》等，也盡量加以比勘。凡與底本字句有較大出入的，均予注明。

本書的注解，凡引用有價值的舊注，其中包括王照圓的《補注》、梁端的《校注》、蕭道管的《集注》以及陳漢章的《斠注》，均標明注本。如涉及有關中國古代文化史方面的知識，如宗法、禮制、職官等，都作了較為通俗、詳盡的注解。

本書的語譯，力爭符合信、達、雅的要求。一般用直譯，為使文意明確、文氣貫通，也偶用意譯。由於每個傳記在行文方面都具有韻散兼用的風格，因而在語譯時充分注意保留這一風格特點。如傳主所作詩、引詩，以及劉向引《詩經》為證的「《詩》曰」、傳後總結的「頌曰」，都用押韻的七言詩句譯出，以便讓譯文增加一點詩的色澤和韻味。

本書限於能力，謬誤之處，定所難免，敬請讀者和專家們不吝教正。

黃清泉

一九九五年九月

卷一 母儀傳

【說 明】〈母儀傳〉是《列女傳》分類傳題之一。在這一分類傳題下，共列有十四個分傳，依次是：一、〈有虞二妃〉，二、〈棄母姜嫄〉，三、〈契母簡狄〉，四、〈啟母塗山〉，五、〈湯妃有㜪〉，六、〈周室三母〉，七、〈衛姑定姜〉，八、〈齊女傅母〉，九、〈魯季敬姜〉，十、〈楚子發母〉，十一、〈鄒孟軻母〉，十二、〈魯之母師〉，十三、〈魏芒慈母〉，十四、〈齊田稷母〉等。

上述十四個分傳，從遠古到戰國時代，是按歷史發展的先後順序排列的。其中以一人一傳為主，也有二人或三人合傳的。每傳記敘人物的言行與事蹟。

母儀，為母的典範。她們或是帝王的后妃，或是聖賢的母親。她們聰明賢慧，忠貞仁慈，品德高尚，行為儀表。她們遵奉禮儀，注重教化，教育子孫修身立德，使子孫建功立業。如周母太任的胎教，楚子發母教子悔過，孟母教子的擇鄰處、斷機杼，齊田稷母的教子拒賄等等，都表現了母愛的偉大、母教的尊隆、母儀的法式。

一、有虞二妃

有虞❶二妃❷者，帝堯❸之二女也：長娥皇，次女英。舜父頑母嚚❹。父號瞽叟❺。弟曰象，敖遊於嫚❻，舜能諧柔之❼；承事瞽叟以孝。母憎舜而愛象，舜猶內治❽，靡有姦意❾。四嶽❿薦之於堯，堯乃妻⓫以二女，以觀厥內⓬。二女承事舜於畎畝之中⓭，不以天子之女故而驕盈怠嫚⓮，猶謙謙恭儉⓯，思盡婦道⓰。

【章　旨】記敘有虞二妃的姓氏、尊貴的出身、出嫁虞舜的原因，以及她們以尊事卑、謙遜恭順的品德。

【注　釋】❶有虞　姓姚，號有虞氏，又號重華。古史傳說中的五帝之一，史稱古帝虞舜。有，語首助詞。❷二妃　娥皇、女英。帝堯的兩個女兒。女英，又作「女匽」、「女瑩」。舜升為天子，娥皇為后，女英為妃；娥皇無子，女英生子商均。❸帝堯　姓伊祁氏，名放勳，號陶唐氏。古史傳說中五帝之一，史稱古帝唐堯。❹父頑母嚚　指舜之生父和後母都很愚鈍。《史記・五帝本紀》：「舜父瞽叟盲，而舜母死；瞽叟更娶妻而生象，象傲。」頑、嚚，互文，愚鈍的意思。❺瞽叟　盲人。寓有不明是非善惡之意。瞽，目盲。❻敖遊於嫚　謂怠惰而好遊蕩。敖遊，連文同義，遊之意。嫚，通「慢」。怠惰。❼諧柔之　使之和合安順。❽內治　猶內省。內自省察。❾靡有姦意　謂沒有偽善之意。靡，無。姦，偽。❿四嶽　姜姓，炎帝族。鄭玄曰：「四嶽，四時官，主方嶽之事。」⓫妻　動詞，以女嫁人。⓬以觀厥內　指通過理家以考察其治國的才幹。厥，他稱代詞，其。內，治內事。即理家。⓭畎畝之中　田間。畎，田間小溝。⓮驕盈怠嫚　驕傲怠慢。⓯謙謙恭儉　謙遜恭敬。⓰婦道　為婦的道理。

【語譯】古帝虞舜的兩個后妃，是古帝唐堯的兩個女兒：大的名娥皇，小的名女英。舜的生父和後母都很愚鈍。生父是個不識好歹的盲人，被人稱為瞽叟。後母所生的弟弟名叫象，生性怠惰，喜歡遊蕩，舜能與他和睦相處；而奉侍瞽叟也十分孝順。後母卻偏心，厭惡舜而溺愛象，舜對此只是從內心反省自己，沒有絲毫虛情假意。四嶽向帝堯推薦舜，帝堯就將二女嫁給了舜，以便考察他由理家而達到治國的才幹。二女服侍仍在耕田種地的舜，從不因為自己是天子高貴的女兒就驕傲怠慢，對家裡人總是處處謙遜，事事恭敬，老想著怎樣盡到自己做媳婦的責任。

瞽叟與象謀殺舜，使塗廩❶。舜歸告二女曰：「父母使我塗廩，我其❷往？」二女曰：「往哉！」舜既治廩，乃捐階❸；瞽叟焚廩，舜往飛出。象復與父母謀，使舜浚井❹。舜乃告二女，二女曰：「俞❺，往哉！」舜往浚井。格❻其出入，從掩；舜潛出❼。時既不能殺舜，瞽叟又速❽舜飲酒，醉，將殺之。舜告二女，二女乃與舜藥浴汪❾。遂往。舜終日飲酒，不醉。舜之女弟繫❿憐之，與二嫂諧。父母欲殺舜，舜猶不怨⓫。怒⓬之不已，舜往於田號泣，日呼旻天⓭，呼父母。惟害若茲，思慕不已，不怨其弟，篤厚不怠⓮。

【章　旨】記敘虞舜盡子道、二妃盡婦道，共同處理好家庭，以見他們孝敬父母、和睦兄弟的美德。

【注　釋】❶塗廩　塗補米倉。塗，動詞，用泥塗塞孔穴。廩，糧倉。❷其　句中語助詞，表示詢問。❸捐階　除去梯子。捐，除。階，梯子。❹浚井　挖深水井。浚，疏通；挖深。❺俞　應詞，然。❻格　阻止。❼潛出　傳說舜從深藏井壁的暗孔中脫身。❽速　召。❾汪　水池。❿女弟繫　舜妹。女弟，也稱女妹或娣。指丈夫之妹。繫，舜妹名。或作「擊」、「顆手」、「敤手」。⓫怨　恨。⓬怒　怒責辱罵。⓭旻天　蒼天。⓮篤厚不怠　忠實寬厚不懈。篤，誠實。怠，鬆懈。

【語　譯】瞽叟和兒子象密謀要殺舜，就叫他去修補米倉。舜回去告知二女說：「父母要我去修補米倉，我去不去呢？」二女回答說：「去吧！」舜爬上倉頂高處，瞽叟在下面突然搬走梯子；又縱火燒米倉，舜飛跳下地才脫險。象再次與父母密謀殺舜的辦法，使舜去挖深水井。舜又將這件事告知二女，二女說：「行啊，去吧！」舜即下去挖井，瞽叟和象立刻下土填塞井口，隨著井口很快被堵住，舜就鑽過深藏井壁的一個暗孔逃了出來。當時既不能殺掉舜，瞽叟又耍了一個招舜喝酒的詭計，準備在舜被灌醉後，就殺死他。舜再一次告知二女，二女就要舜在水池裡用藥洗浴。然後舜就喝酒去了。結果舜整天喝酒，也沒醉倒。舜的妹妹名繫，因為很同情哥哥，與二位嫂子很和好。雖然父母多次要殺掉舜，但是舜依然不怨恨他們。父母對他辱罵沒完沒了，他便跑到田野間大聲哭喊，呼告皇天，呼告父母。雖然這樣遭受苦難，舜仍然思念父母，對弟弟也沒有什麼不滿，一直是那樣誠實厚道。

既納於百揆，賓於四門❶；選於林木，入於大麓❷。堯試之百方，每事常謀於二女。舜既嗣位❸，升❹為天子。娥皇為后，女英為妃，封象於有庳❺，事瞽叟猶若❻焉。天下稱二女聰明貞仁❼。舜陟方❽，死於蒼梧❾，號曰重華。二妃死於江、湘之間，俗謂之湘君。君子曰❿：「二妃德純而行篤⓫。」《詩》云：「不顯惟德，百辟其刑之⓬。」此之謂也。

【章旨】記敘有虞二妃輔助虞舜經受理家治國的種種考驗，成就大業，升為天子。而他們也成為諸侯效法的楷模。

【注釋】❶既納於百揆二句　謂舜受命為官，禮待賓客。納，引入。百揆，官名，猶天官冢宰。是百官中權力最大、地位最高的一個官。賓，動詞，以禮招待。四門，四方之門。❷選於林木二句　謂帝堯對舜的考察。《史記・五帝本紀》說：「舜入于大麓，烈風雷雨不迷，堯乃知舜之足授天下。」選，入。麓，山腳。此代山林。❸嗣位　接續天子位。嗣，接續；繼承。傳說帝堯讓天子位於舜，舜又讓天子位於禹，史稱「禪讓之世」。這種天子讓位於賢者的做法，叫「禪讓」。❹升　進。❺有庳　地名，又名鼻墟、鼻亭。在今湖南道縣北。❻若　和順。❼聰明貞仁　聰慧賢明，忠貞仁愛。❽陟方　往各國。指舜巡守南方。陟，進；往。方，國。❾蒼梧　山名，即九疑山。在今湖南寧遠南。❿君子曰　或作「君子謂」。《列女傳》的一種評論形式。此形式最早見於《左傳》，後形成史官的「論贊」形式。⓫德純而行篤　道德品行純厚。純、篤，互文，純正。⓬不顯惟德二句　見《詩經・周頌・烈文》。不，通「丕」。大。惟，語助詞。辟，君，泛稱天子和諸侯。天子為辟王，諸侯為辟公。刑，通「型」。典範；效法。

【語譯】帝堯要舜擔任百揆的官職，舜便大開四門以禮接待四方賓客。帝堯還要舜到大山叢林的複雜環境中去受考驗。帝堯從各個方面考察舜的才幹，舜就和二妃商量處理每件事的辦法。後來舜繼帝堯位，進為天子。以娥皇為后，女英為妃，將象封在有庳這個地方，奉侍瞽叟還是那樣孝順。天下之人無不讚揚二妃聰慧賢明、忠貞仁愛的美德。後來舜往南方巡視，到湖南蒼梧山便死了，號稱重華。接著二妃也死在南方江水、湘水之間，俗稱湘君。君子說：「二妃道德純正，品行純美。」《詩經》上說：「德行顯明光大，是諸侯們效法的楷模。」說的就是這個意思。

頌曰❶：「元始二妃❷，帝堯之女。嬪❸列有虞，承順於下。以尊事卑❹，終能勞苦。瞽叟和寧，卒享福祜❺。」

【章　旨】總結全文，概括有虞二妃一生的事蹟，表彰她們的功德。

【注　釋】❶頌曰　文體之一。附於篇末之頌贊，用以歌頌讚美人事，總結全文。❷元始二妃　謂夫婦為人倫之大始，始自有虞二妃。元，大。始，初。❸嬪　動詞，嫁為人婦。❹卑　卑微；低下。❺福祜　連文同義，福之意。

【語　譯】頌贊說：「夫婦人倫始二妃，帝堯之女立母儀。雙雙嫁作有虞婦，恭順從夫各相宜。不以高貴傲卑微，刻苦耐勞勤操持。瞽叟和氣又康寧，晚年多福樂熙熙。」

二、棄母姜嫄

棄母姜嫄❶者，邰侯❷之女也。當堯之時，行見巨人跡❸，好而履之❹，歸而有娠❺，浸以益大❻。心怪惡❼之，卜筮禋祀❽，以求無子❾。終生子。以為不祥，而棄之隘巷❿，牛羊避而不踐⓫。乃送之平林⓬之中，後伐平林者咸薦之覆之⓭，乃取置寒冰之上，飛鳥傴翼⓮之。姜嫄以為異⓯，乃收以歸，因命⑯曰棄。

【章旨】記敘周族始祖之母姜嫄履跡感孕、后稷誕生及其被棄而不死的種種神異，具有神話色彩。

【注釋】❶棄母姜嫄　周族始祖棄的母親姜嫄。棄，周之后稷名，姬姓。古史傳說中周族的始祖。姜嫄，棄母。帝嚳的元妃。嫄，謚號，取本原之義。帝嚳，號高辛氏。黃帝的曾孫，古史傳說中古五帝之一。相傳帝嚳有四妃，生四子，姜嫄生棄，簡狄生契，慶都生堯，常虞生摯。❷邰侯　有邰氏。古史傳說為炎帝神農後裔，姜姓，封於邰，故地在今陝西武功。邰為棄之出生地，帝堯封棄於邰，號曰后稷。❸跡　足跡。❹好而履之　指一種心理和動作。好，好奇。履，踐踏。❺娠　懷孕。❻浸以益大　逐漸地增大。浸，漸漸地。益，增加。❼怪惡　感到怪異和厭惡。❽卜筮禋祀　謂問卜敬神。卜筮是古人占卜事情吉凶的方法，用龜甲占卦叫卜，用蓍草占卦叫筮。禋，敬神。祀，祭神。❾無子　不生育孩子。❿隘巷　狹小的胡同。⓫踐　踏；踩。⓬平林　平原上的樹林。⓭薦之覆之　謂給予庇護。薦，用草鋪墊。覆，覆蓋。⓮傴翼　使翅膀彎曲。傴，彎曲。⓯異　神異。⓰命　命名。

【語譯】周族始祖棄的母親姜嫄，是有邰氏的女兒。正當帝堯時期，有一天，她走到野外，看見路上有巨人的大腳印，出於好奇心理就禁不住踩了上去，回到家裡發覺有了身孕，而且肚子一天天地凸現出來。這種情況使她感到怪異和憎惡，就到處去卜卦敬神，祈求別讓她生育孩子。但是孩子最後還是生下來了。姜嫄認為這個頭胎男孩很不吉利，就將他丟棄在狹小的胡同裡。然而牛羊走過時都不去碰他、踩他。於是，姜嫄將他丟棄在原野樹林中間，樵夫們就用草木加以鋪墊、覆蓋來庇護他。於是，姜嫄又將他丟棄在寒冰上面，飛鳥就彎著翅膀來溫暖他。這一切使姜嫄感到這個男孩很神異，就抱他回家去撫養。由於曾經想丟棄他，姜嫄就給他起名叫棄。

姜嫄之性，清靜專一❶，好種稼穡❷。及❸棄長，而教之種樹❹桑麻。棄之性明而仁❺，能育❻其教，卒致❼其名。堯使棄居稷官❽，更國❾邰地，遂封棄於邰，號曰后稷。及堯崩❿，舜即位。乃命之曰：「棄！黎民阻饑⓫，汝⓬居稷，播時⓭百穀⓮。」其後⓯世世居稷，至周文、武⓰而興為天子。君子謂：「姜嫄靜而有化⓱。」《詩》云：「赫赫姜嫄，其德不回，上帝是依⓲。」又曰：「思文后稷，克配彼天，立我烝民⓳。」此之謂也。

【章旨】記敘姜嫄教子成名的功德，以及后稷種植百穀，發展農業，養育百姓，大利天下的貢獻。

【注釋】❶清靜專一　清明嫻靜，用心專一。❷稼穡　種植和收穫莊稼。種稱稼，收稱穡。❸及　到。❹種樹　連文同義，種。❺明而仁　聰明仁惠。❻育　養；培養。❼致　使之達到。❽堯使棄居稷官　傳說后稷受母教育，幼年即喜歡種植桑麻的遊戲。成人後，從事耕種，善於使莊稼長好。帝堯便推舉他為農師。使，派遣。居，任。稷官，農師。主管農業生產的官員。❾國　動詞。立國；建國。指以農事立國。❿崩　古代稱帝王之死為崩。⓫阻饑　被饑荒困住。阻，困厄；困窮。傳說帝堯時洪水成災，百姓受饑，后稷教民播種莊稼，天下得其利，有功。⓬汝　你。⓭時　通「蒔」。種。⓮百穀　穀類的總稱。⓯後　後裔。⓰周文武　周文王和周武王。為周族的後裔和首領。文王，姬姓，名昌，商紂時為西伯，文治武功顯赫。武王，文王子，名發，滅商，建立西周王朝。⓱化　養育教化。⓲赫赫姜嫄三句　見《詩經・魯頌・閟宮》。是歌頌魯僖公興祖業的詩。赫赫，顯耀。回，邪曲。依，憑依。⓳思文后稷三句　見《詩經・周頌・思文》。思文，治國的文德。思，語助詞。文，有文德。克，能。配，配享。立，當作「粒」。動詞，養育的意思。烝民，眾民。

【語譯】姜嫄的性情，清明嫻靜，心思專一，而且喜歡栽種、收穫莊稼。等到棄長大以後，姜嫄就教他種桑種麻的農藝。棄的本性又聰明又仁惠，能認真接受母親潛移默化的教育，終於使他贏得美名。帝堯派他擔任農師，他又以農事立國於邰，堯就將邰地封給他，號稱后稷。帝堯死後，舜為天子。舜任命他說：「棄！現在百姓因水災餓肚子，你擔任農師，就去主管播種莊稼的工作。」此後，棄的後人世世代代都擔任農師。到周文王、武王時，武王成為天子，周朝就興旺強大起來。君子說：「姜嫄品德清靜，又注重母儀教化。」《詩經》上說：「姜嫄光明又偉大，品德純正而高尚，上帝依附她身上。」又說：「周的先王是后稷，文德能配享上帝，民眾賴他來養育。」說的就是這種情況。

頌曰：「棄母姜嫄，清靜專一。履跡而孕，懼棄於野。鳥獸覆翼，乃復收恤❶。卒為帝佐❷，母道既畢❸。」

【章旨】總結全文，概括姜嫄生子的過程和教子成名的事蹟，以歌頌母道的功德。

【注釋】❶收恤　收養撫育。❷卒為帝佐　謂后稷播種百穀，終成唐堯虞舜的輔佐。佐，助。❸畢　完全；完成。

【語譯】頌贊說：「棄母姜嫄功德隆，清靜專一母儀風。履跡生子稀奇事，拋棄野外心忡忡。牛羊不踩鳥覆翼，抱回撫養母愛濃。教子稼穡佐天子，母道盡在教化中。」

三、契母簡狄

契❶母簡狄❷者，有娀氏❸之長女也。當堯之時，與其妹娣❹浴於玄丘❺之水，有玄鳥❻銜卵，過而墜之，五色❼甚好。簡狄與其妹娣競往取之。簡狄得而含之，誤❽而吞之，遂生契焉。

【章旨】此為「卵生」的神話，記敘有娀氏女簡狄誤吞玄鳥卵，而生商族始祖契的神異。

【注釋】❶契　一作「偰」。帝堯時封於商（今河南商丘），賜子姓，古史傳說中商族的始祖，一稱為「玄王」

（見《國語》、《荀子》）。契有「卵生」的神話，可能與商族崇拜鳥圖騰有關。❷簡狄　一作「簡易」、「簡逿」。傳說為帝嚳的次妃。❸有娀氏　古代部族名。故地在今山西運城蒲州鎮。❹妹娣　同義疊用，妹妹。❺玄丘　似為傳說中之地名。❻玄鳥　燕子。因燕子色黑，故名。玄，黑色。❼五色　古代以青、黃、赤、白、黑五色為正色。此用以形容五彩斑斕的樣子。❽誤　失誤。

【語譯】契母簡狄，是有娀氏的長女。在帝堯時期，她和妹妹在玄丘水邊洗浴，有神燕銜著蛋正飛過那裡，蛋掉落下來，那蛋五彩斑斕美得很。簡狄和妹妹便爭著去搶，簡狄搶到蛋含在嘴中，一不小心吞到肚子裡，於是懷孕生了契。

簡狄性好人事❶之治，上知天文❷，樂於施惠❸。及契長，而教之理❹，順❺之序❻。契之性聰明而仁，能育其教，卒致其名。堯使❼為司徒❽，封於亳❾。及堯崩，舜即位，乃敕❿之曰：「契！百姓不親，五品⓫不遜⓬。汝作司徒，而敬⓭敷⓮五教⓯。在寬⓰。」其後世世居亳，至殷湯⓱興為天子。君子謂：「簡狄仁而有禮。」《詩》云：「有娀方將，立子生商⓲。」又曰：「天命玄鳥，降而生商⓳。」此之謂也。

【章　旨】記敘簡狄以禮儀教子成名的事蹟，以及契輔助虞舜主管教化，施行禮治，移風易俗的貢獻。

【注　釋】❶人事　人事之禮。指禮儀教化。❷天文　星象曆法。❸惠　恩惠。❹理　倫常之準則。指父子有親（骨肉之親）、君臣有義（禮義之道）、夫婦有別（內外之別）、長幼有序（尊卑之序）、朋友有信（誠信之德）等。❺順　遵循。❻序　次第；順序。此謂按大小先後區分排列的倫常順序。❼使　命令；派遣。❽司徒　官名。西周時始設置，掌管國家的土地和人事。此為借作契主管教化百姓的官職。❾亳　地名。說法不一，當指漢時之薄縣，在今河南商丘。❿敕　命令。⓫五品　五常。指父、母、兄、弟、子等倫常品秩。⓬不遜　不和順。⓭敬　謹慎。⓮敷　治理；施行。⓯五教　指父義、母慈、兄友、弟恭、子孝等禮儀。⓰寬　寬和。⓱殷湯　一稱成湯、成唐、武湯。原名履，契之子孫，商族首領。滅夏桀，建立商朝，成為天子，國號商，稱為中興賢王。自契至湯凡十四代，傳至盤庚，遷都於殷（今河南安陽小屯村），改商為殷，又稱殷商。再傳至紂，為周武王所滅。商朝約當西元前十六世紀至前十一世紀。⓲有娀方將二句　見《詩經・商頌・長發》。據《毛詩》，應是「有娀方將，帝立，子生商」。將，強大。帝，帝嚳。子，指有娀氏女子簡狄。商，代指契。⓳天命玄鳥二句　見《詩經・商頌・玄鳥》。天，天帝。

【語　譯】簡狄性喜治理人事禮儀，懂得星象曆法，又樂於對人廣施恩惠。等到契長大後，她就教育契奉行倫理的準則，遵循倫理的規範。契聰明仁惠，能認真地接受母親潛移默化的教訓，終於獲得盛名。帝堯派他擔任司徒，去主管教化百姓的工作，並將亳地封給他。等到帝堯死了，虞舜便升為天子，舜就命令他說：「契啊！現在百姓不和睦，五倫不和順，你當司徒，就要謹慎地推行五教的禮制。推行五教要注重寬和大度。」此後，他的後裔就世世代代居住在亳地，傳到十四代殷湯時，一統天下，商朝就興盛起來。君子說：「簡狄品德仁慈，又重禮儀教化。」《詩經》上說：「有娀族興勢正強，簡狄為妃始生商。」又說：「帝命神燕降吉祥，卵生殷契始建商。」說的就是這種情況。

頌曰：「契母簡狄，敦仁勵翼❶。吞卵生子，遂自修飾❷。教以事理，推恩❸有德。契為帝輔❹，蓋❺母有力。」

【章旨】總結全文，概括契母簡狄一生的事蹟，表彰其母儀的風範、母德的功績。

【注釋】❶敦仁勵翼　慈惠敬肅自勉勵。敦、勵，互文，勉。仁，慈惠。翼，敬肅。❷修飾　修養品德。❸推恩　猶言推愛。謂將自己之所愛，推及他人。❹契為帝輔　契輔助堯、舜教化百姓，又佐禹治水有功。❺蓋　連詞，表示原因。

【語譯】頌贊說：「契之生母名簡狄，慈惠敬肅自勉勵。卵生神異始有商，修養品德樹法式。教子禮儀明事理，推愛四方天下益。殷契盡職佐天子，原賴母儀功德立。」

四、啟母塗山

啟母者，塗山氏❶長女也。夏禹❷娶以為妃。既生啟❸，辛壬癸甲❹，啟呱呱❺泣，禹去❻而治水。惟荒度土功❼，三過其家，不入其門。塗山獨明教訓而致其化❽焉。

【章　旨】此為「治水」的神話，描寫夏禹治理洪水、公而忘私的事蹟，並述啟母代禹教子成名的功德。

【注　釋】❶塗山氏　古國名，因靠近塗山而得名。傳說是禹娶塗山氏及會諸侯處。一說在今安徽壽縣；一說為今四川重慶東之真武山；一說在今浙江紹興西北。❷夏禹　一稱大禹、戎禹、帝禹。姒姓，名文命，古史傳說中五帝之一。相傳他原是夏后氏首領，奉舜命治理洪水。他疏通江河，興修溝渠，開墾土地，發展農業。在治水十三年中，三過家門不入。因治水有功被選定為舜的繼位人。舜死，升為天子。治水的神話使他成為中國歷史上第一位治水的偉大人物。❸啟　一稱夏啟、夏后啟。禹之子，禹死，他直接繼承禹位，並立王號，建立了我國歷史上第一個朝代——夏朝，都安邑（今山西安邑西）。從此，帝位世襲制度取代了「禪讓」制度。後傳至桀，被商湯所滅。夏朝約當西元前二十一世紀至前十六世紀。❹辛壬癸甲　夏代已產生天干紀日法，即按甲、乙、丙、丁、戊、己、庚、辛、壬、癸十個字的次序來紀日，從辛日、壬日、癸日至甲日，共是四日。此傳說謂生啟後四日禹即去治水。據《尚書・益稷》：「予創若時，娶于塗山，辛壬癸甲。」此傳說謂娶塗山氏後四日禹即去治水。❺呱呱　象聲詞，形容嬰兒哭聲。❻去　離開。❼惟荒度土功　只大力謀劃平水土的事業。謂治水。惟，只。荒，大。度，動詞，圖謀。土功，平水土之功。❽化　教化。

【語　譯】啟的母親是塗山氏的大女兒。夏禹娶她做妃子。在啟出生後四天，還在呱呱啼哭時，禹便離家去治水。共歷十三年，大力謀劃平水土的事業，三次路過家門口，都沒有進家門去看看。塗山氏獨自光大了禹的教訓，使啟達到教化的目的。

及啟長，化其德❶而從其教，卒致令名❷。禹為天子，而啟為嗣❸，持禹之功而不殞❹。君子謂：「塗山強❺於教誨。」《詩》云：「釐爾士女，從以孫子❻。」此之謂也。

【章　旨】記敘啟母塗山勉力教子，使啟能弘揚母德，守成父業。

【注　釋】❶化其德　使品德得到化育。❷令名　美名。❸嗣　接續；繼承。❹殞　落。❺強　勉力。❻釐爾士女二句　見《詩經・大雅・既醉》。釐，通「賚」。賜與。爾，你。士女，《毛詩》作「女士」。從，隨。孫子，即子孫。

【語　譯】啟長大後，受到父母品德潛移默化的影響，又能遵從父母的教育，終於得到了美名。禹成為天子，啟便被立為後嗣，能守住父親的成業而不衰落。君子說：「這是由於塗山氏對啟的教育能盡心竭力的緣故。」《詩經》上說：「上天賜與你士女，傳下了好的子孫。」說的就是這個意思。

頌曰：「啟母塗山，維❶配帝禹。辛壬癸甲，禹往敷❷土。啟呱呱泣，母獨論序❸。教訓以善，卒繼其父。」

【章旨】總結全文，概括啟母塗山一生的事蹟，以歌頌母教的尊崇。

【注釋】❶維　句首助詞。❷敷　鋪；布。❸論序　治事。論，治。序，事。

【語譯】頌贊說：「啟之母親名塗山，許配帝禹品行端。生啟四日禹離家，平治水土天下安。當啟呱呱啼哭時，母獨治事歷艱難。教訓兒子行善事，守成父業功德滿。」

五、湯妃有㜪

湯妃有㜪❶者，有㜪氏之女也。殷湯娶以為妃。生仲壬、外丙❷，亦明教訓，致其功。

【章旨】記敘湯妃有㜪生子、教子，並使他們成名的業蹟。

【注釋】❶有㜪　即有莘氏。姒姓，古國名。夏后啟封支子於莘，稱為有莘氏，故地在今陝西合陽境。❷仲壬外丙　應為外丙、仲壬。殷湯之子。據《史記・殷本紀》記載，殷湯有三子。太子太丁，未立而死；乃立太子之弟外丙，是為帝外丙；外丙死，立外丙之弟仲壬，是為帝仲壬。

【語　譯】殷湯妃子有㜪，是有㜪氏的女兒。殷湯娶她為妃子。她生下仲壬、外丙，光大了殷湯的教訓，使弟兄倆都得到美名。

有㜪之妃❶湯也，統領九嬪❷，後宮❸有序❹，咸無妒媢❺逆理❻之人，卒致王功❼。君子謂：「妃明而有序。」《詩》云：「窈窕淑女，君子好逑❽。」言賢女能為君子和好眾妾，其有㜪之謂也。

【章　旨】記敘湯妃有㜪整肅後宮、和穆嬪妃、輔助殷湯統有天下的功德。

【注　釋】❶妃　通「配」。動詞，婚配。❷九嬪　眾嬪妃。即帝王之眾妾。❸後宮　宮中妃嬪所居地。❹序　倫常秩序。❺妒媢　同義疊用，嫉妒的意思。❻逆理　違背倫理道德。❼王功　帝王之功業。❽窈窕淑女二句　見《詩經・周南・關雎》。窈窕，聯綿詞，形容內心純潔、容貌美好的樣子。淑，善；好。逑，「仇」的假借字。配偶。

【語　譯】有㜪許配殷湯為妃後，在後宮統管眾妃嬪，使內部禮儀整肅，秩序井然，沒有發現過嫉妒爭寵、違背倫理的人，終於幫助殷湯統有天下。君子說：「這是由於有㜪聰明賢淑、管理有方的緣故。」《詩經》上說：「純潔美貌的女子，正是君子的好配偶。」說的是賢女能替君子協調好內部妻妾關係，可以說就是指有莘這樣的賢女。

頌曰：「湯妃有莘，質行❶聰明。媵從伊尹❷，自夏適殷❸。勤愨治中❹，九嬪有行❺，化訓內外，亦無愆❻殃。」

【章旨】總結湯妃有莘的一生，表彰她母儀的風範。

【注釋】❶質行　品性行為。❷媵從伊尹　謂伊尹原為有莘陪嫁的媵臣。伊尹，湯的右相，曾輔助湯滅夏。❸自夏適殷　謂從夏朝到殷。因有莘原為夏朝諸侯。適，往。❹勤愨治中　謂治內勤謹。愨，恭謹；誠實。中，內。❺行　行列；次第。❻愆　過錯。

【語譯】頌贊說：「湯妃有莘功德揚，聰慧賢良母儀彰。伊尹陪嫁為右相，自夏到商輔佐忙。有莘勤謹治內事，眾嬪有序如鴈行。德澤遍佈宮內外，無過無禍頌殷湯。」

六、周室三母

三母者，太姜、太任、太姒。

太姜者，王季❶之母，有呂氏❷之女。太王❸娶以為妃，生太伯、仲雍、王季。貞順率導❹，靡❺有過失。太王謀事遷徙❻，必與太姜。君子謂：「太姜廣❼於德教❽。」

【章　旨】記敘太姜之德教。

【注　釋】❶王季　即季歷。太王之子，文王之父。太王卒，立為王，是為公季，後追尊他為王季。❷有呂氏　古國名，姜姓。相傳為四嶽的後裔，故地在今河南南陽西。❸太王　即古公亶父。后稷之後裔，文王之祖父。初居豳（今陝西彬縣），因受戎狄侵擾，遷居於岐山下周原（今陝西岐縣），豳人皆從之，定國號為周。後經其子季歷、其孫姬昌（周文王）的繼續發展，部族日益強大。至其曾孫姬發（周武王）伐紂而定天下，建立了周朝。由於周朝王業從其開始，被追尊為太王。古公為號，亶父為名或字。❹率導　率領引導。❺靡　無。❻遷徙　指遷居岐山之事。❼廣　大。❽教　據《四部叢刊》本「教」下有缺文：「德教本也，而謀事次之。詩云：『古公亶父，來朝走馬，率西水滸，至於岐下，爰及姜女，聿來胥宇。』此之謂也。蓋太姜淵智非常，雖太王之賢聖，亦與之謀，其知太王仁恕必可以比國人而景附矣。」

【語　譯】周王室三母，是太姜、太任、太姒。

太姜，是王季的母親，有呂氏的女兒。太王娶她為妃子，生下太伯、仲雍、王季。她為人貞靜和順，對內事能正確統率引導，使宮內沒有發生什麼過錯。類似遷居岐山這樣的大事，太王一定和太姜商議。君子說：「太姜使德教發揚光大。」

太任者，文王之母，摯任氏❶中女❷也。王季娶為妃。太任之性，端一誠莊❸，惟德之行。及其有娠❹，目不視惡色，耳不聽淫聲❺，口不出敖言❻，能以胎教❼，溲❽於豕牢❾，而生文王。文王生而明聖，太任教之，以一而識百，卒為周宗❿。君子謂：「太任為能胎教。」

古者婦人妊子⓫：寢⓬不側，坐不邊，立不蹕⓭，不食邪⓮味；割不正⓯不食，席⓰不正不坐，目不視於邪色，耳不聽於淫聲；夜則令瞽⓱誦詩、道正事。如此，則生子形容⓲端正，才德必過⓳人矣。故妊子之時，必慎所感。感於善，則善；感於惡，則惡。人生而肖⓴萬物者，皆其母感於物，故形音肖之。文王母可謂知肖化矣。

【章旨】記敘太任之胎教，並縷析古代胎教之道。

【注釋】❶摯任氏　古國名，任姓。為殷商的一個屬國。一說故地在今河南汝寧。❷中女　次女。❸端一誠莊　端莊專一。❹娠　懷胎。❺淫聲　靡曼淫穢的樂曲。❻敖言　調笑戲弄的語言。❼胎教　見《大戴禮記・保傅》。古人認為胎兒在母體中能受到母親言行的感化，故懷胎期間，母親要謹守禮儀，注重教化，給胎兒以良好的影響。❽溲　便溺。❾豕牢　豬圈。此指茅廁。❿周宗　周朝的始祖。⓫姙子　懷胎。⓬寢　臥。⓭蹕　一腳偏立。⓮邪　不正。⓯割不正　古人宰殺豬、牛、羊，有一定的分解肢體的方法，如不按規定分解的，便叫「割不正」。⓰席　古代沒有椅子和凳子，都是在地面上鋪席子，坐在席子上。席子一般用蒲葦、竹篾等編成。⓱瞽　目盲，代指樂官。周朝以盲人充任樂官。⓲形容　指形體和容貌。⓳過　動詞，超過。⓴肖　似；骨肉相似。

【語　譯】太任，是周文王的母親，摯任氏的次女。王季娶她為妃。太任品性端莊專一，一心只遵行道德規範。等到她懷胎時，眼不看醜惡的顏色，耳不聽淫靡的樂曲，口不說調笑戲弄的話，很看重對胎兒的胎教。有天，她在茅廁便溺時，生下了文王。文王生下來就聰明賢聖，對母親的教育，能聞一知百，終於成為周王朝的始祖。君子說：「太任能做好胎教。」

古代對婦女懷胎的要求是：臥時不側身，坐時不靠邊，站時不偏腳，不吃有怪味的東西；肉食割得不正就不吃，坐席放得不正就不坐，眼不看不正的顏色，耳不聽不正的樂曲；夜裡還要讓樂官吟誦詩書、講說正事。能做到這樣，生的孩子就會形貌端正、才德超人了。因此，懷胎的時候，做母親的必須注重內心對外界的感受。感受到善，生的孩子就善；感受到惡，生的孩子就惡。人生下來是肖似外界的某些事物的，這全出於母親對外界事物的感受，因而形體、聲音都有肖似的地方。文王的母親可說是深懂胎教肖化的道理了。

太姒者，武王之母，禹後有莘姒氏❶之女。仁而明道。文王嘉❷之，親迎於渭❸，造舟為梁❹。及入，太姒思媚❺太姜、太任，旦夕勤勞，以進❻婦道。太姒號曰「文母」。文王治外，文母治內。太姒生十男❼：長伯邑考，次武王發，次周公旦，次管叔鮮，次蔡叔度，次曹叔振鐸，次霍叔武，次成叔處，次康叔封，次聃季載。太姒教誨十子，自少及長，未嘗見邪僻之事。及其長，文王繼而教之，卒成武王、周公之德❽。君子謂：「太姒仁明而有德。」《詩》曰：「大邦有子，俔天之妹。文定厥祥，親迎于渭。造舟為梁，不顯其光❾。」又曰：「大姒嗣徽音，則百斯男❿。」此之謂也。

【章旨】記敘太姒孝敬婆母的婦道與教子成名的母德。

【注釋】❶有莘姒氏　即有莘國，姒姓。❷嘉　讚美；欣賞。❸渭　渭水。在今陝西中部，今稱渭河。❹造舟為梁　將船聯成浮橋。❺媚　愛；討歡心。❻進　通「盡」。❼十男　排列順序與《孟子．公孫丑下》、《史記．管蔡世家》稍有不同。❽卒成武王周公之德　梁端《校注》本云：「明刻本此下多二百二十六字，後人羼入。」今刪去。周公，姬姓，名旦，武王同母弟，曾輔助武王滅殷商，統一天下。由於其封地在周（今陝西鳳翔），故稱周公。武王死後，其子成王誦繼位，由他攝王位，代行國政，協助成王東征定亂，安定天下。為魯國之始祖。❾大邦有子六句　見《詩經・大雅・大明》。大邦，莘國。子，女兒。指太姒。俔，譬如。妹，少女。文，禮。指納幣之禮。定，定婚。厥，助詞。不，通「丕」。大。❿大姒嗣徽音二句　見《詩經・大雅・思齊》。大姒，即太姒。徽音，美譽。謂太姒兼有太姜、太任之美德。

【語　譯】太姒，是武王的母親，夏后氏有莘姒氏的女兒。她品德仁惠又明白事理。文王很欣賞她，便造船聯成浮橋，親自到渭水岸邊去迎娶她。入周後，她一心想討婆母太姜、太任的歡心，就日夜勤勞，以盡媳婦的責任。她因此有「文母」的美稱。文王對外處理軍國大事，文母對內操持家庭事務。太姒生有十個兒子：長子為伯邑考，依次為武王姬發，周公姬旦，管叔鮮，蔡叔度，曹叔振鐸，霍叔武，成叔處，康叔封，聃季載。太姒教育十個兒子，使他們從小到大，都不去做那些邪僻不正的事情。等到他們成人後，文王繼續進行教育，終於在他們中間造就了武王、周公的才德、功業。君子說：「這是由於太姒仁惠賢明又有德行的緣故。」《詩經》上說：「大國有個好女兒，好比天上之仙女。定婚聘禮真吉利，文王迎親在渭水。船架浮橋聯婚姻，大顯榮光成佳侶。」又說：「太姒承家美名彰，多子多男周室強。」說的就是這個意思。

頌曰：「周室三母，太姜、任、姒。文、武之興，蓋由斯❶起。太姒最賢，號曰『文母』。三姑❷之德，亦甚大矣。」

【章　旨】總結全文，概括周室三母的一生，歌頌她們的德教與胎教，表彰她們治內教子的婦道與母德。

【注釋】❶斯 指代詞。這；這個。❷三姑 指太姜、太任、太姒。姑，婆母。「三姑」當為「二姑」之誤。

【語譯】頌贊說：「周室三母風範先，太姜、任、姒並稱賢。文王、武王興天下，由於三母挑重肩。太姒最是賢明女，號為『文母』功德全。三姑治內大德在，美名流播母儀篇。」

七、衛姑定姜

衛❶姑❷定姜❸者，衛定公❹之夫人，公子❺之母也。公子既娶而死，其婦無子。畢三年之喪❻，定姜歸❼其婦，自送之至於野❽。恩愛哀思，悲心感慟❾。立而望之，揮泣垂涕。乃賦詩曰：「燕燕于飛，差池其羽。之子于歸，遠送於野。瞻望不及，泣涕如雨❿。」送去，歸泣而望之。又作詩曰：「先君之思，以畜寡人⓫。」君子謂：「定姜為慈姑，過⓬而之厚⓭。」

【章旨】記敘定姜對寡媳的厚愛。

【注釋】❶衛　古國名，姬姓。西周分封諸侯，始封君為武王之弟康叔，建都朝歌（今河南淇縣）；後又遷帝丘（今河南濮陽），為秦所滅。❷姑　婦女的通稱。❸定姜　女子的稱號。我國古代，男子稱氏，女子稱姓，氏所以別貴賤，姓所以別婚姻。三代之後，姓氏合為一。春秋時期婦女重姓。待嫁女子在姓上加上孟、伯、仲、叔、季，表示排行。如伯姬、叔姬。出嫁後，有在姓上加上所自的國名者，如衛姬、齊姜。有在姓上加上配偶的氏或國名者，如趙姬、棠姜。有在姓上加上稱號者，如貞姬、貞姜。有在死後加上配偶或本人的諡號者，如定姜、繆姜、哀姜、敬姜、懷嬴。❹衛定公　春秋時衛國國君，名臧。❺公子　失其名，故云。❻喪　服喪期。古代喪禮，丈夫死，妻為夫服喪，其服用粗麻製成，不緝邊，使斷處外露，以示無飾，稱「斬衰」，服期三年。❼歸　出嫁。❽野　郊野。❾感慟　感慨哀痛。❿燕燕于飛六句　見《詩經・邶風・燕燕》。燕燕，成對的燕子。差池，聯綿詞，不整齊的樣子。⓫先君之思二句　見《詩經・邶風・燕燕》。先君，指已死的衛定公。畜，養育。寡人，定姜自稱之詞。⓬過　給予。⓭厚　厚愛；重愛。

【語譯】衛姑定姜，是衛定公的夫人，公子的母親。公子娶妻完婚後就死了，他妻子未生孩子。等三年服喪期滿，定姜就讓寡媳改嫁，並親自送到郊外。既愛惜媳婦又傷悼兒子，給她帶來雙重的感慨悲痛。她久久站立，望著遠去的媳婦，流淚不止。於是賦詩說：「一雙燕子飛上天，忽上忽下舞翩翩。這個媳婦要出嫁，親自遠送郊野邊。遙望背影漸消失，依依惜別淚漣漣。」媳婦已經離開了，定姜在歸途中還一邊哭一邊回頭望著。她又作詩說：「不忘先君恩德深，他的教養慰我心。」君子說：「定姜是仁慈的婆母，她給寡媳以深厚的母愛。」

定公惡孫林父❶，孫林父奔晉❷。晉侯❸使❹郤犨❺為請還，定公欲辭❻。定姜曰：「不可！是先君❼宗卿❽之嗣❾也，大國又以為請，而弗許，將亡。雖惡之，不猶愈❿於亡乎？君其忍之！夫安民而宥⓫宗卿，不亦可乎？」定公遂復之。君子謂：「定姜能遠⓬患難。」《詩》曰：「其儀不忒，正是四國。」⓭此之謂也。

【章　旨】記敘定姜顧全大局、避開患難的功德。

【注　釋】❶孫林父　即孫文子。衛國大夫，曾輔助衛定公與衛獻公。❷晉　古國名，姬姓。始封君為周武王之子、周成王之弟叔虞，都於唐（今山西翼城西），春秋時晉為五霸之一，戰國時為韓、趙、魏三家所分。❸晉侯　指晉厲公。❹使　派遣。❺郤犨　晉國大夫。❻辭　辭謝；不接受。❼先君　指衛穆公，為衛定公之父。❽宗卿　祖先的卿。輔助君主的高官。此指孫良夫，為孫文子之父。❾嗣　後代。❿愈　勝過。⓫宥　寬容。⓬遠　避開。⓭詩曰三句　見《詩經・曹風・鳲鳩》。是讚美賢人的詩。儀，言行。忒，差誤。正，使之端正。四國，各國。

【語　譯】衛定公厭惡大夫孫林父，孫林父即逃亡到晉國。晉厲公派遣郤犨前來，請求衛國允許孫林父返國，衛定公不想接受。定姜說：「恐怕不行吧！孫林父是先君宗卿的後代，現在大國又來替他說情，如果不答應，我國有可能受人侵害而滅亡的危險。即使他令人討厭，但總比亡國要好吧？君王還是忍耐一下吧！為了安定百姓去寬容宗卿，不也是顧全大局的好事嗎？」衛定公便同意孫林父返回衛國。君子說：「定姜能避開患難。」《詩經》上說：「言行如一不偏向，端正四方好榜樣。」說的就是這個情況。

定公卒，立❶敬姒❷之子衎❸為君，是為獻公。獻公居喪❹而慢❺。定姜既哭而息❻，見獻公之不哀也，不內❼食飲。嘆曰：「是將敗衛國，必先害善人❽，天禍衛國也。夫吾不獲鱄❾也，使主社稷❿。」大夫⓫聞之皆懼。孫文子自是不敢舍其重器⓬於衛。鱄者，獻公弟子鮮也。賢，而定姜欲立之而不得。

後，獻公暴虐，慢侮定姜，卒見⓭逐走。出亡至境，使祝宗⓮告亡，且告無罪於廟⓯。定姜曰：「不可！若令無⓰，神不可誣⓱；有罪，若何告無罪也？且公之行，舍大臣而與小臣謀，一罪也；先君有冢卿⓲以為師保⓳，而蔑之，二罪也；余以巾櫛⓴事先君，而暴㉑妾㉒使余，三罪也。告亡而已，無㉓告無罪！」其後，賴鱄力，獻公復得反㉔國。君子謂：

「定姜能以辭㉕教。」《詩》云：「我言惟服㉖。」此之謂也。

【章　旨】記敘定姜能以辭教的功德。

【注　釋】❶立　謂君主即位。❷敬姒　衛定公之妾。❸衎　即敬姒所生庶子。後為衛獻公。❹居喪　猶「丁憂」。謂遭父母之喪。此指衛定公之喪。❺慢　怠慢。❻息　嘆息。❼內　同「納」。進。❽善人　賢人。❾鱄　名子鮮。敬姒所生之庶子，衛獻公之弟。❿社稷　古代帝王諸侯所祭之土神和穀神。用作國家之代稱。⓫大夫　爵位，表示社會地位和生活待遇的一種稱號，根據血緣親疏和功勞大小授給。西周有諸侯、大夫、士三級，爵稱同時也是官稱。春秋戰國時代，有君、侯、卿（上卿、亞卿、客卿）、大夫（五大夫、上大夫、大夫）、士等，爵稱多與官職分開。⓬重器　寶物；國家的寶器。⓭見　被。⓮祝宗　掌管禮儀祭祀的官吏。⓯告無罪於廟　古時有告廟禮，又稱祖奠，即在祖廟神位前設酒、醴、脯、玉帛等物，告奠祖先。告，奠告。廟，祖廟。⓰無　「無」字下疑脫「罪」字。⓱誣　欺騙。⓲冢卿　大卿；上卿。⓳師保　本是古時擔任教育貴族子弟的官，在此是輔翼的意思。⓴巾櫛　婦女所用之佩巾、梳篦。此代夫人的身分。㉑暴　輕慢。㉒妾　定姜自謙之詞。㉓無　同「毋」。㉔反　同「返」。㉕辭　言辭。㉖我言惟服　見《詩經・大雅・板》。惟，同「維」。是。服，用；治。

【語　譯】衛定公死後，由於定姜沒生孩子，便立敬姒所生庶子名衎的做君主，這就是衛獻公。服喪期間，獻公對喪禮懈怠。定姜又哭又嘆息，看見獻公沒有盡哀，悲痛得不吃不喝。她感嘆地說：「這個孩子會使衛國衰敗，而且一定會先要傷害賢臣，這是上帝降給衛國的禍害啊！遺憾的是我不能立鱄為君，讓他管理國家。」衛國的大夫聽說後都很害怕，孫文子自此不敢把寶物放在衛國。鱄，是獻公的胞弟，又名子鮮。鱄很賢明，定姜想立他做君主，但沒能辦到。

後來，衛獻公由於殘暴酷虐，對定姜輕慢無禮，結果被驅逐出逃。他逃亡到國境時，便派祝宗向祖廟奠告他逃亡的消息，並表白他沒有什麼罪過。定姜說：「不行！假若你無罪，神靈是不會受騙將有罪當作無罪的；假若你有罪，為什麼要騙神靈說你是無罪的呢？何況你作為君主的行為，丟開大臣去與小臣親近謀事，這是第一個罪過；輔佐先君的上卿大臣，受你輕視而不被重用，這是第二個罪過；我以先君夫人的身分侍奉先君，而你做兒子的卻無禮地輕慢我、役使我，這是第三個罪過。你奠告逃亡就算了，不能奠告無罪！」在這之後，獻公依靠著鱄的力量，才返回衛國。君子說：「定姜能用自己的言辭去教育別人。」《詩經》上說：「我的言辭真管用。」說的就是這種情況。

鄭❶皇耳❷率師侵衛。孫文子卜追之，獻兆❸於定姜曰：「兆如山林❹，有夫出征，而喪其雄❺。」定姜曰：「征者喪雄，御寇之利也，大夫圖❻之！」衛人追之，獲皇耳於犬丘❼。君子謂：「定姜達於事情。」《詩》云：「左之左之，君子宜之❽。」此之謂也。

【章旨】記敘定姜通達事理的品德。

【注釋】❶鄭　古國名，姬姓。周宣王封其弟友於鄭，故地在今陝西華縣西北。❷皇耳　鄭國大夫。❸兆卜兆。古人灼龜甲，視其所出現的裂紋形態以卜吉凶，其裂紋稱「兆」。❹山林　一作「山陵」。❺雄　特出的、強有力的人物。❻圖　謀。❼犬丘　在今河南永城西北。❽左之左之二句　見《詩經・小雅・裳裳者華》。左之，左兮。指輔助君主於左右。宜，安；適宜。

【語　譯】鄭國大夫皇耳帶兵攻打衛國。孫文子占卜後準備追逐鄭兵，並將占卜的凶兆獻給定姜說：「卜兆似山陵，有人要遠征，將會折損英雄。」定姜說：「出征損兵折將，有利於抵禦敵人。你們大夫就去安排禦敵的事吧！」於是衛人追逐鄭軍，在犬丘俘獲了皇耳。君子說：「定姜能通達事理。」《詩經》上說：「左邊右邊來輔君，君子才德無不宜。」說的就是這種情況。

頌曰：「衛姑定姜，送婦作詩。恩愛慈惠，泣而望之。數❶諫獻公，得其罪尤❷。聰明遠識，麗於文辭。」

【章　旨】總結全文，歌頌定姜厚愛媳婦、避開患難、注重辭教、通達事理的人品功德。

【注　釋】❶數　屢次。❷罪尤　同義疊用，罪過。

【語　譯】頌贊說：「衛姑定姜品德周，作詩〈燕燕〉美名留。恩愛慈惠嫁寡媳，揮淚惜別情意流。好心屢勸衛獻公，輕慢無禮遭罪尤。聰明遠見麗文辭，範型自列母儀儔。」

八、齊女傅母

傅母❶者，齊❷女之傅母也。女為衛莊公❸夫人，號曰莊姜。姜交❹好。始往，操行衰惰❺，有冶容❻之行，淫佚❼之心。傅母見其婦道不正，諭❽之云：「子❾之家，世世尊榮❿，當為民法則。子之質通達於事，當為人表式⓫。儀貌壯麗，不可不自修整。衣⓬錦絅裳⓭，飾在輿馬⓮，是不貴⓯德也！」乃作詩曰：「碩人其頎，衣錦絅衣。齊侯之子，衛侯之妻，東宮之妹，邢侯之姨，譚公維私。」⓰砥厲⓱女之心以高節，以為人君之子弟⓲，為國君之夫人，尤不可有邪僻之行焉。女遂感而自修。君子善⓳傅母之防未然也。

莊姜者，東宮得臣之妹也。無子，姆戴嬀之子桓公⓴。公子州吁㉑，嬖人㉒之子也。有寵，驕而好兵㉓，莊公弗㉔禁。後州吁果殺桓公。《詩》

曰：「毋教猱升木㉕。」此之謂也。

【章　旨】記敘傅母進行詩教，使莊姜改過從善的功德。

【注　釋】❶傅母　女師。古代有女師之官，以「三從」、「四德」的婦道，教育貴族子女。❷齊　古國名，姜姓。西周分封諸侯，封呂尚於齊，建都營丘（今山東淄博東北）。春秋時齊國為五霸之主，戰國時為七雄之一，後為秦所滅。❸衛莊公　春秋時衛國國君，名揚。❹交　本作「姣」，美好。❺衰惰　衰敗。❻冶容　容態妖媚。❼淫佚　縱欲放蕩。❽諭　告訴。❾子　人稱代詞，相當於「你」或「您」。❿尊榮　尊貴榮耀。⓫表式　表率。⓬衣　動詞，穿。⓭絅裳　麻織的罩衣。古代女子出嫁時用罩衣罩在錦衣上，以蔽塵土。絅，或作「褧」。⓮輿馬　車馬。此指古代貴族女子出嫁時坐的翟車，車帘兩旁用野雉毛裝飾。⓯不貴　崇尚；重視。不，助語詞，無義。⓰詩曰八句　見《詩經・衛風・碩人》。是寫衛莊公夫人莊姜的詩。碩人，是大人、賢人、美人的意思。頎，身長的樣子。東宮，太子所居地，因稱太子為東宮。此指齊太子得臣。邢，古國名。故地在今河北邢臺。姨，姨子；妻子的姊妹。譚，古國名。故地在今山東歷城。維，是。私，女子稱姊妹之丈夫為「私」。⓱砥厲　磨礪。⓲子弟　泛指子孫後輩。⓳善　動詞，讚許。⓴姆戴媯之子桓公　莊姜無子，衛莊公即令莊姜收養完為子，立為太子，後繼位為衛桓公。姆，當作「母」。動詞，養育。戴媯，衛莊公之妾。桓公，名完，戴媯所生庶子。㉑州吁　衛莊公之妾所生庶子。襲殺桓公，自立為衛君。㉒嬖人　寵妾。㉓好兵　好武；好戰。㉔弗　不。㉕毋教猱升木　見《詩經・小雅・角弓》。毋，發聲詞，無義。猱，猿猴。升木，上樹。

【語　譯】傅母，是齊女的傅母。齊女是衛莊公的夫人，號稱莊姜。莊姜長得很美。剛嫁到衛國時，不太注意德操品行，有妖媚的行為、放蕩的心思。傅母見她不遵守「三從」、「四德」的婦道，便勸告她說：「您的家族，世代尊貴榮耀，應當成為百姓的楷模。您資質聰明，通達事理，應當成為婦女的表率。儀容美麗，不可不注意修整。您出嫁時穿錦衣罩絅裳，坐著裝飾野雉毛的翟車，就是重視禮儀德行的道理呀！」於是傅母作詩說：「高高身材美姑娘，穿錦披衣做新娘。她是齊侯的女兒，衛侯的妻房，太子的胞妹，邢侯的姨妹，譚公是她的姊丈。」她用高尚的節操磨礪莊姜，認為人君的子孫、國君的夫人，尤其不能有邪僻不正的行為。莊姜很受感動並因而注重修身養性。君子稱讚傅母能夠防止禍患於未發生之前。

莊姜，是齊太子得臣的胞妹。她嫁給衛莊公後，沒生男孩子，便收養戴媯生的庶子完做自己的兒子，並教育太子成為後來的桓公。公子州吁，是寵妾所生的庶子。由於州吁很得寵，驕橫好武，莊公全不予禁止。後來州吁果然殺了桓公。《詩經》上說：「教猱猴上樹。」說的就是這個意思。

頌曰：「齊女傅母，防女未然，稱列先祖，莫不尊榮。作詩明指❶，使無辱先。莊姜姆妹❷，卒能修身。」

【章　旨】總結全文，歌頌傅母詩教的風範、母儀的功績。

【注　釋】❶指　意旨；意向。❷姆妹　當作「母桓」。指莊姜養育桓公。

【語　譯】頌贊說：「齊女傅母立母儀，教女防患未然時。列祖列宗功德著，尊貴榮顯世所稀。作詩教誨明旨意，不辱祖先和門楣。莊姜從此重婦道，修身教子兩相宜。」

九、魯季敬姜

魯❶季❷敬姜者，莒❸女也，號「戴己」，魯大夫公父穆伯❹之妻，文伯❺之母，季康子❻之從祖叔母❼也。博達❽知禮。穆伯先死，敬姜守養❾。文伯出學而還歸，敬姜側目而盼之。見其友上堂，從後階❿降而卻⓫行，奉⓬劍正履，若事父、兄。文伯自以為成人矣。

敬姜召而數之曰：「昔者武王⓭罷朝，而結絲絉絕⓮，左右顧，無可使結之者，俯而自申⓯之，故能成王道。桓公⓰坐友⓱三人，諫臣⓲五人，日舉過者三十人，故能成伯業⓳。周公一食而三吐哺，一沐而三握髮⓴；所執贄㉑而見於窮閭隘巷者，七十餘人，故能存周室。彼二聖一賢者，皆霸王之君也，而下人㉒如此，其所與遊者皆過己者也，是以日益㉓而不自知也。今以子年之少而位之卑㉔，所與遊者，皆為服役，子之不益，亦以明矣。」文伯乃謝罪。

於是乃擇嚴師賢友而事之，所與遊處㉕者，皆黃耄倪齒㉖也。文伯引衽㉗攘捲㉘而親饋㉙之。敬姜曰：「子成人矣！」君子謂：「敬姜備於教化。」《詩》云：「濟濟多士，文王以寧㉚。」此之謂也。

【章旨】記述魯季敬姜教子自立成人。

【注釋】❶魯　古國名，姬姓。西周初期所封，都曲阜（今山東曲阜），戰國時為楚所滅。❷季　季孫氏。春秋後期魯國掌權者有三家貴族，即孟孫氏、叔孫氏和季孫氏，均是魯桓公後裔，被稱為「三桓」，以季孫氏勢力最大。古代有姓、氏、族三者之分別，在某一國內，國君有「姓」，而諸侯被封他地，其封地叫「國」，這個諸侯國即稱為「氏」，而「氏」又分出「族」，取祖先的字為「族」名。「氏」是家族的標記，列國公族（諸侯之同族）多以「孫」為「氏」，如出於公室者稱公孫氏，出於王室者稱王孫氏。❸莒　古國名，己姓。都計斤（今山東膠州），春秋時遷都於莒（今山東莒縣）。戰國時為楚所滅。❹公父穆伯　季孫氏。魯國大夫。❺文伯　公父穆伯之子公父歜。魯國大夫。❻康子　季孫氏，名肥。魯國政卿。❼從祖叔母　祖父弟弟之妻。從，指同一宗族中次於至親的關係。❽博達　廣博通達。❾養　蕭道管《集注》本謂「養」為「義」之訛。義，節義。❿後階　蕭道管《集注》本謂北階。因大夫、士東房西室，是東房之北為北堂。⓫卻　謙卑地退讓。⓬奉　同「捧」。⓭武王　周武王。⓮而結絲絉絕　梁端《校注》本謂當作「而結絉絕」，「絲」為誤入之衍字。結，繫。絉，同「襪」。襪子。絕，斷。⓯申　束；約束。⓰桓公　齊桓公。春秋時齊國國君。⓱坐友　諍友；敢爭曲直的朋友。古稱法庭辯訟為「坐」，故名。⑱諫臣　諫官。其職責是直言規勸君主的過失，使之改正。⑲伯業　霸業。伯，通「霸」。⑳周公一食而三吐哺二句　《史記・魯周公世家》作「一沐三捉髮，一飯三吐哺」。周公，周公旦。哺，口中所含的食物。沐，洗髮。㉑贄　禮物。㉒下人　屈居人下。㉓益　增益；上進。㉔卑　低。㉕處　相處。㉖黃耇倪齒　謂老年人。黃耇，老年人頭髮變白，久後又變黃，為長壽的象徵。倪，亦作「兒」、「齯」。老人牙齒脫落後再長的細齒，為長壽之象徵。㉗引衽　整理衣襟。㉘攘捲　捲起衣袖。㉙饋　進食於尊者。㉚濟濟多士二句　見《詩經・大雅・文王》。濟濟，眾多整齊的樣子。寧，安寧。

【語　譯】魯季敬姜，是莒國諸侯的女兒，號「戴巳」，魯國大夫公父穆伯的妻子，魯國大夫公父文伯的母親，魯國政卿季康子的從祖叔母。她廣博通達，深知禮教。公父穆伯早死，她謹守節義。

公父文伯遊學歸家，敬姜旁觀他的舉動。發現他的朋友進了堂屋，然後從北階下來，一再謙卑地退讓，並恭敬地向他捧劍正履，就像奉事父、兄那樣。文伯因而認為自己已長大成人了。

敬姜叫文伯來，責備他說：「從前周武王有次罷朝回宮，恰巧腳上繫襪子的帶子斷了，他左看右看，沒有可以指使的人，便自己彎下腰去，將帶子繫上，因此能夠成就王道。春秋時齊桓公，有諍友三人、諫官五人，還有每天都揭發自己過失的臣子三十人，因此能夠成就霸業。周公為接待賢者，忙得吃一頓飯要停頓三次才吃完，洗一次頭髮要間歇三次才洗完；他帶著禮物親自到窮閭小巷訪問的賢者，就有七十餘人，因此能夠保全周朝。那二聖一賢，本來都是具有霸王之才的君主，尚且能這樣自甘屈居人下，而交往的也是才德超過他們的嚴師賢友，因此他們在潛移默化、不知不覺中得到長進。現在你年紀小、爵位低，交往的都是奉事你的人，這樣下去，你是絕不會有出息的，這是再明白不過的了。」文伯受到教益，承認了錯誤。

於是文伯選擇嚴師賢友作學習的榜樣，相交相處的，都是德高望重的老前輩。文伯整衣襟、捲袖子，親自向師友進食。敬姜說：「你已長大成人了！」君子說：「敬姜能完滿地實現教化。」《詩經》上說：「才士濟濟於一堂，文王靠他們安邦。」說的就是這種情況。

文伯相魯❶，敬姜謂之曰：「吾語❷汝，治國之要盡在『經❸』矣。夫『幅』者所以正曲枉也，不可不彊，故『幅』可以為將❹。『畫』者所以均不均、服不服也，故『畫』可以為正❺。『物』者所治蕪與莫也❻，故『物』可以為都大夫❼。持交而不失、出入不絕者，『捆』也；『捆』可以為大行人也❽。推而往、引而來者，『綜』也；『綜』可以為關內之師❾。主多少之數者，『均』也；『均』可以為內史❿。服重任，行遠道，正直而固者，『軸』也；『軸』可以為相⓫。舒而無窮者，『摘⓬』也；『摘』可以為三公⓭。」文伯再⓮拜受教。

【章　旨】記敘魯季敬姜教子治國的道理。

【注釋】❶相魯　做魯國相。❷語　告訴；告誡。❸經　織。織縱（直線）為「經」，織橫（橫線）為「緯」。此代織布機。《太平御覽・卷八二六・資產部・六》引注：「經者，總絲縷以成文采，有經國治民之象。」❹夫幅者所以正曲枉也三句　《太平御覽・卷八二六・資產部・六》引注：「幅強乃能正曲，將強乃能除亂。」幅，逼束。謂織機上之線宜繃緊拉直，不宜鬆，鬆則曲枉。正，動詞，矯直。曲枉，連文同義。彎曲；不正。彊，「強」的異體字。強迫；使用強力。❺畫者所以均不均二句　《太平御覽・卷八二六・資產部・六》引注：「畫，傍也，正，長官也。總縷得畫，以喻徒庶得長而後齊。」畫，整齊。謂織機上的線宜使之縱橫整齊，不齊則不平正。❻物者所治蕪與莫也　物是丈量布匹長度和廣度的。物，識；標記。此指墨識。古代的量制，五尺為墨識。古代的量制，五尺為墨，倍墨為丈。蕪、莫，陳漢章《列女傳斠注》：「蕪，通『幠』，謂匹長；莫，通『幙』，謂幅廣。」❼都大夫　《太平御覽・卷八二六・資產部・六》引注：「都大夫，主治民理眾也。」❽捆可以為大行人也　《太平御覽・卷八二六・資產部・六》引注：「梱使縷交錯出入不失理也，似大行人交好鄰國不離畔也。」捆，一作「梱」，織具。猶今之梭子。大行人，官名。負責外交禮儀，以親諸侯。❾綜可以為關內之師　《太平御覽・卷八二六・資產部・六》引注：「總推縷令往，引之令來，似關內師收合人眾，使令有節。關內師，主境內之師眾。」綜，使經、緯線往來交錯的織具。關內，原作「門內」，據梁端《校注》本改。❿均可以為內史　《太平御覽・卷八二六・資產部・六》引注：「均，謂一齒受一縷，多少有數，猶內史之治民也。」均，通「杓」。織具。《廣雅・卷八・釋器》：「經梳謂之杓。」內史，為帝王執掌爵祿、廢置、生殺、予奪之法的官。⓫軸可以為相　《太平御覽・卷八二六・資產部・六》引注：「相當大任，堅固不倦，死而後已，有若軸。」軸，用細竹片排成梳齒狀，經線從中穿過的織具。引申為機樞之意。⓬摘　為「樀」的假借。機上之捲絲器。⓭三公　周代三公，一說為司馬、司徒、司空；一說為太師、太傅、太保。⓮再　兩次。

【語　譯】文伯做魯國的相，敬姜對他說：「我要告誡你，治理國家如同治理絲縷，它的綱要全在於『經』。『幅』是矯正彎曲不正的，不能不使用強力，因此做到『幅』那樣強而有力的，可以成為率兵治亂的將領。『畫』是平衡那不平衡、平整那不齊整的，因此做到『畫』那樣整齊畫一的，可以擔任正直的長官。『物』是丈量布匹長度和廣度的，因此做到『物』那樣公平的，可以充當平正的都大夫。讓織線縱橫交織而不亂、左右往還而不斷的，是『捆』的功用，因此像『捆』那樣有節奏的，可以成為有禮有節的大行人。使織機一推一拉、織線一來一往的，是『綜』的功用，因此像『綜』那樣有條理的，可以成為關內之師。將千絲萬縷匯總歸一的，是『均』的功用，因此像『均』那樣有章法的，可以成為執掌王法的內史。負重任，行遠道，使織機正直牢固的，是『軸』的功用，因此像『軸』那樣成為機樞的，可以成為負重致遠的國相。舒展而不會窮盡的，是『摘』的功用，因此像『摘』那樣舒捲自如的，可以成為道德完備的三公。」文伯拜了又拜，接受母親的教誨。

文伯退朝，朝❶敬姜，敬姜力績❷。文伯曰：「以歜之家，而主❸猶績，懼干❹季孫❺之怒，其以歜為不能事主乎！」

敬姜嘆曰：「魯其❻亡乎！使童子備官❼而未之聞耶？居❽，吾語女❾。昔聖王之處❿民也，擇瘠土⓫而處之，勞⓬其民而用之，故長王⓭

天下。夫民勞則思⑭，思則善心生；逸則淫，淫則忘善，忘善則惡心生。沃土之民不材⑮，淫⑯也；瘠土之民嚮義⑰，勞也。是故天子大采朝日⑱，與三公、九卿組織⑲施德；日中考政，與百官之政事，使師尹維旅、牧⑳，宣敬㉑民事；少采夕月㉒，與太史㉓、司載㉔糾虔天刑㉕；日入監㉖九御㉗，使潔奉禘、郊之粢盛㉘；而後即安。諸侯朝修㉙天子之業命㉚，晝考其國㉛，夕省㉜其典刑㉝，夜儆㉞百工㉟，使無慆淫㊱，而後即安。卿大夫朝考其職㊲，晝講其庶政㊳，夕序其業，夜庀㊴其家事，而後即安。士朝而受業，晝而講隸㊵，夕而習復㊶，夜而討過㊷，無憾，而後即安。自庶人㊸以下，明而動，晦㊹而休，無自㊺以怠。王后親織玄紞㊻，公侯之夫人加之以紘㊼、綖㊽，卿之內子㊾為大帶㊿，命婦(51)成祭服，則士(52)之妻加之以朝服，自庶士(53)以下，皆衣其夫。社(54)而賦事(55)，烝(56)而獻功(57)，男女效績(58)，否則有辟(59)，古之制也。君子勞心，小人勞力，先王之訓也。自上以下(60)，誰敢淫心舍力？今我，寡也，爾又在下位(61)，朝夕處事，猶恐忘先人之業，況有怠惰？其何以避辟[62]！吾冀而[63]朝夕修[64]我曰：『必無廢先人。』爾今也曰：『胡不自安[65]？』以是[66]承君之官，余懼穆伯之絕嗣[67]也。」

仲尼[68]聞之曰：「弟子記之，季氏婦不淫[69]矣。」《詩》曰：「婦無公事，休其蠶織[70]。」言婦人以織績為公事，休之非禮也。

【章旨】記述魯季敬姜教子不忘先祖之恩德功業，並勤於政事。

【注釋】❶朝　拜見。❷力績　《國語・魯語下》作「方績」。❸主　主母。❹干　冒犯。❺季孫　季孫氏。此指康子。❻其　表推測語氣。❼備官　居官。❽居　坐。❾女　同「汝」。你。❿處　安頓。⓫瘠土　不肥沃的土地。⓬勞　使動詞，使之勞作。⓭王　動詞，稱王。⓮思　思考儉約。⓯不材　謂器能少。⓰淫　《國語・魯語下》作「逸」。⓱嚮義　崇尚仁義。⓲大采朝日　天子祭祀禮儀之一。《禮記・玉藻》：天子「玄端以朝日于東門之外」。玄端，祭祀時所穿黑色禮服。上藻飾五采，故稱大采。春分那天迎日於東方，而祭五帝於四郊，故稱朝日。⓳組織　《國語・魯語下》作「祖識」。祖，習。識，知。⓴師尹維旅牧　師尹宣詔眾士和州牧的職守。師尹，大夫官。維，陳述。旅，眾士。牧，州牧。㉑宣敬　《國語・魯語下》作「宣序」。宣，遍。序，次序。㉒少采夕月　天子祭祀禮儀之一。少采，三采。《國語》韋昭注：「朝日以五采，則夕月其三采也。」夕月，秋分那天祀夕月。㉓太史　掌管曆法、記載史事的官。㉔司載　掌管天文的官。㉕糾虔天刑　恭敬虔誠地觀察天文星象的變化。糾，恭。虔，敬。天刑，上天之法度。㉖監　視察。㉗九御　宮中女嬪之官長。㉘潔奉

禘郊之粢盛　潔身供奉敬祖祀天的祭品。潔，潔身。奉，供奉。禘，祀祖先之名。郊，祀天之名。粢盛，盛在祭器內的穀物。㉙修　受。㉚業命　謂受事於朝廷之命令。㉛國　《國語・魯語下》作「國職」。㉜省　省察。㉝典刑　制度法規。㉞儆　告誡。㉟百工　百官。㊱慆淫　怠慢享樂。㊲職　在朝之官職。㊳庶政　民政。㊴庀　治理。㊵隸　當作「肄」，習。㊶復　重複。㊷討過　《國語・魯語下》作「計過」。㊸庶人　平民。㊹晦　昏黑。㊺無自　《國語・魯語下》作「無日」。㊻玄紞　古代冠冕兩旁懸瑱（玉製的耳塞子）的帶子。㊼紘　繫於頷下之帽帶。㊽綖　覆蓋在帽上之裝飾。㊾內子　卿的嫡妻。㊿大帶　祭服之緇帶。(51)命婦　大夫之妻。(52)則士　《國語・魯語下》作「列士」，即上士。(53)庶士　下士。(54)社　春分祭社。即祭土地神。(55)賦事　農桑之事。(56)烝　冬祭。(57)獻功　祭獻五穀、布帛。(58)效績　獻出功績。(59)辟　罪。(60)自上以下　謂自天子至庶人。(61)下位　文伯為大夫，爵位比卿低。(62)避辟　逃避罪責。(63)而　你。(64)修　告誡。(65)胡不自安　謂績麻則不自安。胡，原作「吾」。據《國語・魯語下》改。(66)以是　以此。指怠惰之心。(67)懼穆伯之絕嗣　謂懼怠惰享樂，將獲罪而遭誅殺，則繼絕後代。嗣，後代。(68)仲尼　孔子。名丘，字仲尼。(69)淫　奢侈。(70)婦無公事二句　見《詩經・大雅・瞻卬》。公事，功事。休，停止。

【語　譯】有一次，公父文伯退朝回家，去拜見母親，母親正在績麻。文伯不以為然地說：「像我們這樣受季孫氏恩寵的家庭，主母還要績麻，怕是要惹惱季康子，也許他會認為我不孝敬主母啊！」

敬姜嘆息說：「魯國大概快要滅亡了啊！難道能讓無知的童稚來當官，又不懂當官的道理嗎？你坐下，我給你講講。從前聖明的君主有管理民眾的辦法，往往選擇貧瘠的土地來安頓他們，使他們在土地上辛苦勞作，因此能長久地稱王於天下。這是因為民眾勞苦，就會思量節儉，思量節儉就會產生仁義的善心；民眾安逸就會享樂，有了享樂就會忘了仁義，忘了仁義就會產生醜惡之心。沃土上的民眾不能成器，是由於安樂的緣故；瘠土上的民眾行善尚義，是由於勞苦的緣故。

正是因為這種情況，天子要大采朝日，和三公、九卿商議、熟悉治國的德政；日正中時，親自去考察政績，檢查百官的政務，並讓師尹宣詔眾士和州牧的職守，使民事得到全面而有秩序的治理；天子還少采夕月，和太史、司載恭敬虔誠地觀察天文星象的變化；日落時，親自到宮內考察女官的內務，使她們潔身供奉敬祖祀天的祭品，然後才能安心。至於諸侯呢，早上奉事天子的命令，白天考察他理政的公職，傍晚省察他理政的法規，夜晚告誡督促百官，免使他們怠惰享樂，然後才能安心。至於卿大夫呢，早上考察他的職守，白天治理民政，傍晚安排政事，夜晚處理家事，然後才能安心。還有士這一爵位的，也是早上受事於朝廷，白天學習，傍晚複習，夜晚再反省過失，覺得沒有什麼遺憾，然後才能安心。那些平民以下的人，白天勞作，夜晚休息，也沒有一天懈怠的。王后親自織就玄紞，公侯的夫人織了紞，還要加織紘和綖，卿的妻子製作大帶，大夫的妻子製作祭服，上士的妻子除祭服外，還要加製朝服，從下士至庶人的妻子，則要製作丈夫所穿的衣服了。春祭，是一年農事的開始，冬祭，要獻一年收成的五穀、布帛等祭品，男男女女都要獻出功績，不然就要被治罪，這是自古以來的制度。君子勞心，小人勞力，這是先王的遺訓。自上而下，有哪一個敢心生懈怠而放棄勞動的呢？現在我在守寡，你又在下位，即使從早到晚忙於做事，還怕忘記先祖的功業，更何況產生怠惰之心呢？這怎麼能夠逃避罪責！我希望你能早晚都提醒我：『一定不要廢棄祖先的遺教。』你今天要我不績麻，還說我：『為什麼不安心？』用這種怠惰之心奉承君主授予的官職，定會獲罪誅絕，我擔心你父親穆伯從此要斷絕宗祀了。」

孔子聽到此事後說：「弟子記住，季氏家的敬姜沒有懈怠、享樂之心。」《詩經》上說：「婦人沒做功事，停止了蠶織的工作。」這意思是說，蠶桑紡織是婦女的本分，停止不做，就是不合禮的要求。

文伯飲南宮敬叔❶酒，以露堵父❷為客。羞❸鼈焉，小。堵父怒，相延❹食鼈，堵父辭❺曰：「將使鼈長而食之！」遂出。

敬姜聞之，怒曰：「吾聞之先子❻曰：『祭養尸，饗養上賓❼。』鼈於人何有❽？而使夫❾人怒！」遂逐文伯。五日，魯大夫辭❿而復⓫之。君子謂：「敬姜為慎微⓬。」《詩》曰：「我有旨酒，嘉賓式讌以樂⓭。」言尊賓也。

【章旨】記敘魯季敬姜教子慎微尊賓。

【注釋】❶南宮敬叔　魯國大夫。❷露堵父　魯國大夫。堵，一作「睹」。❸羞　進獻食物。❹延　邀請。❺辭　告辭。❻先子　先舅；去世的公公。指季悼子。為公父穆伯之父，文伯之祖父，康子之曾祖父。❼祭養尸二句　謂祭祀之禮，尊養尸；饗宴之禮，養上賓。尸，古代祭祀時代表死者受祭，象徵死者神靈的人。引申為主持、主管。饗，用酒食待人。❽鼈於人何有　謂鼈非難得之物，不足吝惜。有，吝惜。❾夫　指代詞。這個；那個。❿辭　請求。⓫復　還；返。⓬慎微　重視細小的事情。⓭我有旨酒二句　見《詩經・小雅・鹿鳴》。旨酒，美酒。式，助語詞。讌，通「宴」。宴會。樂，《毛詩》作「敖」。

【語譯】文伯請魯大夫南宮敬叔飲酒，以魯大夫露堵父為上客。酒宴進獻上一道菜肴，那是隻小小的鼈。露堵父對這種小家子氣很生氣。當眾賓客相讓著吃鼈的時候，他告辭說：「還是讓鼈長肥大後再吃吧！」於是就離席出門而去。

敬姜聽說這件事，也生氣地說：「我曾聽去世的公公說過：『祭祀的禮節，要尊養象徵死者神靈的人；饗宴的禮節，要尊養赴宴的上賓。』鼈並不難得，用來待客，有什麼值得吝惜的呢？卻讓人生這麼大的氣！」於是將文伯逐出家門。過了五天，經魯大夫的請求，文伯才回家。君子說：「敬姜能慎重處理細小的事。」《詩經》上說：「我家美酒甜又香，客人喝得喜洋洋。」就是說要尊重賓客。

文伯卒，敬姜戒止❶妾曰：「吾聞之：好內❷，女死之；好外，士死之。今吾子夭死❸，吾惡❹其以好內聞也。二三婦❺之辱❻共祀先祀❼者，請毋瘠色❽，毋揮涕❾，毋陷膺❿，毋憂容，有降服⓫，毋加服⓬；從禮而靜，是昭⓭吾子。」仲尼聞之曰：「女知⓮莫若婦，男知莫若夫，公父氏之婦知矣⓯，欲明其子之令德⓰。」《詩》曰：「君子有穀，貽厥孫子⓱。」此之謂也。

敬姜之處喪也，朝哭穆伯，暮哭文伯。仲尼聞之曰：「季氏之婦，可謂知禮矣。愛而無私，上下有章⑱。」

【章　旨】記敘魯季敬姜愛而無私。

【注　釋】①止　《國語・魯語下》作「其」。②內　泛稱私欲、女色。③夭死　短命；早死。④惡　討厭。⑤二三婦　指文伯之眾妾。⑥辱　屈辱；委屈。⑦先祀　先人的祭祀。⑧瘠色　使容顏枯槁瘦削。⑨揮涕　《國語・魯語下》作「洵涕」，流淚。⑩陷膺　《國語・魯語下》作「搯膺」。搯，叩；擊。膺，胸。⑪降服　喪服降一等。比禮的規定要輕。⑫加服　喪服加一等。比禮的規定要重。⑬昭　顯揚。⑭知　通「智」。⑮公父氏之婦知矣　謂婦女之情，愛其子，當讓妻妾思念，今敬姜為了明德，反令妻妾對其子抑情節哀，是德行大於私情，此為婦女具有丈夫之智。⑯令德　美德。⑰君子有穀二句　見《詩經・魯頌・有駜》。穀，善；福。貽，《毛詩》作「詒」，留給。厥，其。《毛詩》無「厥」字。孫子，即子孫。⑱上下有章　謂朝哭夫，夫為上；暮哭子，子為下。章，章程；法規。

【語　譯】公父文伯死了，敬姜告誡他的妻妾說：「我聽說過，喜好私情的人，妻妾能為他殉情；喜好外交的人，朋友能為他死義。我兒子不幸早死，我討厭他會得到喜好私情的名聲。現在委屈你們這些妻妾，來共奉先人的祭祀，請不可使自己形銷骨立，不可痛哭流涕，不可捶胸頓足，不可愁眉苦臉，喪服只能減等，不可加等，一切都要遵從禮儀，寧靜平和，這就顯揚我兒子的功德了。」孔子知道這事後說：「少女的智慧不如成年的婦人，男孩的智慧不如成年的丈夫，像公父氏這位婦女是有丈夫智慧的，因為她要使兒子的美德顯揚於世。」《詩經》上說：「君子福澤長，留給子孫享。」說的就是這個意思。

敬姜居喪期間，早上哭穆伯，傍晚哭文伯。孔子知道這事後說：「季氏婦，可說是很懂禮法的。她的愛心公正無私，朝哭夫，暮哭子，尊卑有別，很有條理。」

敬姜嘗如❶季氏，康子在朝❷，與之言，不應；從❸之，及寢門❹，不應而入。康子辭於朝而入見曰：「肥也不得聞命，毋乃❺罪耶？」敬姜對曰：「子❻不聞耶？天子及諸侯，合民事於內朝❼，自卿、大夫以下，合官職於外朝，合家事於內朝；寢門之內，婦人治其職焉。上下同之。夫外朝，子將業君之官職焉；內朝，子將庀季氏之政焉，皆非吾所敢言也。」

康子嘗至，敬姜闖❽門而與之言，皆不踰閾❾。祭悼子，康子與❿焉，酢⓫不受，徹⓬俎不宴，宗⓭不具⓮不繹⓯，繹不盡飫則不退⓰。仲尼謂：「敬姜別於男女之禮矣。」《詩》曰：「女也不爽⓱。」此之謂也。

【章　旨】記敘魯季敬姜別於男女之禮。

【注　釋】❶如　動詞。之；到。❷朝　家朝。春秋時各國的卿、大夫的封地，是作為世代食祿的田邑，享有統治權利。這封地又叫「采地」、「采邑」、「封邑」、「食邑」。擁有這采地的卿、大夫及其同宗家族，稱為「家」。《周禮・大司馬》鄭玄注：「家，謂食采地者之臣也。」而「家」設有議事與接見家臣的朝堂，稱為「家朝」。❸從　跟隨。❹寢門　內室的門。❺毋乃　表示猜度。大概之意。❻子　人稱代詞，你。❼合民事於內朝　《國語・魯語下》作「合民事於外朝，合神事於內朝」。梁端《校注》本謂脫去「於外朝，合神事」六字。合，配合；適合。民事，政事。外朝，公朝。指國君的朝廷。神事，祭祀。內朝，指家朝。❽闢　開。❾閾　門檻。❿與　參加。⓫酢　古代祭祀中主客酬酢之禮。主人敬客曰酬，客人回敬曰酢。⓬徹　同「撤」。⓭宗　主持祭祀之禮的宗臣。⓮不具　不在。⓯繹　祭名。周代稱正祭後之次日又祭為繹。⓰繹不盡飫則不退　《國語・魯語下》作「繹不盡飫則退」。韋昭注：「立曰飫，坐曰宴。言宗具則與繹，繹畢而飲，不盡飫禮而退，恐有醉飽之失，皆所以遠嫌也。」故第二個「不」字疑為衍字。⓱女也不爽　見《詩經・衛風・氓》。爽，過錯。

【語　譯】敬姜曾到季孫氏「家」，康子正有事在「家朝」，和她對話，她不答話；康子跟隨她走到寢室門口，她還是不答話，就進門去了。康子退朝入見敬姜說：「我一直不能聽到您的告誡，大概我有什麼罪過吧？」敬姜回答說：「難道你沒聽說嗎？天子與諸侯，在外朝適合於處理民事，在內朝適合於處理神事。從卿、大夫以下，在外朝是為了配合為官的職能，在內朝是為了配合家事的職能。至於寢門之內，那才是我們婦女的職能範圍。從天子到庶人，都是這個樣子。按你的身分，外朝是你為君主治理國政的地方，內朝是你為季氏治理家政的地方，這外朝、內朝，都不是我敢說話的地方。」

康子也曾到敬姜那裡，敬姜敞開門戶和他對話，兩人一在門外，一在門內，都沒有跨越門檻的界限。敬姜祭祀公公季悼子，康子參加了祭禮。康子向敬姜回敬酒，敬姜不親手去接，祭祀完畢即撤去祭品禮器，不與康子宴飲；主持祭祀的宗臣不在場，就不舉行繹祭，繹祭完後舉行宴飲，也不到醉飽就退席。仲尼說：「敬姜能注重男女有別的禮數。」《詩經》上說：「婦女並沒有過錯。」說的就是這個意思。

頌曰：「文伯之母，號曰敬姜。通達知禮，德行光明。匡❶子過失，教以法理❷。仲尼賢❸焉，列為慈母。」

【章旨】總結全文，歌頌魯季敬姜愛而無私、恭而有禮的母德。

【注釋】❶匡　糾正。❷法理　禮法。❸賢　意動詞，以為賢。

【語譯】頌贊說：「文伯母親真慈祥，贏得美名號敬姜。通達知禮丈夫智，德高望重有榮光。兒子有過頻匡正，教育禮法和綱常。孔子聽聞讚賢慧，慈母典範永流芳。」

十、楚子發母

楚❶將子發❷之母也。子發攻秦，絕糧，使人請於王❸，因❹歸問其母。母問使者曰：「士卒得❺無恙❻乎？」對❼曰：「士卒并分菽粒❽而食之。」又問：「將軍得無恙乎？」對曰：「將軍朝夕芻豢黍粱❾。」

子發破秦而歸，其母閉門而不內❿。使人數⓫之曰：「子不聞越王句踐⓬之伐吳耶⓭？客有獻醇酒一器者⓮，王使人往⓯江之上流，使士卒飲其下流，味不及加美⓰，而士卒戰自五⓱也。異日有獻一囊⓲糗糒⓳者，王又以賜軍士分而食之，甘不踰嗌⓴，而戰自十㉑也。今子為將，士卒并分菽粒而食之，子獨朝夕芻豢黍粱，何也？《詩》不云乎：『好樂無荒，良士休休。』㉒言不失和㉓也。夫使人入於死地㉔，而自康樂於其上㉕，雖有以得勝，非其術㉖也。子非吾子也，無入吾門！」

子發於是謝㉗其母，然後內之。君子謂：「子發母能以教誨。」《詩》云：「教誨爾子，式穀似之㉘。」此之謂也。

【章 旨】記敘子發之母教子與士卒同甘共苦、平等相處的道理。

【注 釋】❶楚 古國名，羋姓。西周時熊繹封地，立國號為楚，都丹陽（今湖北秭歸），後建都於郢（今湖北江陵西北紀南城），戰國七雄之一，為秦所滅。❷子發 楚宣王之將。❸王 指楚宣王。❹因 趁；就著。❺得 副詞，表示推測。相當於「豈」。❻恙 有災禍、憂慮、疾病的意思。❼對 回答。❽菽粒 豆類。❾芻豢黍粱 調精肉細糧。芻，指草食的牛羊家畜。豢，指穀食的豬犬家畜。黍，黃米。粱，高粱。❿內 通「納」。進入。⓫數 責備。⓬句踐 春秋末年越國君，曾被吳大敗。他臥薪嘗膽，刻苦圖強，十年生聚，十年教訓，終滅吳而成為霸王。⓭耶 原脫，據梁端《校注》本補。⓮者 原脫，據梁端《校注》本補。⓯往 疑為「注」字之形誤。⓰加美 增加美味。⓱五 五倍。⓲囊 袋子。⓳糗糒 乾糧。⓴踰嗌 進入咽喉。踰，越過。㉑十十倍。㉒詩不云乎三句 見《詩經・唐風・蟋蟀》。是一首士人自勉的詩。好，喜好。荒，荒廢。休休，形容樂道的心情。㉓和 和順；和睦。㉔死地 戰場。鮑照〈苦熱行〉：「生軀蹈死地。」《文選》李善注引曹大家曰：「軍事險危，故為死地也。」㉕上 上位；高位。㉖術 策略；方法。㉗謝 自認過錯；道歉。㉘教誨爾子二句 見《詩經・小雅・小宛》。式，助詞。穀，善。似，通「嗣」。繼嗣。

【語 譯】楚子發母，是楚將子發的母親。子發帶兵攻打秦國，因斷了糧食，便派使者向楚王求援，使者就順便到子發家去問候他的母親。子發母親首先就問：「士卒們是不是平安無事呢？」使者回答：「士卒們都吃分發下來的豆子。」子發母親又問：「將軍大概也還好吧？」使者回答：「將軍早餐晚餐都吃精肉、吃細糧。」

子發打敗秦國回來，他的母親關上門不讓他進家，並派人責備他說：「你沒有聽說過越王句踐征伐吳國時的事情嗎？有客人送上一罐美味純厚的好酒，越王就派人把酒倒入江的上游，讓士卒們在下游去喝，雖然沒有多出什麼酒味，但士卒們的戰鬥力卻增長了五倍。另一天有客人送來一袋乾糧，越王又分賜給士兵吃了，雖然美味不入咽喉，但士兵作戰時卻以一當十。現在你身為楚將，讓部下分豆粒吃，唯獨你自己頓頓精肉細糧，這是為什麼呢？《詩經》上不是說過：『行樂不宜荒正業，良士樂道應有節。』這是說要與人保持同甘共苦的平等、和睦關係。讓士卒們冒死上沙場，而將軍卻高高在上安閒享樂，即使是打了勝仗，那也不是你用兵的本事。你不是我兒子，別進我的家門！」

子發向母親賠禮認錯，母親才讓他進入家門。君子說：「子發的母親善於教子悔過。」《詩經》上說：「教育兒孫要記清，傳統美德要繼承。」說的就是這種情況。

頌曰：「子發之母，刺❶子驕泰❷。將軍稻粱，士卒菽粒。責以無禮，不得人力。君子嘉❸焉，編於母德。」

【章　旨】總結全文，歌頌子發之母深明大義、不事姑息、致警將來、勉子成名的母德。

【注　釋】❶刺　指責乖違、不正的行為。❷驕泰　驕恣。❸嘉　稱讚。

【語　譯】頌贊說：「子發之母理正直，責子驕逸不姑息。將軍享受吃稻粱，士卒苦戰吃豆粒。不同甘苦是無禮，豈能鼓舞戰鬥力。君子讚美此義舉，編入母儀樹範式。」

十一、鄒孟軻母

鄒❶孟軻❷之母也，號孟母❸。其舍近墓。孟子之少也，嬉遊為墓間之事，踴躍❹築埋；孟母曰：「此非吾所以居處子也❺。」乃去，舍❻市傍❼。其嬉戲為賈人❽衒賣❾之事；孟母又曰：「此非吾所以居處子也。」復徙舍學宮❿之傍。其嬉遊乃設俎豆⓫，揖讓進退⓬；孟母曰：「真可以居吾子矣。」遂居之。

及孟子長，學六藝⓭，卒成大儒之名。君子謂：「孟母善於漸⓮化。」《詩》云：「彼姝者子，何以予之⓯？」此之謂也。

【章旨】記敘孟母三遷教子、擇鄰而處的母德。

【注釋】❶鄒　又作「騶」。古國名，曹姓。傳為顓頊後裔封地，故城在今山東鄒縣。❷孟軻　即孟子，名軻。戰國時期的思想家。他著有《孟子》，直接繼承孔子的學說，以「性善」論、「仁政」說構成儒學理論體系，被尊為「亞聖」，是影響後世很大的儒學大師。❸孟母　仉姓。❹踴躍　形容積極熱烈的樣子。❺也　原脫此字，據梁端《校注》本補。❻舍　動詞，居住。❼傍　通「旁」。❽賈人　商人。❾衒賣　連文同義，賣。❿學宮　地方學校。夏代稱「校」（教導的意思），商代稱「序」（陳列實物的意思），周代稱「庠」（教養的意思）。此處以漢代的「學宮」（又稱「學舍」、「學官」）代「學校」。⓫俎豆　古代兩種盛祭品的禮器。⓬揖讓進退　古代賓主相見的禮儀。⓭六藝　六經。即《詩》、《書》、《易》、《禮》、《樂》、《春秋》六部儒家經典。⓮漸　漸次；逐步。⓯彼姝者子二句　見《詩經・鄘風・干旄》。姝，順從。子，對賢人的尊稱。

【語　譯】鄒孟軻母，是鄒國孟軻的母親，號稱孟母。起初，她的住房靠近一處墓葬地。小時候的孟子，常在墳墓中間嬉鬧玩耍，喜歡學著做那築墓埋葬的事情；孟母說：「這裡不該是我兒子居住的地方。」於是離開那裡，搬到一個市鎮旁邊去居住。孟子便常在嬉戲中學著商人做買賣的行當；孟母又說：「這裡不該是我兒子居住的地方。」她又搬了家，住到學宮的旁邊。這時候，孟子的遊戲就是陳列俎豆，學著祭祀天地祖宗的儀式、揖讓進退的禮節；孟母說：「這裡才真正是我兒子居住的好地方。」便定居下來。

等到孟子長大後，學習「六藝」等儒家經典，終於成為儒學大師。君子說：「孟母善於用逐步潛移默化的方法進行教化。」《詩經》上說：「那個忠順的賢人，我奉送什麼最適宜？」說的就是這個意思。

孟子之少也，既學而歸。孟母方績❶，問曰：「學何❷所至❸矣？」孟子曰：「自若❹也。」孟母以刀斷其織❺。孟子懼而問其故❻。孟母曰：

「子之廢學❼，若吾斷斯織也。夫君子學以立名，問則廣知❽。是以居則安寧，動則遠害。今而廢之，是不免於廝役❾，而無以離於禍患也。何以異於織績而食❿：中道廢而不為，寧⓫能衣其夫子⓬而長不乏糧食哉？女則廢其所食，男則墮⓭於修德，不為竊盜，則為虜役⓮矣！」孟子懼，旦夕勤學不息，師事子思⓯，遂成天下之名儒。君子謂：「孟母知為人母之道矣。」《詩》云：「彼姝者子，何以告之⓰？」此之謂也。

【章旨】記敘孟母斷織教子、勸學成名的母德。

【注釋】❶績　紡績；績麻成線或布。❷何　原脫，據梁端《校注》本補。❸至　善。❹自若　如常；像原來的樣子。❺織　織機。此指機上之麻線。❻故　緣故。❼廢學　荒廢學業。❽知　通「智」。❾廝役　指勞役、僕役、賤役。❿食　動詞，供養。⓫寧　豈。⓬夫子　古稱男子，此指丈夫。⓭墮　墮落；敗壞。⓮虜役　奴隸；僕人。⓯子思　姓孔名伋，孔子之孫。現存《禮記》中之〈中庸〉、〈表記〉、〈坊記〉為其著作，被尊為「述聖」。相傳孟子曾受業於他的門人，並發揮了他的學說，稱之為思孟學派。⓰彼姝者子二句　見《詩經・鄘風・干旄》。告，建議。

【語譯】孟子小時候，剛上完學回家來。孟母正在紡績麻線，問他：「你學得很好了吧？」孟子回答：「還是像原來那個樣子。」孟母聽，立刻用剪刀剪斷織機上的麻線。孟子敬畏地詢問是什麼原因。孟母說：「你荒疏學業，就像我剪斷麻線那個樣子。君子學習是為了立身揚名，向人求教是為了增長見識。因此有了學問，安坐就能心靜氣和，行動就能遠避禍害。現在你荒廢學業，將來難免要成為賤役，又不能避開禍害。這與靠織績養活自己沒有什麼不同：如果使織績半途而廢，豈不是讓家人長年不能穿暖吃飽嗎？女的停止衣食供養，男的敗壞仁義道德，那麼不是淪為盜賊，就將淪為奴僕了。」

孟子心懷警惕，便早晚勤學不止，並拜子思門人為師，終於成為名揚天下的大儒。君子說：「孟母深懂做人母親的道理。」《詩經》上說：「那個忠順的賢人，我奉告什麼最適宜？」說的就是這種情況。

孟子既娶，將入私室❶，其婦袒❷而在內。孟子不悅，遂去不入。婦辭孟母，而求去曰：「妾❸聞夫婦之道，私室不與❹焉。今者妾竊墮❺在室，而夫子見妾，勃然不悅，是客❻妾也。婦人之義，蓋不客宿。請歸父母。」

於是孟母召孟子而謂之曰：「夫禮❼：將入門❽，問孰存❾，將以致敬也；將上堂，聲必揚，所以戒人也；將入戶❿，視必下，恐見人過⓫也。今子不察於禮，而責禮於人，不亦遠乎？」

孟子謝，遂留其婦。君子謂：「孟母知禮，而明於姑母⓬之道。」

【章　旨】記敘孟母深明禮儀、謹守姑母之道的母德。

【注　釋】❶私室　內室；臥房。❷袒　袒裼。指脫去外衣，露出內衣。❸妾　婦女謙稱。❹不與　不參與；不在其中。❺竊墮　謂自己有失檢點。竊，私自。墮，通「惰」。怠惰；失態。❻客　意動詞，看作客人。❼禮　禮制；禮法。古代社會生活中的規定和儀式，還包括國家的典章制度。據《周禮》，古代的禮分五種：吉禮（祭祀）、凶禮（喪葬）、軍禮（戰事）、賓禮（諸侯的朝見、聘問、會盟）、嘉禮（婚禮、冠禮、饗燕）等，是要求共同遵守的社會規範和道德規範。❽門　此指家門。❾孰存　謂有誰在家。孰，誰。存，在。❿戶　此指房門。⓫過　失態；失度。⓬姑母　當是「姑婦」，謂婆媳。

【語　譯】孟子成親之後，有天他到臥室去，發現妻子在裡面只穿著內衣。孟子很不高興，掉頭就走。媳婦便向婆婆告別，請求離開孟家說：「我聽說夫婦的禮儀，是沒有包括臥室內私事在裡面的。現在我臥室裡有失態的行為，夫子看到我，就表現出很不高興的樣子，這是把我當作客人看待了。作為婦人，是不能以客人的身分留宿人家的。我請求回到娘家去。」

於是孟母叫孟子來，並對他說：「禮有這樣的規定：將進家門時，要問問有誰在家裡，以表示對別人的尊敬；將上堂屋時，要發出聲音，以表示對別人的預告；將入室門時，眼睛要朝下，以免發現別人有失態的地方。現在你未弄清禮的規定，卻要用禮去責備媳婦，這不是距離禮的要求太遠了嗎？」

孟子向母親認錯，並留住了媳婦。君子說：「孟母很知禮，也深知婆媳的道理。」

孟子處齊，而有憂色。孟母見之曰：「子若有憂色，何也？」孟子曰：「不敏❶。」異日閒居，擁楹❷而嘆。孟母見之曰：「鄉❸見子有憂色，曰『不也』。今擁楹而嘆，何也？」孟子對曰：「軻聞之：君子稱身❹而就位，不為苟得❺而受賞，不貪榮祿；諸侯不聽則不達其上❻，聽而不用則不踐❼其朝。今道❽不用於齊，願行❾而母老，是以憂也。」

孟母曰：「夫婦人之禮，精五飯❿、冪⓫酒漿、養舅姑⓬、縫衣裳而已矣，故有閨內之修⓭而無境外⓮之志。《易》曰：『在中饋，無攸遂。』⓯《詩》曰：『無非無儀，惟酒食是議⓰。』以言婦人無擅制⓱之義，而有三從之道也。故年少則從乎父母，出嫁則從乎夫，夫死則從乎子，禮也。今子成人也，而我老矣，子行乎子義，吾行乎吾禮。」君子謂：「孟母知婦道。」《詩》云：「載色載笑，匪怒伊教⑱。」此之謂也。

【章　旨】記述孟母深明禮儀、謹守婦道的母德。

【注　釋】❶不敏　不聰明。自謙之詞。王照圓《補注》謂：「據下文，『敏』當作『也』，或作『敢』，字形之誤耳。」❷擁楹　倚柱。擁，據；憑倚。❸鄉　同「嚮」。從前。❹稱身　適合自身。稱，相稱；相副。❺苟得　苟且求得。《禮記・曲禮上》：「臨財無苟得。」❻上　指君主。❼踐　到。❽道　學說；主張。❾行　遊行；到各諸侯國遊說。❿五飯　五穀（稻、麥、黍、稷、菽）做成的飯食。⓫冪　動詞，用罩巾蓋住。是釀酒發酵的方法。⓬舅姑　公婆。⓭修　治理。⓮境外　指閨門之外。⓯易曰三句　見《周易・家人》。《周易正義》作「無攸遂，在中饋」。中饋，指婦女在家裡主持家務。饋，食。攸，所。遂，借作「隊」，即「墜」字。失的意思。⓰無非無儀二句　見《詩經・小雅・斯干》。無非，不違背。無儀，不議論。儀，通「議」。考慮。⓱擅制　專制；獨斷專行。⓲載色載笑二句　見《詩經・魯頌・泮水》。載，又。匪，非。伊，是。

【語　譯】孟子在齊國遊說時，臉現憂色。孟母看見就問：「你似乎臉有憂色，為了什麼呀？」孟子說：「沒有什麼。」有天孟子閒著無事，倚著柱子在嘆息。孟母看見又問：「上次發現你臉有憂色，曾問你，你說『沒有什麼』。如今你倚柱感嘆，究竟有什麼心事呀？」孟子回答：「我聽說這樣的情況：君子掂量自己才能相副再去就任官職，不苟且謀求封賞，不貪求榮華福祿；諸侯不聽自己的學說就不傳達給他的君主，聽了不採用就不上他的朝廷。現在齊國不採用我的學說，我正打算到別國去遊說，但又考慮您年老要奉侍，因此我感到兩難。」

孟母說：「依照禮對婦人的要求，不過是做好飯、釀好酒、奉侍公婆、縫補衣裳罷了，因此她們只治理閨門內的事務，不過問閨門外的事務。《周易》上說：『婦女在家中治理家事，不能失職。』《詩經》上也說：『不能違命不議論，做酒做飯來操持。』這是說婦女沒有獨斷專行的規矩，只有三從的道德。所以年少時聽從父母，出嫁後聽從丈夫，丈夫死了聽從兒子，這是禮的規定。現在你已長大成人，我也年紀老了，不妨你行你的義，我行我的禮。」君子說：「孟母深知婦道。」《詩經》上說：「又是和悅又是笑，從不生氣來教導。」說的就是這個意思。

頌曰：「孟子之母，教化列分❶。處子擇藝❷，使從大倫❸。子學不進，斷機示❹焉。子遂成德，為當世冠❺。」

【章旨】總結全文，讚揚孟母三遷教子、斷機示子的母德，以及深明大義，謹守母道、婦道的風範。

【注釋】❶列分　順序。❷藝　技藝；才能。❸大倫　指君臣、父子的倫常。❹示　以事告人。❺冠　位居第一。

【語譯】頌贊說：「孟母大德是楷模，順序教化功德殊。三遷教子來擇藝，遵從大倫入正途。廢學有如廢紡績，斷機勉學莫踟躕。孟子立德功名就，名揚天下成大儒。」

十二、魯之母師

母師❶者，魯九子之寡母也。臘日❷休作❸者，歲祀❹禮事畢，悉召諸子，謂曰：「婦人之義，非有大故❺，不出夫家。然吾父母家幼稚，歲時❻禮不理，吾從汝❼謁❽往監❾之。」諸子皆頓首❿許諾。又召諸婦曰：「婦人有三從之義，而無專制之行：少繫⓫於⓬父母，長繫於夫，老繫於子。今諸子許我歸視私家⓭，雖踰正禮，願與少子俱，以備婦人出入之制。諸婦其⓮慎房戶之守，吾夕而反。」

於是使少子僕⓯，歸辦⓰家事。天陰，還失早⓱，至閭外⓲，而止；夕而入。

魯大夫⓳從臺上見而怪之，使人間⓴視其居處，禮節甚修，家事甚理。使者還，以狀對。於是大夫召母而問之曰：「一日從北方來，至閭而止良久，夕乃入。吾不知其故，甚怪之，是以問也。」母對曰：「妾不幸早失夫㉑，獨與九子居。臘日禮畢事間㉒，從諸子謁歸視私家；與諸婦孺子期㉓夕而反。妾恐其餔醵㉔醉飽，人情所有也。妾反太早，不敢復反，故止閭外，期盡而入。」

【章旨】記敘魯之母師約期守信、愛子重情的身教。

【注釋】❶母師　為母的典範。❷臘日　古代十二月祭百神的日子。據《風俗通・禮傳》：「夏曰嘉平，殷曰清祀，周曰蠟，漢改曰臘。」《荊楚歲時記》以農曆十二月初八日為臘日。❸休作　休息。《禮記・月令》：「勞農以休息也。」❹歲祀　即臘祭。❺大故　重大事情。❻歲時　指歲事，特指年終祭祀的事。周代以「年」為「歲」。❼汝　你們。❽謁　請。❾監　視。❿頓首　叩頭禮。古代九拜之一。⓫繫　依附。⓬於　原脫，據梁端《校注》本補。⓭私家　娘家。⓮其　表示期望語氣。⓯僕　駕車。⓰辨　通「辦」。辦理。⓱失早　太早。⓲閭外　里巷大門之外。古代以二十五家為一閭。⓳大夫　官名。古代於國君之下有卿、大夫、士等三級官職。⓴間　乘隙。㉑失夫　喪夫。㉒事間　事畢。㉓期　約定。㉔餔醵　謂相聚喝酒。

【語譯】魯之母師，是魯國有九個兒子的寡母。臘月正當農閒時，辦妥了臘祭的事，她便把兒子們全都叫來，對他們說：「按照禮對婦人的要求，沒有重大事情，是不輕易離開丈夫家的。然而我娘家的孩子都還小，不懂年終祭祀的禮儀，我想請你們一起去看看他們。」兒子們都叩頭答應。她又叫來媳婦們說：「婦人只有三從的美德，沒有獨斷專行的規矩：那就是年少時依附父母，長大後依附丈夫，年老後依附兒子。現在兒子們同意讓我回娘家看看，這雖然不符合正禮要求，但我願和小兒子一起，以使婦人出入的儀式得到完善。我希望媳婦們小心地看守門戶，我將在傍晚時分回家來。」

於是她派遣小兒子駕車，回娘家辦事。因為天色陰暗，她過早地離開娘家往回走，到了里巷大門口，便停留下來；直到傍晚才進入家門。

魯國大夫在臺上看到這種情景，深感奇怪，便派使者乘隙去察看個究竟，發現這個母親踐行禮節很有分寸，治理家事也很有條理。使者回來，如實將情況報告。於是大夫召見這個母親，問她：「那天你從北邊過來，在里巷門口停留好長時間，直到傍晚才進家門，我不知這是什麼緣故，很是奇怪，因此想問問。」母親回答說：「我不幸很早死去丈夫，單獨帶著九個兒子過日子。臘祭完畢有了空閒，我要兒子們陪同我回娘家去看看，並與媳婦、小孫輩約定好傍晚回來。我生怕她們會相聚喝酒，不過那也是人情難免的事。我提早回來，未到約定時間，不便再轉回娘家去，只好在里巷門外等待，等約定時間過了才進家門。」

大夫美❶之，言於穆公❷。賜母尊號曰「母師」，使明請夫人。夫人、諸姬皆師之。君子謂：「母師能以身教。」夫禮，婦人未嫁，則以父母為天❸；既嫁，則以夫為天，其喪父母❹，則降服一等❺，無二天❻之義也。《詩》云：「出宿於濟，飲餞於禰。女子有行，遠父母兄弟❼。」

【章　旨】記敘魯之母師獲賜「母師」的尊號。

【注　釋】❶美　讚美。❷穆公　魯穆公。姬姓，名顯，戰國時魯國君主。❸天　君。指人倫之至尊地位。❹其喪父母　謂為父母穿喪服。❺降服一等　謂由三年減為一年。婦女未嫁，為父母之死服喪三年，是最重的喪服。出嫁以後，如父母死，喪服減一等，只服喪一年。❻無二天　婦女未嫁，以父母為天，出嫁後，以夫為天。降服一等，是因為按禮不能有二天，要以丈夫為天了。《大戴禮記》：「天無二日，士無二王，國無二君，家無二尊，以一治之也。」❼出宿於濟四句　見《詩經・邶風・泉水》。濟，一作「泲」，衛國地名。餞，餞行；送行喝酒。禰，亦作「坭」、「泥」。衛國地名。行，出嫁。遠，離開。

【語　譯】魯國大夫很讚美這個母親的德行，便上奏給魯穆公。魯穆公就給這個母親賞賜「母師」的尊號，還讓她明早去拜見自己的夫人，夫人和姬妾都拜她作老師。君子說：「母師能以身教供人師法。」按禮的規定：婦女未嫁，是尊父母為天；婦女出嫁，是尊丈夫為天，如父母死，穿喪服由三年減為一年，這是因為禮無二天、家無二尊的緣故。《詩經》上說：「當初寄宿在濟地，禰城餞行難忘記。姑娘遠嫁到衛國，離開父母和兄弟。」說的就是思念像母師這樣的慈母。

頌曰：「九子之母，誠知禮經❶。謁歸還反，不掩❷人情。德行既備❸，卒蒙其榮。魯君賢❹之，號以尊名。」

【章旨】總結全文，歌頌魯之母師供人師法、為人模範的德行。

【注釋】❶經　道理；規範。❷掩　掩飾。❸備　完備。❹賢　意動詞，以為賢慧。

【語譯】頌贊說：「九子之母苦經營，處事治家禮義行。約期返家不失信，愛子當知重人情。德行完備以身教，榮耀門庭振家聲。魯君褒揚來賞賜，號稱『母師』有尊名。」

十三、魏芒慈母

魏❶芒❷慈母者，魏孟陽氏之女，芒卯之後妻也。有三子。前妻之子有五人，皆不愛慈母。遇❸之甚異，猶不愛。慈母乃令其三子，不得與前妻子齊❹，衣服飲食，起居進退，甚相遠。前妻之子猶不愛。

於是，前妻中子❺犯魏王令，當死。慈母憂戚❻悲哀，帶圍❼減尺，朝夕勤勞，以救其罪。人有謂慈母曰：「人不愛母至甚也，何為勤勞憂懼如此？」慈母曰：「如妾親子，雖不愛妾，猶救其禍而除其害，獨以假子❽而不為，何以異於凡母？其父為其孤❾也，而使妾為其繼母。繼母如母❿。為人母而不能愛其子，可謂慈乎？親其親⓫，而偏⓬其假，可謂義乎？不慈且無義，何以立於世？彼雖不愛，妾安⓭可以忘義乎？」遂說⓮之。

魏安釐王⓯聞之，高⓰其義，曰：「慈母如此，可不救其子乎？」乃赦其子，復其家⓱。

【章　旨】記敘魏芒慈母對待假子慈惠仁義的母德。

【注　釋】❶魏　古國名。曾與韓、趙一起分晉，都安邑（今山西夏縣），繼遷都大梁（今河南開封），戰國七雄之一，後為秦所滅。❷芒　芒卯。一作「孟卯」。齊人，魏將。❸遇　對待。❹齊　相等；同等。❺中子　此指第三子。❻憂戚　同文連義，憂愁。❼帶圍　腰圍。❽假子　非親生子。指前妻之子。❾孤　孤子。幼而失父母為孤。❿繼母如母　見《儀禮・喪服》。謂繼母配父，與己母相同。⓫親其親　親近自己的親生兒子。前一「親」字為動詞，後一「親」字為名詞。⓬偏　遠、疏遠的意思。⓭安　疑問代詞，怎麼。⓮說　南宋余氏本作「訟」，訴訟。⓯魏安釐王　即安僖王，名圉。戰國時魏國君主。⓰高　尊重；崇尚。⓱復其家　謂免除她家的賦役。復，免除。

【語　譯】魏芒慈母，是魏國孟陽氏的女兒，魏將芒卯的後妻。她生下三個兒子。芒卯前妻留下五個兒子，都不愛這位後母。慈母對他們特別照顧，他們還是沒有愛心。慈母就告誡親生的三個兒子，不能在生活方面與他們相同，凡是衣服飲食，起居進退，都有很大的差距。即使這樣，前妻五子依然不回心轉意。

正在此時，前妻的第三子觸犯了魏王的法令，按刑法該判處死刑。慈母憂愁悲哀，消瘦到連腰帶也鬆了。慈母從早到晚，奔走勞碌，來挽救這個兒子的死罪。有人對慈母說：「他們不敬愛妳也太過分了，妳何苦要這樣為他們操勞憂愁呢？」慈母說：「假如是我的親子，即使不愛我，有了什麼禍害，我會想辦法去營救他，偏偏對前妻之子不這樣去辦，這和平庸的母親有什麼兩樣呢？做父親的因看到他們是沒有母親撫養的孤兒，才讓我做他們的繼母。繼母如同生身的母親。作為母親不愛撫兒子，這能說是仁慈嗎？親近自己親生的兒子，疏遠非親生的假子，這能說是仁義嗎？既不慈又不義，憑什麼去立身處世呢？即使他們不愛我，我又怎麼能夠忘義呢？」於是慈母向官府提出訴訟。

魏國安釐王聽說了這件訟事，很看重慈母的義舉，說：「慈母能這樣做，我怎麼不能挽救她兒子的性命呢？」便下令赦免她的兒子，還免去了她全家的賦稅、徭役的負擔。

自此五子親附❶慈母，雍雍❷若一。慈母以禮義之漸，率導❸八子，咸為魏大夫卿士，各成於禮義。君子謂：「慈母一心。」《詩》云：「尸鳲在桑，其子七兮。淑人君子，其儀一兮。其儀一兮，心如結兮❹。」言心之均一❺也。尸鳩以一心養七子，君子以一儀養萬物。一心可以事百君，百心不可以事一君❻。此之謂也。

【章　旨】記敘魏芒慈母率導八子成名的母德。

【注　釋】❶附　親近。❷雍雍　和睦。❸率導　勉勵教導。❹尸鳩在桑六句　見《詩經・曹風・鳲鳩》。尸鳩，即鳲鳩。布穀鳥。兮，語氣詞，相當於「啊」。淑人，善人。結，固結。❺心之均一　毛亨：「鳲鳩之養其子，朝從上下，暮從下上，平均如一。」❻一心可以事百君二句　《晏子春秋・內篇問下》：「一心可以事百君，三心不可以事一君。」

【語　譯】從此，前妻的五子就親近慈母，融洽得像是慈母所生。慈母用逐步教化禮儀的方法，去勉勵引導八個兒子，終於使他們都成為魏國的大夫卿士，並成就禮義的美名。君子說：「慈母之心專一不偏。」《詩經》上說：「布穀築巢桑樹顛，餵養小鳥愛心牽。君子淑人是模範，待人接物心不偏。待人接物心不偏，公平慈愛心志堅。」這是說以公正持平之心待人接物啊！既然布穀鳥能以不偏心的本性，平均地餵養小鳥，那麼君子更要以不偏私的言行，平等地對待萬事萬物。人們能以一人一心，去事奉一百個君主，卻不能用不同的一百顆心，去奉事一個君主。說的就是這個道理。

頌曰：「芒卯之妻，五子後母。慈惠仁義，扶養假子。雖不吾愛❶，拳拳❷若親。繼母若斯，亦誠可尊。」

【章旨】總結全文，歌頌魏芒慈母為繼母樹立了榜樣。

【注釋】❶吾愛　即愛吾。❷拳拳　懇切、忠誠的樣子。

【語譯】頌贊說：「芒卯之妻立榜樣，後母五子相依傍。慈惠仁義無偏袒，愛撫假子不相讓。即使假子不敬母，母卻待如親子狀。繼母如此真可敬，母儀風範人崇尚。」

十四、齊田稷母

齊田稷子之母也。田稷子相齊❶，受下吏之貨❷金百鎰❸，以遺❹其母。母曰：「子為相三年矣，祿❺未嘗多若此也。豈修❻士大夫❼之費哉？安❽所得此！」對曰：「誠❾受之於下。」其母曰：「吾聞士修身潔行，不為苟得❿；竭情盡實⓫，不行詐偽，非義之事，不計⓬於心；非理之利，不入於家，言行若一，情貌相副⓭。今君設官以待子，厚祿以奉⓮子，言行則可以報君。夫為人臣而事其君，猶為人子而事其父也：盡力竭能，忠信不欺，務在效忠，必死奉命，廉潔公正，故遂⑮而無患。今子反是，遠⑯忠矣！夫為人臣不忠，是為人子不孝也。不義之財，非吾有也；不孝之子，非吾子也。子，起！」

田稷子慚而出，反⑰其金；自歸罪⑱於宣王⑲，請就誅焉。宣王聞之，大賞其母之義⑳。遂舍㉑稷子之罪，復其相位，而以公金㉒賜母。君子謂：「稷母廉而有化。」《詩》曰：「彼君子兮，不素飧兮㉓！」無功而食祿，不為也，況於受金乎？

【章旨】記敘齊田稷母責子受賂，並教以忠孝、厲以廉潔的事蹟。

【注釋】❶相齊　做齊國的相。戰國時代，各國先後設相，稱相國、相邦，或稱丞相，為百官之長。❷貨　動詞，貨賂。即賄賂。❸鎰　古代重量單位。以二十兩或二十四兩為一鎰。❹遺　送給。❺祿　古代官吏的俸給。如俸祿、食祿。❻修　通「羞」。進獻。❼士大夫　指官吏。❽安　疑問代詞，什麼。❾誠　確實。❿苟得　苟且求得；不當得而得。⓫實　真誠。⓬計　算計。⓭情貌相副　內心和外表相稱。副，相符；相稱。⓮奉　供奉。⓯遂　通達。⓰遠　遠離。⓱反　同「還」。歸還。⓲歸罪　投案認罪。⓳宣王　即齊宣王。田姓，名辟疆，為齊國國君。⑳義　義舉；大節。㉑舍　通「赦」。赦免。㉒公金　國家的資財。㉓彼君子兮二句　見《詩經·魏風·伐檀》。素，白。飧，熟食。

【語譯】齊田稷母，是齊國田稷子的母親。田稷子做齊的相國，有次私下接受他下屬行賄的百鎰黃金，把它送給自己的母親。母親問他：「你做相國已有三年，你的俸祿從未像今天這麼多，該不是士大夫進獻的錢財吧？你說金子到底從哪裡得到的！」田稷子只好回答說：「的確是從下級官吏那裡收到的財禮。」母親便教育他說：「我聽說士大夫應當提高品德修養，保持操行純潔，不追求不正當的東西；應當竭盡真誠去辦事，不做欺詐虛假的事情，心裡不去算計不義的事；家中不收進無理的財。一個人的語言和行動要一致，內心和外表要相稱。現在君主授給你高官，供給你厚祿，你要用自己實際的行動來報答君主。做臣子的奉事他的君主，如同做兒子的奉事他的父親：能夠竭盡能力，誠信無假，務必效忠君主，有戰事就誓死奉命，有公事就廉潔公正，這樣才能心胸通達，不會有什麼憂患。現在你卻不是這樣，遠離了忠孝的要求。做人臣子不忠，就是做人兒子不孝。不義之財不是我應有的東西，不孝之子不是我的兒子。你，起身走吧！」

田稷子很慚愧地走出門去，把金子退還給下屬；並自動向齊宣王投案認罪，請求殺掉自己。齊宣王聽到這件事，非常讚賞他母親的節義。於是齊宣王赦免了稷子的罪責，又恢復了他的相位，還用國庫資財賞賜了他的母親。君子說：「齊田稷母既廉潔又能教化兒子。」《詩經》上說：「那些君子大人呀，可不是白吃閒飯的啦！」無功受祿的事，是士大夫本來不該做的，更何況是接受別人的賂金呢？

頌曰：「田稷之母，廉潔正直。責子受金，以為不德❶。忠孝之事，盡材竭力。君子受祿，終不素食。」

【章旨】總結全文，讚揚齊田稷母廉潔正直、深明大義、拒收賄賂的美德。

【注釋】❶不德 不合仁義道德。

【語譯】頌贊說：「齊田稷母好榜樣，廉潔正直拒賄賂。斥責兒子受賂金，不合仁義違法度。為臣為子講忠孝，盡材竭力報君父。君子受祿不素食，母儀風範人欽慕。」

卷二　賢明傳

【說　明】〈賢明傳〉是《列女傳》分類傳題之二。在這一分類傳題下，共列有十五個分傳，依次是：一、〈周宣姜后〉，二、〈齊桓衛姬〉，三、〈晉文齊姜〉，四、〈秦穆公姬〉，五、〈楚莊樊姬〉，六、〈周南之妻〉，七、〈宋鮑女宗〉，八、〈晉趙衰妻〉，九、〈陶荅子妻〉，十、〈柳下惠妻〉，十一、〈魯黔婁妻〉，十二、〈齊相御妻〉，十三、〈楚接輿妻〉，十四、〈楚老萊妻〉，十五、〈楚於陵妻〉等。

列入〈賢明傳〉的，都是春秋戰國時期的婦女。其中有帝王的后妃，有卿大夫的內子、命婦，有隱士和御者的妻子。雖然她們的社會地位不同，但是她們都以賢明的言行而著稱於世。

賢明，謂德行賢良，事理通達。她們廉明公正，注重修養；她們遵守禮儀，維護紀綱；她們行為有節，言成文章；她們以身作則，治內有方。如周宣姜后的引過自責，齊桓衛姬的忠款誠信，晉文齊姜的公正無私，周南之妻的無虧大義，魯黔婁妻的安貧樂道，楚接輿妻的全身遠害等，或匡正丈夫，使之改過納善，或輔助君主，使之稱王天下，都成了婦德的楷模。

一、周宣姜后

周宣❶姜后者，齊侯之女也。賢而有德，事，非禮不言；行，非禮不動。宣王常早臥晏❷起，后夫人❸不出房。姜后脫簪珥❹，待罪❺於永巷❻，使其傅母通言❼於王曰：「妾不才，妾之淫心見❽矣，至使君王失禮而晏朝，以見君王樂色而忘德也。夫苟❾樂色，必好奢窮欲，亂之所興也。原❿亂之興，從婢子⓫起，敢請⓬婢子之罪。」王曰：「寡人⓭不德，實自生過，非夫人之罪也！」遂復⓮姜后，而勤於政事，早朝晏退，卒成中興之名。

【章　旨】記敘姜后引過自責，匡輔周宣王，終成中興之名。

【注　釋】❶周宣　周宣王。姬姓，名靖，西周國王。❷晏　晚；遲。❸后夫人　王先謙《詩三家義集疏》引《魯詩》說：周制，「稱姜后曰夫人，而姜后之外又別有后夫人」。❹簪珥　婦女飾物。簪，插髻首飾。珥，耳飾。❺待罪 等候處分。❻永巷 《後漢書・皇后紀》李賢注：「宮中署名也，後改為掖庭。」❼通言 轉告。❽見 同「現」。出現。❾苟 假如。❿原 動詞，追究根原。⓫婢子 婦女自謙之詞。⓬敢請 冒昧請求。敢，表示冒昧之詞。⓭寡人 諸侯自稱之詞。⓮復 安；安撫。

【語譯】周宣姜后，是齊國諸侯的女兒。她很賢慧，又有操守。凡有什麼事情，不合禮的就不說；凡有什麼行為，不合禮的就不做。

周宣王常常早睡晚起，后夫人不出房門。姜后知道這種情況後便自動解下首飾，在永巷聽候處分，並派她的傅母轉告宣王：「是我無德無才，滋生淫佚享樂之心，以至於使君王失禮而晚朝，顯得君王喜近女色，而忘了德行啊。如果是喜近女色，一定會追求奢侈的生活和無窮無盡的貪欲，這將會引起亂事。追究亂事的起因，首先在我自己，因此我冒昧地在此請罪。」宣王說：「是我無德無行，才由我造成了這樣的過錯，這不是夫人的過錯呀！」於是撫慰姜后，把心思用到政事上面，早上朝晚退朝，終於成為中興之主，贏得美好的聲譽。

君子謂：「姜后善於威儀❶而有德行。」夫禮：后夫人御❷於君，以燭進❸，至於君所，滅燭；適❹中，脫朝服❺，衣褻服❻，然後進御於君。雞鳴，樂師❼擊鼓以告旦，后夫人鳴佩❽而去。《詩》曰：「威儀抑抑，德音秩秩❾。」又曰：「隰桑有阿，其葉有幽。既見君子，德音孔膠⑩。」夫婦人以色親，以德固⑪。姜氏之德行，可謂孔膠也。

【章旨】記敘姜后的威儀德行。

【注釋】❶威儀　使儀表莊嚴。❷御　奉侍。❸以燭進　禮儀之一。《禮記・內則》：「女子夜行，必擁蔽其面；夜行以燭，無燭則止。」以，拿。❹適　到。❺朝服　禮服。❻褻服　私服；便服。❼樂師　即「樂正」、「太師」。掌管音樂與教育貴族子弟的官。❽鳴佩　《禮記・玉藻》：「行則鳴佩玉。」佩，古人繫在衣帶上的佩玉。行走時叮噹作響。禮儀之一。❾威儀抑抑二句　見《詩經・大雅・假樂》。抑抑，同「懿懿」。莊嚴美好的樣子。德音，美好的言辭。秩秩，常規；法度。❿隰桑有阿四句　見《詩經・小雅・隰桑》。隰桑，生在低濕地的桑樹。阿，通「婀」。婀娜；輕盈柔美的樣子。幽，通「黝」。深黑色。孔，很。膠，茂盛；牢固。⓫固　久。

【語譯】君子說：「姜后儀表莊重，德行嚴肅。」按照禮的規定：后夫人晚上奉侍君主，要拿著火燭進去，來到君主的住所，才熄滅火燭；進入房中，脫去禮服，穿上便服，然後奉侍君主。等到雞叫，當樂師擊鼓示知天亮的時候，后夫人便伴隨著玉佩的叮噹聲離開房間。《詩經》上說：「莊嚴儀表美風度，美好言辭有禮數。」又說：「窪地桑枝輕又柔，葉兒青青黑黝黝。如果我能見君子，美好言辭長相留。」婦人雖以美色得到愛寵，但要靠美德才能長久。姜后的德行，可說是長久牢固的。

頌曰：「嘉茲姜后，厥德孔賢。由❶禮動作，匡❷配周宣，引過推讓，宣王悟焉。夙❸夜崇道，為中興君。」

【章旨】總結全文，頌贊姜后遵從禮儀、匡輔周宣王的美德。

【注釋】❶由　遵從。❷匡　正；糾正。❸夙　早。

【語譯】頌贊說：「周宣姜后堪褒揚，為人品行最賢良。一言一動遵禮教，匡輔周宣禮儀張。引過自責不推讓，宣王感悟細品量。早朝晚退勤政務，中興周室大業昌。」

二、齊桓衛姬

衛姬❶者，衛侯之女，齊桓公❷之夫人也。桓公好淫樂，衛姬為之❸不聽鄭、衛之音❹。

【章旨】記敘齊桓衛姬修身自好，匡輔桓公。

【注釋】❶姬　諸侯之妾。❷齊桓公　春秋時齊國國君。姜姓，名小白，是春秋五霸中最有名聲的霸主。❸之　這個緣故。❹鄭衛之音　春秋戰國時代鄭國、衛國的民間樂曲。因不同於帝王祭祀大典所用的純正的「雅樂」，被看作是靡曼不正的音樂。

【語譯】齊桓衛姬，是衛國諸侯的女兒，齊桓公的夫人。桓公喜歡淫逸享樂，衛姬為了勸勉桓公的緣故，便注重修養，不聽鄭、衛地方不雅正的音樂。

桓公用管仲、甯戚❶，行伯道❷，諸侯皆朝❸；而衛獨不至。桓公與管仲謀伐❹衛。

罷朝入閨❺，衛姬望見桓公，脫簪珥，解環珮❻，下堂再❼拜曰：「願❽請衛之罪。」桓公曰：「吾與衛無故❾，姬何請邪❿？」對曰：「妾聞之，人君有三色：顯然⓫喜樂，容貌淫樂者，鐘鼓⓬酒食之色；寂然⓭清靜，意氣沈抑者，喪禍之色；忿然⓮充滿，手足矜⓯動者，攻伐之色。今妾望君舉趾⓰高，色厲⓱音揚，意在衛也；是以請也。」桓公許諾。明日臨朝，管仲趨⓲進曰：「君之蒞朝⓳也，恭而氣下，言則徐⓴，無伐國之志，是釋㉑衛也。」桓公曰：「善！」乃立衛姬為夫人，號管仲為「仲父」，曰：「夫人治內，管仲治外，寡人雖愚，足以立於世矣！」君子謂：「衛姬信㉒而有行。」《詩》曰：「展如之人兮，邦之媛也㉓。」

【章　旨】記敘齊桓衛姬勸阻桓公伐衛的功德。

【注　釋】❶管仲甯戚　春秋時齊國的兩個大夫，曾輔齊桓公稱霸。❷伯道　霸王之道。伯，通「霸」。❸朝朝見。❹伐　討伐；攻打。❺罷朝入閨　原文為「朝入閨」，此據南宋余氏本。閨，宮中小門戶。上圓下方，似圭。❻環珮　即繫在衣帶上之玉珮玉環。❼再　兩次。❽願　希望。❾故　事故。❿邪　通「耶」。表疑問語氣。⓫顯然　明顯的樣子。⓬鐘鼓　鳴鐘擊鼓。⓭寂然　靜默的樣子。⓮忿然　生氣的樣子。⓯矜　急速。⓰趾腳。⓱色厲　臉色嚴峻。⓲趨　小步快走，表示恭敬。⓳蒞朝　臨朝。⓴徐　緩慢。㉑釋　放棄。㉒信　誠實。㉓展如之人兮二句　見《詩經・鄘風・君子偕老》。展，確實。邦，國。媛，美女。

【語　譯】桓公任用管仲、甯戚，推行霸王之道，使各方諸侯都來朝見強大的齊國，唯獨衛姬的娘家沒有派使者來。桓公因而和管仲商議，準備討伐衛國。

桓公退朝，走進宮門，衛姬望見桓公，便摘下首飾，解下玉珮，從堂上下來，向桓公拜了兩拜說：「我希望為衛國請罪。」桓公說：「我和衛國未發生事故，愛姬為什麼要請罪呢？」衛姬回答：「我聽說過，人君有三種臉色：顯出喜樂的樣子，高興愉快，這是鐘鳴鼓應、飲酒作樂的氣色；顯出靜默的樣子，情緒低沈壓抑，這是發生喪禍的氣色；顯出生氣的樣子，動作急速，這是準備戰事的氣色。今天我望見您腳步高抬，臉色嚴峻，聲音高亢，是存心要攻打衛國；因此我特來請罪。」桓公便答應不去攻打衛國。

到了第二天，桓公上朝，管仲小步快走，恭敬地向前說：「您今天上朝，氣度謙恭，氣色平和，言語和緩，看來不再有討伐別國的意氣，肯定是放棄攻衛的打算了。」桓公說：「對的！」於是立衛姬為夫人，賜管仲以「仲父」的尊號，並說：「夫人治理宮內的事，仲父治理宮外的事，這樣，即使我再愚笨，也能使齊國立足於天下了！」君子說：「衛姬重視信義，品行誠實可敬。」《詩經》上說：「確實像這樣的人兒啊，是邦國賢淑的美人呀！」

頌曰：「齊桓衛姬，忠款❶誠信。公好淫樂，姬為修身❷。望色請罪，桓公加❸焉。厥使治內，立為夫人。」

【章　旨】總結全文，讚揚齊桓衛姬忠誠信義的美德。

【注　釋】❶忠款　忠誠。❷修身　修養。❸加　通「嘉」。嘉許；讚美。

【語　譯】頌贊說：「齊桓衛姬品性淳，忠誠守信見精神。桓公沈湎淫樂事，衛姬勸勉自修身。望色請罪止攻伐，桓公嘉許信義伸。讓姬治理宮內事，賢明有德立夫人。」

三、晉文齊姜

齊姜，齊桓公之宗女❶，晉文公❷之夫人也。初，文公父獻公納驪姬❸，譖❹殺太子申生❺。文公號公子重耳，與舅犯❻奔狄❼。適❽齊，齊桓公以宗女妻之，遇之甚善，有馬二十乘❾。將死❿於齊，曰：「人生安樂而已，誰知其他！」子犯知文公之安齊也，欲行而患之⓫，與從者⓬謀於桑下，蠶妾⓭在焉。妾告姜氏，姜殺之⓮，而言於公子曰：「從者將以⓯子行，聞者吾已除之矣。公子必從，不可以貳，貳無成命⓰。自子去晉⓱，晉無寧歲。天未亡晉，有⓲晉國者，非子而誰？子其勉之！上帝臨子，貳必有咎⓳。」公子曰：「吾不動⓴，必死於此矣。」姜曰：「不可。《周詩》㉑曰：『莘莘征夫，每懷靡及㉒。』夙夜征行，猶恐無及，況欲懷安㉓，將何及矣！人不求及，其能及乎？亂不長世㉔，公子必有晉。」公子不聽。

【章　旨】記敘晉文齊姜公正無私，勸勉公子重耳返國。

【注　釋】❶宗女　同宗之女。❷晉文公　春秋時晉國君主。姬姓，名重耳。晉為西周所封諸侯國，姬姓，都唐（今山西翼城），至晉文公而稱霸，齊桓、晉文為春秋五霸之首。晉國至戰國初期，為韓、趙、魏三家所分。❸驪姬　晉獻公夫人。因欲立其所生庶子奚齊為太子，便逼太子申生自殺，並驅逐重耳、夷吾等公子。獻公死後，奚齊繼位，為大臣里克所殺，驪姬亦被殺。❹譖　進讒言；說壞話誣陷別人。❺太子申生　晉獻公太子恭君。❻舅犯　一作「咎犯」，晉國國卿。名狐偃，字子犯，為公子重耳的舅父。❼狄　北方部族，隗姓。《史記．晉世家》：「重耳遂奔狄。狄，其母國也。」❽適　到；往。❾二十乘　八十匹馬。四匹馬為一乘。❿死　終老；度過一生。⓫患之　為此擔憂。⓬從者　隨從的人。⓭蠶妾　春秋時養蠶的女奴。⓮殺之　謂殺蠶妾以滅口。⓯以　與；跟隨。⓰不可以貳二句　謂不可遲疑，有負天命。貳，疑。命，天命。⓱去晉　謂避驪姬之禍而離開晉國。⓲有　保有。⓳上帝臨子二句　《詩經．大雅．大明》作「上帝臨女，無貳爾心」。臨，從高處向低處看。女，你們。咎，凶；災禍。⓴動　動身返晉。㉑周詩　指《詩經》。因它是周代民歌，故名。㉒莘莘征夫二句　見《詩經．小雅．皇皇者華》。莘莘，一作「駪駪」、「侁侁」。眾多疾行的樣子。征夫，遠行的人。指使者。每，常常。懷，考慮。靡及，不及。謂沒有達到目的。㉓況欲懷安　《國語．晉語四》作「況其順身縱欲懷安」。懷安，考慮自安。㉔亂不長世　謂亂事當有平治之時。

【語　譯】晉文齊姜，是齊桓公同宗的女兒，晉文公的夫人。起初，晉文公的父親晉獻公獲驪姬入宮，立為夫人，驪姬在晉獻公面前進讒言，迫使太子申生自殺。文公號公子重耳，與舅父子犯逃亡到狄。後來他又來到齊國，齊桓公將同宗的女兒嫁給他為妻，待他很好，並送給他八十匹馬的財產。他準備在齊國終老，說是：「人生只圖安樂罷了，別去管其他的事情！」子犯知道公子重耳把齊國當作安樂窩，想一起離齊返晉，又擔憂重耳不會同意，便與隨從人員在桑林祕密商議，當時有個蠶奴在樹上偷聽。而這個蠶奴向齊姜告密，齊姜為了滅口，把她殺了，對重耳說：「隨從您的人想要與您一起離齊返晉，知道這個祕密的人已被我除掉了。公子一定要聽從他們的意見，不能有什麼遲疑，有了遲疑，就不能實現上天的意旨。自從您避難離開晉國，晉國就沒有安寧的日子。上天不讓晉國滅亡，能夠保全晉國的，不是您又會是誰呢？您要好自為之！上天正在察看您，遲疑不決一定會有災禍。」公子說：「我不想動身返回晉國，讓我在這裡過一輩子算了！」齊姜說：「不行。《詩經》上說：『眾多使者趕路忙，使命重大不敢忘。』即使使者從早到晚一心忙著趕路，還擔心不能完成使命，更何況要考慮私自的安樂，又怎麼能達到完成使命的目的呢！一個人要是不去追求，又怎麼能達到目標呢？晉國的亂事總有平治之時，公子您必然會保有晉國的。」公子重耳不聽勸告。

姜與舅犯謀，醉載之以行。酒醒，公子以戈❶逐舅犯曰：「若事有濟❷則可，無所濟，吾食舅氏❸之肉，豈有饜哉❹？」遂行，過曹、宋❺、鄭、楚而入秦，秦穆公乃以兵內❻之於晉。晉人殺懷公❼而立公子重耳，是為文公。迎齊姜以為夫人，遂伯天下，為諸侯盟主❽。君子謂：「齊姜潔而不瀆❾，能育❿君子於善。」《詩》曰：「彼美孟姜，可與寤言⓫。」此之謂也。

【章　旨】記敘晉文齊姜設計使公子重耳返國。

【注　釋】❶戈　戟。一種長兵器。❷濟　成。❸舅氏　舅父。❹豈有饜哉　謂不能罷休。饜，止；滿足。引申為罷休。❺宋　原作「⿰米阝」，據《國語・晉語四》改。❻內　通「納」。進入。❼懷公　晉懷公子圉。❽盟主　諸侯會盟的首領。❾瀆　褻瀆；輕慢。❿育　養。⓫彼美孟姜二句　見《詩經・陳風・東門之池》。孟姜，梁端《校注》本謂：「《毛詩》作『淑姬』，〈魯黔婁妻傳〉同此，涉〈有女同車〉而誤。」淑姬，美女。寤言，《毛詩》作「晤言」，直言的意思。

【語　譯】於是齊姜和舅犯設下計謀，將重耳灌醉，放在車上載走。重耳酒醒後，拿起戟追逐舅犯說：「如果返國的事能夠成功就算了，不能成功，我要不生吃舅父你的肉，難道我會善罷甘休嗎？」他們就此出發，經過曹、宋、鄭、楚等國，進入秦國，秦穆公便派兵保護他們回到晉國。晉人於是殺晉懷公，立公子重耳為君，這就是晉文公。文公迎齊姜回國，立為夫人，後來稱霸天下，成為諸侯的盟主。君子說：「齊姜清白而不輕慢，能以美德教導君子。」《詩經》上說：「美女端正又純潔，心事可向她訴說。」說的就是這個意思。

頌曰：「齊姜公正，言行不怠❶。勸勉晉文，反❷國無疑。公子不聽，姜與犯謀。醉而載之，卒成霸基❸。」

【章旨】總結全文，歌頌晉文齊姜使晉文公稱霸的功德。

【注釋】❶怠　懈怠。❷反　通「返」。❸霸基　霸王基業。

【語譯】頌贊說：「齊姜公正不為私，言行不懈最相宜。勸勉重耳立大業，離齊返晉莫遲疑。公子安齊不行動，齊姜舅犯把計施。醉酒車載終返晉，文公圖強成霸基。」

四、秦穆公姬

穆姬❶者，秦穆公❷之夫人，晉獻公之女，太子申生之同母姊；與惠公❸異母。賢而有義。獻公殺太子申生，逐群公子❹。惠公號公子夷吾，奔梁❺。及獻公卒，得因秦立❻。始即位，穆公使納群公子，曰：「公族❼者，君之根本。」惠公不用❽；又背秦賂❾。晉饑，請粟於秦，秦與之❿。秦饑，請粟於晉，晉不與⓫。秦遂興兵與晉戰，獲晉君⓬以歸。

秦穆公曰：「埽除先人之廟，寡人將以晉君見！」⑬穆姬聞之，乃與太子罃、公子宏與女簡璧⑭，衰絰履薪以迎⑮，且告穆公曰：「上天降災，使兩君⑯匪⑰以玉帛相見⑱，乃以興戎⑲。婢子娣姒不能相教⑳，以辱㉑君命。晉君朝以入，婢子夕以死。惟君其圖之！」公懼，乃舍㉒諸靈臺㉓。大夫請以入，公曰：「獲晉君以功歸，今以喪歸㉔，將焉用？」遂改館㉕晉君，饋㉖以七牢㉗而遣之。

穆姬死，穆姬之弟重耳入秦。秦送之晉，是為晉文公。太子罃思母之恩而送其舅氏也，作詩曰：「我送舅氏，曰至渭陽。何以贈之，路車乘黃㉘。」君子曰：「慈母生孝子。」《詩》云：「敬慎威儀，維民之則㉙。」穆姬之謂也。

【章　旨】記敘秦穆公姬赴死匡夫救弟的節義。

【注　釋】❶穆姬　《史記・秦本紀》：秦穆公「四年，迎婦於晉，晉太子申生姊也」。❷秦穆公　春秋時秦國國君。嬴姓，名任好，秦德公之子，曾攻滅十二國，稱霸西戎。秦為周所封諸侯國，嬴姓，都於雍（今陝西鳳翔東南）。戰國時，秦孝公任用商鞅變法，並遷都咸陽（今陝西咸陽東北），成為戰國七雄之一。至秦王政，統一全中國，建立秦朝。❸惠公　晉惠公，名夷吾。晉獻公之庶子。❹群公子　晉獻公有子九人，故名。❺梁　古國名。在今陝西韓城南。❻得因秦立　據《國語・晉語三》、《史記・秦本紀》載：晉驪姬殺太子申生，逐群公子，夷吾奔梁。晉獻公死，晉發生內亂。公子夷吾便請求秦國幫助他回晉。秦穆公答應，即派人帶兵護送他回國即位，是為晉惠公。因，依靠。❼公族　諸侯的同姓子孫，支系旁出，各自成族，稱為公族。周初已設公族之官，掌管教訓同族子弟。據《左傳・宣公二年》、《國語・晉語二》記載：驪姬之亂，盡逐群公子，自是晉無公族。此指「公族大夫」，官名。晉無公族，即無公族大夫的官，因晉國內已無公子，故公族大夫也廢而不設。❽不用　不採用。❾又背秦賂　指公子夷吾請求秦入晉時，曾以送土地給秦為交換條件，後又違背諾言。《左傳・僖公十五年》：晉侯「賂秦伯以河外列城五，東盡虢略，南及華山，內及解梁城，既而不與」。❿晉饑三句　《左傳・僖公十三年》：「晉饑，秦輸之粟。」事在秦穆公十三年。與，給。⓫秦饑三句　《左傳・僖公十五年》：「秦饑，晉閉之糴。」事在秦穆公十四年。⓬晉君　即晉惠公。⓭秦穆公曰三句　謂將殺晉君祭祖。《史記・秦本紀》：「於是繆公虜晉君以歸，令於國：『齊宿，吾將以晉君祠上帝。』」見，拜見祖先。⓮與太子罃句　《左傳・僖公十五年》作「以太子罃、弘與女簡璧」。罃，即秦康公。女，原脫，據《左傳》校補。⓯衰絰履薪以迎　謂穆姬赴死匡夫救弟。衰絰，穿上喪服表示服喪。衰，亦作「縗」。古代有斬衰、齊衰的分別。斬衰，極粗生麻布所做，衣旁及下邊不縫緝。齊衰，熟麻布所做，緝邊。絰，麻布所做，戴頭上的稱首絰，繫腰上的稱腰絰。履薪，腳踩柴草。表示要自焚。⓰兩君　指秦穆公和晉惠公。⓱匪　同「非」。原作「罷」，據梁端《校注》本改。⓲玉帛相見　謂以禮相見。玉帛，代指諸侯會盟朝聘之禮物。⓳興戎　動兵。謂以刀兵相見。⓴婢子娣姒不能相教　《史記・秦本紀》作「妾兄弟不能自救」。王照圓《補注》本：「娣姒，猶弟姊也。娣，謂惠公。姒，穆姬自謂。」㉑辱　玷辱；辜負。㉒舍　動詞，住宿。此指囚禁。㉓靈臺　國君用作遊觀或觀察天象之臺，在秦都郊外。㉔今以喪歸　謂穆姬服喪赴死，將有喪事發生。㉕改館　《史記・秦本紀》作「更舍上舍」。館，動詞，住於上等館舍。㉖饋　贈送。㉗七牢　指饋禮甚厚。牢，古代祭祀用的犧牲。以牛、羊、豬三牲全備為一牢。㉘我送舅氏四句　見《詩經・秦風・渭陽》。渭陽，渭水的北邊。曰，語首助詞，無義。路車，諸侯乘的車子。乘黃，四匹黃馬拉的車。㉙敬慎威儀二句　見《詩經・大雅・抑》。又見〈魯頌・泮水〉。敬慎，恭敬謹慎。維，是。則，法式。

【語譯】秦穆公姬，是秦穆公的夫人，晉獻公的女兒，太子申生的胞姊；和庶出的晉惠公同父異母。她既賢明又仁義。晉獻公殺太子申生，趕跑群公子。晉惠公號稱公子夷吾，當時逃奔到梁。晉獻公死後，他依靠秦國的幫助才回國做了國君。惠公剛即王位時，穆姬就要求他把流亡在外的群公子接回國來，對他說：「恢復公族大夫，是國君治國理政的根本。」惠公並不接納這個意見。後來惠公不守信用，違背了奉送土地給秦國的允諾。加上晉國鬧饑荒，向秦國求援，秦國給了糧食。秦國鬧饑荒，向晉國求援，晉國卻不給糧食。在此情勢下，秦國便派兵向晉國開戰，並俘虜了晉惠公。秦穆公說：「將祖廟打掃乾淨，我要讓晉君去拜見我的祖先！」

穆姬聽到這個消息，便帶領太子罃、公子宏和女兒簡璧，前去迎接穆公，她自己身穿喪服，腳踩柴草，表示為弟服喪，準備赴死自焚。她告訴穆公說：「上天降下災禍，使我們秦晉兩國不是以禮節相見，而是以刀兵相見。我這個做姊姊的不能教好弟弟，辜負您的使命。如果晉君早上進來，我晚上就自焚而死。請您考慮考慮！」穆公害怕，就把晉君拘禁在靈臺。諸大夫請求將晉君帶入國都，穆公說：「俘虜晉君本是帶著戰利品回來，現在卻帶著喪門星回來，又有什麼作用呢？」於是穆公將晉君重新安排在上等館舍，贈他許多牛、羊、豬等禮物，並送他返回晉國。

穆姬去世後，他弟弟公子重耳離開齊國進入秦國，秦國送他回晉國即位，是為晉文公。穆公太子罃因思念母親的恩德，親送舅父回晉國，他作詩說：「我送舅父回老家，渭水北邊各天涯。我用什麼送給他，四匹黃馬拉的車。」君子說：「慈母生孝子。」《詩經》上說：「恭敬端莊好模樣，她是百姓好榜樣。」說的就是穆姬這樣的賢明婦女。

頌曰：「秦穆夫人，晉惠之姊。秦執晉君，夫人流涕。痛不能救，乃❶將赴死。穆公義之❷，遂釋❸其弟。」

【章 旨】總結全文，歌頌秦穆公姬賢明有義、使秦晉交好的德行。

【注 釋】❶乃 原作「及」，據南宋余氏本改。❷義之 以之為義。❸釋 放。

【語 譯】頌贊說：「秦穆夫人賢又義，她與惠公是姊弟。惠公戰敗成秦俘，夫人痛哭且流涕。為了匡夫救兄弟，想將生命來拋棄。穆公稱讚她仁義，釋放惠公回晉地。」

五、楚莊樊姬

樊姬❶，楚莊王❷之夫人也。莊王即位❸，好狩獵❹。樊姬諫不止，乃不食禽獸之肉。王改過❺，勤於政事。

【章　旨】記敘楚莊樊姬設法使莊王改過。

【注　釋】❶樊姬　《文選・卷五六・女史箴》注引《列女傳》作「楚莊樊姬」。❷楚莊王　又稱荊莊王，春秋時楚國國君。芈姓，名旅（一作「呂」、「侶」），為春秋五霸之一。❸莊王即位　《文選・卷五六・女史箴》注引《列女傳》作「莊王初即位」。❹好狩獵　《文選・卷五六・女史箴》注引《列女傳》作「好狩獵畢弋」。❺王改過　《文選・卷五六・女史箴》注引《列女傳》作「三年，王改」。

【語　譯】楚莊樊姬，是楚莊王的夫人。莊王初即位時，喜好打獵。樊姬屢諫不聽，於是戒吃飛禽走獸的肉。三年後，楚莊王改正過失，對政事勤勤懇懇，努力不懈。

王嘗聽朝❶罷晏，姬下殿迎曰：「何罷晏也？得無飢倦乎？」王曰：「與賢者語，不知飢倦也。」姬曰：「王之所謂賢者，何也？」❷曰：「虞丘子❸也。」姬掩口而笑。王曰：「姬之所笑何也？」曰：「虞丘子賢則賢矣，未忠也。」王曰：「何謂也？」對曰：「妾執巾櫛十一年❹，遣人之❺鄭、衛，求美人進❻於王。今賢於妾者二人，同列者❼七人。妾豈不欲擅❽王之愛寵哉？妾聞堂上兼女❾，所以觀人能也。妾不能以私蔽公❿，欲王多見，知人能也。今虞丘子相楚十餘年，所薦非子弟⓫則族昆弟⑫，未聞進賢退不肖⑬，是蔽⑭君而塞賢路。知賢不進，是不忠；不知其賢，是不智也。妾之所笑，不亦可乎？」王悅。

明日，王以姬言告虞丘子，丘子避席⑮，不知所對。於是避舍⑯，使人迎孫叔敖⑰而進之。王以為令尹，治楚三年，而莊王以霸。楚史書曰：「莊王之霸，樊姬之力也。」《詩》曰：「大夫夙退，無使君勞⑱。」其「君」者，謂「女君」也。又曰：「溫恭朝夕，執事有恪⑲。」此之謂也。

【章　旨】記敘楚莊樊姬不以私蔽公。

【注　釋】❶聽朝　聽政。《禮記・王制》：「天子無事（無征伐之事），與諸侯相見曰朝。」❷姬曰三句　《文選・卷一一・景福殿賦》注引《列女傳》：「樊姬曰：『王之所謂賢者，諸侯之客與（歟）？將（還是）國中士也？』」❸虞丘子　《韓詩外傳》作「沈令尹」。❹妾執巾櫛十一年　《文選・卷一一・景福殿賦》注引《列女傳》：「妾幸得充（充任）後宮（姬妾、妃嬪住處），妾所進者九人。」執巾櫛，謂侍候生活。巾，衣。櫛，梳篦。❺之　動詞，往。❻進　推薦；引進。❼同列者　謂同等條件的人。❽擅　獨佔。❾兼女　謂眾女。兼，兩倍；加倍。❿以私蔽公　謂以私情蔽塞公義。⓫子弟　《文選・卷一一・景福殿賦》注引《列女傳》作「子孫」。⓬族昆弟　同宗族之兄弟。⓭不肖　不似；不似祖先。謂不賢。⓮蔽　蒙蔽。⓯避席　古人席地而坐，離座起立，表示敬意，謂避席。⑯避舍　謂讓出令尹之官署。⑰孫叔敖　春秋時楚國令尹。蒍氏，名敖，字孫叔，期思（今河南淮濱東南）人，曾輔佐楚莊王伐晉稱霸。⑱大夫夙退二句　見《詩經・衛風・碩人》。夙退，早退朝。勞，謂勞於政事。⑲溫恭朝夕二句　見《詩經・商頌・那》。溫恭，溫文恭敬。執事，主管祭祀的人。恪，敬。

【語　譯】楚莊王有次上朝議事，退朝已晚了，樊姬下殿迎接他說：「為什麼這樣晚退朝呢？大概又餓又累了吧？」莊王說：「我和賢臣談話，忘了餓和累啊！」樊姬說：「大王所說的賢人是什麼人呢？」莊王說：「就是令尹虞丘子。」樊姬不禁捂住嘴巴笑起來。莊王說：「愛姬笑什麼呢？」樊姬說：「要說虞丘子是賢人還說得過去，但說不上是個忠臣。」莊王說：「什麼意思？」樊姬回答：「我以姬妾身分奉侍您十一年，曾經派人到鄭國、衛國，訪求美人進獻給我王，現在她們中間比我賢能的有二人，與我同等條件的有七人。難道我就不想獨佔您的愛寵嗎？只是我聽說過這麼一個道理：後宮養有眾多的姬妾，是為了考察各人的才能。我不能以私情蔽塞公義，想要您多加觀察，以便發現各人的才能。而今虞丘子做楚國令尹也有十餘年，他所推薦上來的臣子，不是他的子孫，就是他的同族兄弟，從未聽說他推薦過賢人而辭退過不賢的人，這無異是蒙蔽君王、堵塞賢路啊！發現賢人而不舉薦，這是不忠君的表現；不能發現賢人，這是不明智的表現。我笑虞丘子，難道不對嗎？」莊王聽了非常高興。

第二天，莊王將樊姬的話向虞丘子和盤托出，虞丘子離席站立，惶恐得不知怎樣回答。於是虞丘子趕忙讓出令尹官署，派人迎接賢能的孫叔敖，將他舉薦上去。莊王便任孫叔敖為令尹，治理朝政三年，楚莊王就稱霸於天下。楚國的史書記載說：「楚莊王的稱霸，是樊姬的功勞。」《詩經》上說：「大夫議政早退朝，不讓君王太辛勞。」這個「君」字，是「女君」的意思。又說：「早晚溫良又恭敬，祀天祭祖要忠誠。」說的就是這種情況。

頌曰：「樊姬謙讓，靡❶有嫉妒。薦進美人，與己同處❷。非刺❸虞丘，蔽賢之路。楚莊用焉，功業遂伯❹。」

【章旨】總結全文，歌頌楚莊樊姬公正賢明、輔助楚莊王稱霸的功德。

【注釋】❶靡　無；沒有。❷與己同處　謂與自己一道生活，平等相處。處，交往。❸非刺　非議；責怪。❹伯　通「霸」。稱霸。

【語譯】頌贊說：「楚莊樊姬性謙讓，不生嫉妒不誹謗。進獻美人為選賢，平等相安各無恙。指責虞丘蔽賢路，公正無私樹榜樣。莊王重用孫叔敖，稱霸天下功業旺。」

六、周南之妻

周南❶之妻者，周南大夫之妻也。大夫受命❷平治水土，過時❸不來。妻恐其懈於王事❹，蓋與其鄰人陳素❺所與大夫言：「國家多難，惟勉強❻之，無有譴怒❼，遺父母憂。昔舜耕於歷山，漁於雷澤，陶於河濱❽，非舜之事，而舜為之者，為養❾父母也。家貧親老，不擇官而仕❿；親操井臼⓫，不擇妻而娶。故父母在⓬，當與時小同⓭，無虧大義⓮、不罹⓯患害而已。夫鳳凰不離於蔚羅⓰，麒麟⓱不入於陷穽⓲，蛟龍不及⓳於枯澤。鳥獸之智，猶知避害，而況於人乎？生於亂世，不得道理⓴，而迫於暴虐，不得行義，然而仕者，為父母在故也。」乃作詩曰：「魴魚赬尾，王室如毀。雖則如毀，父母孔邇㉑。」蓋不得已也。君子以是知周南之妻能匡夫也。

【章旨】記敘周南之妻匡夫勉力王事，無虧大義。

【注釋】❶周南　古地名。《史記·太史公自序》裴駰《集解》引虞摯說：「古之周南，即今之洛陽。」《漢書·司馬遷傳》顏師古注引張晏說：「洛陽而謂之周南者，自陝以東，皆周南之地也。」❷受命　接受朝廷命令。❸過時　超過期限。❹王事　公事；國家政事。❺素　平日。❻勉強　連文同義，勉力去做的意思。❼譴怒　謂受人譴責怒罵。❽昔舜耕於歷山三句　《史記·五帝本紀》：「舜，冀州人也。舜耕歷山，漁雷澤，陶河濱，作什器於壽丘，就時於負夏。」歷山，一說在今山東濟南東南。又名舜耕山、千佛山。漁，動詞，打魚。

雷澤，一說在今山東菏澤東北。陶，動詞，燒製瓦器。❾養　奉養。❿仕　出仕；做官。⓫操井臼　打水舂米。⓬在　健在。⓭與時小同　稍微隨俗。時，時俗；世俗。小同，稍同。⓮無虧大義　不損大節。虧，損。大義，大節；大道理。⓯罹　遭受。⓰夫鳳凰不離於蔚羅　鳳凰不會落入網羅。夫，助詞。鳳凰，古代傳說中的鳥王。離，通「罹」。蔚，當作「罻」。罻羅，連文同義，網。⓱麒麟　古代傳說中的動物。⓲及　至；到。⓳穽　同「阱」。⓴道理　道義，公理。㉑魴魚赬尾四句　見《詩經・周南・汝墳》。魴魚，鯿魚。赬，紅色。王室，指國事。毀，同「燬」。烈火；焚燒。《釋文》：「或云楚人名曰燥，齊人曰燬，吳人曰焜。此方俗訛語也。」孔，甚；很。邇，近。

【語　譯】周南之妻，是周南某大夫的妻子。周南大夫接受王命，外出平治水土，已超過預定的期限沒有趕回家來。妻子擔心丈夫會因懈怠而誤了公事，就和鄰人談到她平日規勸丈夫的話，她說：「現在國家多難，只有勉力去做好公事，不能因私廢公，遭受別人的責罵，並給父母帶來了憂慮。從前舜在歷山耕田，在雷澤捕魚，在河濱製瓦，這些都不是這位聖人該做的事，但他還是做了，那是為了要奉養父母。當家境貧苦、父母年老時，不管官職是大是小，都要出仕；當父母打水舂米、操持家務時，不管妻子是美是醜，都要成親。因此，父母健在，不妨稍微入時隨俗，只要不損大節、不遭禍患就行了。鳳凰不會落入網羅，麒麟不會撞進陷阱，蛟龍不會受困於枯澤。即使是鳥獸的智慧，還知道避開禍害，何況是萬物之靈的人呢？生在亂世，難於得到公理，又被暴虐所迫，無法推行道義，在這情勢下還要去做官，無非是為了贍養父母的緣故。」於是她又作詩說：「鯿魚游水紅尾搖，國事緊急似火燒。雖然國事急如火，父母之親要念叨。」這是不得已的。君子因此稱讚周南之妻能夠匡夫為公。

頌曰：「周大夫妻，夫出治土。維戒無怠，勉為父母。凡事遠周❶，為親之在。作詩魴魚，以敕❷君子。」

【章旨】總結全文，讚揚周南之妻不以私恩而廢公義的婦德。

【注釋】❶遠周　周，當為「害」字。因隸書「害」字與「周」字形近而誤。遠害，遠避禍害。❷敕　告誡。

【語譯】頌贊說：「周南之妻是賢婦，丈夫外出治水土。匡夫為公不懈怠，奉養父母有禮數。凡事都要遠避害，為了父母要照顧。作詩魴魚明告誡，忠孝大義君子慕。」

七、宋鮑女宗

女宗者，宋❶鮑蘇之妻也。養姑甚謹❷。

鮑蘇仕衛三年，而娶外妻❸。女宗養姑愈敬，因往來者請問❹其夫，賂遺❺外妻甚厚。女宗姒❻謂曰：「可以去矣。」女宗曰：「何故？」姒曰：「夫❼人既有所好，子何留乎？」女宗曰：「婦人一醮不改❽，夫死不嫁。執麻枲，治絲繭，織紝組紃❾，以供衣服，以事夫室❿。澈漠⓫酒醴，羞饋食⓬，以事舅姑。以事一為貞，以善從為順；貞順，婦人之至行也⓭，豈以專⓮夫室之愛為善哉？若其以淫意⓯為心，而扼⓰夫室之好，吾未知其善也。夫禮，天子十二，諸侯九，卿大夫三，士二⓱。今吾夫誠士也，有二，不亦宜乎？且婦人有七見去⓲，夫⓳無一去義。七去之道，妒正為首，淫僻⓴、竊盜、長舌㉑、驕侮㉒、無子㉓、惡病皆在其後。吾姒不教吾以居室之禮，而反欲使吾為見㉔棄之行，將安所用此？」遂不聽，事姑愈謹。

【章　旨】記敘宋鮑女宗謹守養姑事夫的貞順婦道。

【注　釋】❶宋　古國名，子姓。西周所封諸侯國，都商丘（今河南商丘南），戰國時為齊國所滅。❷養姑甚謹　《禮記・內則》：「婦事舅姑，如事父母。」姑，婆母。謹，恭敬。❸外妻　即外婦。指正妻之外未經結婚而同居的婦人。❹請問　問候。❺賂遺　謂送財物。賂，財物。遺，送。❻姒　姊。❼夫　句首助詞，也可視作指稱詞。相當於這個、那個。❽婦人一醮不改　謂婦人當從一而終。醮，女子出嫁。不改，不改嫁。❾執麻枲三句　見《禮記・內則》。麻枲，同義疊用，麻。枲，大麻。織紝，紡織絲縷。組紃，編織絛帶。❿夫室　丈夫。⓫澈漠　同義疊用，清。用為使動詞，謂使酒清澈純淨。⓬饋食　同義疊用，食物。⓭貞順二句　原脫，據《文選・晉紀總論》注引校補。至行，最高的德行。⓮專　獨佔。⓯淫意　放縱、恣肆的意念。⓰扼　控制。

⓱夫禮五句 《白虎通義・嫁娶》：「天子、諸侯一娶九女。或曰：天子娶十二女；卿大夫一妻二妾；士一妻一妾。」⓲七見去 謂婦女被丈夫遺棄之七條理由，稱為「七去」，又稱「七出」、「七棄」。《大戴禮記・本命》：「婦有七去：不順父母，去；無子，去；淫，去；妒，去；惡疾，去；多言，去；竊盜，去。」《公羊傳・莊公二十七年》何休注：「婦人有七棄：無子，棄；淫佚，棄；不事舅姑，棄；口舌，棄；竊盜，棄；嫉妒，棄；惡疾，棄。」⓳夫 原作「方」，據南宋余氏本改。⓴淫僻 淫邪。㉑長舌 多言；好說閒話。㉒驕侮 放縱輕慢。㉓無子 無後。指未生育男孩子。㉔見 被。

【語 譯】宋鮑女宗，是宋國鮑蘇的妻子。她恭敬地奉事自己的婆婆。

鮑蘇在衛國做了三年的官，並且有了外婦。但女宗奉事婆婆愈來愈恭敬，常通過來往於宋、衛兩國的人捎口信，問候丈夫，還給外婦送去豐厚的財物。女宗的姊姊對她說：「可以離開這個家了。」女宗說：「為什麼呢？」姊姊說：「那個人既然另有新歡，你為什麼還要留在這裡呢？」女宗說：「婦人一出嫁就要從一而終，即使丈夫死了也不能改嫁。紡麻線，理蠶繭，織絲縷，編絛帶，供給衣服，是為了奉事丈夫。做好純酒，進獻食物，是為了奉事公婆。對丈夫專心就是貞，對公婆服從就是順，貞順，是婦女最高的德行，我難道能獨佔丈夫的寵愛來得到好處嗎？要是有放縱恣肆的意念，來控制丈夫之所愛，我不知道會有什麼益處。按照禮的規定，天子有十二個女人，諸侯有九個女人，卿大夫有一妻二妾，士有一妻一妾。現在我丈夫是士的爵位，有一妻一妾，不也很合適嗎？再說婦女有被丈夫遺棄的七條理由，做丈夫的卻一條也沒有。七去的理由，妒正是頭一條，其他如淫僻、盜竊、長舌、驕侮、無子、惡病等還在其次。姊姊您不教我閨門貞順的禮儀，反而要讓我去做被遺棄的事情，我怎麼能聽用您這些話呢？」於是女宗不聽姊姊的話，奉事婆婆比以前更加恭順。

宋公❶聞之，表其閭❷，號曰「女宗」。君子謂：「女宗謙而知禮。」《詩》云：「令儀令色，小心翼翼。故訓是式，威儀是力❸。」此之謂也。

【章　旨】記敘宋鮑女宗獲得旌表和稱號。

【注　釋】❶宋公　宋國君主。❷表其閭　謂旌表其門閭。表，旌表。古代為表彰忠孝節義的人，由朝廷或官府賜給匾額，懸掛門上，叫「旌門」。閭，里巷的大門。❸令儀令色四句　見《詩經．大雅．烝民》。令，善。儀，儀表。色，容貌。翼翼，恭敬謹慎的樣子。故訓，《毛詩》作「古訓」，指先王的遺典。式，法式。威儀，指禮節。力，勤。

【語　譯】宋國的君主聽說這件事，就賜給匾額，張掛門閭，以旌表她的功德，還尊她為「女宗」。君子說：「女宗謙恭知禮。」《詩經》上說：「美好儀表和容貌，小心翼翼真周到。先王遺訓是法則，努力做到合禮教。」說的就是這種情況。

頌曰：「宋鮑女宗，好禮知理。夫有外妻，不為變已❶。稱引❷婦道，不聽其姒。宋公賢之，表其閭里。」

【章旨】總結全文，歌頌宋鮑女宗好禮知理的德行。

【注釋】❶變已　變化。❷稱引　援引。

【語譯】頌贊說：「宋鮑之妻號女宗，好禮知理受尊崇。丈夫雖然有外婦，專一從夫有始終。稱引貞順明婦道，不聽姊言改初衷。宋公讚許她賢德，旌表門閭功德隆。」

八、晉趙衰妻

晉趙衰❶妻者，晉文公之女也。號趙姬。初，文公為公子時，與趙衰奔狄，狄人入其二女叔隗、季隗於公子，公以叔隗妻趙衰，生盾❷。及反國❸，文公以其女趙姬妻趙衰，生原同、屏括、樓嬰❹。

趙姬請迎盾與其母而納之，趙衰辭而不敢。姬曰：「不可！夫得寵而忘舊，舍義；好新而嫚❺故，無恩；與人勤❻於隘厄❼，富貴而不顧，無禮。君棄此三者，何以使❽人？雖妾亦無以❾侍巾櫛。《詩》不云乎：

『采葑采菲，無以下體。德音莫違，及爾同死❿。』與人同寒苦⓫，雖有小過，猶與之同死而不去，況於安新忘舊乎？又曰：『讌爾新婚，不我屑以⓬。』蓋傷之也。君其逆⓭之，無以新廢舊。」趙衰許諾，乃逆叔隗與盾。

【章旨】記敘趙衰之妻匡夫勿以新廢舊。

【注釋】❶趙衰　趙成子，字子餘。為晉趙夙之孫，春秋時晉國正卿，曾隨公子重耳奔狄，為重耳五賢士之一。❷初六句　見《左傳・僖公二十三年》：「狄人伐廧咎如（赤狄支屬），獲其二女叔隗、季隗，納諸公子（重耳）。公子娶季隗，生伯鯈、叔劉；以叔隗妻趙衰，生盾。」《史記・晉世家》則稱：「狄伐咎如，得二女：以長女（叔隗）妻重耳，生伯鯈、叔劉，以少女（季隗）妻趙衰，生盾。」兩書記載略有不同。叔隗，原作「叔限」，今改。公，公子，脫「子」字。盾，趙盾。即趙宣子，字宣孟。為趙衰與叔隗所生之子，春秋時晉國正卿，有政績。❸及反國　原作「及及國」，今改。反，同「返」。❹生原同屏括樓嬰　見《史記・趙世家》：「初，重耳在晉時，趙衰妻（趙姬）亦生趙同、趙括、趙嬰齊。」因三人各食邑於原、屏、樓三地，故名。❺嫚　輕侮；不以禮相待。❻勤　勞作。❼隘厄　困窮。❽使　命令；役使。❾無以　不能。❿采葑采菲四句　見《詩經・邶風・谷風》。葑，蔓菁，俗名大頭芥。菲，蘿蔔。下體，菜根。同死，共同生活到老。⓫寒苦　貧寒困苦。⓬讌爾新婚二句　見《詩經・邶風・谷風》。讌，快樂。不我屑以，謂以我為不潔之人。屑，潔。⓭逆　迎。

【語譯】晉趙衰妻，是晉文公的女兒。號為趙姬。當初，晉文公還是公子身分時，與趙衰一起逃奔至狄，狄人將二女叔隗、季隗交給公子，公子又把叔隗送給趙衰做妻子，生下趙盾。等到返回晉國，晉文公又將女兒趙姬嫁給趙衰，生下原同、屏括、樓嬰三個兒子。趙姬請求將在狄的趙盾和他母親，迎接回晉國，趙衰辭謝不敢答應。趙姬說：「不可！得到新寵而忘了舊情，這是無義；喜歡新娘不禮待老妻，這是無恩；可以在窮困時做到與人共苦，有了榮華富貴反而不能看顧別人，這是無禮。您拋棄了這仁義、恩德和禮儀，怎麼去役使別人呢？即使是我做妻子的，也決不會再來侍候您。《詩經》上不是說過：『採來蘿蔔大頭菜，為何不把菜根採？人的美德別忘記，和他到老心不改。』這是說與人同過貧苦生活，雖有小小過失，也要白頭偕老而不分離，又何況是安於新歡、忘記舊好的行為呢？《詩經》上又說：『你的新婚喜氣盈，不潔罪名傷我心。』這似乎是在悲傷被拋棄的命運。您一定要迎回他們母子，不要因有新人而忘了故人。」趙衰終於被說服，迎回叔隗與趙盾母子。

來，姬以盾為賢，請立為嫡子，使三子下之；以叔隗為內婦，姬親下之❶。及盾為正卿，思趙姬之讓恩❷，請以姬之中子屏括為公族大夫，曰：「君姬氏之愛子也。微君姬氏，則臣狄人也，何以至此？」成公許之❸。屏括遂以其族為公族大夫❹。君子謂：「趙姬恭而有讓。」《詩》

曰：「溫溫恭人，維德之基❺。」趙姬之謂也。

【章　旨】記敘晉趙衰妻能謙恭禮讓。

【注　釋】❶來六句　見《左傳・僖公二十四年》和《史記・趙世家》。嫡子，封建宗法社會最重血統親緣關係，稱正妻為嫡，稱正妻所生之子，或專指長子為嫡子。下，動詞，居於下位。內婦，當為「內子」之誤。內子為卿的嫡妻。❷讓恩　謙讓的恩德。❸請以姬之中子七句　見《左傳・宣公二年》。中子，第二個兒子。公族大夫，掌管公族及卿大夫子弟的官爵。君姬氏，趙盾對趙姬的尊稱。即將趙姬當作嫡母。微，沒有。成公，晉成公，名黑臀。為晉文公之少子，晉襄公之弟。❹屏括遂以其族句　《左傳・宣公三年》：「使屏季以其故族為公族大夫。」其故族，指趙盾自祖先趙夙以來的族屬。趙盾本為嫡子，為大宗，按古禮統率公族。現以公族讓於屏括，故以他所統率之公族讓於屏括統率。❺溫溫恭人二句　見《詩經・大雅・抑》。溫溫，溫和的樣子。恭人，恭敬謹慎的人。維，是。基，基礎；根本。

【語　譯】叔隗趙盾母子由狄地來到晉國，趙姬認為趙盾很有賢才，請求立為嫡子，讓自己所生的三子居於趙盾之下；趙姬又請求以叔隗為嫡妻，自己居於下位。等到趙盾任晉國正卿，感念趙姬謙讓的恩德，便請求將她的次子屏括任公族大夫，並說：「屏括是君姬氏的愛子。如果沒有君姬氏，那麼我仍是狄人，怎麼會有今天的地位？」晉成公答應了請求，屏括就成為統率公族的公族大夫。君子說：「趙姬能謙恭禮讓。」《詩經》上說：「溫和恭敬有禮儀，賢明品德立根基。」說的就是趙姬那樣的婦女。

頌曰：「趙衰姬氏，制行❶分明。身雖尊貴，不妒偏房❷。躬事叔隗，子盾為嗣。君子美之，德行孔備。」

【章旨】總結全文，歌頌晉趙衰妻賢明有義、謙讓有禮的德行。

【注釋】❶制行　禮法與排行。❷偏房　舊時稱妾。又稱側室。

【語譯】頌贊說：「趙衰姬氏性賢良，禮法排行有規章。身為正妻尊又貴，不以尊貴妒偏房。甘居下位事叔隗，盾為嫡子後嗣長。君子聽聞稱義舉，品德完備美名彰。」

九、陶荅子妻

陶❶大夫荅子❷之妻也。荅子治陶三年，名譽不興❸，家富三倍❹。其妻數❺諫不用。

居五年❻，從❼車百乘❽歸休❾。宗人❿擊牛⓫而賀之，其妻獨抱兒而泣。姑怒曰：「何其不祥也！」婦曰：「夫子⓬能薄而官大，是謂嬰⓭害；無功而家昌⓮，是謂積殃。昔楚令尹子文⓯之治國也，家貧國富，君敬民戴⑯，故福結⑰於子孫，名垂於後世。今夫子不然⑱，貪富務大⑲，不顧後害。妾聞南山有玄豹⑳，霧雨七日而不下食㉑者，何也？欲以澤其毛而成文章㉒也，故藏而遠害。犬彘不擇食以肥其身，坐而須㉓死耳。今夫子治陶，家富國貧，君不敬，民不戴，敗亡之徵見矣㉔！願與少子俱脫㉕。」姑怒，遂棄㉖之。

【章旨】記敘陶荅子妻諫夫勿貪富務大、見利忘義。

【注釋】❶陶　陶丘。在今山東定陶西北。❷荅子　邑大夫。大夫的封地稱「邑」。荅，同「答」。❸不興　不振。❹三倍　謂一年富一倍，三年為三倍。❺數　屢次。❻居五年　過了五年。❼從　跟隨。❽百乘　謂車馬眾多。乘，一車四馬。❾歸休　休官回家。❿宗人　同宗族的人。⓫擊牛　殺牛。⓬夫子　妻對夫的稱呼。⓭嬰　通「攖」。觸犯。⓮昌　昌盛。⓯楚令尹子文　《國語・楚語下》：「昔鬥子文三舍令尹，無一日之積，恤民之故也。」令尹，即楚之相。子文，即楚國鬥伯比之子於菟。為楚之令尹。⓰戴　愛戴。⓱結　連結。⓲不然　不是這樣。⓳務大　追逐大官。務，從事。引申為追逐。⓴玄豹　黑豹。玄，黑色。㉑霧雨七日而不下食　《文選・之宣城出新林浦向版橋》李善注作「隱霧而七日不食」。㉒欲以澤其毛而成文章　《文選・之宣城出新林浦向版橋》作「欲以澤其衣毛，成其文章」。澤，潤澤。文章，花紋。㉓須　等待。㉔敗亡之徵見矣　《文選・之宣城出新林浦向版橋》注作「逢禍必矣」。徵，徵兆。見，出現。㉕脫　脫身；離家。㉖棄　拋開。

【語譯】陶荅子妻，是陶邑大夫荅子的妻子。荅子治理陶邑三年，名譽並不怎麼好，家裡的財富卻增加了三倍。他的妻子屢次勸諫他，他就是不聽。

過了五年，由百乘車馬簇擁著荅子，休官回到了家鄉，同宗族人殺牛來祝賀他，唯獨他的妻子抱著兒子在哭哭啼啼。婆婆怒氣沖沖地說：「這是多麼不吉利呀！」媳婦說：「我丈夫才能淺薄卻當上大官，這是所謂觸發禍端；沒有功勞卻家庭暴富，這是所謂積種災殃。從前楚國令尹子文治理國家，家貧國富，君主敬重他，百姓擁戴他，因此，他的福澤延及子孫，盛名流傳於後世。現在夫子卻不是這樣，貪圖富貴，追逐高官，不考慮日後的災難。我聽說南山有玄豹，隱藏在霧雨中七天不下山尋找獵物，這是為什麼呢？牠是想讓皮毛得到霧雨的潤澤，長出色彩斑斕的豹斑，因此要藏身以遠避禍害。豬狗對飼食不加選擇，吃得肥肥壯壯的，不過是坐著等死罷了。今天夫子治理陶邑，家富國貧，得不到君主的敬重、百姓的愛戴，那即將敗亡的徵兆已顯現出來了！我希望和小兒子離開這個家。」婆婆大怒，就把媳婦趕出家門。

處期年❶，荅子之家果以盜誅❷，唯其母老以免。婦乃與少子歸養姑，終卒天年❸。君子謂：「荅子妻能以義易利，雖違禮求去，終以全身復禮❹，可謂遠識❺矣。」《詩》曰：「百爾所思，不如我所之❻。」此之謂也。

【章旨】記敘荅子之妻有遠識並能養姑。

【注釋】❶處期年　停一年。❷以盜誅　因盜竊公物罪被殺。❸終卒天年　當作「卒終天年」。謂荅子妻與婆婆最後得終天年。卒，結果。天年，人的自然年壽。❹全身復禮　因避禍保全自身，因奉姑恢復禮儀。❺遠識　遠見卓識。❻百爾所思二句　見《詩經・鄘風・載馳》。百爾所思，即「爾百所思」。爾，你們。思，思慮。所之，考慮的情況。

【語譯】一年以後，荅子果然因盜竊公物的罪名被處斬，唯獨他的母親因年老幸免一死。荅子妻便和小兒子回到婆家，奉養婆婆，結果她和婆婆都平安地度過終生。君子說：「荅子妻能做到以義易利，雖然主動請求離家是違背了禮節，但最後能避禍保全自己，奉姑恢復禮儀，可稱得上是有遠見卓識的賢明婦女。」《詩經》上說：「你們百般思慮又怎樣，不如我一人考慮得更周詳。」說的就是這個情況。

頌曰：「荅子治陶，家富三倍。妻諫不聽，知其不改。獨泣姑怒，送厥❶母家。荅子逢禍，復歸❷養姑。」

【章旨】總結全文，歌頌荅子之妻以義易利、全身復禮的德行。

【注釋】❶厥　其。❷復歸　由娘家返回婆家。

【語譯】頌贊說：「荅子治陶真羞恥，家富三倍國受累。妻子屢次來規勸，荅子不改害自己。妻獨啼哭姑發怒，避禍離家回故里。荅子果然遭禍殃，復返養姑人稱美。」

十、柳下惠妻

魯大夫柳下惠❶之妻也。柳下惠處❷魯，三黜而不去❸，憂民救亂。妻曰：「無乃瀆❹乎？君子有二恥：國無道❺而貴，恥也；國有道❻而賤，恥也。今當亂世，三黜而不去，亦近恥也。」柳下惠曰：「油油❼之民，將陷於害，吾能已乎？且彼為彼，我為我，彼雖裸裎❽，安能汙我？」油油然❾與之處，仕於下位。

【章旨】記敘柳下惠妻勸夫勿於亂世蒙恥為官。

【注釋】❶柳下惠　一名柳下季。展氏，名獲，字禽，諡惠。春秋時魯國大夫，曾任士師，掌刑獄，因食邑在柳下（一說在今河南濮陽東部），故名。❷處　居住。❸三黜而不去　《論語・微子》：「柳下惠為士師，三黜。人曰：『子未可以去（離開魯國）乎？』曰：『直道（正直）而事人，焉往而不三黜？枉道（不正直）而事人，何必去父母之邦（魯國）？』」三黜，多次被撤職。黜，貶官。❹瀆　褻瀆；輕慢。❺無道　不行仁義。

道，道義。❻有道 推行仁義。❼油油 當作「悠悠」，眾多的樣子。❽裸裎 連文同義，裸露。❾油油然同「由由然」。自得的樣子。

【語譯】柳下惠妻，是魯國大夫柳下惠的妻子。柳下惠為魯國大夫時，多次被貶官都未離開魯國，照樣憂國憂民，救苦救難。妻子指出：「您這個樣子恐怕是褻瀆了自己吧？君子有二種恥辱：國家不行仁政時，自己卻地位顯貴，這是一種恥辱；國家推行仁政時，自己卻地位卑賤，這也是一種恥辱。今正當亂世，您多次被貶都未離開魯國，已與蒙恥受辱差不多了。」柳下惠回答說：「芸芸眾生，即將陷入禍害，我能不理不睬嗎？再說天下不行仁義，是他們的事；我躬行仁義，是我的事；即使天下到處暴露出它的汙濁，又怎麼能玷汙我的清白呢？」於是他仍然自得地住在魯國，當他的小官。

柳下既死，門人❶將誄❷之❸。妻曰：「將誄夫子之德耶？則二三子不如妾知之也。」乃誄曰：「夫子之不伐❹兮❺，夫子之不竭❻兮，夫子之信誠❼而與人無害兮。屈柔從俗不強察❽兮；蒙恥救民德彌大兮；雖遇三黜終不蔽❾兮；愷悌❿君子永能厲⓫兮。嗟呼惜哉乃下世⓬兮；庶幾遐年⓭今遂逝兮；嗚呼哀哉魂神泄⓮兮；夫子之謚⓯宜為『惠』兮。」門人從之以為誄，莫能竄⑯一字。君子謂：「柳下惠妻能光⑰其夫矣。」《詩》曰：「人知其一，莫知其他⑱。」此之謂也。

【章旨】記敘柳下惠妻能光大其夫的德行。

【注釋】❶門人　受業的門生；弟子。❷誄　誄文。古代用以哀悼並表彰死者德行的文體。❸之　指柳下惠。❹伐　誇耀。❺兮　語尾助詞，相當於「啊」。❻不竭　不盡。❼信誠　誠實守信。❽不強察　不固執；不苛求。❾不蔽　不被掩蔽。❿愷悌　亦作「凱弟」、「豈弟」。和易寬厚。⓫厲　同「勵」。勉勵。⓬下世　去世。⓭遐年　長壽。⓮泄　去。⓯諡　諡號。古人死後按其生平行事給予褒貶評定的稱號。⓰竄　改。⓱光　此作動詞，光大。⓲人知其一二句　見《詩經・小雅・小旻》。

【語譯】柳下惠死後，他的門人弟子準備給他寫篇誄文。柳下惠妻說：「你們想要哀悼並表彰夫子生前的德行嗎？那麼我比你們更加了解他呀！」於是她寫誄文哀悼說：「夫子謙恭不誇功，夫子德澤無盡窮，夫子交往誠實守信又圓融。從俗隨眾不偏執，柔和順從；蒙恥救民行正義，道德尊崇；三黜不去不掩德，難改初衷；和易寬厚自勉勵，君子固窮。嗟呼惜哉，去也匆匆；期望高壽，今不壽終；嗚呼哀哉，魂在蒼穹；夫子諡『惠』，最為適中。」門生就將她所寫的作為誄文，不能改動其中一個字。君子說：「柳下惠妻能讓丈夫的功德發揚光大。」《詩經》上說：「世人只知他一樁，其他方面卻不詳。」說的就是這種情況。

頌曰：「下惠之妻，賢明有文❶。柳下既死，門人必存❷。將誄下惠，妻為之辭。陳列其行，莫能易❸之。」

【章旨】總結全文，歌頌柳下惠妻的賢德文才。

【注釋】❶文 文才。❷必存 即畢存。必，通「畢」。全；盡。存，懷念。❸易 更改。

【語譯】頌贊說：「柳下惠妻人盡誇，道德文章出柳家。柳下不幸身先死，門人全都懷念他。欲寫祭文來哀悼，柳妻祭文最是佳。一字一句莫能改，本是白璧一無瑕。」

十一、魯黔婁妻

魯黔婁先生❶之妻也。先生死，曾子❷與門人往弔之。

其妻出戶，曾子弔之。上堂❸，見先生之尸在牖❹下。枕墼❺席稾❻，縕袍不表❼，覆以布被，首足❽不盡斂❾：覆頭則足見❿，覆足則頭見。曾子曰：「斜⓫引其被則斂矣。」妻曰：「斜而有餘，不如正而不足也。先生以不邪之故，能至於此。生時不邪，死而邪之，非先生意也。」

曾子不能應⑫，遂哭之曰：「嗟乎！先生之終也，何以為諡？」其妻曰：「以『康』為諡。」曾子曰：「先生在時，食不充虛⑬，衣不蓋形，死則首足不斂，旁無酒肉⑭，生不得其美⑮，死不得其榮⑯，何樂於此而諡為『康』乎？」其妻曰：「昔先生，君嘗欲授⑰之政，以為國相，辭而不為，是有餘貴也；君嘗賜之粟三十鍾⑱，先生辭而不受，是有餘富也。彼先生者，甘⑲天下之淡味，安⑳天下之卑位，不戚戚㉑於貧賤，不忻忻㉒於富貴，求仁而得仁，求義而得義，其諡為『康』，不亦宜乎？」曾子曰：「唯斯人也而有斯婦。」君子謂：「黔婁妻為樂貧行道㉓。」《詩》曰：「彼美淑姬，可與寤言㉔。」此之謂也。

【章旨】記敘魯黔婁妻能安貧樂道。

【注釋】❶黔婁先生　春秋戰國之交的隱士。皇甫謐《高士傳》：「黔婁先生者，齊人也。」一說為魯人。先生，對辭官退隱者的稱呼。《儀禮·士相見禮》注：「先生，致仕者也。」❷曾子　曾參，字子輿。春秋末魯國人，為孔子弟子。❸堂　正屋。❹牖　窗戶。❺墼　土磚。❻稾　草席。❼縕袍不表　謂死者所襲之衣。縕袍，舊絮袍子。不表，即不成一襲。《禮記・雜記》：「為屍體所襲之衣，衣必有裳，袍必有表。」❽首足　原作「手足」，據下文「覆頭則足見，覆足則頭見」校改。❾斂　收。❿見　同「現」。⓫斜　同「邪」。歪斜；不正。⓬應　回答。⓭食不充虛　原作「食不充口」。《文選・卷二九・雜詩》注引《列女傳》：「先生在時，食不充虛，衣不盡形。」據此校改。虛，飢餓。⓮旁無酒肉　謂無酒肉祭奠。《儀禮・士喪禮》：奠脯（乾肉）醢（魚肉醬）醴酒。⓯美　美食；美味。⓰榮　榮寵。⓱授　授職；任命。⓲鍾　量器。六石四斗為一鍾。⓳甘　意動詞，以為甘味。⓴安　意動詞，感到安樂自足。㉑戚戚　憂懼的樣子。㉒忻忻　喜悅的樣子。《太平御覽・卷五六二・禮儀部・四十一》引《列女傳》：「不汲汲於富貴。」汲汲，急切的樣子。㉓樂貧行道　儒家所提倡的立身處世態度。謂雖處困境，仍以恪守仁義之道為樂。㉔彼美淑姬二句　見《詩經・陳風・東門之池》。淑姬，美女。寤，《毛詩》作「晤」，談心。

【語　譯】魯黔婁妻，是魯人黔婁先生的妻子。黔婁先生去世，曾子和他的門人前往弔唁。

黔婁先生的妻子從戶內走出，立於堂前東階，曾子從西階上來，表示慰問和哀悼。曾子走進堂屋，看見黔婁的屍體安放在窗戶下面，頭枕土磚，身墊草席，穿著沒有罩面的舊絮袍子，蓋著粗布被子，因蓋不嚴實，頭和腳不能全都收進去，蓋住頭就露出了腳，蓋住腳就露出了頭。曾子說：「將被子扯斜，就能全部蓋住了。」黔婁妻回答說：「斜著有餘，卻不如正著不足。先生因為一生行事不邪的緣故，才成為現在的樣子。他生前正而不邪，死後反使他邪而不正，這不是先生的本意。」

曾子對此無話可說，接著痛哭流涕說：「唉！先生去世，用什麼作諡號好呢？」黔婁妻說：「用『康』字作諡號。」曾子不解地說：「先生在世時，粗食不能充飢，破衣不能遮體，死後收殮還讓他露頭現腳，旁側也沒有酒肉上祭，生前不能享受美味，死後不能獲得榮寵，有什麼康樂可言，而要以『康』字作諡號呢？」黔婁妻說：「從前，國君曾想請先生理政，聘為國相，他辭謝不為，這是所謂有餘貴了；國君曾賞賜他三十鍾粟米，先生又辭謝不受，這是所謂有餘富了。先生這個人，將天下的粗茶淡飯看作美味，對天下的低賤地位感到安然自足，不因為貧賤就憂懼，不因為富貴就喜悅，可以說要仁有仁，要義有義，諡號為『康』，不是很合適嗎？」曾子說：「只有黔婁先生那樣有德行的人，才有這樣有德行的妻子。」君子說：「黔婁妻能安貧樂道。」《詩經》上說：「賢良美好人仰慕，可以向他訴肺腑。」說的就是這種情況。

頌曰：「黔婁既死，妻獨主喪❶。曾子弔焉，布衣褐衾❷。安賤甘淡，不求豐美。尸不揜❸蔽，猶諡曰『康』。」

【章　旨】總結全文，歌頌魯黔婁妻妻能安貧樂道、表彰夫德。

【注　釋】❶主喪　謂主持喪事。《禮記・喪大記》：「其無女主，則男主拜女賓於寢門內；其無男主，則女主拜男賓於阼階（堂前東階）下。」❷褐衾　粗麻布被子。❸揜　遮蔽。

【語　譯】頌贊說：「黔婁先生不壽年，妻主喪禮稱夫賢。孔門曾子來弔唁，布衣布被貧堪憐。安於貧賤甘淡泊，榮華富貴不沾邊。屍體頭足蓋不全，諡號為『康』就周全。」

十二、齊相御妻

齊相晏子❶僕御❷之妻也，號曰命婦❸。

晏子將出，命婦窺❹其夫為相御，擁大蓋❺，策駟馬❻，意氣洋洋❼，甚自得❽也。

既歸，其妻曰：「宜❾矣！子之卑且賤也。」夫曰：「何也？」妻曰：「晏子長不滿六尺❿，身相齊國，名顯諸侯。今者吾從門間⓫觀其志氣，恂恂⓬自下，思念深⓭矣。今子身長八尺，乃⓮為之僕御耳，然子之意洋洋若自足⓯者。妾是以去也。」其夫謝曰：「請自改，何如？」妻曰：「是懷⓰晏子之智，而加以八尺之長也；夫躬⓱仁義，事明主，其名必揚矣。且吾聞寧⓲榮於義而賤，不虛驕⓳以貴。」於是其夫乃深自責，學道謙遜，常若不足。

【章　旨】記敘齊相御妻勸勉其夫不要自滿自驕。

【注　釋】❶晏子　晏嬰，字平仲。春秋時齊國國相，執政五十餘年，以節儉力行、謙恭下士著稱於世。❷僕御　馬車夫。❸命婦　大夫的妻子。❹窺　暗中察看。❺擁大蓋　謂駕車。擁，持。引申為控制、掌握。蓋，車篷。形圓如傘，下有柄。❻策駟馬　謂趕馬。策，鞭打。駟馬，駕四馬之車。❼洋洋　一作「揚揚」，很得意的樣子。❽自得　自滿。❾宜　適宜；恰當。❿六尺　原作「三尺」，據《史記・管晏列傳》改。⓫門間　謂門的空隙。⓬恂恂　謙恭的樣子。⓭思念深　謂深謀遠慮。⓮乃　僅僅。⓯自足　自以為滿足。⓰懷　擁。⓱躬行；親身去做。⓲寧　寧可；情願。⓳虛驕　亦作「虛憍」，虛浮而驕傲。

【語　譯】齊相御妻，是齊相晏子的馬車夫的妻子，號稱命婦。

有一天，晏子將要外出，命婦就暗地裡觀察丈夫的行動，見丈夫駕著高車，趕著大馬，那神態氣度，顯出洋洋得意、非常滿足的樣子。

丈夫回到家，命婦對他說：「說你卑微下賤，再恰當不過了！」丈夫問：「你說的是什麼意思呀？」命婦說：「晏子身高不滿六尺，但是他能做齊國國相，名揚於諸侯之間。今天我在門縫裡觀察，見他神色氣度，是那樣謙恭退讓，深謀遠慮；你身高八尺，只是他的一個馬車夫罷了，可是你洋洋得意，像是十分滿足的樣子。因此，我決定要離開你。」丈夫連忙認錯，並說：「我請求改正，你認為怎樣改好？」命婦說：「你要是擁有晏子那樣的才智，加上你八尺高的身材；你又親行仁義，奉事聖明的君主，那麼你就會揚名於世了。而且我聽說過，人們情願安於貧賤而得到仁義的榮名，不願以虛浮驕矜去得到富貴顯赫的地位。」從此命婦的丈夫深深自責，學道謙遜，常常表現有所不足的樣子。

晏子怪而問其故，具❶以實對。於是晏子賢❷其能納善自改，升❸諸景公，以為大夫，顯❹其妻以為命婦。君子謂：「命婦知善。」故賢人之所以成者，其道博矣，非特師傅、朋友相與切磋❺也，妃匹❻亦居多❼焉。《詩》云：「高山仰止，景行行止❽。」言當常嚮❾為其善也。

【章旨】記敘齊相御妻使丈夫納善自改，並得到榮寵。

【注釋】❶具　完全。❷賢　以為賢。❸升　舉薦。❹顯　顯揚；表彰。❺切磋　把牛骨象牙磨製成器物。引申為學習上共同商討、研究。❻妃匹　配偶。妃，通「配」。❼多　大。❽高山仰止二句　見《詩經・小雅・車舝》。仰，仰望。止，助詞，之。景行，大路。❾嚮　嚮往；趨向。

【語譯】晏子對馬車夫的這種改變感到奇怪，便問他其中的緣故，馬車夫就將真實情況和盤托出。晏子認為他有改過從善的良好品德，就把他舉薦給齊景公，被用為大夫，他妻子也被表彰而成為命婦。君子說：「命婦聰慧善良。」因此，賢人獲得成功的道路，是很寬廣的，不僅師傅、朋友可與他切磋學問，就是配偶的勸勉也起了很大的作用。《詩經》上說：「仰望高高的山崗，順著大路走向前方。」這是說要常常朝向美德的目標去處世做人。

頌曰：「齊相御妻，匡夫以道。明言驕恭，恂恂自效。夫改易❶行，學問靡已❷。晏子升之，列於君子。」

【章旨】總結全文，表彰齊相御妻匡正其夫的美德善行。

【注釋】❶易　改變。❷靡已　不止。

【語譯】頌贊說：「齊相御妻成命婦，功在匡夫走正路。驕則有害謙受益，仿效齊相有法度。丈夫納善自改過，學問之道不止步。晏子薦他為大夫，列為君子功德著。」

十三、楚接輿妻

楚狂接輿❶之妻也。接輿躬耕以為食。楚王使❷使者持金百鎰、車二駟，往聘❸迎之，曰：「王願請先生治淮南❹。」接輿笑而不應，使者遂不得與語而去。

妻從市來，曰：「先生少❺而為義，豈將老而遺之哉？門外車跡❻何其深也！」接輿曰：「王不知吾不肖❼也，欲使我治淮南，遣使者持金、駟來聘。」其妻曰：「得無❽許之乎？」接輿曰：「夫富貴者，人之所欲也，子何惡❾？我許之矣！」妻曰：「義士❿非禮不動，不為貧而易操⓫，不為賤而改行⓬。妾事先生，躬耕以為食，親績以為衣，食飽衣暖，據義而動，其樂亦自足矣。若受人重祿⓭，乘人堅良⓮，食人肥鮮⓯，而將何以待之？」接輿曰：「吾不許也。」妻曰：「君使不從，非忠也；從之又違，非義也。不如去之。」

【章旨】記敘楚接輿妻勸勉丈夫不羨榮華富貴。

【注釋】❶楚狂接輿　楚國狂人接輿，春秋時隱士。皇甫謐《高士傳》說他姓陸，名通。曹之升《四書摭餘說》：「《論語》所記隱士皆以其事名之。門者謂之『晨門』，杖者謂之『丈人』，津者謂之『沮』、『溺』，接孔子之輿者謂之『接輿』，非名亦非字也。」❷使　動詞，派遣的意思。❸聘　用禮物延請。❹淮南　《韓詩外傳》作「河南」。❺少　原作「以」，據《韓詩外傳》改。❻車跡　車輪軌跡。❼不肖　謂不似其先人，有不賢之意。❽得無　亦作「得毋」、「得微」。猶言「莫非」，表猜測語氣。❾惡　厭惡。❿義士　仁義之士。⓫易操　改變節操。易，改。⓬改行　改變德行。⓭祿　俸祿。⓮堅良　謂堅車良馬。⓯肥鮮　謂肥肉鮮魚。肥，肥厚多肉。鮮，活魚。

【語譯】楚接輿妻，是楚狂接輿的妻子。接輿耕田種地，自食其力。楚王派遣使者帶著黃金百鎰、兩輛四匹馬拉的車子，來延請他；使者說：「楚王希望請先生去治理淮南。」接輿笑笑，沒有答話，使者見不能和他交談就離開了。

接輿的妻子從集市上回來，對接輿說：「先生年少時就行禮義之道，難道接近老年反而將它丟掉了嗎？不然，門外車馬的軌跡為什麼這樣深呀！」接輿說：「我沒有才能，楚王不了解情況，想要我去治理淮南，並派使者帶著黃金、車馬來延請我。」妻子說：「您莫非答應了嗎？」接輿故意試她說：「富貴榮華是人人都想得到的，你為什麼厭惡它呢？我已經答應了哩。」妻子說：「仁義之士不去做非禮的事情，不因為家境貧困，就改變自己的操守；不因為地位卑賤，就更改自己的德行。我奉事先生，親自種糧來吃飯，親自紡織來穿衣，吃得飽，穿得暖，按著禮義去處世做人，也就自覺有很大的快樂了。要是接受別人的重祿，乘坐別人的堅車良馬，飽吃別人的魚肉肥鮮，你又打算用什麼去報答別人呢？」接輿說：「我不答應楚王就是了。」妻子說：「君王的命令不服從，那是不忠；服從命令又不願違心去做，那是不義。我們不如離開此地。」

夫負釜甑❶，妻戴紝器❷，變名易姓而遠徙❸，莫知所之❹。君子謂：「接輿妻為樂道而遠害。」夫❺安貧賤而不怠於道者，唯至德者❻能之。《詩》曰：「肅肅兔罝，椓之丁丁❼。」言不怠於道❽也。

【章旨】記敘楚接輿妻與丈夫遠徙避害。

【注　釋】❶負釜甑　肩背炊具。負，背。釜，炊具，上置甑以蒸煮。甑，炊具，如今之蒸籠。❷戴紝器　頭頂織具。戴，頂在頭上。紝器，紡績器具。❸徙　遷移。❹所之　去向。之，動詞，去。❺夫　句首助詞。❻至德者　德行最高尚的人。❼肅肅兔罝二句　見《詩經・周南・兔罝》。肅肅，形容繁密整齊的樣子。兔罝，兔網。椓，打。丁丁，敲擊木樁的聲音。❽道　仁義之道。

【語　譯】於是丈夫肩背炊具，妻子頭頂織具，改名換姓，搬遷到很遠的地方，誰也不知道他們的去向。君子說：「接輿妻能夠樂於仁義之道，而遠避禍害。」安於貧賤又對仁義之道不鬆懈，這是德行高尚的人才能辦到的。《詩經》上說：「整齊嚴密兔網開，咚咚作響打樁來。」就是說不放鬆對仁義之道的執著追求。

頌曰：「接輿之妻，亦安貧賤。雖欲進仕❶，見時暴亂。楚聘接輿，妻請避館❷。戴紝易姓，終不遭難。」

【章　旨】總結全文，歌頌接輿之妻安貧樂道、遠徙避害的德行。

【注　釋】❶進仕　出仕。❷避館　離家遠避。館，住宅。

【語　譯】頌贊說：「接輿之妻美名留，安貧樂道無他求。丈夫即使要出仕，難與亂世相沈浮。楚王派使聘接輿，妻勸離家避禍由。頭頂織具改名姓，終不遭難心願酬。」

十四、楚老萊妻

楚老萊子❶之妻也。萊子逃世❷，耕於蒙山之陽❸，葭❹牆蓬❺室，木床蓍❻席，衣縕食菽❼，墾山播種。

人或言之楚王曰：「老萊，賢士也。」王欲聘以璧、帛❽，恐不來，楚王駕❾至老萊之門。老萊方織畚❿。王曰：「寡人愚陋，獨守宗廟⓫，願先生幸⓬臨之。」老萊子曰：「僕⓭山野之人，不足守政⓮。」王復曰：「守國之孤，願變先生之志。」老萊子曰：「諾！」王去。

其妻戴畚萊⓯、挾薪樵⓰而來，曰：「何車跡之眾也？」老萊子曰：「楚王欲使吾守國之政。」妻曰：「許之乎？」曰：「然。」妻曰：「妾聞之⓱，可食⓲以酒肉者，可隨以鞭捶⓳；可授⓴以官祿者，可隨以鈇鉞㉑。今先生食人酒肉，受人官祿，為人所制㉒也，能免於患乎？妾不能為人所制！」投其畚萊而去㉓。老萊子曰：「子還！吾為子更慮。」遂行不顧㉔，至江南而止，曰：「鳥獸之解毛，可積而衣之，据㉕其遺粒，足以食也。」老萊子乃隨其妻而居之，民從而家㉖者，一年成落㉗，三年成聚㉘。君子謂：「老萊妻果㉙於從善。」《詩》曰：「衡門之下，可以棲遲。泌之洋洋，可以療饑㉚。」此之謂也。

【章　旨】記敘楚老萊妻匡夫謝聘辭官、遠避禍患。

【注　釋】❶老萊子　春秋時隱士，楚國人。❷逃世　避世；退隱。❸蒙山之陽　蒙山南邊。蒙山，一稱東山。在山東中部。陽，山的南面。❹葭　蘆葦。❺蓬　蓬蒿。❻蓍　蓍草。❼菽　大豆。❽璧帛　謂玉璧、絹帛。❾駕　《文選・卷五九・劉先生夫人墓誌》注引《列女傳》作「駕車」。❿畚　畚箕。⓫獨守宗廟　即守國之意。封建宗法社會，君王之位，世代相襲，故以守祖廟、承宗祧，表示即君主位。守，保持；守護。宗廟，祖廟。《禮記・祭法》：「天子至士，皆有宗廟。」⓬幸　敬詞，表示對方這樣做能使自己感到幸運。⓭僕　自謙之詞。⓮守政　理政。⓯畚萊　即畚箕。「萊」為衍文。⓰薪樵　柴草。⓱妾聞之　《文選・卷五九・劉先生夫人墓誌》注引《列女傳》，此句下有「居亂世，為人所制」七字。⓲食　動詞，以食物給人吃。⓳鞭捶　刑具，鞭子、木棒。⓴授　當作「受」。㉑鈇鉞　同「斧鉞」。即斧。刑具之一。㉒制　控制。㉓投其畚萊而去　《文選・卷五九・劉先生夫人墓誌》注引《列女傳》「投其畚而去」，無「萊」字。㉔顧　回頭。㉕据　疑為「捃」字之誤。捃，拾取。㉖家　動詞，安家。㉗落　院落。㉘聚　村落。㉙果　果斷。㉚衡門之下四句　見《詩經・

陳風·衡門》。衡門，橫一木為門，貧者所居。衡，通「橫」。棲遲，遊息。泌，泉水。洋洋，廣大。療，治。《毛詩》作「樂」，義通。

【語譯】楚老萊妻，是楚國老萊子的妻子。老萊子逃避亂世，在蒙山南邊種地，用蘆葦做牆，用蓬草蓋房，用木架床，用草鋪席，穿舊絮，吃豆食，在那兒開山播種。

有人向楚王進言：「老萊子，是當今的賢士。」楚王準備用璧、帛為聘禮去聘請他，又耽心他不出山，便親自駕車去迎請。老萊子正在編織畚箕。楚王對他說：「寡人並不高明，今身為國君，守護祖廟，希望有幸請先生到朝理政。」老萊子說：「我不過是個山野隱士，能力不足以主持政事。」楚王說：「我是守國之君，希望先生能改變一下志向。」老萊子同意說：「行。」楚王即離開他家。

老萊妻頭頂畚箕、挾著柴草回家來，問道：「為什麼門前有這麼多的車跡呢？」老萊子說：「楚王來過，想讓我去治理政事。」妻子說：「答應了嗎？」老萊子說：「答應了。」妻子說：「我聽說，處於亂世，是要被人控制的。吃了人家賜給的酒肉，隨著人家就可以鞭打你；接受人家賜給的官職，隨著人家就可以殺戮你。今天先生要是吃人酒肉，受人官職，就會被人役使控制，難道能避免禍患嗎？我決不受人的控制！」她放下畚箕柴草，走出家門。老萊子連忙說：「你回來吧！我要為你重新考慮考慮。」妻子頭也不回，一直走到江南才停下來，並對老萊子說：「鳥獸脫下的毛羽，可以積存下來做衣服穿，拾取鳥獸丟棄下的穀粒果屑，也就足夠作我們的糧食了。」老萊子便跟著妻子住下來，百姓跟著到這裡安家的有很多，一年成了院落，三年成了村落。君子說：「老萊妻能果斷地向善從義。」《詩經》上說：「衡門之下是貧居，自由自在任我為。泉水洋洋流不盡，清澈甘甜可療飢。」說的就是這種情況。

頌曰：「老萊與妻，逃世山陽。蓬蒿為室，莞葭為蓋❶。楚王聘之，老萊將行。妻曰世亂，乃遂逃亡。」

【章旨】總結全文，歌頌楚老萊妻不受制於人、不慕榮華富貴的德行。

【注釋】❶莞葭為蓋 《史記．老子韓非列傳》正義引《列仙傳》：「莞葭為牆，蓬蒿為室。」莞，蒲草。蓋，據上引當作「牆」。

【語譯】頌贊說：「老萊夫妻仁義彰，退隱躬耕蒙山陽。蓬蒿為室苦中樂，莞葭為牆傲風霜。楚王駕聘老萊子，匡夫辭官保安康。亂世勿為人所制，遠避禍患江南鄉。」

十五、楚於陵妻

楚於陵❶子終❷之妻也。楚王聞於陵子終賢，欲以為相，使使者持金百鎰，往聘迎之。於陵子終曰：「僕❸有箕帚之妾❹，請入與計❺之。」

即入，謂其妻曰：「楚王欲以我為相，遣使者持金來。今日為相，明日結駟連騎❻，食方丈於前❼，可乎？」妻曰：「夫子織屨❽以為食，非與物無治也❾！左琴右書，樂亦在其中矣。夫結駟連騎，所安不過容膝❿；食方丈於前，所⓫甘不過一肉。今以容膝之安，一肉之味，而懷楚國之憂，其⓬可乎？亂世多害⓭，妾恐先生之不保命也。」於是子終出，謝使者而不許也。

【章旨】記敘楚於陵妻匡夫辭聘以避禍。

【注釋】❶於陵 地名。在今山東長陽南。❷子終 或作「田仲」、「陳仲」、「子仲」。戰國時期的隱士。據《孟子．滕文公下》與皇甫謐《高士傳》，陳仲子，字子終，齊人，兄戴為齊相，食祿萬鍾。他以兄之祿為不義之祿，以兄之室為不義之室，即離齊往楚，居於陵。❸僕 自謙之詞。❹箕帚之妾 謂清除垃圾的奴婢。用作自己妻子的謙稱。箕，畚箕；盛垃圾的器具。帚，掃帚。❺計 合計；商量。❻結駟連騎 謂高車大馬連結，有了榮華富貴。❼食方丈於前 謂滿桌美酒佳肴，有了生活享受。方丈，一丈見方。❽屨 指草編麻織的鞋。❾非與物無治也 謂不是如同瓠瓜棄物無所作為。《文選．卷三五．七命》李善注引《韓詩外傳》：「韓子曰：齊有居士田仲者，宋人屈轂往見之，謂仲曰：『轂有巨瓠（葫蘆），堅如石，厚而無竅（孔），願效（獻出）之先生。』田仲曰：『堅如石，不可剖而斲（砍削）；厚而無竅，不可以受水漿，吾無用此瓠為也！』屈轂曰：

『然其棄物（無用之物）乎？』曰：『然。今先生雖不恃（依靠）人之食，亦無益於人之國矣，猶可棄之瓠也！』田仲若有所失，慚（羞慚）而不對。」與，如。物，棄物。指瓠瓜。治，為；作。❿容膝　謂地方狹小，僅能容納雙膝。⓫所　原脫，據《文選・卷三五・七命》注引《列女傳》「方丈於前，所甘不過一肉也」校補。⓬其　指示詞，那。⓭害　禍患。

【語譯】楚於陵妻，是寄居楚國的齊人於陵子終的妻子。楚王聽說於陵子終很賢能，準備用他為國相，就派遣使者帶著百鎰黃金的禮物，專程前去延請、迎接他。於陵子終對使者說：「我老妻在屋內，請讓我進去和她合計一下。」

於陵子終隨即進屋，對他的妻子說：「楚王想聘我去任國相，還派使者送聘金來。我要是今日為相，明日就有了榮華富貴，出入會有成群結隊的高車大馬，吃飯會有滿桌子的美酒佳肴，你說行嗎？」妻子說：「你編織草鞋，自食其力，不是如同瓠瓜那樣的棄物無所作為啊！你看屋內左琴右書，那快樂就在琴韻書趣的天地中了。成群的車馬，讓你感受到安樂的，不過是你坐上去的那一小塊地方；滿桌的酒菜，讓你享受到美味的，不過是你吃下去的那一小塊魚肉。現在為了這一塊地的安樂，這一塊肉的美味，卻要為楚國付出承擔憂患的代價，那犯得著嗎？亂世之際，禍害無窮，我擔心你性命難保。」於是於陵子終出來，向使者辭謝，沒有應聘赴任。

遂相與逃，而為人灌園❶。君子謂：「於陵妻為有德行。」《詩》云：「愔愔良人，秩秩德音❷。」此之謂也。

【章旨】記敘楚於陵妻與夫外逃避禍。

【注釋】❶灌園　澆種田園。❷愔愔良人二句　見《詩經・秦風・小戎》。愔愔，安靜。《毛詩》作「厭厭」，義通。良人，夫稱妻或妻稱夫。秩秩，很有次序的樣子。謂進退有節。德音，美好的名聲。

【語譯】然後，楚於陵妻與丈夫一起，出逃到外地，替別人澆花種田。君子說：「楚於陵妻是有德行的。」《詩經》上說：「良人安靜真賢明，有禮有節好名聲。」說的就是這種情況。

頌曰：「於陵處楚，王使聘焉。入與妻謀，懼世亂煩❶。進❷往遇害，不若身安。左琴右書，為人灌園。」

【章旨】總結全文，表彰楚於陵妻不圖名利、自食其力的情操。

【注釋】❶煩　多；繁雜。❷進　推薦任用。

【語譯】頌贊說：「於陵居楚身安閒，楚王聘他為用賢。妻子勸他勿做官，亂世避禍最為先。與其為相擔風險，不如隱居保安全。左琴右書有樂趣，自食其力來灌園。」

卷三　仁智傳

【說　明】〈仁智傳〉是《列女傳》分類傳題之三。在這一分類傳題下，共列有十五個分傳，依次是：一、〈密康公母〉，二、〈楚武鄧曼〉，三、〈許穆夫人〉，四、〈曹僖氏妻〉，五、〈孫叔敖母〉，六、〈晉伯宗妻〉，七、〈衛靈夫人〉，八、〈齊靈仲子〉，九、〈魯臧孫母〉，十、〈晉羊叔姬〉，十一、〈晉范氏母〉，十二、〈魯公乘姒〉，十三、〈魯漆室女〉，十四、〈魏曲沃負〉，十五、〈趙將括母〉等。

〈仁智傳〉中的婦女，包括母親、夫人、妻子、老嫗等，都生活在春秋戰國時代，都是因為仁智而入傳的。

仁智，謂有仁有智，德行高尚，膽識過人。她們秉賦仁智，預知難易；她們能識天道，轉禍為福；她們崇德尚義，化險為夷；她們小心翼翼，朝夕自治。如密康公母的先識盛衰；曹僖氏妻的明哲保身；孫叔敖母的深明天道；衛靈夫人的深知人道；齊靈仲子的明於事理；魯臧孫母的見微知遠；晉羊叔姬的防害遠疑；魯公乘姒的緣事分理；魯漆室女的深謀遠慮；魏曲沃負的明智知禮等等，都表現了婦女處變不驚、臨難不苟的品德和膽識。

一、密康公母

密康公❶之母，姓隗氏。周共王❷遊於涇❸上，康公從，有三女奔之❹。其母曰：「必致❺之王。夫獸三為群，人三為眾，女三為粲❻。王田❼不取群❽，公行下眾❾，王御不參一族❿。夫粲，美之物，歸汝，而何德以堪⓫之？王猶不堪，況爾小醜⓬乎？」

康公不獻，王滅密。君子謂：「密母為能識微。」《詩》云：「無已太康，職思其憂⓭。」此之謂也。

【章旨】記敘密康公母勸子獻粲。

【注釋】❶密康公　密國君主，姬姓。密國在今甘肅靈臺西。❷周共王　《國語・周語上》作「周恭王」。西周國王，姬姓，名繄扈，一作「伊扈」。❸涇　水名。❹三女奔之　《國語・周語上》韋昭注：「奔，不由媒氏也。三女，同姓也。」奔，私奔。古代女子不由媒妁、不經聘禮而與男子私相結合。❺致　進獻。❻粲　眾多。《史記・周本紀》正義引曹大家注：「群、眾、粲，皆多之名也。」❼田　田獵。❽不取群　不盡取。《史記・周本紀》正義引曹大家注：「田獵得三獸，王不盡收，以其害深也。」❾公行下眾　《史記・周本紀》正義引曹大家注：「公，諸侯也。公之所行，與眾人共議也。」❿王御不參一族　陳漢章《斠注》云：「《左傳・成公八年》：『凡諸侯嫁女，同姓媵（送女陪嫁）之，異姓則否。』其制：諸侯之左右媵，皆同姓之女，以姪娣從，無與夫人異姓者。若王者可媵以異姓，故云不參一族。」御，女官。不參一族，不以三人同一族。參，三。⓫堪　勝任；承受。⓬小醜　小人之類。醜，類。⓭無已太康二句　見《詩經・唐風・蟋蟀》。無，勿。已，甚。太康，即「泰康」，安樂。職，語助詞。

【語　譯】密康公母，是密國康公的母親，姓魏氏。有次，周共王在涇水遊玩，密康公跟隨著，有三個同姓的姑娘私奔來找康公。康公的母親對他說：「一定要將三女進獻給周天子。野獸自三以上稱為群，人自三以上稱為眾，女子自三以上稱為粲。君王田獵得三獸，不能盡取，諸侯行事要與眾人商議，君王的婦官不能選取三個同姓的女子。粲，是美好的東西，歸你一人所有，你又有什麼德行來享有呢？君王尚且不能享有，何況你這個小人物呢？」

康公不聽勸告，沒有獻出三個女子，周共王於是滅了密國。君子說：「密康公母能夠洞察事物細微的動向。」《詩經》上說：「歡樂不能太恣肆，要將國事多考慮。」說的就是這個意思。

頌曰：「密康之母，先識盛衰。非刺康公，受粲不歸。公行下眾，物滿則損。俾❶獻不聽，密果滅殞❷。」

【章　旨】總結全文，歌頌密康公母先識盛衰的仁智。

【注釋】❶俾 使。❷殞 亡。

【語譯】頌贊說：「密康公母姓魏氏，先識盛衰有仁智。指責康公受粲女，不獻於王禍患起。諸侯行事與眾議，物滿則損難逃避。康公不聽母勸告，密國滅亡終受累。」

二、楚武鄧曼

鄧❶曼者，武王❷之夫人也。王使屈瑕❸為將，伐羅❹。屈瑕號莫敖。與群帥悉楚師以行。鬥伯比❺謂其御曰：「莫敖必敗！舉趾高，心不固❻矣。」見王曰：「必濟❼師！」

王以告夫人，鄧曼曰：「大夫非眾之謂也。其謂君撫小民❽以信，訓諸司❾以德，而威❿莫敖以刑也。莫敖狃⓫於蒲騷之役⓬，將自用⓭也，必小⓮羅。君若不鎮撫，其不設備⓯乎？」於是，王使賴人⓰追之，不及。莫敖令⓱於軍中曰：「諫者有刑！」及鄢⓲，師次亂濟⓳。至羅，羅與盧戎⓴擊之，大敗。莫敖自經荒谷㉑，群帥囚於冶父㉒以待刑。王曰：「孤之罪也。」皆免之。君子謂：「鄧曼為知人㉓。」《詩》云：「曾是莫聽，大命以傾㉔。」此之謂也。

【章　旨】記敘楚武鄧曼先識屈瑕將兵敗。

【注　釋】❶鄧　古國名，曼姓。在今湖北襄樊北鄧城鎮，春秋時為楚所滅。❷武王　楚武王。羋姓，名通。春秋時楚國國君。❸屈瑕　一作莫敖屈瑕。莫敖為楚國官名，即司馬。❹伐羅　楚國討伐羅國。事見《左傳・桓公十三年》。羅，古國名，熊姓。在今湖北宜城西。❺鬥伯比　楚國大夫。❻固　堅定；安定。❼濟　增益；增加。❽小民　百姓。❾諸司　各級官署與官吏。❿威　威懾。⓫狃　恃；倚仗。⓬蒲騷之役　楚屈瑕擊敗鄖國（在今湖北安陸）軍隊之戰役。見《左傳・桓公十一年》。蒲騷，鄖國地名。在今湖北應城西北。⓭自用　自以為是，獨斷專行之意。⓮小　意動詞，輕視。⓯設備　設防；加強戰備。⓰賴人　賴國之人仕於楚者。賴國，在今湖北隨縣東北。⓱令　發佈命令。⓲鄢　水名。源出湖北保康西南，流經南漳、宜城，入於漢水。⓳師次亂濟　《左傳・桓公十三年》作「亂次以濟」。次，次列。濟，渡。⓴盧戎　國名，嬀姓。在今湖北南漳東北。㉑荒谷　地名。在今湖北江陵西。㉒冶父　地名。在今湖北江陵南。㉓知人　鑑別人物的優劣。㉔曾是莫聽二句　見《詩經・大雅・蕩》。曾，乃。是，這些。莫聽，不聽。大命，國家的命運。傾，傾覆。

【語　譯】楚武鄧曼，是楚武王的夫人。武王派屈瑕為將帥，去征伐羅國。屈瑕官號莫敖，為楚國司馬。他與將領們統率楚國軍隊出發。楚大夫鬥伯比去送他，對自己的馬車夫說：「莫敖必然要吃敗仗！看他趾高氣揚的樣子，內心已顯出浮躁不安了。」鬥伯比去見武王說：「一定要給莫敖增援軍隊！」

武王把這個情況告知夫人，鄧曼說：「大夫的意思不是說軍隊的多少，他是說君王要以信義來安撫百姓，以德行來教訓百官，以刑法來威懾莫敖。莫敖倚仗著蒲騷戰役的功勞，將會自以為是，獨斷專行，看輕羅國的力量。君王如果不加以威懾，大概他就不會加強戰備吧？」於是，武王就派賴國人去追趕莫敖，可惜沒能追上。莫敖在軍中發佈軍令說：「凡敢來進諫的要受刑罰！」莫敖到達鄢水，軍隊爭著渡水，亂得不成隊伍。莫敖到達羅地，羅國與盧戎國合擊楚軍，楚軍大敗。莫敖在荒谷上吊自殺，其他楚將被囚在冶父，聽候處治。武王說：「這是我的罪過。」就將將領都赦免了。君子說：「鄧曼能夠鑑別人的優劣。」《詩經》上說：「不聽意見自主張，國家運蹇將滅亡。」說的就是這種情況。

王伐隨❶，且行，告鄧曼曰：「余心蕩❷，何也？」鄧曼曰：「王德薄而祿厚，施鮮❸而得多。物盛必衰，日中必移，盈❹而蕩，天之道❺也。先王知之矣，故臨武事❻，將發大命❼，而蕩王心焉。若師徒❽毋虧，王薨於行，國之福也。」王遂行，卒於樠木❾之下。君子謂：「鄧曼為知天道。」《易》曰：「日中則昃，月盈則虧。天地盈虛，與時消息❿。」此之謂也。

【章　旨】記敘楚武鄧曼預見武王伐隨時將身亡。

【注　釋】❶伐隨　楚國伐隨國事，見《左傳・莊公四年》。隨國，姬姓，一說姜姓。在今湖北隨縣南。❷心蕩　心跳。蕩，動搖。❸鮮　少。❹盈　滿。❺天之道　天道；自然的法則。❻武事　指戰事。❼大命　征伐之令。❽師徒　軍中士卒。❾樠木　即松心木。一說樠木為地名，在今湖北鍾祥東的樠木山。亦名武陵，因楚武王卒於此而得名。❿日中則昃四句　見《周易・豐卦・彖傳》。昃，太陽偏西。虧，缺。《周易》作「食」。「食」借為「蝕」，虧的意思。消息，消滅、增長。

【語　譯】楚武王要攻伐隨國，將要出發時，告訴鄧曼說：「我心跳不已，為什麼呢？」鄧曼回答：「君王德行薄而俸祿厚，施恩少而受益多。事物過盛就會衰敗，日正中天就會偏移，水過滿就會激蕩出來，這是自然的法則。先王已懂得這個道理，因此臨近戰事，就要發佈征伐的命令，使君王內心受到振動。如果軍中士卒沒有什麼折損，即使君主在進軍中死去，也算是國家之福了。」於是楚武王率軍征伐，結果死在樠樹下面。君子說：「鄧曼懂得順應自然的法則。」《周易》上說：「日中至盛，過中就偏西，月滿則盈，過盈就虧缺。天地有盈有虛，隨四時季節的變化而變化，盈則消滅，虛則增長。」說的就是這個情況。

頌曰：「楚武鄧曼，見事所興❶。謂瑕軍敗，知王將薨。識彼天道，
盛而必衰。終如其言，君子揚稱。」

【章　旨】總結全文，歌頌楚武鄧曼能鑑人、知天的仁智。

【注　釋】❶興　興起；發生。

【語　譯】頌贊說：「楚武鄧曼有遠謀，事發即知其緣由。先識屈瑕兵將敗，預見武王死林陬。天道自是有盈虧，人事盛衰難強求。事實果然如所言，君子稱揚美名留。」

三、許穆夫人

許❶穆夫人者，衛懿公❷之女，許穆公❸之夫人也。初，許求❹之，齊亦求之。懿公將與許。女因❺其傅母而言曰：「古者諸侯之有女子也，所以苞苴❻玩弄，繫援於大國也。言❼今者許小而遠，齊大而近。若今之世，強者為雄，如使邊境有寇戎❽之事，維❾是四方之故，赴告❿大國，妾在，不猶愈⓫乎？今⓬舍近而就遠，離大而附小，一日有車馳之難⓭，孰⓮可與慮社稷？」衛侯不聽，而嫁之於許。

【章　旨】記敘許穆夫人有依附大國之遠識。

【注　釋】❶許　古國名，姜姓。在今河南許昌東。戰國時為楚所滅。❷衛懿公　春秋時衛國國君。姬姓，名赤。❸許穆公　春秋時許國國君，名新臣。❹求　求婚。❺因　通過。❻苞苴　包裹。引申為餽贈的禮物。❼言　語首助詞。❽寇戎　敵軍侵犯。❾維　考慮。❿赴告　奔告；求援。⓫愈　好。⓬今　假如。⓭車馳之難　戰爭之難，因春秋戰國時已有車戰，故名。⓮孰　誰。

【語　譯】許穆夫人，是衛懿公的女兒，許穆公的夫人。當初，許國的許穆公來求婚，齊國的齊桓公也來求婚。衛懿公打算將她嫁給許國。她通過自己的傅母向懿公說：「古時候諸侯生有女兒，將她當作餽贈的禮物來玩賞，是為了依附、求援於大國呀！現在許國小又遠離我衛國，齊國大又靠近我衛國。像當今的世道，擁有強力強權就能稱雄稱霸，假使邊境有敵軍進犯，必然考慮到四方各國的故交，要是請求大國的援助，我在那裡，不是更方便嗎？如果捨近求遠，離大附小，一旦發生了戰爭，誰能與我們一道謀慮國事呢？」衛侯不聽，將她嫁給了許穆公。

其後，翟❶人攻衛，大破之，而許不能救，衛侯遂奔走，涉河而南至楚丘❷。齊桓往而存❸之，遂城❹楚丘以居。衛侯於是悔不用其言。當敗之時，許夫人馳驅而弔唁衛侯，因疾之而作詩云：「載馳載驅，歸唁衛侯。驅馬悠悠，言至於漕。大夫跋涉，我心則憂。既不我嘉，不能旋反。視爾不臧，我思不遠❺。」君子善其慈惠而遠識也。

【章　旨】記敘許穆夫人作詩弔唁衛侯失國。

【注　釋】❶翟　我國古代北方的一個民族。❷楚丘　古地名。在今河南滑縣東。❸存　保存。❹城　動詞，築城。❺載馳載驅十句　見《詩經・鄘風・載馳》。載，發語詞。馳、驅，快馬加鞭。唁，弔人失國。悠悠，悠遠的樣子。言，助詞。漕，衛邑。大夫，許國使臣。既，都。我嘉，即嘉我。嘉，讚許之意。反，同「返」。不臧，不善。遠，疏遠；避開。

【語　譯】後來，翟人攻打衛國，衛國被攻破了，許國果然救不了衛國，衛侯便奔逃，過河向南到了楚丘。齊桓公前去救援，保存了衛國，於是在楚丘築城居住下來。衛侯很後悔不聽女兒的話。正當衛國失敗的消息傳來時，許穆夫人急忙馳車策馬趕來弔唁衛侯失國，被許國使臣所攔阻，她心懷怨恨地作詩說：「策馬加鞭向遠方，弔唁失國正倉皇。道路悠悠遠又長，衛邑漕城已在望。大夫跋涉來勸阻，使我心中多憂傷。你們雖然不贊同，我可一心向故鄉。你們雖然不友善，我不放棄我主張。」君子稱讚許穆夫人的慈愛和遠識。

頌曰：「衛女未嫁，謀許與齊。女諷❶母曰，齊大可依。衛君不聽，後果逋逃。許不能救，女作〈載馳〉。」

【章　旨】總結全文，歌頌許穆夫人的仁慈、遠識。

【注　釋】❶諷　勸告。

【語　譯】頌贊說：「許穆夫人未嫁前，與許與齊約婚姻。勸告父母許齊約，依附大國保安全。衛君不聽終嫁許，果然戰禍受罪愆。許國不能來救援，夫人因作〈載馳〉篇。」

四、曹僖氏妻

曹❶大夫僖負羈之妻也。晉公子重耳亡過曹，恭公❷不禮焉，聞其駢脅❸，近其舍，伺❹其將浴，設微薄❺而觀之。

負羈之妻言於夫曰：「吾觀晉公子，其從者三人❻，皆國相❼也。以此三人者皆善戮力❽以輔人，必得晉國。若得反國，必霸諸侯。而討無禮❾，曹必為首；若曹有難，子必不免。子胡不早自貳❿焉？且吾聞之，不知其子者視其父，不知其君者視其所使。今其從者皆卿相之僕⓫也，則其君必霸王之主也。若加禮⓬焉，必能報施⓭矣。若有罪焉，必能討過。子不早圖，禍至不久矣！」負羈乃遺之壺飧⓮，加璧⓯其上。公子受飧反璧。

及公子反國，伐曹，乃表負羈之閭，令兵士無敢入；士民之扶老攜幼而赴其閭者，門外成市。君子謂：「僖氏之妻能遠識⓰。」《詩》云：「既明且哲，以保其身⓱。」此之謂也。

【章旨】記敘曹僖氏妻的遠見卓識。

【注釋】❶曹　古國名。姬姓，都陶丘，在今山東定陶西北。春秋時為宋所滅。❷恭公　即共公。曹昭公之子曹伯襄，春秋時曹國國君。❸駢脅　《國語·晉語四》作「骿脅」。謂肋骨緊密相接若一骨，為一種生理畸形現象。❹伺　伺機。❺微薄　即帷薄。指簾。❻其從者三人　跟隨晉公子重耳逃亡者記載不一。《國語·晉語四》為狐偃、趙衰、賈佗三人。《史記·晉世家》為趙衰、狐偃咎犯、賈佗、先軫、魏武子五人。《左傳·僖公二十三年》記載為狐偃、趙衰、顛頡、魏武子、司空季子五人。❼國相　相國之才。❽戮力　合力。❾無禮　不以禮相待。❿自貳　謂向重耳自示與他人有別。即有禮與無禮之別。貳，別。⓫卿相之僕　有卿相才幹的僕從。⓬加禮　施加禮遇。⓭報施　報答。⓮飡　同「飧」。熟食。⓯璧　平圓形中間有孔的玉器。⓰遠識　遠見卓識。⓱既明且哲二句　見《詩經·大雅·烝民》。明，聰明。哲，睿智。

【語譯】曹僖氏妻，是曹大夫僖負羈的妻子。晉公子重耳逃亡期間路過曹國，曹恭公不以禮相待，而且聽說重耳有駢脅的生理畸形現象，就設法靠近他的住室，乘他洗澡時，張掛起簾子，無禮地偷看重耳的隱私。

負羈的妻子對她丈夫說：「我觀察晉公子重耳，發現他的三個隨從，都有相國的才能。以這三人都善於同心合力輔佐的情況說，晉公子必然能獲得晉國的君位。如果公子能返回晉國，必然會稱霸於諸侯。如果公子要討伐對他無禮的國家，曹國一定會首當其衝；如果曹國有難，你就不能幸免。你為什麼不早點向公子表示忠心呢？況且我聽說過，不了解做兒子的就去審察做父親的，不了解當君王的就去考察他的那些使臣。假如跟隨的僕從都具有卿相之才，那麼這個君主一定是霸王之主。如果有人對公子加以禮遇，他就會知恩報答；如果有人得罪公子，他就會興兵討伐。你要是不早替自己前程打算，禍患到來的時間就不會太遠了！」負羈於是給公子送去壺飧，並在上面放著玉璧。公子收下壺飧，退回了玉璧。

等到公子重耳返回晉國之後，就帶兵攻打曹國，唯獨負羈所住的里巷受到刻石表彰，士兵們都不敢進入里巷之內；曹國士民扶老攜幼慕名而來，里巷門外如同集市一樣。君子說：「僖氏之妻具有遠見卓識。」《詩經》上說：「又是聰明又睿智，遠見自能保自身。」說的就是這種情況。

頌曰：「僖氏之妻，厥智孔白❶。見晉公子，知其興作❷。使夫饋飧，且以自托。文❸伐曹國，卒獨見❹釋。」

【章旨】總結全文，讚揚曹僖氏妻能明哲保身。

【注釋】❶孔白　很明顯。❷興作　起為霸主。❸文　晉文公。❹見　被。

【語譯】頌贊說：「遠見卓識曹僖妻，有仁有智是先知。能識患難晉公子，將成霸主顯威儀。使夫加禮送飯食，明哲保身有託依。後來晉國討伐曹，僖氏之家保安綏。」

五、孫叔敖母

楚令尹孫叔敖❶之母也。叔敖為嬰兒之時，出遊見兩頭蛇，殺而埋之，歸見其母而泣焉。母問其故，對曰：「吾聞見兩頭蛇者，死。今者出遊見之。」其母曰：「蛇今安在？」對曰：「吾恐他人復見之，殺而埋之矣。」其母曰：「汝不死矣！夫有陰德❷者，陽報之。德勝不祥，仁除百禍，天之處高而聽❸卑。《書》不云乎：『皇天無親，惟德是輔。』❹爾嘿❺矣，必興於楚。」及叔敖長，為令尹。君子謂：「叔敖之母知道德之次❻。」《詩》云：「母氏聖善❼。」此之謂也。

【章　旨】記敘孫叔敖母預言陰德可逢凶化吉。

【注　釋】❶孫叔敖　見本書卷二〈賢明傳・楚莊樊姬〉注。❷陰德　暗中有德於人的行為。❸聽　處理；判斷。❹書不云乎三句　見《尚書・周書・蔡仲之命》。無親，沒有親疏。輔，輔佐。❺嘿　通「默」。靜默；不語。❻次　次序；規則。❼母氏聖善　見《詩經・邶風・凱風》。母氏，母親。聖善，明理善良。

【語譯】孫叔敖母，是楚國令尹孫叔敖的母親。孫叔敖小的時候，外出遊玩，碰見了兩頭蛇，就把牠殺死埋掉了，回家見到母親便哭起來。母親問他哭泣的原因，他回答說：「傳聞兩頭蛇是不祥之物，人見到牠便會死於非命。我今天遊玩時正巧見到了牠。」他母親問：「現在蛇在哪裡？」他回答說：「我恐怕別人再碰見這不祥之物，將牠殺死埋葬了。」他母親說：「你不會死的啦！積了陰德的人必定會有顯著的善報。德行可以戰勝不祥，仁義可以免除百禍，這是因為居於高處的上天，能處理好居於低處的人世間百事。《尚書》不是說過：『上天對人無親疏可言，有德的人才加以輔助。』你不用再說什麼，將來你一定會做復興楚國的大官。」等到孫叔敖長大以後，果然成為楚國的令尹。君子說：「叔敖的母親熟知道德的準則。」《詩經》上說：「母親明理又良善。」說的就是這個意思。

頌曰：「叔敖之母，深知天道。叔敖見蛇，兩頭岐首❶。殺而埋之，泣恐不及❷。母曰陰德，不死必壽。」

【章旨】總結全文，歌頌孫叔敖母的善良明智。

【注釋】❶兩頭岐首　兩頭並生不相連。❷不及　活不到壽年。

【語譯】頌贊說：「孫叔敖母真善良，深知禍患與吉祥。叔敖碰見兩頭蛇，見蛇必死惹禍殃。殺蛇埋掉免害人，哭泣驚怕命不長。母親告以有陰德，善有善報享壽康。」

六、晉伯宗妻

晉大夫伯宗❶之妻也。伯宗賢，而好以直辯❷凌人。每朝❸，其妻常戒之曰：「『盜憎主人，民愛其上❹。』有愛好人者，必有憎妒人者。夫子好直言，枉者❺惡之，禍必及身矣。」

伯宗不聽，朝，而以喜色歸。其妻曰：「子貌有喜色，何也？」伯宗曰：「吾言於朝，諸大夫皆謂我知❻似陽子❼。」妻曰：「實穀不華❽，至言❾不飾。今陽子華而不實，言而無謀，是以禍及其身。子何喜焉？」伯宗曰：「吾欲飲諸大夫酒而與之語。爾試聽之。」其妻曰：「諾。」

於是為大會❿，與諸大夫飲。既飲而問妻曰：「何若？」對曰：「諸大夫莫⓫子若也。然而，民之不能戴⓬其上⓭，久矣，難⓮必及子。子之性⑮固不可易也。且國家多貳⑯，其危可立待也，子何不預結賢大夫以托州犁⑰焉？」伯宗曰：「諾！」乃得畢羊⑱而交之。

及欒不忌之難，三郤害伯宗，譖而殺之⑲。畢羊乃送州犁於荊⑳，遂得免焉。君子謂：「伯宗之妻知天道。」《詩》云：「多將熇熇，不可救藥㉑。」伯宗之謂也。

【章　旨】記敘晉伯宗妻勸夫交友託子。

【注　釋】❶伯宗　晉大夫孫伯糾之子。❷直辯　直言辯論。❸朝　上朝。古之天子諸侯有三朝：曰外朝，斷獄決訟及詢非常之處；曰治朝，謂之正朝，君臣日見之朝；曰燕朝，謂之內朝，如議論政事，君有命、臣有進言皆於內朝。❹盜憎主人二句　為當時之俗諺，說法不一。《左傳・成公十五年》作「盜憎主人，民惡其上」，則「愛」作「惡」，反其意而用。蕭道管《集注》本云：「此處本言『盜則憎主人，民本愛其上』，但有愛之者，必有憎之者，枉者則憎之。下二句愛憎字，即承上二句來，若『愛』改作『惡』，則愛好人句，何所指乎？」❺枉者　不正的人。❻知　同「智」。有智慧。❼陽子　春秋時晉大夫陽處父。❽華　通「花」。❾至言　善言；深切中肯的言論。❿大會　盛大宴會。⓫莫　不。原作「慕」，據《國語・晉語五》改。⓬戴　擁戴。⓭上　上官。⓮難　危難。⓯性　原作「仕」，誤，據梁端《校注》本改。⓰貳　二心；不忠心。⓱州犁　伯州犁。伯宗之子。⓲畢羊　晉士。⓳及欒不忌之難三句　《左傳・成公十五年》：「晉三郤害伯宗，譖而殺之，及欒弗忌。」此謂因害伯宗而連及欒弗忌。而《國語・晉語五》云：「欒弗忌之難，諸大夫而害伯宗。」此謂因欒弗忌害伯宗，兩說不同。欒不忌，晉大夫，伯宗之黨羽。三郤，原脫「三」字，據《太平御覽・卷五二〇・宗親部・十》校補。三郤，謂晉大夫郤錡、郤犨、郤至。⑳荊　楚。伯宗遇害後，伯州犁奔楚為太宰。㉑多將熇熇二句　見《詩經・大雅・板》。多將，多行。熇熇，火勢熾盛的樣子。

【語　譯】晉伯宗妻，是晉大夫伯宗的妻子。伯宗有賢才，但喜好以直言和口辯去壓服別人。每當他上正朝時，他的妻子就告誡說：「『盜賊憎恨主人，百姓愛護上官。』一個人行事既有喜歡他的人，必然也有嫉妒他的人。你好說直話，會受到邪曲不正的人的厭惡，災禍必然要落到你身上了。」

伯宗不聽，有次朝罷回家，臉有喜色。他的妻子問：「你臉有喜色，為什麼呢？」伯宗說：「我上朝講話，大夫們都公認我像陽子那樣有能言善辯的智慧。」妻子說：「穀實不開花，善言不裝飾。現在看來，陽子是華而不實，言而無謀，因此自己就遭到災禍了。你有什麼值得高興的呢？」伯宗說：「我想請大夫們來喝酒，讓我和他們講講話，你不妨聽聽。」他的妻子說：「好吧！」

於是伯宗操辦盛宴，和大夫們喝酒，喝完酒，他問妻子：「你看怎麼樣？」妻子回答：「大夫們的確不如你能言善辯。然而，百姓不擁戴國君的情況，由來已久了，災難必然要波及於你。你的本性不能改變，再說國家也有許多不忠心的人，那危難很快就會來到，難道你不能預先結交賢大夫，把兒子州犁託付給他嗎？」伯宗說：「好！」就與晉士畢羊交了朋友。

後來欒不忌遭難，三郤乘機害伯宗，用進讒言誣陷的方法謀害了他。畢羊將州犁送到楚地，才幸免於難。君子說：「伯宗之妻知天道。」《詩經》上說：「壞事如同大火燒，不能用藥來治療。」說的就是伯宗這樣的人。

頌曰：「伯宗凌人，妻知其亡。數❶諫伯宗，厚許畢羊。屬❷以州犁，以免咎殃。伯宗遇禍，州犁奔荊。」

【章旨】總結全文，歌頌晉伯宗妻深知天道。

【注釋】❶數　屢次。❷屬　同「囑」。囑託。

【語譯】頌贊說：「伯宗爭強又好勝，妻子知他難保命。屢次來把丈夫諫，交結畢羊遠讒佞。將子州犁託付他，日後也能有照應。伯宗果然遭禍害，州犁奔楚得安定。」

七、衛靈夫人

衛靈公之夫人❶也。衛靈公與夫人夜坐，聞車聲轔轔❷，至闕❸而止，過闕復有聲。公問夫人曰：「知此謂❹誰？」夫人曰：「此必❺蘧伯玉❻也。」公曰：「何以知之？」夫人曰：「妾聞禮：下公門，式路馬，所以廣敬也❼。夫忠臣與孝子，不為昭昭❽信❾節，不為冥冥❿惰行。蘧伯玉，衛之賢大夫也，仁而有智，敬於事上⓫，此其人必不以闇昧⓬廢禮。

是以知之。」公使視之，果伯玉也。公反之⑬以戲夫人曰：「非也。」夫人酌觴⑭，再拜賀公。公曰：「子何以賀寡人？」夫人曰：「始妾獨以衛為有蘧伯玉爾，今衛復有與之齊⑮者，是君有二賢⑯臣也。國多賢臣，國之福也。妾是以賀。」公驚曰：「善哉！」遂語⑰夫人其實焉。君子謂：「衛夫人明於知人道⑱。」夫可欺而不可罔⑲者，其明智乎！《詩》云：「我聞其聲，不見其人⑳。」此之謂也。

【章旨】記敘衛靈夫人能聞聲而知人。

【注釋】❶衛靈公之夫人　不詳姓氏。衛靈公另一夫人南子，見本書卷七〈孽嬖傳・衛二亂女〉。梁端《校注》本引馬驌《繹史》云：「《列女傳》列此於〈仁智〉，而別記南子於〈孽嬖〉。此夫人蓋在南子前。」衛靈公，春秋時衛國國君，名元。❷轔轔　象聲詞，形容車輪滾動的聲音。❸闕　宮闕。宮城上為樓觀，闕其下為門，稱闕門。❹謂　為。梁端《校注》本云：「古書多以『謂』作『為』。」❺必　原脫，據《太平御覽・卷四〇三・人事部・四十三》校補。❻蘧伯玉　名瑗，衛國賢大夫。❼妾聞禮四句　《禮記・曲禮上》：「大夫士下公門，式路馬。」疏云：「公門，謂君之門也。路馬，君之馬也。敬君，至門下車；重君物，故見君馬而式之也。馬比門輕，故有下、式之異。」此為敬君之禮。式，同「軾」。車前扶手的橫木。此作動詞，謂扶軾向君馬敬禮。

❽昭昭 明亮的樣子。❾信 伸。原作「變」，據《太平御覽·卷四〇二·人事部·四十三》改。❿冥冥 昏暗的樣子。此謂行事不務求人之知。⓫上 君王。⓬闇昧 昏暗。闇，通「暗」。⓭反之 謂不以實告。⓮酌觴 斟酒。⓯齊 等同。⓰賢 原脫，據《太平御覽·卷四〇二·人事部·四十三》校補。⓱語 告訴。⓲人道 社會人事的法則。⓳罔 迷惑。⓴我聞其聲二句 見《詩經·小雅·何人斯》。人，《毛詩》作「身」。

【語譯】衛靈夫人，是衛靈公的夫人。衛靈公與夫人夜坐宮中，聽見車聲轔轔作響，到了宮闕門便停止下來，過了闕門後又響了起來。靈公問夫人說：「你知道這是誰嗎？」夫人說：「這肯定是蘧伯玉呀！」靈公說：「你怎麼知道呢？」夫人說：「我聽說敬君之禮是這樣子的：臣子行至國君宮門，就要下車；碰上國君的馬，就要扶軾致敬，這是為了要擴充忠君之心啊。忠臣和孝子，不是在光天化日之下，就表現節操，不是在不為人知的昏暗之中，就行為懈怠。蘧伯玉，是衛國的賢大夫，仁義而有智慧，忠於君主，這樣的賢人決不會在不為人知的夜晚，就廢除禮節的。因此我猜是他。」靈公派人去查證，果然就是蘧伯玉。

靈公卻故意給夫人開了個玩笑說：「不是蘧伯玉呀！」夫人斟上酒，拜賀兩次。靈公說：「你為什麼要祝賀我呢？」夫人說：「開頭我獨認為衛國僅有蘧伯玉一人罷了，現在衛國還有與他等同的人，那麼君主就擁有兩個賢臣了。國多賢臣，是國家的福分。我因此表示祝賀。」靈公驚嘆說：「妙極了！」就將實情告訴了夫人。君子說：「衛夫人顯然懂得人道。」她是個可以暫時受騙但終不能被迷惑的人，這可以說就是她的明智所在吧！《詩經》上說：「我只聽到有響聲，不見那人的身影。」說的就是這個情況。

頌曰：「衛靈夜坐，夫人與存❶。有車轔轔，中止闕門。夫人知之，必伯玉焉。維知識賢，問之信然。」

【章旨】總結全文，讚頌衛靈夫人能深明人道。

【注釋】❶與存　同在。

【語譯】頌贊說：「衛靈夜晚坐宮廷，夫人伴坐情意殷。忽聞有車轔轔過，行至闕門便止聲。夫人知是蘧伯玉，不廢禮儀最賢明。聞聲識賢知人道，夫人不愧仁智名。」

八、齊靈仲子

齊靈仲子者，宋侯❶之女，齊靈公❷之夫人也。初，靈公娶於魯❸，聲姬生子光，以為太子❹。夫人仲子與其娣❺戎子，皆嬖❻於公。仲子生子牙，戎子請以牙為太子代光，公許之。仲子曰：「不可。夫廢常❼，不祥；聞諸侯之難❽，失謀。夫光之立也，列於諸侯❾矣。今無故❿而廢之，是專絀諸侯⓫，而以難犯不祥也。君心悔之。」「在我而已⓬。」仲子曰：「妾非讓⑬也，誠禍之萌也。」以死爭之，公終不聽，遂逐太子光，而立牙為太子，高厚⑭為傅。

靈公疾，高厚微迎光⑮。及公薨，崔杼立光而殺高厚。以不用仲子之言，禍至於此。君子謂：「仲子明於事理。」《詩》云：「聽用我謀，庶無大悔⑯。」仲子之謂也。

【章旨】記敘齊靈仲子力爭不廢常規。

【注釋】❶侯　梁端《校注》本：「『侯』當作『公』。」❷齊靈公　齊頃公之子。姜姓，名環。春秋時齊國國君。❸靈公娶於魯　《左傳・襄公十九年》：「齊侯娶於魯，曰顏懿姬，無子。」❹聲姬生子光二句　《左傳・襄公十九年》：「其姪鬷聲姬，生光，以為太子。」兄弟之子女稱姪。古代顯貴娶婦，除婦為嫡妻外，婦家又以其妹或姪女陪嫁，稱媵。鬷聲姬為顏懿姬陪嫁之姪女。❺娣　陪嫁的妹妹。❻嬖　寵愛。❼常　謂經常實行之規定、法則。按封建宗法社會的規定，正妻為嫡，正妻所生之子女為嫡生。凡立嫡，先立嫡妻所生之長子。若嫡妻無子，則立庶出之年齡最大者，稱為立長。顏懿姬為嫡妻，無子，而鬷聲姬之公子光為庶出，因最長，立為太子。這即是常規。❽聞諸侯之難　《左傳・襄公十九年》作「間諸侯，難」。聞，招受。難，怨仇。❾列於諸侯　謂太子光多次參加諸侯之征伐盟會，其為太子，已為諸侯所公認。❿故　大故；大罪。⓫專絀諸侯　謂專擅而卑視諸侯。絀，通「黜」。貶退。⓬君心悔之二句　王照圓《補注》本：「『心』，當作『必』。『悔之』下脫『公曰』二字。」《左傳・襄公十九年》作「公曰：『在我而已。』」《史記・齊世家》作「公曰：『在我耳。」⑬讓　推讓。⑭高厚　齊國正卿。⑮靈公疾二句　《左傳‧襄公十九年》：「靈公疾，崔杼微逆光。」《史記‧齊世家》：「靈公疾，崔杼迎故太子光而立之，是為莊公。」高厚，為「崔杼」之誤。崔杼，即崔武子，齊國大夫。微，隱；暗中。⑯聽用我謀二句　見《詩經‧大雅‧抑》。庶，幸；希望。

【語譯】齊靈仲子，是宋國國君的女兒，齊靈公的夫人。起初，靈公娶魯國的顏懿姬為妻子，未生兒子。她的陪嫁的姪女鬷聲姬，生子名光，被立為太子。夫人仲子與她妹妹戎子，都受靈公的寵愛。仲子生子名牙，戎子請求立牙為太子來取代光，靈公答應了她。仲子說：「不能。廢棄了常規常法，是不祥的；招來諸侯的仇怨，是失策的。光立為太子，已參加了諸侯的盟會，受到公認。今將他無罪廢掉，這是以專擅而輕蔑諸侯，以仇怨來觸犯不祥了。君王必定會有悔意的。」靈公說：「廢立都由我罷了。」仲子說：「這不是我要退讓，一廢一立的確會萌發禍害。」仲子以死相爭，靈公終不聽，最後趕跑太子光，立牙為太子，讓高厚做他的太傅。

後來靈公生病，崔杼暗地裡迎接光回來。等靈公死了，崔杼便立太子光為國君，即莊公，並殺了高厚。因為不聽仲子的勸告，竟發生了如此嚴重的禍害。君子說：「仲子明於事理。」《詩經》上說：「你要聽從我主張，沒有後悔和禍殃。」說的就是這個意思。

頌曰：「齊靈仲子，仁智顯明。靈公立牙，廢姬子光。仲子強❶諫，棄嫡不祥。公既不聽，果有禍殃。」

【章旨】總結全文，歌頌齊靈仲子能深明大義。

【注釋】❶強 竭力。

【語譯】頌贊說：「齊靈仲子大義張，有仁有智好心腸。靈公立牙為太子，忍心驅逐太子光。仲子竭力來勸諫，廢棄嫡長遭不祥。靈公不聽忠言勸，齊國果然有禍殃。」

九、魯臧孫母

臧孫母者，魯大夫臧文仲❶之母也。文仲將為魯使至齊，其母送之曰：「汝刻❷而無恩，好盡❸人力，窮❹人以威，魯國不容子矣，而使子之❺齊。凡姦❻將作，必於變動，害子者，其於斯發事乎？汝其戒之！魯與齊通壁❼，壁鄰❽之國也。魯之寵臣多怨汝者，又皆通於齊高子、國子❾，是必使齊圖魯而拘汝留之。難乎其免也！汝必施恩布惠，而後出以求助焉。」於是文仲托於「三家」❿，厚⓫士大夫而後之齊。齊果拘之，而興兵襲魯。

文仲微使人遺公書，恐得其書⑫，乃謬其辭⑬曰：「斂⑭小器，投諸台⑮；食⑯獵犬，組⑰羊裘；琴之合，甚思之；臧⑱我羊，羊有母；食我以同魚⑲；冠纓⑳不足帶㉑有餘。」公及大夫，相與議之，莫能知之。

人有言：「臧孫母者，世家㉒子也，君何不試召而問焉？」於是召而語㉓之曰：「吾使臧子之齊，今持書來，云爾何也？」臧孫母泣下襟曰：「吾子拘有木治㉔矣。」公曰：「何以知之？」對曰：「『斂小器，投諸台』者，言取郭外萌㉕內㉖之於城中也；『食獵犬，組羊裘』者，言趣㉗饗㉘戰鬥之士而繕㉙甲兵㉚也；『琴之合，甚思之』者，言思妻也；『臧我羊，羊有母』者，告妻善養母也；『食我以同魚』，同者其文錯，錯者所以治鋸，鋸者所以治木也，是有木治係㉛於獄矣；『冠纓不足帶有餘』者，頭亂不得梳，飢不得食也。故知吾子拘而有木治矣。」

於是以臧孫母之言軍㉜於境上。齊方發兵，將以襲魯，聞兵在境上，乃還文仲而不伐魯。君子謂：「臧孫母識微知遠。」《詩》云：「陟彼屺兮，瞻望母兮㉝。」此之謂也。

【章　旨】記敘魯臧孫母預知奸作必有變動。

【注　釋】❶臧文仲　臧孫氏，名辰。春秋時魯國大夫。❷刻　刻薄；不寬厚。❸盡　使之竭盡。❹窮　使之困乏。❺之　動詞，到。❻姦　奸邪。❼通壁　謂屋廬相通相接。❽壁鄰　謂鄰近。❾高子國子　春秋時齊國之上卿。❿三家　即「三桓」。魯桓公的後代孟孫氏、叔孫氏、季孫氏。⓫厚　深厚結交。⓬恐得其書　《太平御覽・卷七六三・器物部・八》作「恐人得之」。⓭謬其辭　遁辭以隱意；用隱語說出寓意。⓮斂　收集。⓯台　即瓴。瓦器，受斗六升。⓰食　餵養。⓱組　編織。⓲臧　善。⓳同魚　陳漢章《斠注》云：「案孫（詒讓）氏《札迻》云：『同魚，《玉燭寶典》引作鮦魚。』曹大家注：鮦，魚鱗有錯文。」⓴冠纓　帽帶。㉑帶　衣帶。㉒世家　謂門第高、世代做官的人家。㉓語　告訴。㉔木治　一種拘住兩手的刑具。《太平御覽・卷七六三・器物部・八》引注云：「木治，梏也。」㉕郭外萌　外城的百姓。郭，外城。萌，同「氓」。百姓。梁端《校注》本：「古書『氓』字多作『萌』。」㉖內　同「納」。接納。㉗趣　急。㉘饗　招待酒食。㉙繕　整治。㉚甲兵　鎧甲與兵器。㉛係　縛。原誤作「保」，據南宋余氏本改。㉜軍　動詞，駐紮軍隊。㉝陟彼屺兮二句　見《詩經・魏風・陟岵》。陟，升；登。屺，沒有草木的山。

【語　譯】魯臧孫母，是魯大夫臧文仲的母親。文仲有次做魯國的使者，出使到齊國去，他母親送他，對他說：「你平日待人刻薄無恩，喜歡使人竭盡心力去做事，依靠威嚴使人困乏，你已不能見容於魯國，才讓你出使齊國。凡是有奸惡詐偽的事情發生，一定會趁變動不定的時候，要想謀害你的人，大概就在這個時候挑起事端吧？你要多加小心！魯國和齊國城池、廬舍相連，是近鄰，魯國那些寵臣大多怨恨你，又與齊國位高權重的高子、國子互通聲氣，他們為了讓齊國圖謀魯國，一定會將你拘留起來。看來災禍是難於避免的了！你一定要廣施恩惠，然後再想辦法求助。」於是文仲就依託「三桓」，並深厚結交士大夫，隨後到齊國去了。齊國果然拘留了他，並準備發動軍隊，襲擊魯國。

文仲暗中派人送信給魯國君主，因耽心信被齊人所得，便用遁辭隱語寫了出來：「斂小器，投諸台；食獵犬，組羊裘；琴之合，甚思之；臧我羊，羊有母；食我以同魚；冠纓不足帶有餘。」魯君召集大夫商議，但無人知道信上講的是什麼意思。

有人建議：「臧孫母是位世家子女，國君為什麼不召見她問問呢？」於是魯君召見她，告訴她說：「我派臧子出使齊國，現在捎信來，你看信中說了些什麼？」臧孫母見信淚下沾襟說：「我兒子被戴上刑具拘留在齊了。」魯君說：「你怎麼知道這種情況呢？」臧孫母回答：「『斂小器，投諸台』，說的是將外城的老百姓遷入城內的意思；『食獵犬，組羊裘』，說的是趕快犒賞士兵、整理甲兵來備戰的意思；『琴之合，甚思之』，是說十分思念妻子；『臧我羊，羊有母』，是轉告妻子好好侍奉母親；『食我以同魚』，同，是指魚鱗有交錯的花紋，這花紋很像是鋸齒的樣子，而鋸子是用來鋸木頭的，可知他被戴上木治刑具縛在獄中了；『冠纓不足帶有餘』，是說頭髮亂了不能梳，肚子餓了沒飯吃。因此我知道兒子被戴上刑具扣留在齊了。」

於是魯國便按照臧孫母的話，派軍隊駐紮在邊境上。齊國正調動軍隊，準備襲擊魯國，聽說魯有重兵駐守邊境，便放回臧文仲而不敢伐魯了。君子說：「臧孫母識微知遠。」《詩經》上說：「登上高山情意長，我將母親來瞻望。」說的就是這個情況。

頌曰：「臧孫之母，刺子好威。必且遇害，使援所依。既厚三家，果拘於齊。母說❶其書，子遂得歸。」

【章旨】總結全文，讚頌魯臧孫母的識微知遠。

【注釋】❶說 解釋。

【語譯】頌贊說：「臧孫之母能識微，責子為人好發威。兒子將會遇禍害，教他施恩求託依。厚結三家才使齊，果然下獄拘於齊。母親解釋書中意，兒子才能脫身歸。」

十、晉羊叔姬

叔姬者，羊舌子❶之妻也，叔向❷、叔魚❸之母也。一姓楊氏❹。叔向名肸，叔魚名鮒。羊舌子好正❺，不容於晉，去而之三室之邑❻。三室之邑人相與攘❼羊而遺之，羊舌子不受。叔姬曰：「夫子居晉，不容，去之三室之邑；又不容於三室之邑，是於夫子不容也。不如受之。」羊舌子受之曰：「為肸與鮒亨❽之！」叔姬曰：「不可。南方有鳥，名曰乾吉；食其子不擇肉❾，子常不遂❿。今肸與鮒，童子也，隨大夫而化⓫者，不可食以不義之肉。不若埋之，以明不與⓬。」於是乃盛以甕，埋壚陰⓭。

後兩年，攘羊之事發，都吏⓮至。羊舌子曰：「吾受之，不敢食也。」發而視之，則其骨存焉。都吏曰：「君子哉！羊舌子不與攘羊之事矣。」君子謂：「叔姬為能防害遠疑。」《詩》曰：「無曰不顯，莫予云覯⓯。」此之謂也。

【章旨】首敘晉羊叔姬能防害遠疑。

【注釋】❶羊舌子　即羊舌職，羊舌大夫之子。春秋時晉國大夫。❷叔向　即羊舌肸，羊舌職之子。晉國大夫。❸叔魚　即羊舌鮒，羊舌職之子，叔向母弟。晉國大夫。❹楊氏　封邑名。《國語・晉語八》韋昭注：「叔向邑。」❺正　正義的事。❻三室之邑　祖宗三廟所在之城邑。❼攘　偷盜。❽亨　「烹」的本字。❾不擇肉　不挑選肉的種類。❿遂　成長。⓫化　受到化育。⓬與　參與；參加。⓭壚陰　屋後。壚，同「廬」。⓮都吏　都邑之官吏。⓯無曰不顯二句　見《詩經・大雅・抑》。無，同「毋」。云，語助詞。覯，看見。

【語譯】晉羊叔姬，是羊舌子的妻子，叔向、叔魚的母親。一說姓楊氏。叔向名肸，叔魚名鮒。

羊舌子喜歡做正義的事情，因而不被晉人所寬容，便離開晉到了三室之邑。三室之邑的人一起盜羊，並送給羊舌子，羊舌子不願接受。叔姬說：「您在晉時，不被人寬容，便離開那裡到了三室之邑；如果又不被三室之邑所寬容，那是您自己不寬容自己了。不如將羊接受下來。」羊舌子接受羊後說：「煮來給肸和鮒吃吧！」叔姬說：「不行。南方有種鳥，名叫乾吉，餵養小鳥時不挑選肉的種類，因此小鳥常常不能成長壯大。現在肸和鮒，都還是小孩子，正在受您的教化，不能讓他們吃不義之肉。不如將羊埋起來，以便表白自己沒有參與偷羊這件事。」於是將羊裝在瓦甕裡，埋藏在屋後。

兩年之後，盜羊的事被揭發出來，都吏來找羊舌子。羊舌子說：「我收下了羊，但沒敢吃牠。」在屋後挖出瓦甕檢查，果然羊的骨頭還在那裡。都吏說：「真是個君子！羊舌子沒有參加盜羊的事。」君子說：「叔姬能夠預防禍害，遠避嫌疑。」《詩經》上說：「別說這裡不明顯，沒人能把我看見。」說的就是這個意思。

叔向欲娶於申公巫臣氏❶，夏姬❷之女，美而有色❸。叔姬不欲娶其族。叔向曰：「吾母之族，貴而無庶。吾懲舅氏❹矣。」叔姬曰：「子靈之妻，殺三夫❺、一君❻、一子❼而亡一國❽、兩卿❾矣。爾不懲此，而反懲吾族，何也？且吾聞之，有奇福者必有奇禍，有甚美者必有甚惡。

今是鄭穆少妃姚子之子，子貉之妹也。子貉早死，無後，而天鍾[10]美於是，將必以是大有敗也。昔有仍氏[11]生女，髮黑而甚美，光可監[12]人，名曰玄妻。樂正夔[13]娶之，生伯封，宕有豕心[14]，貪惏毋期，忿類無饜[15]，謂之封豕[16]。有窮后羿[17]滅之，夔是用[18]不祀。且三代之亡[19]及恭太子[20]之廢，皆是物[21]也。汝何以為哉？夫有美物，足以移人。苟非德義，則必有禍也。」叔向懼而不敢娶。平公[22]強使娶之，生楊食我[23]，食我號曰伯碩。伯碩生時，侍者謁之叔姬曰：「長姒[24]產男。」叔姬往視之，及堂，聞其號也而還，曰：「豺狼之聲也。狼子野心。今將滅羊舌氏者，必是子也。」遂不肯見。及長，與祁氏[25]為亂，晉人殺食我。羊舌氏由是遂滅。君子謂：「叔姬為能推類[26]。」《詩》云：「如彼泉流，無淪胥以敗[27]。」此之謂也。

【章旨】次敘晉羊叔姬能同類相推。

【注　釋】❶中公巫臣氏　即屈巫子靈。楚國宗族大臣，曾任申縣（今河南南陽）之尹，故名申公，又稱屈巫、巫臣。後娶夏姬，奔晉。❷夏姬　鄭穆公少妃姚子之女，鄭靈公子貉之妹。❸色　姿色。❹吾懲舅氏　此謂舅氏家女不生育，庶子甚少，故不想娶舅氏家之人。懲，以前事為鑑戒。❺三夫　夏姬之夫。子蠻為初嫁夫，御叔為再嫁夫，巫臣為三嫁夫。❻一君　陳靈公。❼一子　夏徵舒。❽一國　指陳國。❾兩卿　孔寧和儀行父。❿鐘　匯聚。⓫有仍氏　古代諸侯。⓬監　同「鑑」。鏡子。用作動詞，照的意思。⓭樂正夔　傳說中舜帝時的樂官。一作「后夔」。⓮宕有家心　《左傳．昭公二十八年》作「實有家心」。⓯貪林毋期二句　《左傳．昭公二十八年》作「貪惏無饜，忿纇無期」。貪林，貪婪。饜，滿足。忿纇，忿怒乖戾。纇，亦作「類」，戾之意。⓰封豕　大豬。封，大。⓱有窮后羿　傳說中有窮部落首領。名羿，又名夷羿，後為夏代東夷族首領。⓲是用　是以；因此。⓳三代之亡　謂夏桀寵末喜，殷紂寵妲己，周幽寵褒姒，皆因之被滅亡。⓴恭太子　即晉太子申生。以晉獻公寵驪姬而被廢。㉑是物　指婦女美色。㉒平公　晉平公。晉悼公之子彪。㉓楊食我　即羊舌食我。叔向之子，號伯碩，一作伯石。因叔向食邑於楊（今山西洪洞東南），故以邑為氏。㉔長姒　兄弟之妻為娣姒，長者為姒，小者為娣。㉕祁氏　晉大夫祁盈。因不告而殺家臣，被晉君所殺。《左傳．昭公二十八年》：「夏六月，晉殺祁盈及楊食我。食我，祁盈之黨也，而助亂，故殺之，遂滅祁氏、羊舌氏。」㉖推類　同類相推。推，推求。㉗如彼泉流二句　見《詩經．小雅．小旻》。無，發語詞。淪胥，相率。敗，敗亡。

【語　譯】叔向想娶申公巫臣氏與夏姬所生的女兒，她美麗有姿色。叔姬卻不贊成娶申公巫臣家族的人。叔向說：「我母親的家族，雖是高貴，但庶子甚少，我將以舅氏之女不生育作為鑑戒了。」

叔姬說：「巫臣的妻子夏姬，殺死三個丈夫、一個國君、一個兒子而使一國滅亡、兩卿逃亡。你不以此作鑑戒，反而以我的家族作鑑戒，究竟為了什麼？再說我聽說過，有奇福的人一定會有奇禍，長得最美的人一定會有非常醜惡的地方。現在這個女人，是鄭穆公小妃子姚子的女兒，鄭靈公子貉的妹妹。子貉早死，沒有生下男孩子，上天便把美麗都集中到她的身上，將來一定會因為美色而敗壞大事。從前有仍氏生個姑娘，髮黑又很美，光彩照人，以髮黑而取名為玄妻。樂正夔娶她為妻，生下伯封，伯封如同豬性，貪饞無極，暴戾不止，被稱為大豬。有窮后羿攻滅他之後，樂正夔因此斷了祭祀。還有夏、商、西周三代的滅亡，以及晉太子申生的被廢棄，都是婦人美色在作祟。你娶她做什麼呢？有了美物，就能改變人的本性。如果不是有道德修養的人，那麼一定是會有災禍的。」叔向害怕，不敢娶巫臣的女兒，但晉平公卻迫使他娶了過來，生下楊食我，號稱伯碩。伯碩剛剛出生時，在旁侍候的人跑去見叔姬說：「長姒生了個男孩。」叔姬便過去看看，到了堂上，聽到孩子的哭叫聲，就往回走，說：「這是豺狼的聲音。狼子定有野心。將來毀掉羊舌氏家族的，必然是這個孩子。」於是她不願見到這孩子。楊食我長大後，與祁氏一起作亂，晉人就把他殺了。羊舌氏家族因此滅亡。君子說：「叔姬能同類相推。」《詩經》上說：「就像泉水向東流，家國敗亡不可收。」說的就是這個意思。

叔姬之始生叔魚也，而視之曰：「是虎目❶而豕喙❷，鳶肩❸而牛腹❹。谿壑可盈，是不可饜也，必以賂死。」遂不見。及叔魚長，為國贊理❺。邢侯❻與雍子❼爭田❽，雍子入其女於叔魚，以求直❾。邢侯殺叔魚與雍子於朝。韓宣子❿患之，叔向曰：「三姦同罪⓫，請殺其生者而戮⑫其死者。」遂族⑬邢侯氏，而尸⑭叔魚與雍子於市。叔魚卒以貪死。叔姬可謂智矣。《詩》云：「貪人敗類⑮。」此之謂也。

【章旨】再敘晉羊叔姬能察人情性。

【注釋】①虎目　虎視眈眈。②豕喙　嘴如豬，長而銳。③鳶肩　兩肩上聳，像鳶棲止時的樣子。鳶，老鷹。④牛腹　兩脅鼓脹如牛腹。⑤贊理　攝理。王照圓《補注》本：「理，士官也；贊，佐也。」⑥邢侯　楚申公巫臣之子，楚大夫。巫臣奔晉，晉與之邢。⑦雍子　楚大夫。奔晉，晉與之鄐。⑧爭田　指爭鄐田之疆界。⑨求直　買直；購買勝訴。⑩韓宣子　韓獻子之子，名起。晉政卿。⑪三姦同罪　《左傳・昭公十四年》：「叔向曰：『三人同罪，施生戮死可也。雍子自知其罪，而賂以買直；鮒也鬻獄；邢侯專殺，其罪一也。』」⑫戮　陳列屍體。⑬族　《左傳・昭公十四年》、《國語・晉語九》作「施」。殺而陳屍之意。⑭尸　陳屍示眾。⑮貪人敗類　見《詩經・大雅・桑柔》。貪人，貪財貪利的小人。

【語譯】叔姬剛生下叔魚，仔細看了他的形貌說：「這孩子眼露兇光如虎目，嘴長而銳如豬喙，兩肩上聳如鳶肩，兩脅鼓脹如牛腹。溝壑可以填滿，但他的欲壑卻填不滿，必然因賄賂致死。」於是又不願見到這孩子。叔魚長大後，為國攝理政事。這時邢侯與雍子爭田界，雍子把女兒嫁給叔魚，以此求得勝訴。邢侯在朝廷將叔魚和雍子殺死。韓宣子對此事很擔心，叔向說：「三個奸惡的人，都犯了同樣的死罪，殺掉活著的，並將已死的屍體示眾。」於是就殺掉邢侯氏，將叔魚和雍子的屍首在集市上示眾。叔魚終於因貪婪致死。叔姬可說是很明智的人。《詩經》上說：「貪婪小人是敗類。」說的就是這種情況。

頌曰：「叔向之母，察於情性。推人之生，以窮其命。叔魚、食我，皆貪不正。必以貨❶死，果卒分爭❷。」

【章旨】總結全文，歌頌晉羊叔姬有防害遠疑、識人知天的智慧。

【注釋】❶貨　行賄。❷分爭　紛爭。分，同「紛」。

【語譯】頌贊說：「叔向之母仁智高，善察情性與德操。人剛出生來預卜，能將命運細推敲。叔魚形貌食我號，即知貪心命難逃。果然貪賄死紛爭，從此羊舌斷宗祧。」

十一、晉范氏母

晉范氏母者，范獻子❶之妻也。其三子遊於趙氏。趙簡子❷乘馬園中，園中多株❸，問三子曰：「奈何❹？」長者曰：「明君不問不為，亂君不問而為。」中者曰：「愛馬足則無愛民力，愛民力則無愛馬足。」

少者曰：「可以三德❺使民。設令伐株於山，將有馬❻為也。已而開囿❼，示之株。夫山遠而囿近，是民一悅矣；夫❽險阻之山而伐平地之株，民二悅矣；既畢而賤賣，民三悅矣。」簡子從之，民果三悅。

少子伐❾其謀，歸以告母。母喟然❿嘆曰：「終滅范氏者，必是子也。夫伐功施⓫勞，鮮能布仁，乘偽行詐，莫能久長。」其後，智伯⓬滅范氏。君子謂：「范氏母為知難本⓭。」《詩》曰：「無忝皇祖，式救爾後⓮。」此之謂也。

【章　旨】記敘晉范氏母能知危難之本。

【注　釋】❶范獻子　即范宣子之子士鞅。春秋時晉國大夫。❷趙簡子　即趙鞅，又名志父。趙文子之孫，景子之子。春秋時晉國的卿。❸株　露出地面的樹根。❹奈何　如何；怎麼辦。❺德　恩德；恩惠。❻馬　梁端《校注》本引王安人曰：「『馬』字衍。」❼囿　古代帝王畜養禽獸之園林。❽夫　梁端《校注》本引王安人曰：「『夫』當作『去』。」❾伐　自我誇耀。❿喟然　嘆息的樣子。⓫施　著；表白。⓬智伯　即智襄子。一稱荀瑤、知瑤，春秋末晉四卿之一。他在晉出公十七年與韓、趙、魏三家盡分范氏、中行氏故地，並逐走晉出公。晉哀公四年被殺。⓭本　根源。⓮無忝皇祖二句　見《詩經・大雅・瞻卬》。忝，玷辱。式，語助詞。後，後代；子孫。

【語譯】晉范氏母，是范獻子的妻子。有天，她的三個兒子在趙氏家玩耍。趙簡子在園中乘馬，因園中有許多殘留地面的樹根，對馬不便，就問三子：「怎麼辦呢？」老大說：「英明的君主對事不加考察就不去做，昏亂的君主對事不加考察就去做。」老二說：「要是愛馬的腳力就不愛民力，要是愛民力就不愛馬的腳力。」老三說：「可施加多種恩典來役使百姓。先下令在高山上砍伐樹根，準備使他們得到好處。接著，就大開園囿，讓他們看到園囿中的樹根。山路遠而園囿近，這是百姓第一件高興的事；離開高山險阻而砍伐平地上的樹根，這是百姓第二件高興的事；砍伐完樹根再廉價賣出，這是百姓第三件高興的事。」趙簡子照老三計劃辦，百姓果然高興了三次。

老三對自己的計謀很得意，回家告訴母親。母親長嘆說：「最後使范氏家族敗亡的，必然是這個兒子。誇耀功德，表白勞績，就很少能施行仁義，而乘偽行詐的結果，是不會長久的。」此後不久，范氏果然被智伯所滅。君子說：「范氏母親能預見危難的根源。」《詩經》上說：「不要玷辱老祖宗，子孫後代功德崇。」說的就是這個意思。

頌曰：「范氏之母，貴德尚信。小子三德，以詐與民。知其必滅，鮮能有仁。後果逢禍，身死國分❶。」

【章旨】總結全文，歌頌晉范氏母能貴德尚信。

【注釋】❶國分　指范氏封邑（在今河南范縣）為智伯與韓、趙、魏瓜分。

【語譯】頌贊說：「范氏之母仁義修，仁德信義兩相求。小子主張行三德，對民詐騙種遠憂。自誇功勞少仁義，預知族滅難保留。後來果然遭禍害，封邑瓜分死冥幽。」

十二、魯公乘姒

魯公乘❶姒者，魯公乘子皮❷之姒❸也。其族人死，姒哭之甚悲。子皮止❹姒曰：「安之！吾今嫁姊矣。」已過時，子皮不復言也。

魯君欲以子皮為相，子皮問姒曰：「魯君欲以我為相，為之乎？」姒曰：「勿為也。」子皮曰：「何也？」姒曰：「夫臨❺喪而言嫁，一何❻不習禮也！後過時而不言，一何不達❼人事也！子內不習禮而外不達人事，子不可以為相。」子皮曰：「姊欲嫁，何不早言？」姒曰：「婦人之事，唱❽而後和。吾豈以欲嫁之故數❾子乎？子誠❿不習於禮，不達於人事，以此相一國，據⓫大眾，何以理⓬之？譬如揜⓭目而別黑白也。揜目而別黑白猶無患也，不達人事而相國，非有天咎⓮，必有人禍。子期⑮勿為也！」子皮不聽，卒受為相。居未期年⑯，果誅而死。君子謂：「公乘姒緣⑰事而知弟之遇禍也，可謂智矣；待禮然後動，不苟觸情，可謂貞⑱矣。」《詩》云：「蘀兮蘀兮，風其吹汝。叔兮伯兮，唱予和汝⑲。」又曰：「百爾所思，不如我所之⑳。」此之謂也。

【章　旨】記敘魯公乘姒勸弟勿為國相。

【注　釋】❶公乘　複姓。❷子皮　人名。❸姒　姊。❹止　勸阻。❺臨　面對。❻一何　多麼。❼達　通曉；明白。❽唱　通「倡」。倡導。❾數　數落；責罵。❿誠　的確。⓫據　佔有。⓬理　治理。⓭揜　遮蔽。⓮咎　災禍。⓯期　必。⓰期年　一週年。⓱緣　依據。⓲貞　堅貞。⓳蘀兮蘀兮四句　見《詩經・鄭風・蘀兮》。蘀，落地草木葉。叔，弟弟。伯，哥哥。唱予和汝，即予唱汝和。⓴百爾所思二句　見《詩經・鄘風・載馳》。

【語　譯】魯公乘姒，是魯國公乘子皮的姊姊。有次，同一宗族的某人死了，她哭得很悲痛。子皮勸阻她說：「請安心！我現在就讓姊姊出嫁。」但過了預定的時間，子皮不再提及出嫁這件事。

魯國的國君想以子皮為國相，子皮請教姊姊說：「魯君要我為相，我能做嗎？」姊姊說：「不能去做。」子皮說：「為什麼呢？」姊姊說：「面對悲哀的喪事，而大談嫁娶的婚事，這是多麼不熟悉風俗禮儀啊！事後又言而無信，又是多麼不通曉人情事故啊！你對內不習禮儀，對外不曉人事，你是不能擔任國相的。」子皮說：「姊姊要想出嫁，為什麼不早些向我說呢？」姊姊說：「凡是婦人的事，是家族先有人倡導後才跟著附和的。我難道是因想出嫁來責罵你嗎？你的確不習禮儀，不曉人事，在此情況下去任一國之相，去統領一國百姓，你憑什麼去治理呢？這如同蒙住眼睛去辨別黑白那樣難辨。不過蒙住眼睛去辨別黑白還不會有禍患，至於不曉人事去任國相，不是遭受天災，就要發生人禍。你一定不能去任國相！」

子皮不聽勸告，終於答應去任國相。果然不到一年時間，子皮就被殺而死。君子說：「公乘姒能依據弟弟的行事，判斷出他會有災禍，可以稱得上是有智慧了；遵照禮法才行動，不隨便觸動感情，可以稱得上是堅貞了。」《詩經》上說：「落葉落葉落樹旁，隨著秋風漫飄揚。哥哥弟弟在一起，我唱你和樂一場。」又說：「你們百般思考又怎樣，不如我一個人考慮更周詳。」說的就是這種情況。

頌曰：「子皮之姊，緣事分❶理。子皮相魯，知其禍起。姊諫子皮，殆❷不如止。子皮不聽，卒為宗恥。」

【章　旨】總結全文，歌頌魯公乘姒緣事分理的仁智。

【注　釋】❶分　分辨；辨別。❷殆　表示猜度，大概。

【語　譯】頌贊說：「子皮之姊智又貞，據事即將情理陳。子皮想要為魯相，預知子皮災禍因。姊姊來把弟弟勸，勿為魯相保自身。子皮不聽為魯相，終至含羞愧先人。」

十三、魯漆室女

漆室❶女者，魯漆室邑之女也。過時❷未適❸人。當穆公❹時，君老太子幼。女倚柱而嘯❺，旁人聞之，莫不為之慘者。

其鄰人婦從之遊，謂曰：「何嘯之悲也！子欲嫁耶？吾為子求偶。」漆室女曰：「嗟乎！始吾以子為有知❻，今無識❼也。吾豈為不嫁不樂而悲哉？吾憂魯君老、太子幼。」鄰婦笑曰：「此乃魯大夫之憂，婦人何與❽焉？」漆室女曰：「不然。非子所知也。昔晉客舍❾吾家，繫馬園中，馬佚❿馳走⓫，踐吾葵⓬，使我終歲不食葵。鄰人女奔⓭，隨人亡⓮，其家倩⓯吾兄行追之，逢霖⓰，水出溺流而死，今⓱吾終身無兄。吾聞河潤九里，漸洳⓲三百步。今魯君老悖，太子少愚，愚偽日起⓳。夫魯國有患者，君臣父子皆被⓴其辱，禍及眾庶，婦人獨安所避乎？吾甚憂之。

子乃曰婦人無與者，何哉？」鄰婦謝㉑曰：「子之所慮，非妾所及。」三年，魯果亂，齊、楚攻之，魯連有寇㉒，男子戰鬥，婦人轉輸㉓，不得休息。君子曰：「遠矣！漆室女之思也。」《詩》云：「知我者謂我心憂，不知我者謂我何求㉔。」此之謂也。

【章　旨】記敘魯漆室女能見微知著，憂君憂國。

【注　釋】❶漆室　又作「次室」。漆、次，一聲之轉。戰國時魯邑名。❷過時　指超過了許嫁的婚齡。《禮記・內則》：女子「十有五年而笄，二十而嫁；有故，二十三年而嫁」。❸適　出嫁。❹穆公　即魯穆公。姬姓，名顯。戰國時魯國國君。❺嘯　撮口發出長而清越的聲音，表現悲憤的情緒。❻知　同「智」。❼識　見識。❽與　參與。❾舍　居住。❿佚　走失。⓫馳走　奔跑。⓬葵　冬葵，一種蔬菜。⓭奔　私奔。⓮亡　逃走。⓯倩　請。⓰霖　久雨。⓱令　使。⓲漸洳　濕。⓳今魯君老悖三句　《太平御覽・卷一四七・皇親部・十三》引：「今魯君老，老必將悖；太子少，少必愚。愚悖之間，姦偽互起。」悖，謬誤；惑亂。⓴被　遭受。㉑謝　道歉。㉒寇　掠奪；侵犯。㉓轉輸　轉運輸送。㉔知我者謂我心憂二句　見《詩經・王風・黍離》。

【語　譯】魯漆室女，是魯國漆室之邑的女兒。超過了出嫁的年齡還沒有嫁人。當時正是魯國穆公執政時代，穆公年紀老了，太子又還小。魯漆室女為此靠著柱子長嘯，在旁的人聽到這悲憤的嘯聲，沒有一個不為之感傷的。

　她鄰居家有個婦女平常跟她玩在一起，對她說：「你的嘯聲聽起來為什麼這樣悲慘！你是想出嫁了嗎？我給你找個好配偶。」漆室女嗟嘆道：「唉！從前我還認定你很明智，現在看來你是沒有什麼見識的。我難道是因為未嫁人感到不快樂而悲傷嗎？我是擔憂著魯君老、太子幼的事啊！」鄰婦笑著說：「這是魯國大夫該操心的國家大事，和我們婦女有什麼關係呢？」漆室女說：「不是這樣。這不是你能知道的。以前晉國有客人住在我家，把馬拴在菜園裡，不料馬脫逃奔跑，將菜園裡的葵菜全都踐踏死了，使我家一年到頭吃不到葵菜。又有一次，鄰居家的女兒私奔，跟著別人逃走了，她家裡的人請我哥哥前往追趕，途中正碰上因久雨漲水，落入水流中淹死，使我終身失去了哥哥。我聽說過，河水潤澤九里地，就有三百步潮濕的面積。現在魯君年老惑亂，太子年幼無知，在無知和惑亂之間，奸惡欺詐的事就會不停發生。魯國一旦有了什麼災禍，君臣也好，父子也好，都會遭到恥辱，還會禍及百姓，我們婦女能獨自平安地逃過嗎？我很擔憂此事，你竟然認為婦女與國事無關，這是為了什麼？」鄰婦道歉說：「你能考慮國事，我是比不上的。」

三年之後，魯國果然有了內亂，齊國、楚國乘機進攻，使魯國連年受到侵擾，魯國的男子都被派上戰場作戰，而婦女則擔負了輸送貨物的任務，得不到休養生息。君子說：「漆室女真是深謀遠慮啊！」《詩經》上說：「知心的說我為國憂心，不知心的說我何事追尋。」說的就是這個情況。

頌曰：「漆室之女，計慮甚妙[1]。維魯且亂，倚柱而嘯。君老嗣幼，愚悖姦生。魯果擾亂，齊伐其城。」

【章　旨】總結全文，讚揚魯漆室女的深謀遠慮。

【注　釋】❶妙　同「渺」。深遠。

【語　譯】頌贊說：「魯漆室女謀慮深，國家大事記胸襟。擔憂魯國將有亂，倚杜長嘯感人心。魯君年老太子幼，迷惑無知奸偽侵。魯國果然生內亂，齊楚來攻戰禍臨。」

十四、魏曲沃負

曲沃❶負❷者，魏大夫如耳母也。秦立魏公子政為魏太子，魏哀王❸使使者為太子納妃，而美，王將自納焉。曲沃負謂其子如耳曰：「王亂於無別❹，汝胡不匡之？方今戰國，強者為雄，義者顯❺焉。今魏不能強，王又無義，何以持國❻乎？王，中人❼也，不知其為禍耳。汝不言，則魏必有禍矣。有禍，必及吾家。汝言以盡忠，忠以除禍，不可失也。」

如耳未遇間❽，會使於齊。負因款❾王門而上書曰：「曲沃之老婦也，心有所懷❿，願以聞於王。」王召入。負曰：「妾聞男女之別，國之大節也⑪。婦人脆⑫於志，窳⑬於心，不可以邪開⑭也。是故必十五而笄⑮，二十而嫁，早成其號諡⑯，所以就⑰之也。聘⑱，則為妻，奔，則為妾，所以開善遏淫也。節成⑲然後許嫁，親迎⑳然後隨從，貞女之義也。今大王為太子求妃，而自納之於後宮，此毀貞女之行而亂男女之別也。自古聖王，必正妃匹，妃匹正則興，不正則亂。夏之興也以塗山㉑，亡也以末喜㉒；殷之興也以有㜪㉓，亡也以妲己㉔；周之興也以太姒㉕，亡也以褒姒㉖。周之康王㉗夫人晏出朝㉘，〈關雎〉預見㉙，思得淑女以配君子。夫雎鳩㉚之鳥，猶未嘗見乘居而匹處㉛也。夫男女之盛，合之以禮則父子生焉，君臣成焉，故為萬物始。君臣、父子、夫婦三者，天下之大綱紀也㉜。三者治則治，亂則亂。今大王亂人道之始㉝，棄綱紀之務。敵國㉞五六，南有從㉟楚，西有橫㊱秦，而魏國居其間，可謂僅存矣。王不憂此，而從亂無別，父子同女，妾恐大王之國政危矣。」王曰：「然。寡人不知也。」遂與太子妃，而賜負粟㊲三十鍾㊳，如耳還而爵㊴之。

王勸行自修，勞來㊵國家，而齊、楚、強秦不敢加兵焉。君子謂：「魏負知禮。」《詩》云：「敬之敬之，天維顯思㊶。」此之謂也。

【章旨】記述魏曲沃負以不亂人道、不棄綱紀說服魏王。

【注釋】❶曲沃　戰國時魏邑。在今河南靈寶東北。❷負　老嫗。❸魏哀王　戰國時魏國國君。❹無別　謂無尊卑長幼倫常之別。❺顯　顯耀。❻持國　保國。❼中人　中才；才德平庸。❽閒　空隙。❾款　叩。❿懷想。⓫妾聞男女之別二句　《左傳・莊公二十四年》：「男女之別，國之大節，而由夫人亂之。」大節，大綱；大禮。⓬脆　脆弱。⓭窳　懶惰。⓮開　誘導。⓯笄　及笄。指女子可以盤髮插笄的年齡，即成年。《儀禮・士昏禮》：「女子許嫁，笄而醴之，稱字。」⓰號諡　《太平御覽・卷四五五・人事部・九十六》引注：「笄嫁之名。」⓱就　王照圓《補注》本：「就，終也。言伯仲之號自其生時已定其終卒，所以專一其心志之義。」⓲聘　以禮行聘。⓳節成　成年。王照圓《補注》本：「節成，言骨節成壯也。」⓴親迎　古婚禮中「六禮」（納采、問名、納吉、納徵、請期、親迎）之一。指新郎乘黑漆的車，到新娘家接回新娘，舉行合巹的禮節。㉑塗山　見本書卷一〈母儀傳・啟母塗山〉注。㉒末喜　一作「妹喜」、「妹嬉」。有施氏之女，夏桀的妃子。㉓有娎　見本書卷一〈母儀傳・湯妃有娎〉注。㉔妲己　己姓，名妲。有蘇氏之女，殷紂王之妃。㉕太姒　見本書卷一〈母儀傳・周室三母〉注。㉖褒姒　褒國人，姒姓。童妾之女，周幽王之后。㉗康王　周康王，名釗。西周國王。㉘晏出朝　梁端《校注》本云：「『朝』字衍。《尚書・大傳》：『雞鳴，大師奏雞鳴於階下，夫人鳴佩玉於房中，告去。』非出朝也。」㉙關雎預見　《漢書・杜欽傳》云：「佩玉晏鳴，〈關雎〉歎之。」《藝文類聚・張超賦》云：「周漸將衰，康王晏起。」《文選・卷四九・後漢書皇后紀論》云：「故康王晚朝，〈關雎〉

作諷。」都以〈關雎〉為刺詩。〈關雎〉，《詩經・周南》篇名。預見，原誤作「起興」，據《文選・卷四九・後漢書皇后紀論》注改。㉚雎鳩　鳥名。相傳雎雄情意專一。㉛乘居而匹處　蕭道管《集注》云：「謂雎雄各自有配偶，非其偶而相處，即背理之事，乖舛之為。」乘居，當為「乖居」，亂偶的意思。匹處，同處。㉜君臣父子夫婦三者二句　陳漢章《斠注》云：「三綱之文，明見於此。」三綱，《禮記・樂記》「然後聖人作為父子君臣以為紀綱」疏引《禮緯含文嘉》：「君為臣綱，父為子綱，夫為妻綱。」《白虎通・三綱六紀》：「三綱者，何謂也？謂君臣、父子、夫婦也。」㉝人道之始　謂夫婦為人倫之始。《周易・序卦第十》：「有夫婦，然後有父子；有父子，然後有君臣；有君臣，然後有上下；有上下，然後禮義有所錯。」㉞敵國　敵對之國。㉟從同「縱」。放縱。㊱橫　專橫。㊲粟　原脫，據《太平御覽・卷四五五・人事部・九十六》校補。㊳鍾　量器。六石四斗為一鍾。㊴爵　用為動詞，賜爵。㊵勞來　勤於事。來，本作「勑」，亦作「倈」、「徠」。㊶敬之敬之二句　見《詩經・周頌・敬之》。敬之，警戒。顯，明顯。思，語助詞。

【語　譯】魏曲沃負，是魏大夫如耳的母親。秦國立魏公子政為魏國太子，魏哀王派遣使臣給太子納妃，由於太子妃長得很美，哀王便想據為己有。曲沃負對她的兒子如耳說：「魏王昏亂到倫常無別、父子不分了，你為什麼不讓他改正過來呢？當今戰國時代，強國可以稱雄，有仁義的君主可使聲名顯耀。現在魏國既不能自強，君主又不施仁義，憑什麼去執政保國呢？魏王，是個才德平庸的人，不知道自己的作為將引起災禍。你不進諫，魏國一定會有災禍。有了災禍，一定會連累我們家。你進諫是為了盡忠，盡忠就能免除禍害，不要喪失這個良機。」

如耳還來不及進諫，就奉命出使到齊國去了。曲沃負便叩開王宮的大門，上書給哀王說：「我是曲沃邑地的老婦人，心裡有些想法，希望說給大王聽聽。」魏王便召她進去。曲沃負說：「我聽說男女之別，是國家的大禮大法。婦女意志脆弱，思想怠惰，不能用邪惡的言行來引誘她們。因此按禮的規定，婦女十五歲便盤髮插笄，二十歲便嫁人，及早賜給號謚，以便讓她們心志專一。行聘禮明媒正娶的為妻，不行聘禮私奔的為妾，這是為了發揚美德，遏止淫欲。婦女成年插笄然後才能嫁人，行過親迎之禮然後才能從夫，這是貞女的行為規範。現在大王為太子求妃，卻又將太子妃納入後宮，這是在毀壞貞女的品行、混淆男女的界限啊！自古以來的賢明君主，一定會處理好婚配問題，處理好了，國家就興旺，處理不好，國家就混亂。夏朝的興旺是因為有塗山氏的緣故，夏朝的滅亡是由於末喜荒淫的緣故；殷商的興旺是因為有有娀氏的緣故，殷商的滅亡是由於妲己荒淫的緣故；周朝的興旺是因為有太姒的緣故，周朝的滅亡是由於褒姒荒淫的緣故。周康王的夫人晚出房門，〈關雎〉見微知著而作諷，是希望有淑女配給君子。雎鳩是鳥，還懂得情意專一，各有配偶，未發現有亂偶雜配的情況。男女成年，通過婚禮合為夫婦，然後才有了父子，有了君臣，因此夫婦是社會萬物的開端。君臣、父子、夫婦，這三種人倫關係的規範，是統管天下的重大綱要。三種人倫關係處理正當就會天下太平，處理不正當就會天下大亂。現在大王將人倫之始的夫婦關係弄亂了，將天下綱紀的事務拋棄了。魏國如今面對著五六個敵國，南邊有驕縱的楚國，西邊有驕橫的秦國，魏國夾在它們中間，可說是僅僅幸存的一個國家了。大王不去擔憂這些國事，卻胡亂放縱自己，弄得父子無別，同爭一妃，我擔心大王的政權已岌岌可危了。」哀王說：「說得對。我太不明智了。」於是將太子妃還給太子，賞賜曲沃負三十鍾粟，在如耳返國後還賜他官爵。

從此魏哀王便注重修養，勤勉國事，而齊、楚和強秦不敢派兵侵犯。君子說：「魏負知禮。」

《詩經》上說：「對人對事要自警，神明在上不可欺。」說的就是這種情況。

頌曰：「魏負聰達，非刺哀王。王子納妃❶，禮別❷不明。負款王門，陳列紀綱。王改自修，卒無敵兵。」

【章旨】總結全文，歌頌魏曲沃負明智知禮。

【注釋】❶王子納妃　梁端《校注》本云：「『子納』二字誤倒。」❷禮別　禮的區分、等級。

【語譯】頌贊說：「魏負聰達又知禮，諷刺魏王太無知。王納子妃人倫亂，不明禮別實可悲。魏負進宮來勸諫，維護三綱莫遲疑。魏王改過勤自修，魏國安寧無敵騎。」

十五、趙將括母

趙❶將馬服君❷趙奢之妻，趙括❸之母也。秦攻趙，孝成王❹使括代廉頗為將。將行，括母上書言於王曰：「括不可使將。」王曰：「何以？」曰：「始，妾事其父，父時為將，身所奉❺飯者以十數，所友者以百數；

大王及宗室❻所賜幣者，盡以與軍吏、士大夫；受命之日，不問家事。今括一旦為將，東向❼而朝軍吏，吏無敢仰視之者；王所賜金帛盡歸藏之，乃日視便利❽田宅可買者。王以為若其父乎？父子不同，執心❾各異，願勿遣。」王曰：「母置❿之，吾計已決矣。」括母曰：「王終遣之，即有不稱⓫，妾得無隨⓬乎？」王曰：「不⓭也。」

括既行，代廉頗三十餘日，趙兵果敗，括死軍覆⓮。王以括母先言，故卒不加誅。君子謂：「括母為仁智。」《詩》曰：「老夫灌灌，小子蹻蹻。匪我言耄，爾用憂謔⓯。」此之謂也。

【章　旨】記敘趙將括母諫止孝成王用趙括為將。

【注　釋】❶趙　古國名。因與韓、魏瓜分晉國，被列為諸侯，建都晉陽（今山西太原東南），繼遷邯鄲（今河北邯鄲），佔有今山西中部、陝西東北角、河北西南部。為戰國七雄之一，後為秦所滅。❷馬服君　即趙奢的封號。趙惠文王二十九年，趙奢在閼與（今山西和順）大破秦軍，成為趙國名將，因功被封為馬服君。❸趙括　即馬服君趙奢之子，稱馬服子。趙國大將。❹孝成王　戰國時趙國國君，名丹。❺奉　進獻。❻宗室　國君的宗族。❼東向　居尊位。古時帝王坐北向南，公侯坐西向東。❽便利　便宜合適。❾執心　居心。❿置　擱置。

⑪稱　稱職。⑫隨　隨從；從坐。⑬不　同「否」。⑭括死軍覆　趙孝成王六年，趙中秦反間計，用趙括代廉頗為將。趙括在長平（今山西高平西北）出擊秦兵，被秦將白起包圍，趙括被射死，趙軍四十多萬被俘坑死，史稱長平之禍。⑮老夫灌灌四句　見《詩經・大雅・板》。老夫，老年人。灌灌，誠懇的樣子。蹻蹻，驕傲的樣子。耄，昏庸。憂，借作「優」。優謔，調笑戲謔。

【語　譯】趙將括母，是趙將馬服君趙奢的妻子，趙將趙括的母親。秦國攻打趙國，趙孝成王派趙括代廉頗為將，統兵抗秦。將要發兵的時候，括母上書給孝成王說：「我兒趙括不能用作大將。」孝成王問：「為什麼呢？」括母說：「當初，我奉事他父親的時候，他父親正好被任用為大將，除家屬外，他所供養的尊長以十計算，當作朋友看待的以百計算；大王與皇親國戚所賞賜的財物，都分給部下的軍士、士大夫；只要接受出征的王命，就不過問家事。現在趙括剛被任命為大將，就坐西向東，高踞尊位，讓部下軍吏來拜見，軍吏沒有敢抬頭仰望他的；大王所賞賜的金銀布帛統統帶回家私藏起來，還天天探聽如何才能購買到便宜合適的田地房屋。大王看看像他父親嗎？他們父子不同，居心各異，希望不要派趙括為將。」孝成王說：「你當母親的擱下這事吧！我計劃已定。」括母說：「大王非要派括為將不可，那麼他如有不稱將軍之職的地方，我可以不牽連坐罪吧？」孝成王說：「不會的。」

趙括成行，代替廉頗帶兵三十多天後，趙兵果然在長平吃了敗仗，趙括被射死，全軍覆沒。孝成王因為括母有言在先，因此對家屬不予治罪。君子說：「括母很有仁智。」《詩經》上說：「老人誠懇細商量，小子驕橫太逞狂。不是我說糊塗話，你開玩笑太荒唐。」說的就是這種情況。

頌曰：「孝成用括，代頗距❶秦。括母獻書，知其覆軍。願止不得，請罪止身。括死長平，妻子❷得存。」

【章旨】總結全文，歌頌括母的遠見和賢德。

【注釋】❶距　同「拒」。抗拒。❷妻子　指妻子與兒女。

【語譯】頌贊說：「孝成用括為將軍，代替廉頗抗拒秦。括母上書來勸阻，括將覆軍自有因。勸阻不行求自保，希望罪及他本身。趙括果然長平死，妻子兒女得幸存。」

卷四　貞順傳

【說　明】〈貞順傳〉是《列女傳》分類傳題之四。在這一分類傳題下，共列有十五個分傳，依次是：一、〈召南申女〉，二、〈宋恭伯姬〉，三、〈衛宣夫人〉，四、〈蔡人之妻〉，五、〈黎莊夫人〉，六、〈齊孝孟姬〉，七、〈息君夫人〉，八、〈齊杞梁妻〉，九、〈楚平伯嬴〉，十、〈楚昭貞姜〉，十一、〈楚白貞姬〉，十二、〈衛宗二順〉，十三、〈魯寡陶嬰〉，十四、〈梁寡高行〉，十五、〈陳寡孝婦〉等。

〈貞順傳〉中的婦女，包括夫人、姬、妻和寡婦，都是春秋戰國時代的人。貞順，節操忠貞，品性和順，是古代婦女的美德之一。她們堅守正道，忠貞不移；她們謹慎誠信，和順適宜；她們從一而終，自避嫌疑；她們死節赴義，不苟禮儀。如召南申女的守節持義，宋恭伯姬的守禮一意，衛宣夫人的勞辱不苟，蔡人之妻的貞順自守，齊孝孟姬的避嫌遠別，齊杞梁妻的貞而知禮，楚平伯嬴的堅固專一，楚白貞姬的廉潔誠信，梁寡高行的貞專精純，陳寡孝婦的一醮不改等等，都成為中國婦女忠貞和順的典範。

一、召南申女

召南❶申❷女者，申人之女也。既許嫁於酆❸。夫家禮❹不備而欲迎之。女與其人❺言，以為：「夫婦者，人倫之始也，不可不正❻。《傳》曰：『正其本，則萬物理，失之毫氂，差之千里。』❼是以本立而道生，源治❽而流清。故嫁娶者，所以傳重❾承業，繼續先祖，為宗廟主也。夫家輕禮違制，不可以行。」遂不肯往。夫家訟之於理❿，致之於獄⓫，女終以一物不具，一禮不備，守節持義，必死不往，而作詩曰：「雖速我獄，室家不足⓬。」言夫家之禮不備足也。君子以為得婦道之儀，故舉而揚之，傳而法之，以絕無禮之求，防淫欲之行焉。又曰：「雖速我訟，亦不女從⓭。」此之謂也。

【章　旨】記敘召南申女堅貞專一，拒絕無禮之求。

【注釋】❶召南　古南國之地，二南之一。《水經注》引《韓詩・序》曰：「二南其地在南郡、南陽之間。」周南，在今洛陽以南，汝、漢、長江一帶，湖北、河南之間。召南，在周南之西，包括陝西南部和湖北一部分。❷申　古國名，姜姓。周宣王時分封於謝（今河南南陽），春秋初為楚所滅。❸酆　古國名。在今陝西戶縣東。❹禮　謂古代婚禮中的「六禮」。❺其人　謂媒人。❻正　純正；端正。❼傳曰五句　見劉向《說苑・建本》。疑為《易傳》之佚文。本，謂人倫的根本。❽治　原作「潔」，據梁端《校注》本改。❾傳重　謂以祭祖的重大事情傳給嫡子孫。❿理　理官；掌獄訟之官。⓫獄　訟事；訴訟案件。⓬雖速我獄二句　見《詩經・召南・行露》。速，招致。室家，此指結婚。古代男子有妻叫有室，女子有夫叫有家。不足，理由不充足。⓭雖速我訟二句　見〈召南・行露〉。女從，從汝。

【語譯】召南申女，是申國人的女兒。她已許配給酆國的一個男人。夫家「六禮」不備，就想將她迎娶過去。申女就向媒人說了自己的意見，認為：「夫婦，是人倫的開端，不能不端正。《易傳》上說：『使人倫的根本得到端正，萬物就會有秩序，如果有一毫一釐的失誤，就會造成千里那麼大的差錯。』因此樹立人倫的根本，才能產生禮義，治理水渠的源頭，才能澄清水流。女嫁男娶，是為了嫡傳子孫，繼承祖業，使宗廟祭祀有主。如今夫家看輕禮儀，違背禮制，我不能隨隨便便就過去。」於是不肯到夫家去。夫家向理官告狀，想使她吃官司，但她始終不為官司所屈，宣稱只要少一禮物，缺一禮儀，就堅守節義，誓死不去，並作詩明志說：「即使要我吃官司，理由不足事難為。」這是說夫家沒有完全按婚禮去做啊。君子認為召南申女能堅守婦道的儀式，因此要提名表揚她，並廣為宣傳要大家效法她，以便拒絕無禮的要求，防止淫欲的行為。申女又作詩說：「即使要我吃官司，決不嫁你壞禮儀。」說的就是這種情況。

頌曰：「召南申女，貞一修容❶。夫禮不備，終不肯從。要以必死，遂至獄訟。作詩明意，後世稱誦。」

【章旨】總結全文，歌頌召南申女能守節持義。

【注釋】❶貞一修容　忠貞專一，儀容端正。

【語譯】頌贊說：「召南申女有儀容，忠貞一意貫始終。夫家婚禮不充足，守節持義不相從。誓死不去禮為重，狀告官司也難通。申女作詩以明志，貞順品行誦無窮。」

二、宋恭伯姬

伯姬者，魯宣公❶之女，成公❷之妹也。其母曰繆姜❸，嫁伯姬於宋恭公❹。恭公不親迎❺，伯姬迫於父母之命而行。既入宋，三月廟見❻，當行夫婦之道，伯姬以恭公不親迎故，不肯聽命。宋人告魯，魯使大夫季文子❼如宋，致命於伯姬。還復命，公享❽之。繆姜出於房❾，再拜曰：「大夫勤勞於遠道，辱❿送小子⓫，不忘先君⓬以及後嗣⓭，使下而有知⓮，先君猶有望也。敢再拜大夫之辱。」

伯姬既嫁於恭公十年⑮，恭公卒，伯姬寡。至景公⑯時，伯姬嘗遇夜失火，左右曰：「夫人少避火！」伯姬曰：「婦人之義：保傅⑰不俱，夜不下堂⑱。待保傅來也。」保母至矣，傅母未至也。左右又曰：「夫人少避火！」伯姬曰：「婦人之義：傅母不至，夜不可下堂。越義求生，不如守義而死。」遂逮⑲於火而死。《春秋》詳錄其事⑳，為賢㉑伯姬，以為婦人以貞為行者也，伯姬之婦道盡㉒矣。當此之時，諸侯聞之，莫不悼痛，以為死者不可以生，財物猶可復。故相與聚會於澶淵㉓，償宋之所喪。《春秋》善㉔之。君子曰：「禮：婦人不得傅母，夜不下堂，行必以燭。伯姬之謂也。」《詩》云：「淑慎爾止，不愆于儀㉕。」伯姬可謂不失儀矣。

【章旨】記敘宋恭伯姬守義死節的事蹟。

【注　釋】❶魯宣公　春秋時魯國國君。姬姓，名倭，魯文公之子。❷成公　春秋時魯國國君，名黑肱。魯宣公之子。❸繆姜　一作「穆姜」。齊侯之女，魯宣公之夫人，成公之母。❹宋恭公　春秋時宋國國君。子姓，名固。❺親迎　婚禮「六禮」中的親迎之禮。❻三月廟見　禮儀之一。《白虎通德論・卷九・嫁娶》云：「婦入三月，奠采於廟。」即婦女嫁入夫家三月，然後參拜祖廟，稱婦；擇日而祭，以成婦之義。如女未見廟而死，則歸葬於女氏之黨，以示未成婦。❼季文子　季孫行父。季友之孫，齊仲無佚之子。魯國正卿。❽享　宴享。據《儀禮・燕禮》，諸侯卿大夫出使回國，國君因其有勤勞之功，設宴慰勞。❾房　當時諸侯宮室制度，路寢之北，中間稱「室」，東西兩旁稱「房」。❿辱　謙詞，承蒙、多勞的意思。⓫小子　指伯姬。⓬先君　指魯宣公。⓭後嗣　指成公和伯姬。⓮使下而有知　疑「下」字上脫「地」字。《左傳・成公九年》作「施及未亡人」。⓯十年　「十」當作「七」。伯姬入宋在魯成公九年，即宋恭公七年。⓰景公　當為「平公」。伯姬死於魯襄公三十年，即宋平公三十三年。⓱保傅　西周設有太保、太傅、太師，稱為三公，是輔佐帝王之官。《大戴禮記・保傅》云：「保，保其身體；傅，傅其德義；師，導之教訓。」此指負責宮內貴族婦女生活和教育的保母、傅母。⓲堂　內室。⓳逮　及；到。⓴春秋詳錄其事　見《穀梁傳・襄公三十年》所錄。㉑賢　動詞，讚揚賢德。㉒盡　盡善盡美。㉓澶淵　古地名。在今河南濮陽西北。㉔善　稱讚。㉕淑慎爾止二句　見《詩經・大雅・抑》。淑，美。止，舉止。愆，過失。儀，禮儀。

【語　譯】宋恭伯姬，是魯宣公的女兒，魯成公的妹妹。她的母親叫繆姜，將她嫁給了宋恭公。宋恭公沒有行親迎之禮，但伯姬因受父母之命的逼迫，不得不離家前往。她到宋三個月後，行過廟見之禮，照理該開始過夫婦生活了，但是伯姬由於恭公當初沒有親迎而失禮，不肯從命。宋國人將此事告知魯國，魯國便派大夫季文子來到宋國，說服伯姬和好。季文子回國復命，魯成公設宴慰勞他。繆姜從房內出來，向季文子兩次下拜說：「大夫不遠千里來勤勞王事，承蒙給女兒送去旨意，不忘先君和後嗣，倘使先君在地下有知，也會認為魯國是有希望的。我再次拜謝大夫的勞苦。」

伯姬嫁給恭公七年後，恭公去世，伯姬就守寡。到了宋平公時，有天夜裡宮內失火，侍奉左右的宮女說：「夫人您快避避火吧！」伯姬說：「按宮內婦女的規矩：保母、傅母不在身邊，夜晚就不能走出內室。我要等保母、傅母來。」接著保母到了，傅母未到，宮女又說：「夫人您快避避火吧！」伯姬說：「婦女的規矩是：傅母不到，夜晚不能走出內室。與其超越義的規矩而苟活，不如堅守義的規矩以死節。」於是她陷入火海而死。《春秋》詳細地記錄了這件事，是為了讚揚伯姬的賢德，認為婦女應當以貞順作為行為的規範，伯姬也確實使婦道達到盡善盡美的境地了。正當伯姬死義時，各國諸侯聽到這個消息，沒有不表示哀悼悲痛的，認為死者不能復生，而燒去的財物還可以再得到。於是相約在澶淵聚會，商議補償宋國火災的損失。《春秋》也稱讚這一義舉。君子說：「按禮的要求：婦女沒有傅母作陪，夜晚不能走出內室，走路一定要點上火燭。伯姬就是這樣的貞女。」《詩經》上說：「舉止謹慎甚適宜，儀表端正有禮儀。」伯姬可說是不失禮儀了。

頌曰：「伯姬心專，守禮一意。宮夜失火，保傅不備❶。逮火而死，厥心靡悔。《春秋》賢之，詳錄其事。」

【章旨】總結全文，歌頌宋恭伯姬守義而死的節操。

【注釋】❶備　齊備。

【語譯】頌贊說：「宋恭伯姬識大義，守禮全心又全意。宮中夜晚起大火，保母傅母不在位。夜不下堂赴火死，以貞為行終不悔。《春秋》為了表揚她，詳詳細細記其事。」

三、衛宣夫人

夫人❶者，齊侯之女也。嫁於衛，至城門而衛君死。保母曰：「可以還矣！」女不聽，遂入，持❷三年之喪。畢，弟❸立請曰：「衛，小國也，不容二庖❹。願請❺同庖❻。」夫人曰：「唯夫婦同庖。」❼終不聽。衛君使人愬❽於齊兄弟，齊兄弟皆欲與後君，使人告女，女終不聽。乃作詩曰：「我心匪石，不可轉也；我心匪席，不可卷也❾。」厄窮而不閔❿，勞辱而不苟，然後能自致⓫也。言不失也，然後可以濟難矣。《詩》曰：「威儀棣棣，不可選也⓬。」言其左右無賢臣，皆順其君之意也。君子美其貞壹，故舉而列之於《詩》

也。

【章　旨】記敘衛宣夫人守節，拒不改嫁後君。

【注　釋】❶夫人　衛宣夫人。《太平御覽・卷四四一・人事部・八十二》作「衛寡夫人」。衛宣，即衛宣公。姬姓，名晉。春秋時衛國國君。❷持　持服；居喪守孝。❸弟　衛宣公之弟。❹庖　廚房。❺願請　原誤倒，據梁端《校注》本改。❻同庖　謂同廚房做飯吃，即結為夫妻。❼夫人曰二句　原缺，據《逸齋詩補傳》引校增。《太平御覽・卷四四一・人事部・八十二》有「唯夫婦為同庖」六字。❽愬　敘說。❾我心匪石四句　見《詩經・邶風・柏舟》。匪，同「非」。不是。❿閔　亦作「憫」，憂。⓫致　求得；達到。⓬威儀棣棣二句　見《詩經・邶風・柏舟》。威儀，儀容。棣棣，安和的樣子。選，同「巽」。退讓。

【語　譯】衛宣夫人，是齊國國君的女兒。她嫁給衛國的衛宣公，到了衛國都城城門時，恰好衛宣公就去世了。保母對她說：「我們可以回齊國去了！」夫人不聽，就進入衛國，服三年夫喪。

服完喪，後君立即要求與她結為夫妻：「衛國，是個小國，不容許有兩個廚房。我希望能與你同一個廚房吃飯。」夫人回答：「唯有夫婦才能同廚房吃飯。」她始終拒絕後君的要求。後君派人向她在齊國的兄弟求助，她的兄弟都想讓她改嫁給後君，派人勸告她，她不但不答應，並且作詩以明志說：「我心不是塊石頭，不能隨便轉過來；我心不是張席子，不能任意捲起來。」困厄窮苦而不憂傷，勞碌屈辱而不苟且，然後才能達到自己的目的。這是說不喪失自己堅貞的意志，就可以解決困難了。《詩經》上說：「儀表安和又從容，不能退讓來屈從。」這是說左右沒有賢臣，都順從君主的意旨。君子讚美衛宣夫人忠貞一心，因此將她的事蹟列舉出來，載在《詩經》裡面。

頌曰：「齊女嫁衛，厥至城門。公薨不返，遂入三年。後君欲同❶，女終不渾❷。作詩譏刺，卒守死君。」

【章旨】總結全文，歌頌衛宣夫人貞順專一的美德。

【注釋】❶同 同庖。❷不渾 不渾沌；不糊塗。

【語譯】頌贊說：「衛宣夫人嫁衛君，已經走進衛都門。衛君雖死不返齊，服喪三年志永存。後君要她同庖廚，忠貞一意終不渾。作詩明志來譏刺，不轉不捲守死君。」

四、蔡人之妻

蔡❶人之妻者，宋人之女也。既嫁於蔡，而夫有惡疾❷。其母將改嫁之。女曰：「夫不幸，乃妾之不幸也。奈何去之？適人之道，壹與之醮，終身不改。不幸遇惡疾，不改其意。且夫采采❸芣苢❹之草，雖其臭惡，猶始於捋❺采之，終於懷擷❻之，浸❼以益親，況於夫婦之道乎？彼无大故❽，又不遣❾妾，何以得去？」終不聽其母，乃作〈芣苢〉❿之詩。君子曰：「宋女之意，甚貞而壹也。」

【章旨】記敘蔡人之妻不因夫惡疾而改嫁。

【注釋】❶蔡　古國名，姬姓。都上蔡（今河南上蔡），後又遷新蔡（今屬河南）、州來（今安徽鳳臺）。戰國時為楚所滅。❷惡疾　難治的殘疾。《公羊傳・昭公二十年》何休注：「惡疾，謂瘖（啞）、聾、盲、癘（瘡）、禿、跛、傴（背駝），不逮人倫之屬也。」❸采采　採摘。❹芣苢　草藥名，即車前草。❺捋　成把地摘下來。❻擷　同「襭」。掖起衣襟兜物。❼浸　浸淫；漸進。❽大故　大罪。❾遣　派遣。引申為放逐。❿芣苢　《詩經・周南》篇名。《文選・卷五四・辯命論》注云：「《韓詩》曰：『采苢，傷夫有惡疾也。』」

【語譯】蔡人之妻，是宋國人的女兒。她出嫁到蔡國後，才發現丈夫身患惡疾，她母親準備將她改嫁別人。她說：「丈夫的不幸，就是我做妻子的不幸。為什麼要離開他呢？婦女嫁人的道理，在於始終如一，終身再不改嫁，不幸碰上丈夫有惡疾，也永不改變自己的本心。再說採摘來的芣苢之草，雖然是氣味惡臭，但還是要將它採下來，用衣襟兜著抱回來，時間久了漸漸地會親近它，以至於離不開它，何況是夫婦的關係呢？丈夫沒有犯什麼大罪，又沒有趕我出去，我怎麼能夠離開呢？」她不聽母親的勸告，並寫了題為〈芣苢〉的詩。君子說：「宋女的心思是忠貞而專一的。」

頌曰：「宋女專慤❶，持心不願。夫有惡疾，意猶一精❷。母勸去歸，作詩不聽。後人美之，以為順貞。」

【章旨】總結全文，歌頌蔡人之妻貞順自守的美德。

【注釋】❶愨 誠實。❷一精 專一精純。

【語譯】頌贊說：「宋女專心又真誠，本志不改重人倫。丈夫不幸有惡疾，始終如一性精純。母親勸她去改嫁，作詩〈芣苢〉不遵循。後人稱讚她美德，婦女楷模在順貞。」

五、黎莊夫人

黎❶莊夫人者，衛侯之女，黎莊公❷之夫人也。既往而不同欲，所務者異，未嘗得見，甚不得意。其傅母閔❸夫人賢，公反不納❹，憐其失意，又恐其已見遣❺，而不以時❻去，謂夫人曰：「夫婦之道，有義❼則合，無義則去。今不得意，胡不去乎？」乃作詩曰：「式微式微，胡不歸❽？」夫人曰：「婦人之道，壹而已矣。彼雖不吾以❾，吾何可以離於婦道乎？」乃作詩曰：「微君之故，胡為乎中路❿？」終執⓫貞壹，不違婦道，以俟⓬君命。君子故序⓭之以編《詩》。

【章　旨】記敘黎莊夫人始終貞一，不離婦道。

【注　釋】❶黎　古國名。原為商之諸侯國，在今山西長治西南。周初，封帝堯之後於黎國故地，仍稱黎。❷黎莊公　春秋時黎國國君。❸閔　亦作「憫」，憐憫。❹納　接受。❺見遣　被逐出。❻時　適時；及時。❼義　情義。❽式微式微二句　見《詩經・邶風・式微》。王照圓《補注》：「微，隱蔽也。歸，大歸也。言夫人不得見君，自處幽隱，何不歸去也。」式，發語詞。微，幽隱；幽暗。胡，何。❾不吾以　不以吾。即不與我在一起。❿微君之故二句　見〈邶風・式微〉。微，非；不是。故，事。中路，即路中。路，《毛詩》作「露」，古字通。⓫執　遵守。⓬俟　等待。⓭序　敘說。

【語　譯】黎莊夫人，是衛侯的女兒，黎莊公的夫人。她出嫁到黎國後，和黎莊公並不情投意合，興趣愛好也不一樣，夫婦再未見過面，使她很不得意。傅母見她賢慧，反而不能得到莊公的愛寵，很同情她的失意，又擔心她被拋棄後，不能及時離開，便對她說：「夫婦的規矩，有情有義就結合，無情無義就分開。現在您很不得意，為什麼不及時地離開呢？」於是傅母作詩說：「君主對您感情差，為何不快回娘家？」夫人說：「婦女的規矩，不過是從一而終罷了。夫君雖然不親近我，我怎麼可以背離婦道的規矩呢？」於是她也賦詩說：「要不是為了我君主，我怎能去冒風露苦？」她始終忠貞一意，不違婦道，等待莊公的召見。君子因此敘述她的事蹟，並編入《詩經》裡面。

頌曰：「黎莊夫人，執行❶不衰。莊公不遇，行節反乖。傅母勸去，作詩〈式微〉。夫人守壹，終不肯歸。」

【章旨】總結全文，歌頌黎莊夫人終守貞壹的美德。

【注釋】❶執行　遵守德義。

【語譯】頌贊說：「黎莊夫人嫁黎來，雖然失意志不衰。莊公不去親近她，她守節義不違乖。傅母同情她處境，作詩〈式微〉勸離開。婦道為重不離去，貞順美德歸裙釵。」

六、齊孝孟姬

孟姬者，華氏之長女，齊孝公❶之夫人也。好禮貞壹，過時不嫁，齊中求之，禮不備，終不往。躡男席❷，語不及外❸，遠別避嫌。齊中莫能備禮求焉。齊國稱其貞。

孝公聞之，乃修禮親迎於華氏之室。父母送孟姬不下堂。母醮房之中❹，結其衿❺縭❻，誡之曰：「必敬必戒，無違宮事！」❼父誡之東階之上曰：「必夙興夜寐，無違命！其有大妨於王命者，亦勿從也。」❽諸母❾誡之兩階之間曰：「敬之敬之，必終父母之命！夙夜無怠，尒❿之衿縭，父母之言謂何。」姑姊妹⓫誡之門內⓬曰：「夙夜無愆，尒之衿鞶⓭，無忘父母之言！」孝公親迎孟姬於其父母。三顧⓮而出，親迎之綏，自御輪三，曲顧姬與⓯，遂納於宮。三月廟見，而後行夫婦之道。

既居久之，公游於琅邪⓰，華孟姬從。車奔，姬隮車碎。孝公使駟馬立車⓱載姬以歸。姬使侍御者舒帷⓲以自障蔽⓳，而使傅母應使者曰：「妾聞妃后踰閾⓴，必乘安車㉑輜軿㉒；下堂，必從傅母、保阿㉓；進退則鳴玉環佩㉔；內飾則結紐綢繆㉕；野處㉖則帷裳擁蔽。所以正心壹意，自斂制㉗也。今立車無軿，非所敢受命也；野處無衛，非所敢久居也。三者失禮多矣。夫無禮而生，不如早死。」使者馳㉘以告公，更取安車，比㉙其反也，則自經矣。傅母救之，不絕。傅母曰：「使者至，輜軿已具。」姬氏㉚蘇，然後乘而歸。君子謂：「孟姬好禮。」禮：婦人出必輜軿，衣服綢繆。既嫁，歸問女昆弟㉛，不問男昆弟㉜，所以遠別也。《詩》曰：「彼君子女，綢直如髮㉝。」此之謂也。

【章旨】記敘齊孝孟姬好禮而善自斂制。

【注釋】❶齊孝公　春秋時齊國國君。姜姓，名昭。❷躡男席　應作「不躡男席」，疑脫「不」字。躡，登。《禮記・內則》云：「男女不同席。」❸語不及外　《禮記・內則》云：「男不言內，女不言外。」❹母醮房之中　應作「母醮之房中」。醮，婚禮中的一種簡單儀節。《禮記・昏義》：「父親醮子而命之迎。」孔穎達疏：「受爵者飲而盡之，又不反相酬酢，直醮盡而已，故稱醮也。」❺衿　同「襟」。衣服的交領。❻縭　婦女出嫁時所繫佩巾，即「帨」。❼誡之曰三句　謂母送女出嫁即有此誡。見《儀禮・士昏禮》。❽父誡之東階之上曰五句　謂父送女出嫁即有此誡。見《儀禮・士昏禮》。❾諸母　庶母；父親之妾。❿尔　應為「示」。下文「尔之衿鞶」之「尔」，亦為「示」。《儀禮・士昏禮》「夙夜無愆，視諸衿鞶」注云：「視，今文作『示』。」⓫姑姊妹　姑姑；父親之姊妹。⓬門內　闕門之內。《穀梁傳・桓公三年》：「禮：送女，父不下堂，母不出祭門，諸母兄弟不出闕門。」⓭鞶　大帶。⓮三顧　梁端《校注》本：「『三顧』二字疑愆。」⓯親迎之綏三句　《白虎通德論・卷九・嫁娶》：「天子下至士，必親迎授綏者何？以陽下陰也。欲得其歡心，示親之心也。夫親迎輪三周，下車曲顧者，防淫佚也。」此為嫁娶之禮儀。迎，王照圓《補注》：「『迎』當作『授』，字之誤也。」綏，登車時用作拉手的繩子。與，王照圓《補注》：「『與』，當作『輿』，亦字之誤。」⓰琅邪　春秋齊邑。在今山東膠南琅邪臺西北。⓱立車　即立乘。古人乘車是站著的，故名立乘，只有男子才立乘。《禮記・曲禮上》：「婦人不立乘。」⓲舒帷　打開帷幕。⓳障蔽　遮掩隱蔽。⓴閫　門檻。㉑安車　一馬小車，可以安坐。《周禮・

春官・中車》鄭玄注：「安車，坐乘車，凡婦人車皆坐乘。」㉒輜軿　車。輜，一種有帷蓋的車子。軿，古代貴族婦女所乘的有帷幕的車。㉓保阿　即照顧貴族婦女生活的保母。㉔玉環佩　《文選・卷四九・後漢書皇后紀論》注引曹大家曰：「玉環佩，佩玉有環。」㉕綢繆　聯綿詞，緊密纏縛。㉖野處　處於郊野。㉗斂制　約束控制。㉘馳　馳馬。㉙比　及。㉚姬氏　即孟姬。㉛女昆弟　指姊妹。㉜男昆弟　兄弟。㉝彼君子女二句　見《詩經・小雅・都人士》。君子女，貴族小姐。綢，王照圓《補注》：「綢，密也。言賢女操行細密正直，如髮之美也。」

【語　譯】齊孝孟姬，是華氏的大女兒，齊孝公的夫人。好行禮儀，忠貞一意，超過了婚齡還沒有嫁人，齊國的人向她求婚，都因為禮數不到，始終未答應。她從不登男人的席位，從不談閨門之外的事情，遠別男女以避嫌。齊國的人沒有能夠做到備禮求婚的。而齊國的人都稱讚她貞順的美德。

齊孝公聽了，便備禮聘娶她，並到華氏家室去親迎她。父母送孟姬出嫁，按禮不下堂屋。母親行醮房中，親自給她整衣襟、繫佩巾，告誡她說：「要謹慎小心，不要違背宮中的規範！」父親站在東邊的臺階上，告誡她說：「要早起晚睡，不要違背王命！那些妨礙王命推行的事情，也不要跟著去做。」諸母站在東西兩個臺階之間，告誡她說：「謹慎再謹慎，一定要始終聽從父母的告誡！早晚不懈怠，常常看看衣襟和佩巾，就會記起父母對你囑咐過什麼。」姑姑們站在闕門之內，告誡她說：「早晚不要有過錯，看看衣襟和佩帶，就不會忘記父母的教訓！」齊孝公在孟姬父母那裡去親迎她。親迎出來後，孝公親自將車繩交給孟姬，以示親心，又親自駕車轉了三圈，下車行曲顧之禮，以防淫佚，然後用車輿接到宮中。孟姬入宮三個月後，又行廟見之禮，開始過夫婦生活。

已過了好久，孝公到琅邪去玩，孟姬跟著去了。車子狂奔，孟姬因而跌落，車子也摔碎了。孝公派來四馬拉的立乘之車，想載孟姬回宮。孟姬讓侍從張開帷幕，將車子遮蓋嚴實，並讓傅母答覆使者說：「我聽說后妃走過門檻，一定乘坐安車輜軿；走出堂屋，一定要跟隨傅母保母；出出進進一定要讓玉佩叮噹作響；穿上衣服一定要包裹嚴密；身處郊野，一定要用帷幕將車子嚴實遮蓋。這一切都是為了讓心思端正，意念純一，能夠自我約束控制。現在派來立車而不是軿車，這不是我敢從命的；身處荒郊野外又沒有任何護衛，這不是我敢久留的。以上三者已大大失禮了。與其無禮地活著，還不如趁早死去。」使者馳馬向孝公報告，再去取安車來，等到使者趕去時，孟姬已上吊自殺了。幸好傅母加以搶救，才活了過來。傅母說：「使者回來了，輜軿也拉來了。」孟姬蘇醒後，就坐軿車回宮。君子說：「孟姬好禮。」按禮：婦人出門要乘坐安車，穿衣要嚴密包裹。已出嫁後，回到娘家，只問候姊妹，不問候兄弟，這是為了遠隔男女之間的距離。《詩經》上說：「姑娘頭髮細又密，德行如髮真俊美。」說的就是這個情況。

頌曰：「孟姬好禮，執節甚公❶。避嫌遠別，終不冶容❷。載不竝❸乘，非禮不從。君子嘉焉，自古寡同。」

【章旨】總括全文，歌頌齊孝公孟姬能避嫌遠別。

【注釋】❶公 當作「恭」，恭敬。❷治容 使容貌妖治。❸竝 當作「立」。

【語譯】頌贊說：「孟姬好禮甚謙恭，言行盡在節義中。避嫌遠別男女事，終不妖治見雍容。坐要安車不立乘，不合禮儀定不從。君子讚揚她美德，自古少有德行崇。」

七、息君夫人

夫人者，息❶君之夫人也。楚伐息，破之，虜其君，使守門；將妻❷其夫人，而納之於宮。楚王出遊。夫人遂出見息君，謂之曰：「人生要❸一死而已，何至自苦？妾無須臾❹而忘君也，終不以身更貳醮❺。生離於地上，豈如死歸於地下哉！」乃作詩曰：「穀則異室，死則同穴。謂予不信，有如皦日❻。」息君止之，夫人不聽，遂自殺。息君亦自殺，同日俱死。楚王賢其夫人守節有義，乃以諸侯之禮❼合而葬之。君子謂：「夫人說❽於行善，故序之於《詩》。」夫義動君子，利動小人。息君夫人不為利動矣。《詩》云：「德音莫違，及爾同死❾。」此之謂也。

【章旨】記敘息君夫人誓死守節。

【注釋】❶息 古國名，姬姓。在今河南息縣西南。春秋時為楚所滅。❷妻 動詞，娶為妻。❸要 總要；總是。❹須臾 片刻。❺身更貳醮 再次改嫁。❻穀則異室四句 見《詩經・王風・大車》。穀，生；活著。異室，分離不同居一室。穴，墓穴。皦日，白日。皦，同「皎」。光明。❼禮 喪禮。❽說 同「悅」。高興；喜歡。❾德音莫違二句 見《詩經・邶風・谷風》。德音，美德。及，和；與。

【語譯】息君夫人，是息國國君的夫人。楚國征伐息國，大破息國都城，俘虜了息君，讓他去看守城門；楚王準備娶息君夫人為妻，納入後宮。有一天，楚王外出遊玩。息君夫人從後宮出來見息君，對他說：「人生總有一死罷了，何必讓自己吃苦？我沒有片刻忘記您，終身再也不會改嫁。與其破國亡家地活在地上，還不如死後同歸於地下呢！」於是作詩說：「活著不能同室住，死後同葬一墳墓。要說我話不誠實，太陽作證明如晝。」息君勸止她，她不聽，還是自殺了。息君接著也自殺，與夫人在同一天死去。楚王認為夫人賢德，守節有義，便按照諸侯的葬禮規格，將夫人與息君合葬在一個墳墓裡。君子說：「夫人樂於行善，因此將她的詩編入《詩經》。」仁義動君子之心，私利動小人之心。息君夫人是不為私利動心的。《詩經》上說：「美德善行別忘記，和你至死不分離。」說的就是這種情況。

頌曰：「楚虜息君，納其適妃❶。夫人持固，彌久不衰。作詩同穴，思故忘新。遂死不顧，列於貞賢。」

【章　旨】總結全文，歌頌息君夫人能守節全義。

【注　釋】❶適妃　正妃。適，同「嫡」。

【語　譯】頌贊說：「楚虜息君凱旋歸，又想佔有其嫡妃。息君夫人愛心固，天長地久不衰微。作詩明志同穴死，思故忘新心不違。誓死守節有仁義，列入貞賢垂範儀。」

八、齊杞梁妻

齊杞梁殖❶之妻也。莊公❷襲莒❸，殖戰而死。莊公歸，遇其妻，使使者弔之於路。杞梁妻曰：「今❹殖有罪，君何辱命❺焉？若令殖免於罪，則賤妾有先人之弊❻廬在，下妾不得與郊弔❼。」於是莊公乃還車詣❽其室，成禮然後去。

杞梁之妻無子，內外❾皆無五屬❿之親。既無所歸⓫，乃就⓬其夫之尸於城下而哭之⓭。內誠⓮動人，道路過者，莫不為之揮涕，十日⓯而城為之崩。既葬，曰：「吾何歸矣？夫婦人必有所倚⓰者也：父在，則倚父；夫在，則倚夫；子在，則倚子。今吾上則無父，中則無夫，下則無子。內無所依，以見⑰吾誠；外無所倚，以立吾節。吾豈能更二哉？亦死而已。」遂赴淄水⑱而死。君子謂：「杞梁之妻貞而知禮。」《詩》云：「我心傷悲，聊與子同歸⑲。」此之謂也。

【章旨】記敘齊杞梁妻赴水死節。

【注釋】❶杞梁殖　春秋時齊國大夫。名殖，字梁。❷莊公　齊莊公，春秋時齊國國君。姜姓，名光。❸莒　古國名，己姓。建都計斤，春秋時遷都於莒（今山東莒縣），戰國時為楚所滅。❹今　若。❺辱命　承蒙恩寵。❻弊　破敗。❼不得與郊弔　不贊同郊弔。古代喪禮有嚴格等級。《禮記・檀弓上》云：「伯高死於衛，赴（告）於孔子。孔子曰：『吾惡乎哭諸？兄弟，吾哭諸廟（祖廟）；父之友，吾哭諸廟門之外；師，吾哭諸寢（正寢之室）；朋友，吾哭諸寢門之外；所知（熟識的人），吾哭諸野（郊野）。於野則已疏，於寢則已重。』」此謂分別尊卑、親疏、輕重，郊野為賤為輕，祖廟、正寢為尊為重。杞梁殖為大夫，弔於正寢才合喪禮規定。與，心許；贊同。郊弔，在郊外弔唁。❽詣　到。❾內外　婦女以夫家為內，以母家為外。❿五屬　五服內的親屬。古代喪服，由重至輕，分別有斬衰、齊衰、大功、小功、緦麻五等，適用於死者親疏遠近不等的各種親屬，稱為五服。⓫歸　歸依；歸屬。⓬就　原誤作「枕」，據《文選・卷一七・洞簫賦》注引校改。⓭之　原脫，據《洞簫賦》注引校補。⓮誠　誠。⓯十日　《太平御覽・卷四八七・人事部・一百二十八》、《藝文類聚・居處部・三》作「七日」。⓰倚　依賴；倚仗。⓱見　同「現」。⓲淄水　即淄河。源於今山東淄博南。⓳我心傷悲

二句　見《詩經・檜風・素冠》。聊，願意。子，你。指死去的丈夫。同歸，同死。

【語　譯】齊杞梁妻，是齊國人杞梁殖的妻子。齊莊公帶兵襲擊莒國，杞梁戰死於沙場。莊公在回師途中，碰上杞梁的妻子，便派使者在郊外路旁弔唁。杞梁的妻子說：「如果杞梁有罪，又何必承蒙大王的恩寵呢？假若杞梁能免罪，那麼我有祖先的破屋子在那裡，我不贊同郊弔。」於是莊公就返車，到杞梁家中在正寢之室弔唁，完成喪禮後才離開。

杞梁的妻子沒有兒子，夫家和娘家都沒有五服之內的親屬。丈夫死後她無所依託，就在城下靠著丈夫的屍體哭泣。她內心的真誠使人感動，路過那裡的人沒有不為她流淚的。她這樣哭了十天，把城牆都哭得崩塌了。她安葬丈夫後，說：「我到何處去安身呢？婦人一定要有所倚仗：父親在，就依仗父親；丈夫在，就依仗丈夫；兒子在，就倚仗兒子。現在我上代無父，同代無夫，下代無子。夫家無所依靠，來表現我對夫的忠誠；娘家無所依靠，來樹立我為人的節義。我難道還能再嫁嗎？看來唯有一死罷了。」於是她投淄水而死。君子說：「杞梁之妻貞順知禮。」《詩經》上說：「我的內心真悲傷，甘願與你同死亡。」說的就是這個意思。

頌曰：「杞梁戰死，其妻收喪❶。齊莊道弔，避不敢當。哭夫於城，城為之崩。自以無親，赴淄而薨❷。」

【章　旨】總結全文，歌頌齊杞梁妻有貞順知禮的美德。

【注釋】❶收喪　辦理喪事。❷薨　古代喪禮，尊卑有別。天子死曰崩，諸侯曰薨，丈夫曰卒，士曰不祿，庶人曰死。此稱「薨」，是作者對喪主的推重。

【語譯】頌贊說：「杞梁出征為國殤，他的妻子來收喪。莊王路弔不敢當，詣室成禮才榮光。痛哭丈夫於城下，十日之哭塌城牆。自覺無親無依靠，淄水長留姓氏香。」

九、楚平伯嬴

伯嬴者，秦穆公❶之女，楚平王❷之夫人，昭王❸之母也。當昭王時，楚與吳❹為伯莒❺之戰。吳勝楚，遂入至郢❻。昭王亡，吳王闔閭❼盡妻其後宮。次至伯嬴，伯嬴持刃曰：「妾聞，天子者，天下之表❽也；公侯者，一國之儀❾也。天子失制，則天下亂；諸侯失節，則其國危。夫婦之道，固人倫之始，王教之端。是以明王之制，使男女不親授，坐不同席，食不共器，殊椸枷，異巾櫛❿，所以施⓫之也。若諸侯外淫者，絕⓬；卿大夫外淫者，放⓭；士庶人外淫者，宮割⓮。夫然者，以為仁失可復以義，義失可復以禮，男女之喪⑮，亂亡興焉。夫造亂亡之端，公侯之所絕，天子之所誅也。今君王棄儀表之行，縱亂亡之欲，犯誅絕之事，何以行令訓民？且妾聞：生而辱，不若死而榮。若使君王棄其儀表，則無以臨⑯國，妾有淫端，則無以生世，壹舉而兩辱。妾以死守之，不敢承命。且凡所欲妾者，為樂⑰也，近妾而死，何樂之有？如先殺妾，又何益於君王？」於是吳王慚⑱，遂退，舍⑲伯嬴與其保阿，閉永巷之門，皆不釋兵⑳。三旬，秦救至，昭王乃復矣。君子謂：「伯嬴勇而精壹㉑。」《詩》曰：「莫莫葛藟，施于條枚。豈弟君子，求福不回㉒。」此之謂也。

【章旨】記敘楚平伯嬴持刃護身，冒死守節。

【注釋】❶秦穆公　梁端《校注》本：「『穆』字誤。伯莒之戰，在魯定公四年。穆公卒於文公六年，相去一百十六矣。」❷楚平王　春秋時楚國國君。熊氏，名棄疾。❸昭王　楚昭王，楚平王之子，名壬。❹吳　古國名，姬姓。都於吳（今江蘇蘇州）。戰國時為越國所滅。❺伯莒　或作「伯舉」、「柏舉」。在今湖北麻城東北。

❻郢　春秋時楚國國都。在今湖北江陵西北紀南城。❼闔閭　一作「闔廬」。春秋時吳國國君。姬姓，名光。❽表率。❾儀　法式。❿男女不親授五句　《禮記・曲禮上》：「男女不雜坐，不同椸枷，不同巾櫛，不親授。」椸枷，衣架。⓫施　通「移」。謂改變邪惡的心。⓬絕　滅絕。⓭放　流放。⓮宮割　宮刑，又稱「腐刑」。殘害生殖機能的刑罰。⓯喪　喪失禮法。⓰臨　治。⓱樂　淫樂。⓲慙　「慚」的異體字。⓳舍　動詞，釋放。⓴釋兵　放下武器。㉑精壹　精純專一。㉒莫莫葛藟四句　見《詩經・大雅・旱麓》。莫莫，茂密。葛藟，葛藤。藟，《毛詩》作「藟」。施，延蔓。條枚，枝幹。豈弟，亦作「愷悌」。聯綿詞，平易近人的意思。不回，不違。

【語譯】楚平伯嬴，是秦穆公的女兒，楚平王的夫人，楚昭王的母親。在昭王當政時，楚國與吳國在伯莒進行戰爭。吳國打敗楚國，攻破郢都。昭王逃亡，吳王闔閭將楚之後宮后妃全都強佔為妻妾。輪到伯嬴時，伯嬴手持利刃，對吳王說：「我聽說，天子，是天下人的表率；諸侯，是一國百姓的法式。天子失去自制，就會使天下大亂；諸侯失去節制，就會使國運危急。夫婦的關係，是人們倫常的起點，是王道教化的開端。因此聖明的君王制定禮儀，使男女不親自授受，坐，不同一席位，吃，不共一碗盃，衣架要分用，手巾梳子要區別，這是為了要改正邪惡的心思。要是諸侯在外有淫邪行為，就要遭到滅絕；卿大夫在外有淫邪行為，就要驅逐流放；士和庶人在外有淫邪行為，就要判處宮刑。這樣做，是因為失去仁可用義來修復，失去義可用禮來補救，等到男女有別的禮儀也喪失了，亂事就會發生。對這種製造亂亡事端的人，是應當受諸侯所滅絕、天子所誅殺的。現在大王拋棄可儀可表的品行，放縱亂亡的貪欲，觸犯誅絕的事由，又怎麼能夠行令訓民呢？再說我聽到這種道理：活著受辱，不如赴死來得到光榮。如果使大王拋棄儀表，就不能治理國家，如果使我有淫邪行為，就不能厚顏活在世上，一個舉動可讓我們兩人都蒙受恥辱。我要誓死守節，決不服從大王的命令。凡是想霸佔我的，不過是為了一時的淫樂，但只要一靠近我，就會被我刃死，又怎麼談得上快樂呢？如果先下手殺死我，那麼我的死對大王有什麼好處呢？」於是吳王感到慚愧，就退了下去，釋放了伯嬴和她的保母，關閉了嬪妃住的永巷大門，叫士兵手執武器保衛著。一個月後，秦發救兵來到，昭王恢復了王位。君子說：「伯嬴富有勇敢精神而心志精純專一。」《詩經》上說：「葛藟密密長枝條，蔓延纏繞在樹梢。平易近人好君子，不違節義把福招。」說的就是這個情況。

頌曰：「闔閭勝楚，入厥宮室。盡妻後宮，莫不戰慄。伯嬴自守，堅固❶專一。君子美之，以為有節❷。」

【章　旨】總結全文，歌頌楚平伯嬴堅固專一、誓死自守的節義。

【注　釋】❶堅固　謂操守堅定牢固。❷節　節義。

【語　譯】頌贊說：「吳王闔閭本性惡，入楚宮室填欲壑。後宮突變禍亂起，嬪妃佳麗盡受虐。伯嬴持刃來自守，堅固專一不示弱。君子讚美她節義，敢將性命來相搏。」

十、楚昭貞姜

貞姜者，齊侯之女，楚昭王❶之夫人也。王出遊，留夫人漸臺❷之上而去。王聞江水大至，使使者迎夫人，忘持其符❸，使者至，請夫人出。夫人曰：「王與宮人約：令召宮人，必以符。今使者不持符，妾不敢從使者行。」使者曰：「今水方大至，還而取符，則恐後❹矣。」夫人曰：「妾聞之，貞女之義不犯約❺，勇者不畏死，守一節而已。妾知從使者，必生；留，必死。然棄約越義而求生，不若留而死耳。」於是使者反❻取符，還❼，則水大至，臺崩，夫人流而死❽。王曰：「嗟夫！守義死節，不為苟生❾；處約❿持信，以成其貞。」乃號之曰貞姜。君子謂：「貞姜有婦節。」《詩》云：「淑人君子，其儀不忒⓫。」此之謂也。

【章旨】記敘楚昭貞姜不棄約越義。

【注　釋】❶楚昭王　楚平王之子，共王之孫，名熊軫。❷漸臺　《太平御覽・卷五九八・文部・十四》引注：「漸臺，水上之臺。」❸其符　符信。古代朝廷傳達命令或徵調兵將時用的憑證，用金、玉、銅、鐵、木製成，雙方各執一半，合之以驗真偽。其，衍字。❹後　落後；遲。❺約　誓約。❻反　原脫，據《太平御覽・卷五九八・文部・十四》校增。❼還　原脫，據《太平御覽》校增。❽流而死　謂被激流沖下而死。《太平御覽・卷六〇・地部・二十五》作「沈水而死」。❾苟生　苟且偷生。❿處約　守住盟約。⓫淑人君子二句　見《詩經・曹風・鳲鳩》。淑人，善人。儀，儀表。忒，偏差。

【語　譯】楚昭貞姜，是齊侯的女兒，楚昭王的夫人。有一次，昭王外出遊玩，將夫人暫留在漸臺上就離開了。隨著，昭王就聽說江水猛漲，便趕忙派使者去迎接夫人，但使者忘記帶上符信。使者趕到，就請夫人出臺。夫人說：「大王曾與宮人約定：凡有命令召集宮人，一定要有符信驗證。現在使者沒帶符信，我不敢相從而行。」使者說：「現在正漲大水，我回去取符，恐怕來不及了。」夫人說：「我聽說過，貞女的義行是不違犯誓約的，勇敢的人是不畏死的，無非是守節罷了。我很清楚，跟隨使者，就能活；留在臺上，就會死。然而與其棄約背義去求生，就不如選擇留下來赴死守義。」於是使者返回去取符，等他趕到，江水沖垮了漸臺，夫人已被激流淹沒而死了。昭王感嘆說：「唉！夫人守義死節，不願苟且偷生；守住盟約又能堅持信義，也就成為貞順的模範了。」便賜她貞姜的名號。君子說：「貞姜保有貞婦的高節。」《詩經》上說：「善人君子人人誇，他的言行不偏差。」說的就是這個意思。

頌曰：「楚昭出遊，留姜漸臺。江水大至，無符不來。夫人守節，流死不疑❶。君子序焉，上配❷伯姬。」

【章旨】總結全文，讚揚楚昭貞姜能守義死節。

【注釋】❶不疑　不遲疑。❷配　媲美。

【語譯】頌贊說：「楚昭出遊抒心懷，留下貞姜在漸臺。江水忽漲漫臺階，無符驗證不避災。棄約背義為苟活，從流而死志不摧。君子敘述她義舉，可與伯姬媲美來。」

十一、楚白貞姬

貞姬者，楚白公勝❶之妻也。白公死，其妻紡績不嫁。吳王聞其美且有行❷，使大夫持金百鎰、白璧一雙以聘焉，以輜軿三十乘迎之，將以為夫人。

大夫致幣❸。白妻辭之曰：「白公生之時，妾幸得充後宮❹，執箕帚❺，掌衣履，拂枕席，託為妃匹。白公不幸而死，妾願守其墳墓，以終天年。今王賜金璧之聘、夫人之位，非愚妾之所聞也。且夫棄義從欲❻者，汙❼也；見利忘死者，貪也。夫貪汙之人，王何以為哉？妾聞之，忠臣不借人以力，貞女不假人以色❽，豈獨事生❾若此哉？於死者亦然。妾既不仁，不能從死，今又去而嫁，不亦太甚乎？」遂辭聘而不行。吳王賢其守節有義，號曰楚貞姬❿。君子謂：「貞姬廉潔而誠信。」夫任重而道遠，仁以為己任，不亦重乎？死而後已，不亦遠乎？《詩》云：「彼美孟姜，德音不忘⓫。」此之謂也。

【章旨】記敘楚白貞姬辭聘不嫁。

【注釋】❶白公勝　即王孫勝。名勝，號白公，楚平王太子建之子。春秋時楚國大夫。❷行　德行。❸幣　禮物。此指金與白璧。❹後宮　古時妃嬪所居的宮室。❺執箕帚　拿著箕、帚等打掃工具。是說做婢妾的事，謙詞。❻從欲　縱欲。從，同「縱」。❼汙　汙濁；汙穢。❽色　色相。❾生　謂活在世上的人。❿楚貞姬　原作「貞姬楚」，誤倒其文，據《藝文類聚・人部・二》改。⓫彼美孟姜二句　見《詩經・鄭風・有女同車》。孟姜，姜姓長女。德音，品德美好。

【語譯】楚白貞姬，是楚國大夫白公勝的妻子。白公死後，他的妻子紡績為業，再不嫁人。吳王聽說她容貌美麗而且品行又好，便派大夫帶著百鎰黃金、一雙白璧來聘娶她，用三十乘輜軿車來迎接她，準備立為夫人。

大夫送上聘禮。白公的妻子辭謝說：「白公在世時，我幸運地充選入後宮，拿著箕帚，掌管衣鞋，拂拭枕席，做些婢妾的事，託身成為他的配偶。現在白公不幸去世，我甘願守著他的墳墓，活到老年。大王如今賜給我金璧的聘禮、夫人的尊位，那不是我能聽命的。再說棄義而縱欲，是汙濁的作為；見利而忘死，是貪婪的表現。像這樣貪婪汙濁的人，大王娶她做什麼呢？我還聽說，忠臣不靠權力去獲得別人的推重，貞女不靠美色去獲得別人的歡悅，難道只是對待活在世上的人才這樣做嗎？對待死去的人也同樣是如此的。我已是不仁不義，因我不能跟隨白公於地下，現在又離家去改嫁，不是做得太過分了嗎？」於是她辭退聘禮，不再改嫁。吳王稱讚她守節有義的賢德，號為楚貞姬。君子說：「貞姬辭聘而廉潔，守節而誠信。」負重致遠，把推行仁義作為自己的責任，那責任不是很重大嗎？堅守仁義直到死而後已，那意義不是很深遠嗎？《詩經》上說：「那位美麗的大姑娘，品德美好不能忘。」說的就是這種情況。

頌曰：「白公之妻，守寡紡績。吳王美之，聘以金璧。妻操固行，雖死不易。君子大❶之，美其嘉績❷。」

【章旨】總結全文，歌頌楚白貞姬廉潔而誠信的美德。

【注釋】❶大　動詞。尊敬；看重。❷績　功業；勞績。

【語譯】頌贊說：「楚國白公有賢妻，守寡紡績自矜持。吳王慕她美和賢，想用金璧行聘禮。白妻廉潔又誠信，誓死守節志不移。君子尊重她美德，貞順功德可為師。」

十二、衛宗二順

衛宗二順❶者，衛宗室靈王❷之夫人及其傅妾❸也。秦滅衛君角❹，封靈王世家，使奉其祀。靈王死，夫人無子而守寡。傅妾有子。傅妾事夫人，八年不衰❺，供養愈謹❻。夫人謂傅妾曰：「孺子❼養我甚謹。子奉祭❽祀，而妾事我，我不聊❾也。且吾聞主君之母，不妾事人。今我無子，於禮，斥絀之人❿也，而得留以盡其節，是我幸也。今又煩孺子不改故節，我甚內慚。吾願出居外⓫，以時相見，我甚便⓬之。」傅妾泣而對曰：「夫人欲使靈氏⓭受三不祥耶？公⓮不幸早終，是一不祥也；夫人無子，而婢妾有子，是二不祥也；夫人欲出居外，使婢子居內⓯，是三不祥也。妾聞忠臣事君，無怠倦時，孝子養親，患無日也。妾豈敢以小貴之故變妾之節哉？供養，固妾之職也，夫人又何勤⑯乎？」夫人曰：「無子之人，而辱主君⑰之母，雖子欲爾⑱，眾人謂我不知禮也。吾終願居外而已。」傅妾退而謂其子曰：「吾聞君子處順，奉上下之儀，修先古之禮，此順道也。今夫人難⑲我，將欲居外，使我居內，此逆⑳也。處逆而生，豈若守順而死哉！」遂欲自殺，其子泣而止㉑之，不聽。夫人聞之，懼，遂許傅妾留，終年供養不衰。君子曰：「二女相讓㉒，亦誠君子。可謂行成於內㉓，而名立於後世矣。」《詩》云：「我心匪石，不可轉也㉔。」此之謂也。

【章旨】記敘衛宗二順行成於內。

【注釋】❶二順　兩位順從禮義的婦女。順，善從。❷靈王　王照圓《補注》云：「六國時衛無稱王者。此靈王不知何人也。」❸傅妾　近侍之妾。❹衛君角　衛國國君。原脫「角」字，據《太平御覽・卷四二二・人事部・六十三》校補。《史記・衛世家》：君角九年，秦併天下；二十一年二世廢君角為庶人，衛祀絕。❺衰衰減。❻謹　謹慎小心。❼孺子　婦官之貴者，此指傅妾。❽祭　原脫，據《太平御覽・卷四二二・人事部・六十三》校補。❾不聊　蕭道管《集注》本：「『聊』者，姑且之意。『不聊』者，不能姑且安之也。」❿斥絀之人　謂應被休棄之人。絀，同「黜」。⓫居外　謂住在娘家。⓬便　安適；適宜。⓭靈氏　王照圓《補注》引郝懿行曰：「恐『靈王』即『靈氏』之誤耳。」⓮公　原脫，據《太平御覽・卷四二二・人事部・六十三》校補。⓯居內　住在夫家。⓰勤　勞。⓱主君　對國君的稱呼。此指傅妾之子，因繼靈王之位，而成為主君。⓲爾　如此。⓳難　王照圓《補注》云：「難，猶煩苦也。言夫人以我供養為難也。」⓴逆　與「順」相對。倒；反。㉑止　原誤作「守」，據《太平御覽・卷四二二・人事部・六十三》校改。㉒讓　推讓。㉓內　家內。㉔我心匪石二句　見《詩經・邶風・柏舟》。

【語譯】衛宗二順，是衛國宗室靈王的夫人和傅妾。秦國滅了衛國，廢去衛君角，封靈王宗族繼位，以奉事衛國的祭祀。靈王死後，夫人沒生兒子而守寡。傅妾卻生有兒子。傅妾侍奉夫人，歷時八年從不衰歇，而且愈來愈謹小慎微。有一天，夫人對傅妾說：「你侍奉我很謹慎。你兒子接續衛國宗祀，但是你還是以侍妾的身分和禮節來侍奉我，我於心很不安。再說我聽說國君的母親，不能像侍妾那樣侍奉別人。我沒生男孩子，按照禮的『七出』之條，我是應當被休出去的人，我能留下來守節，已是很幸運了。現在又偏勞你不改以前的禮節，我內心深為慚愧。我願意搬到娘家去住，按時見面，那樣我會感到安心的。」傅妾流淚回答：「夫人難道要讓靈氏遭受三種不祥嗎？主公不幸早死，是一不祥；夫人沒生兒子，我偏生有兒子，是二不祥；夫人要搬到娘家，而使我偏留在夫家，是三不祥。我聽說忠臣事君盡忠，是沒有懈怠的時刻，孝子養親盡孝，是擔心時日太少。我難道敢以小貴來改變我的人節嗎？供養夫人，本來是我的職責，夫人又何必去操勞呢？」夫人說：「一個沒生育兒子的人，卻要偏勞國君的母親，即使你願意這樣做，別人也會譏諷我不知禮儀。我還是希望搬到娘家去住。」傅妾回去對兒子說：「我聽說君子處在教化和順的時候，遵守上下尊卑的順序，服從古代先王的禮法，這就是順道。現在夫人因我侍奉而感到為難，打算外遷娘家，讓我住在家裡，這是違反順道的。與其違反順道而活，就不如遵循順道而死呢！」於是她準備自殺，她兒子哭著勸止她，她根本不聽。夫人聽到這件事，害怕她自殺，便答應留在家裡，傅妾仍然是終年供養不衰。君子說：「二女相互推讓，是至誠的君子。可以說是德行成就於內室，美名樹立於後世了。」《詩經》上說：「我心不是塊石頭，不能隨意轉過來。」說的就是這種情況。

頌曰：「衛宗二順，執行咸固。妾子雖代❶，供養如故。夫人慚辭❷，請求出舍。終不肯聽，禮甚有度。」

【章　旨】總結全文，歌頌衛宗二順能相讓知禮。

【注　釋】❶代　替代。謂繼為國君。❷慚辭　謂慚愧辭謝。

【語　譯】頌贊說：「衛宗二順有法度，順從禮儀心永固。兒子雖然為國君，供養夫人一如故。夫人慚愧心不安，請求外遷娘家住。傅妾不從循順道，貞順美名世所慕。」

十三、魯寡陶嬰

陶嬰者，魯陶門之女也。少寡，養幼孤，無強❶昆弟，紡績為產。

魯人或聞其義，將求❷焉。

嬰聞之，恐不得免，作歌明己之不更二也。其歌曰：「悲❸黃鵠❹之早寡兮，七年不雙。宛❺頸獨宿兮，不與眾同。夜半悲鳴兮，想其故雄。天命早寡兮，獨宿何傷？寡婦念此兮，泣下數行。嗚呼悲❻兮，死者不可忘。飛鳥尚然兮，況於貞良。雖有賢雄兮，終不重行！」魯人聞之曰：「斯女不可得已。」遂不敢復求。嬰寡終身不改。君子謂：「陶嬰貞壹而思❼。」《詩》云：「心之憂兮，我歌且謠❽。」此之謂也。

【章　旨】記敘魯寡陶嬰少寡養孤。

【注　釋】❶強　壯。❷求　求婚。❸悲　原缺，據《太平御覽・卷四四一・人事部・八十二》校增。❹黃鵠　鳥名，即天鵝。❺宛　原誤作「鵷」，據《太平御覽・卷四四一・人事部・八十二》校改。❻悲　原誤作「哉」，據《太平御覽・卷四四一・人事部・八十二》校改。❼思　睿。諡法曰：「道德純一曰思。」❽心之憂兮二句見《詩經・魏風・園有桃》。我歌且謠，此指歌唱。有樂調配唱的為歌，沒有樂調配唱的為謠。

【語　譯】魯寡陶嬰，是魯國陶氏的女兒。她年輕喪夫守寡，撫養幼小的孤兒，沒有壯健的兄弟照顧她，便靠紡麻績線過活。魯國有些人聽說她的義行，準備向她求婚。

陶嬰知道這件事，擔心不能脫身，便主動作歌來表明自己不再改嫁的決心。她的歌是這樣寫的：「悲嘆黃鵠失雄早寡啊，七年不雙。宛頸獨宿不同眾啊，我獨悽惶。夜半悲鳴想故雄啊，故雄早喪。上天命定要早寡啊，怎不悲傷？寡婦念此處境啊，淚下數行。嗚呼悲嘆又悲嘆啊，死者難忘。飛鳥尚且有情性啊，何況人中之貞良。即使有賢雄的對偶啊，終不改守節志向！」魯國人聽歌後說：「這個婦女是不能強求的。」於是人們不敢再向她求婚。魯寡陶嬰也終身沒有改嫁。君子說：「陶嬰忠貞一意而有睿智。」《詩經》上說：「喪夫少寡心憂傷，我歌且謠唱悽惶。」說的就是這個意思。

頌曰：「陶嬰少寡，紡績養子。或欲取❶焉，乃自修理❷。作歌自明，求者乃止。君子稱揚，以為女紀。」

【章　旨】總結全文，歌頌魯寡陶嬰終身不改的節操。

【注　釋】❶取　同「娶」。❷修理　修養。

【語譯】頌贊說：「陶嬰守寡正年輕，紡績養孤苦經營。有人想娶她為妻，她自修養來守貞。作歌明志不改嫁，人們方知求不成。君子稱揚她美德，婦女紀綱有定評。」

十四、梁寡高行

高行者，梁❶之寡婦也。其為人榮於色而美於行。夫死，早寡不嫁。梁貴人❷多爭欲取❸之者，不能得。梁王聞之，使相聘焉。高行曰：「妾夫不幸早死，先狗馬填溝壑❹，妾宜以身薦其棺槨❺。守養其幼孤，曾不得專意❻，貴人多求妾者，幸而得免。今王又重之。妾聞，婦人之義，一往而不改，以全貞信之節。今❼忘死而趨生，是不信也；見❽貴而忘賤，是不貞也。棄義而從利，無以為人！」乃援❾鏡持刀，以割其鼻，曰：「妾已刑矣！所以不死者，不忍幼弱之重孤也。王之求妾者，以其色也，今刑餘之人，殆可釋矣！」於是相以報王，大其義，高其行，乃復其身❿，尊其號曰「高行」。君子謂：「高行節禮專精。」《詩》云：

「謂予不信，有如皦日⑪。」此之謂也。

【章　旨】記敘梁寡高行毀容守節。

【注　釋】❶梁　古國名，嬴姓。在今陝西韓城南。戰國時為秦所滅。❷貴人　指貴族。❸取　同「娶」。❹先狗馬填溝壑　《文選・卷三八・為范始興作求立太宰碑表》注引虞貞節曰：「人受命於天而命長，犬馬受命於天而命短，妾之夫反先犬馬死矣。」此謂命短早死。❺宜以身薦其棺槨　此七字原脫，據《太平御覽・卷四四一・人事部・八十二》校補。此謂從夫於地下。薦，藉；墊。棺槨，棺材。槨，棺外的套棺。❻專意　謂專心致意從夫。❼今　原誤作「念」，據《太平御覽・卷四四一・人事部・八十二》校改。❽見　原脫，據《太平御覽・卷四四一・人事部・八十二》校補。❾援　牽引。引申為拿。❿復其身　謂免除其終身的賦稅徭役。⑪謂予不信二句　見《詩經・王風・大車》。

【語　譯】梁寡高行，是春秋時梁國的一個寡婦。她為人容顏美好，品德高尚。她丈夫死後，年輕守寡，不再改嫁。在梁國貴族中有不少人爭著要娶她，但都達不到目的。梁王聽說這件事，便派出國相去向她行聘。高行說：「我丈夫不幸短命早死，葬身溝壑，照理我應當從夫於地下。現在活下來只是為了養育幼小的孤兒，這已不能算是對丈夫專心盡意了。國內有不少貴人向我求婚，幸好我都想辦法避免了許多麻煩。想不到大王現在又來行聘。我聽說做婦人的道理，一旦嫁了出去就不能改嫁，以便保全貞和信的節操。如果忘死而苟活，就是不信；見貴而忘賤，就是不貞；棄仁義而屈從私利，那就不能做人了！」於是她照著鏡子，拿刀割掉自己的鼻子，說：「我已是自刑毀容了！我所以不去死，是不忍心讓孤兒再受孤苦。大王向我求婚，無非是喜歡我的美貌，現在我是已受過刑身的人，大概可以釋放我了吧！」於是國相將這個情況向梁王稟報，梁王很尊重她的節義，很推崇她的品行，便免除她終身的賦稅與徭役，賜她「高行」的稱號。君子說：「高行守節行禮，專一精純。」《詩經》上說：「要說我話不誠實，太陽作證明如晝。」說的就是這個情況。

頌曰：「高行處梁，貞專精純。不貪行貴，務在一信。不受梁聘，劓❶鼻刑身。君子高之，顯示後人。」

【章旨】總結全文，歌頌梁寡高行能全貞信之節。

【注釋】❶劓　割鼻子。

【語譯】頌贊說：「梁國寡婦號高行，品德貞專又精純。不貪榮華與富貴，只將貞信來遵循。不受梁王之聘禮，自割鼻子自刑身。君子讚揚她高義，樹立典範示後人。」

十五、陳寡孝婦

孝婦者，陳❶之少寡婦也。年十六而嫁，未有子。其夫當行戍❷。

夫且行時，囑孝婦曰：「我生死未可知。幸有老母，無他兄弟，備❸吾不還，汝肯養吾母乎？」婦應曰：「諾。」

夫果死不還。婦養姑不衰，慈愛❹愈固；紡績以為家業，終無嫁意。居喪三年❺，其父母哀其年少無子而早寡也，將取而嫁之。孝婦曰：「妾聞之，信者人之幹也，義者行之節也。妾幸得離襁褓❻，受嚴命❼而事夫，夫且行時，屬❽妾以其老母，既許諾之。夫受人之託，豈可棄哉？棄託不信，背死不義，不可也。」母曰：「吾憐汝少年早寡也！」孝婦曰：「妾聞寧載❾於義而死，不載於地❿而生。且夫養人老母而不能卒，許人以諾而不能信，將何以立於世？夫為人婦，固養其舅姑者也。夫不幸先死，不得盡為人子之禮，今又使妾去之，莫⓫養老母，是明夫之不肖而著⓬妾之不孝。不孝不信且無義，何以生哉？」因欲自殺。其父母懼而不敢嫁也，遂使養其姑二十八年。姑年八十四，壽；乃盡賣其田宅以葬之⓭，終奉祭祀。淮陽太守⓮以聞⓯，漢孝文皇帝⓰高其義，貴其信，美其行，使使者賜之黃金四十斤，復之終身，號曰「孝婦」。君子謂：「孝婦備於婦道。」《詩》云：「匪直也人，秉心塞淵⓱。」此之謂也。

【章　旨】記敘陳寡孝婦喪夫守寡，養姑不衰。

【注　釋】❶陳　古縣名。春秋陳國，秦置縣，漢屬淮陽國，在今河南淮陽。❷戍　戍邊。❸備　一本作「借」，假設。❹慈愛　連文同義，愛的意思。❺居喪三年　即斬衰，最重的喪服。❻襁褓　指幼兒時期。襁，用以兜負的布幅。褓，小兒的被。❼嚴命　父命。❽屬　同「囑」。囑咐。❾載　成。❿地　梁端《校注》本：「『地』字疑誤。」⓫莫　不。⓬著　顯露。⓭姑年八十四三句　原作「姑死葬之」，據《太平御覽・卷四一五・人事部・五十六》校補十二個字。壽，動詞，壽終。⓮太守　秦、漢時郡的行政長官稱「守」，後將郡守改稱「太守」。梁端《校注》本：「(漢)文帝十年，梁孝文自淮陽遷梁。文帝淮陽置太守，當在此後。」⓯以聞　以此上奏朝廷。⓰漢孝文皇帝　即西漢漢文帝劉恆。⓱匪直也人二句　見《詩經・鄘風・定之方中》。匪，彼。直，正直。秉心，用心。塞，充實。淵，深遠。

【語　譯】陳寡孝婦，是西漢陳縣的一個年輕寡婦。她十六歲就出嫁，還沒有生孩子，丈夫就服役戍邊去了。丈夫臨走前就囑咐她：「我此去生死未卜。家中幸有老母，並無其他兄弟，假設我不能回來，你願意奉養我老母嗎？」孝婦回答：「願意。」

　　丈夫果然死於戍邊，沒有回來。孝婦奉養婆婆從未怠慢過，對婆婆的愛心也愈來愈牢固；她以紡線績麻作為家業，始終不生改嫁的心思。服夫喪三年，她父母憐惜她年輕早寡又沒孩子，想將她接回來改嫁別人。孝婦說：「我聽說過，誠信是做人的根本，仁義是德行的規範。我有幸一離開襁褓，就接受父命去侍奉丈夫，丈夫戍邊臨走時，又將婆婆託付給我，我已作了承諾。受別人的託付，難道可以拋棄嗎？拋棄別人的託付就是不信，違背死者的承諾就是不義，我是不能去改嫁的。」母親又勸她：「我不過同情你年輕早寡呀！」孝婦說：「我聽說一個人寧願成就仁義去死，也不違背仁義去活。再說奉養別人的老母，不能善始善終，答應別人的諾言，不能盡心竭力，要憑什麼立足於世上呢？作為媳婦，本來就要侍奉公公婆婆的，丈夫不幸先我而死，不能盡行人子的禮儀，現在要我離開，不再侍奉婆婆，這是在表明做兒子的不肖，而顯露做媳婦的不孝啊！我既然不孝、不信，又不義，有什麼面目活下去呢？」於是她準備自殺，她父母害怕，再不敢逼她改嫁了，便讓她侍奉婆婆達二十八年之久。婆婆活到八十四歲，她就賣掉田宅來安葬婆婆，終身祭祀。淮陽太守將此事上奏朝廷，西漢孝文皇帝推崇她的仁義，敬重她的誠信，讚美她的品行，便派使者賜給她四十斤黃金，免除她終身的賦稅與徭役，並賜她「孝婦」的稱號。君子說：「孝婦完善地盡了婦道。」《詩經》上說：「那是一個正直人，用心深遠又真誠。」說的就是這種情況。

頌曰：「孝婦處陳，夫死無子。母將嫁之，終不聽母。專心養姑，一醮不改。聖王❶嘉之，號曰孝婦。」

【章　旨】總結全文，歌頌陳寡孝婦守信、行義、立孝的品德。

【注　釋】❶聖王　當作「聖主」，指漢文帝劉恒。

【語　譯】頌贊說：「陳縣有個大孝婦，夫死養姑受囑咐。母親想讓她改嫁，誓不改嫁志永固。專心奉養她婆婆，從一而終信義著。聖主嘉獎號孝婦，美名永載貞順譜。」

卷五　節義傳

【說　明】〈節義傳〉是《列女傳》分類傳題之五。在這一分類傳題下，共列有十五個分傳，依次是：一、〈魯孝義保〉，二、〈楚成鄭瞀〉，三、〈晉圉懷嬴〉，四、〈楚昭越姬〉，五、〈蓋將之妻〉，六、〈魯義姑姊〉，七、〈代趙夫人〉，八、〈齊義繼母〉，九、〈魯秋潔婦〉，十、〈周主忠妾〉，十一、〈魏節乳母〉，十二、〈梁節姑姊〉，十三、〈珠崖二義〉，十四、〈郃陽友娣〉，十五、〈京師節女〉等。

〈節義傳〉中的傳主，包括從春秋戰國到西漢時期的婦女，其中有妃、姬、夫人、妻、妾，還有保母、乳母、繼母、姑姊、娣妹等等。

節義，固守貞節，篤行仁義，是中國婦女的美德。她們慕節好義，道德完備；她們堅貞專一，不違心志；她們誠信然諾，終不背義；她們赴湯蹈火，節烈無比；她們殺身成仁，捨生取義。如楚成鄭瞀的捨命不渝，楚昭越姬的執禮死節，魯義姑姊的棄子救姪，代趙夫人的不歸不怨，齊義繼母的公正知禮，魯秋潔婦的投河明義，周主忠妾的忠全其主，京師節女的全孝全義等。這些婦女從各個不同的方面，共同對節義作了無私無畏、大智大勇的實踐，表現出不同凡響的高風亮節，成為中國婦女節義的典型。

一、魯孝義保

孝義保者，魯孝公❶稱之保母，臧氏之寡也。初，孝公父武公❷與其二子長子括、中子戲，朝周宣王❸。宣王立戲為魯太子❹。武公薨，戲立，是為懿公。

孝公時號公子稱，最少。義保與其子俱入宮，養公子稱。括之子伯御❺與魯人作亂，攻殺懿公而自立，求❻公子稱於宮，將殺之。義保聞伯御將殺稱，乃衣❼其子以稱之衣，臥於稱之處，伯御殺之。義保遂抱稱以出，遇稱舅魯大夫於外。舅問：「稱死乎？」義保曰：「不死。在此！」舅曰：「何以得免？」義保曰：「以吾子代之。」義保遂以逃。十一年❽，魯大夫皆知稱之在保，於是請周天子❾殺伯御，立稱，是為孝公。魯人高之❿。《論語》曰：「可以託六尺之孤⓫。」其義保之謂也。

【章　旨】記敘魯孝義保為保孝公，易以其子。

【注　釋】❶魯孝公　西周時魯國國君。姬姓，名稱，魯武公之子，懿公之弟。❷武公　即魯武公，西周時魯國國君。姬姓，名敖，伯禽之玄孫，獻公之子。❸周宣王　西周國王。姬姓，名靖。❹宣王立戲為魯太子　見《國語・周語上》、《史記・魯周公世家》。按封建宗法社會的規矩，立長不立少，即應立長子括不立中子戲，以下事上，少事長，所以為順。反之，則為逆。❺括之子伯御　《史記・魯周公世家》亦作「括之子伯御」。但《國語・周語上》韋昭注云：「括，武公長子伯御也。」❻求　尋求。❼衣　動詞，穿。❽十一年　謂伯御即位十一年。❾周天子　即周宣王。❿高之　以之為高。⓫可以託六尺之孤　見《論語・泰伯》之「曾子曰」。託，託付。六尺之孤，謂幼小的孤兒。古代尺短，六尺約合今之市尺四尺一寸四分。

【語　譯】魯孝義保，是魯孝公稱的保母，臧氏的寡母。起初，孝公的父親魯武公，和他的二個兒子老大括、老二戲，西朝周宣王。周宣王立老二戲為魯國太子。武公死後，戲即位為國君，這就是魯懿公。

孝公在當時號公子稱，年紀最小。義保攜帶自己的兒子進入宮內，負責照顧公子稱的日常生活。括的兒子伯御暗結魯人作亂，攻殺懿公，自立為魯君，又在宮內到處搜求公子稱，準備殺死他。義保聽到伯御將要殺稱的消息，便讓自己的兒子穿上公子稱的衣服，躺臥在公子稱的臥室，於是兒子被伯御殺死了。義保就抱著公子稱跑出宮來，在宮外碰巧遇上公子稱的舅父魯大夫。舅父問：「稱被殺死了嗎？」義保說：「沒有死，就在我懷抱裡！」舅父又問：「是怎樣脫險的呢？」義保回答：「我讓兒子作了公子的替身。」義保就帶著公子稱逃亡。伯御即位十一年，魯大夫得知公子稱在義保那裡，於是他們請求周宣王殺了伯御，立公子稱為魯君，這就是魯孝公。魯人都推崇義保的高尚節義。《論語》上說：「可以託六尺之孤兒。」說的就是義保這樣的人。

頌曰：「伯御作亂，由魯宮起。孝公乳保，臧氏之母。逃匿❶孝公，易以其子。保母若斯，亦誠足恃❷。」

【章　旨】總結全文，歌頌魯孝義保的高尚節義。

【注　釋】❶匿　隱藏。❷恃　依靠。

【語　譯】頌贊說：「伯御作亂自魯宮，為奪王位殺懿公。孝公有個好保母，臧氏寡母最盡忠。逃匿孝公免殺害，以子代死甚從容。保母像她真可靠，永垂亮節與高風。」

二、楚成鄭瞀

鄭瞀❶者，鄭女之嬴媵❷，楚成王❸之夫人也。初，成王登臺臨後宮，宮人皆傾觀❹。子瞀直行不顧❺，徐步❻不變。王曰：「行者，顧！」子瞀不顧。王曰：「顧！吾以女為夫人。」子瞀復不顧。王曰：「顧！吾又與女千金而封若父兄。」子瞀遂行不顧。於是王下臺而問曰：「夫人，重位也；封爵，厚祿也。壹顧可以得之，而遂不顧，何也？」子瞀曰：「妾聞婦人以端正和顏為容❼。今者大王在臺上，而妾顧，則是失儀節也。不顧，告以夫人之尊，示以封爵之重而後顧，則是妾貪貴樂利，以忘義理也。苟❽忘義理，何以事王？」王曰：「善。」遂立以為夫人。

【章　旨】記敘楚成鄭瞀不貪貴樂利而忘事理。

【注　釋】❶鄭瞀　鄭之子瞀。一作「楚成鄭子瞀者」。鄭，古國名，姬姓。都新鄭（今河南新鄭），戰國時為韓所滅。❷鄭女之嬴媵　此謂秦人嫁嬴姓女於楚，而鄭國以子瞀媵之。《公羊傳．莊公十九年》：「諸侯娶一國，則兩國往媵之。」據禮，一國國君之女嫁與另一國君，他國送女陪嫁。媵，遣女陪嫁。❸楚成王　春秋時楚國國君，楚文王之子熊頵。❹傾觀　《渚宮舊事》作「仰視」。❺顧　看。❻徐步　緩慢行走。❼容　儀容。❽苟　如果。

【語　譯】楚成鄭瞀，是隨從秦國嬴姓之女嫁於楚國的媵妾，楚成王的夫人。起初，楚成王登臺俯視後宮，宮人都仰頭望著他。子瞀卻一直緩慢前行，沒有瞧一下成王。成王說：「那個獨自向前走的人，看看我！」子瞀依舊不看他。成王說：「看著我！我將封你為夫人。」子瞀還是不瞧他。成王最後說：「看著我！我賜你千金，還用爵位封你父兄。」子瞀最後還是正眼也不瞧一下。於是成王就走下臺去問她：「夫人的地位尊貴，封爵的俸祿豐厚。你只要看我一眼，就可以得到這些東西，你卻不看我一眼，這是什麼道理呢？」子瞀回答說：「我聽說過，婦人應當以端正和顏作為儀表。剛才大王站在臺上，如果我在臺下仰視您，就未免輕薄有失禮儀。不仰視您，您又以夫人的尊位、封爵的重賞為條件，要我屈從您，如果我屈從，那就是我貪圖富貴、喜好私利，而將做人的義理忘掉了。如果忘掉了義理，我又憑什麼去侍奉大王呢？」成王說：「你說的道理很對。」於是就立子瞀為夫人。

處期年，王將立公子商臣❶以為太子，王問之於令尹子上。子上曰：「君之齒未❷也，而又多寵子❸，既置而黜之，必為亂矣❹。且其人蜂目而豺聲，忍人❺也，不可立也。」王退而問於夫人。子瞀曰：「令尹之言信，可從也。」王不聽，遂立之。其後商臣以子上救蔡之事，譖子上而殺之。子瞀謂其保曰：「吾聞婦人之事，在於饋食之間而已。雖然，心之所見，吾不能藏。夫昔者子上言太子之不可立也，太子怨之，譖而殺之。王不明察，遂辜無罪❻，是白黑顛倒、上下錯謬也。王多寵子，皆欲得國，太子貪忍，恐失其所，王又不明，無以照❼之，庶嫡分爭，禍必興焉。」

後，王又欲立公子職❽。職，商臣庶弟❾也。子瞀退而與其保言曰：「吾聞信不見疑❿。今者王必將以職易太子，吾懼禍亂之作也，而言之於王，王不吾應，其以太子為非吾子，疑吾譖之者乎？夫見疑而生，眾人孰知其不然？與其無義而生，不如死以明之。且王聞吾死，必寤⓫太子之不可釋也。」遂自殺。保母以其言通於王。是時，太子知王之欲廢之也，遂與師作亂，圍王宮。王請食熊蹯⓬而死，不可得也，遂自經。君子曰：「非至仁⓭，孰能以身誡⓮？」《詩》曰：「舍命不渝⓯。」此之謂也。

【章旨】記敘楚成鄭瞀洞察禍亂將起，能以身誡。

【注釋】❶公子商臣　即楚穆王。❷齒未　年歲尚少。齒，年紀。❸寵子　內寵之愛子。❹既置而黜之二句　據《左傳·文公元年》：「楚國之舉，恆在少者。」此謂楚國以立少者為常事，如果立商臣之後所生愛子，必廢除商臣而取代之，則禍亂生。❺忍人　殘忍兇狠之人。❻辜無罪　謂以無罪為罪。辜，罪。❼照　知曉；亮察。❽又欲立公子職　據《渚宮舊事》此句下有：「子瞀進曰：『夫摘奸擾滑亂之所生，古人有言，持敵不強，必為所傷。王必將易子，不如亟先施太子。』王不聽。」此為傳之脫文，故下有「而言之於王，王不吾應，其以太子為非吾子，疑吾譖之者乎？」❾庶弟　指庶母所生之弟弟。❿見疑　被懷疑。⓫寤　通「悟」。覺悟；明瞭。⓬熊蹯　熊掌。其物難熟，成王請求吃此物，是欲拖延時間，以望外援。⓭至仁　最高的仁德。⓮身自身生命。⓯舍命不渝　見《詩經・鄭風・羔裘》。不渝，不變。

【語　譯】過了一年，楚成王準備立公子商臣為太子，特地徵詢令尹子上的意見。子上說：「大王還年輕，又多內寵之愛子，如果立為太子，以後又廢棄他，就會發生亂事。況且公子商臣蜂目豺聲，是個兇惡殘忍的人，不可立為太子。」成王退朝回宮又徵詢夫人的意見，子瞀說：「令尹說的是實話，可以照辦。」成王不聽，竟立商臣為太子。後來，商臣就以子上救蔡的事情為由，誣陷子上並殺掉他。子瞀就對她的保母說：「我聽說婦人的職責，不過在操辦酒食飯菜罷了。即使是這樣，我心裡想說的，不能昧著良心不說。以前子上曾主張太子不可立，太子商臣怨恨他，就進讒言殺害了他，大王沒有明察，竟將無罪判為有罪，這是白黑顛倒、上下錯亂的事啊！大王有許多內寵的愛子，他們都想得到楚國的權柄，太子商臣貪婪殘忍，耽憂喪失自己的地位，大王頭腦不清醒，不能覺察到這些情況，庶嫡之間必發生矛盾爭鬥，楚國就會出現禍亂了。」

後來，楚成王又準備立公子職為太子。公子職，是商臣庶母所生的弟弟。子瞀回宮對保母說：「我聽說講信義的人是不會被人懷疑的。現在大王要以公子職來取代太子商臣，我害怕會產生禍亂，就勸告大王，但大王不聽我勸告，莫不是他認為太子職不是我親生兒子，就懷疑我進讒言吧？

既然大王懷疑我無義，那麼朝中眾人有誰知道我不是無義的人呢？與其被懷疑無義而活著，不如以死來證明我有仁有義。而且大王聽說我為義而死，一定會覺悟到太子商臣不可廢棄的道理。」於是她竟自殺。保母將她的話告知成王。當時太子商臣已知成王要廢除自己，就發兵作亂，包圍王宮。成王請求吃熊掌以後再死，但商臣不同意，就上吊自殺了。君子說：「如果不是最高的仁義境界，誰能用生命來告誡人們呢？」《詩經》上說：「寧願捨命不變節。」說的就是這種情況。

頌曰：「子瞀先識，執節有常❶。興於不顧，卒配成王。知商臣亂，言之甚強。自嫌非子，以殺身盟❷。」

【章旨】總結全文，歌頌楚成鄭瞀執節有常，以死明義的品德。

【注釋】❶常　綱常。❷盟　明。「盟」與「明」古通用。

【語譯】頌贊說：「楚成鄭瞀見識強，執行禮節有綱常。不顧不貪王所識，立為夫人甚堂皇。預知商臣要作亂，規勸成王細商量。自避嫌疑顧大局，捨生取義美名揚。」

三、晉圉懷嬴

懷嬴者，秦穆❶之女，晉惠公❷太子❸之妃也。圉，質❹於秦，穆公以嬴妻之。六年❺，圉將逃歸，謂嬴氏曰：「吾去國數年，子父之接忘❻而秦晉之友不加親也。夫鳥飛反鄉，狐死首丘❼，我其首晉而死，子其與我行乎？」嬴氏對曰：「子，晉太子也。辱❽於秦。子之欲去，不亦宜乎？雖然，寡君❾使婢子侍執巾櫛，以固❿子也。今吾不足以結子，是吾不肖⓫也；從子而歸，是棄君也；言子之謀，是負妻之義也。三者無一可行。雖吾不從子也，子行矣，吾不敢泄言，亦不敢從也。」子圉遂逃歸。君子謂：「懷嬴善處夫婦之間。」

【章旨】記敘晉圉懷嬴善處夫婦之間。

【注釋】❶秦穆　即秦穆公。❷晉惠公　春秋時晉國國君。姬姓，名夷吾。❸太子　即晉太子圉。惠公去世，即位為君，是為晉懷公。❹質　為人質。❺六年　晉太子圉於魯僖公十七年為質於秦，於魯僖公二十二年逃歸晉，共計六年。❻忘　通「亡」。無。❼夫鳥飛反鄉二句　見《楚辭．九章．哀郢》：「鳥飛反故鄉兮，狐死必首丘。」謂不忘本。鄉，故鄉。首，頭向著。丘，狐穴所在之土丘。傳說狐死時頭總向著巢穴。❽辱　受辱。指為質於秦的事。❾寡君　謙稱本國君主，此指秦穆公。❿固　使之安定。⓫不肖　不賢。

【語　譯】晉圉懷嬴，是秦穆公的女兒，晉惠公太子圉的妃子。太子圉，在秦國當人質，秦穆公就將女兒懷嬴嫁給他做妻子。六年以後，太子圉準備逃回晉國，就對懷嬴說：「我離開晉國有好幾年了，你父親沒有好好接待我，秦晉之間的友好關係也沒有更進一步。鳥兒遠飛總要返回故鄉，狐狸死時總是頭向巢穴，如果我不忘本想死在晉國，你大概會與我同行吧？」懷嬴回答說：「您，是晉國的太子。在秦國當人質受到了屈辱。您想離秦回晉，不也合乎情理嗎？即使如此，父王還是要我拿著手巾、梳子等盥沐用具，替您做婢妾的事，使您安心。現在我沒能力繫住您的心，是我不賢；跟您回晉，又背棄父王；說穿您回晉的計謀，又違背做妻子的情義。三種情況是沒有一種行得通的。即使我不跟隨您，您同樣可以出走，我不敢把消息洩露出去，也不敢跟您出走。」太子圉就逃回晉國。君子說：「懷嬴善於處理夫妻關係。」

頌曰：「晉圉質秦，配以懷嬴。圉將與逃，嬴不肯聽。亦不洩言，
操心甚平。不告所從，無所阿傾❶。」

【章　旨】總結全文歌頌晉圉懷嬴能行孝行義。

【注釋】❶阿傾　曲從。

【語譯】頌贊說：「晉圉受屈質於秦，穆公給他妻懷嬴。圉勸懷嬴逃歸晉，她明大義不肯聽。但也不把消息泄，兩邊照顧心持平。不告丈夫回晉事，不願曲從永垂名。」

四、楚昭越姬

楚昭越❶姬者，越王句踐❷之女，楚昭王之姬也。昭王讌❸遊，蔡姬在左，越姬參右❹。王親乘駟❺以馳逐，遂登附社❻之臺，以望雲夢❼之囿❽，觀士大夫逐者。既驩❾，乃顧謂二姬曰：「樂乎？」蔡姬對曰：「樂。」王曰：「吾願與子生若此，死又若此。」蔡姬曰：「昔弊邑❿寡君固以其黎民之役，事君王之馬足⓫，故以婢子之身，為苞苴玩好，今乃比⓬於妃嬪，固⓭願生俱樂死。」同時王顧謂史⓮：「書之！蔡姬許從孤死矣。」

乃復謂越姬。越姬對曰：「樂則樂矣，然而不可久也！」王曰：「吾願與子生若此，死若此，其不可得乎？」越姬對曰：「昔者吾先君莊王[15]淫樂三年，不聽政事，終而能改，卒霸天下。妾以君王為能法[16]吾先君，將改斯樂而勤於政也。今則不然，而要[17]婢子以死，其可得乎？且君王以束帛乘馬[18]，取[19]婢子於弊邑，寡君受之太廟也，不約死。妾聞之諸姑，婦人以死彰君之善，益君之寵，不聞其以苟從其闇[20]死為榮。妾不敢聞命。」於是王寤，敬越姬之言，而猶親嬖[21]蔡姬也。

居二十五年，王救陳，二姬[22]從，王病在軍中，有赤雲夾日如飛鳥[23]。王問周史，史曰：「是害王身，然可以移於將相。」將相聞之，將請以身禱於神。王曰：「將相之於孤，猶股肱[24]也。今移禍焉，庸為去是身乎？」不聽。越姬曰：「大哉，君王之德！以是，妾願從王矣。昔日之遊，淫樂也，是以不敢許。及君王復於禮，國人皆將為君王死，而況於妾乎？請願先驅狐狸[25]於地下。」王曰：「昔之遊樂，吾戲耳。若將必死，是彰孤之不德也。」越姬曰：「昔者妾雖口不言，心既許之矣。妾聞信者，不負其心；義者，不虛設其事。妾死王之義，不死王之好也。」遂自殺。

王病甚，讓位於三弟㉖，三弟不聽。王薨於軍中，蔡姬竟不能死。王弟子閭與子西、子期謀曰：「母信者，其子必仁。」乃伏師閉壁㉗，迎越姬之子熊章立，是為惠王。然後罷兵，歸葬昭王。君子謂：「越姬信能死義。」《詩》曰：「德音莫違，及爾同死㉘。」越姬之謂也。

【章旨】記敘楚昭越姬不死王之好而死王之義。

【注釋】❶越　古國名，姒姓。相傳為夏代少康庶子無余所建，都會稽（今浙江紹興）。戰國時為楚所滅。❷句踐　春秋末越國國君。姒姓，越王允常之子。為滅吳雪恥，臥薪嘗膽，十年生聚，十年教訓，後果滅吳而成為霸主。❸讌　宴安；逸樂。❹參右　即參乘，又作驂乘。指陪乘的人。❺乘駟　駕車。駟，四馬。古代駕車以四馬為常。❻附社　臺名。❼雲夢　此指春秋戰國時楚王的遊獵區，包括江漢平原及其東、西、北三面之山巒。❽囿　古代帝王畜養禽獸的園林。❾驩　同「歡」。❿弊邑　即敝邑。古稱國為邑。弊，同「敝」。⓫馬足　猶言前馬、前驅。謂前驅在馬前。⓬比　列。⓭固　通「故」。因此。⓮史　指史官。周朝即設有太史、小史、內史、外史、御史之職，春秋戰國時諸侯也設有史官。史官分左、右，或記言，或記事，主要記帝王諸侯的言行。⓯莊王　楚莊王侶。穆王之子。《史記・楚世家》記載他「即位三年，不出號令，日夜為樂，令國中曰：『有敢諫者死無赦。』」後改過圖強而稱霸。⑯法　效法。⑰要　要挾。⑱束帛乘馬　指聘禮。五匹帛為一束，四匹馬為一乘。⑲取　同「娶」。⑳闇　同「暗」。愚昧不明。㉑嬖　寵愛。㉒二姬　原作「越姬」，據梁端《校注》本改。㉓烏　原作「鳥」，據《文選・卷四九・後漢書皇后紀論》注引校改。㉔股肱　比喻君王之輔佐。股，大腿。肱，手臂從肘到腕的部分。㉕狐埋　《國語・吳語》：「夫諺曰：『狐埋之而狐搰之，是以無成功。』」韋昭注云：「埋，藏也。搰，發（發掘）也。」此借作埋葬之意。㉖三弟　謂昭王之弟公子申、公子結、公子閭。㉗壁　《史記・楚世家》作「塗」。㉘德音莫違二句　見《詩經・邶風・谷風》。

【語譯】 楚昭越姬，是越王句踐的女兒，楚昭王的侍姬。有一次，昭王外出遊玩，蔡姬在左邊，越姬在右邊，昭王親自駕著馬車奔馳追逐，於是登上附社臺，在那裡遠望雲夢園囿，觀看士大夫追逐飛禽走獸的情景。昭王盡興之後，回頭對二姬說：「玩得快樂嗎？」蔡姬回答說：「很快樂。」昭王說：「我希望與你這樣快樂地活著，又這樣快樂地死去。」蔡姬說：「從前敝國的君主替黎民百姓服役，來為大王充當馬前的前驅，所以將我作為禮物送給大王，現在我有幸進入妃嬪之列，因而我很願意與大王快快樂樂地同生共死。」昭王回頭對史官說：「記上這一筆！蔡姬答應跟隨我一塊死。」

昭王接著又問越姬。越姬回答：「快樂是快樂，但是不能長久。」昭王說：「我希望與你這樣快樂活著，又這樣快樂死去，難道辦不到嗎？」越姬說：「從前我的先君莊王，即位三年，日夜過度享樂，不理政事，但他後來能痛改前非，終於稱霸天下。我以為大王會效法我的先君，不耽遊樂，勤於朝政。現在大王卻不是這樣，還以死來要挾我，難道能行嗎？再說，大王當初用束帛乘馬為聘禮，到敝國去迎娶我，敝國國君在祖廟中接受了『六禮』，並沒有約定要同生共死。我聽婆母們說，婦人以死來顯揚君主的美德、增加君主的恩寵，並未聽說苟且盲從，為愚昧不明的行為去死還引為光榮的。我不敢聽命。」於是昭王醒悟過來，很敬重越姬所說的話，但仍然寵愛著蔡姬。

過了二十五年，昭王發兵援救陳國，二姬也陪同前去。昭王病在軍中，有赤雲夾住太陽，狀如飛鳥。昭王詢問周史官是何徵兆，史官說：「這是有病害加於大王的凶兆，但可以轉移，也就是轉移到將相身上。」將相聽說這件事，請求用自己的生命，向神明禱告消災。昭王說：「將相對我來說，如同我自身的股肱那樣重要。現在把病害移給將相，難道不是去掉了我身體的重要部分嗎？」昭王不聽史官的話。越姬說：「大王的美德是多麼偉大啊！因此，我願意追隨大王去死。從前大王喜好遊玩，那是享樂過度，我不敢答應。現在大王已恢復了禮儀法度，國人都將為大王的仁德去死，何況我這個婢妾呢？我請求相從於地下，準備死在大王的前頭。」昭王說：「從前遊樂時，我說的不過是戲言罷了。如果真的去死，那就表現出我是不仁不義了。」越姬說：「從前我雖然嘴裡不說，但內心已經應許了。我聽說過，守信的人，不辜負本心；行義的人，不虛應故事。我是為大王的仁義之道而死，不是為大王的喜好遊樂而死。」於是她就自殺了。

昭王病重，讓位給三個弟弟，三個弟弟都不同意繼位。後來昭王死在軍營，蔡姬卻違背諾言未能跟著去死。昭王的弟弟子閭與子西、子期商議說：「母親堅守信義，她教養的兒子一定有仁有義。」於是埋伏軍隊並封鎖要道，迎立越姬的兒子熊章為君，這就是楚惠王。然後三兄弟撤兵回朝，安葬昭王。君子說：「越姬果然能為義而死。」《詩經》上說：「美德善行莫忘記，和你至死不分離。」說的就是越姬這樣節義的人。

頌曰：「楚昭遊樂，要姬從死。蔡姬許王，越姬執禮。終獨死節，群臣嘉美。維斯兩姬，其德不比❶。」

【章旨】總結全文，歌頌楚昭越姬執禮死義的節操。

【注釋】❶不比　不可比擬。

【語譯】頌贊說：「楚昭遊樂興未央，要姬從死多荒唐。蔡姬附和失原則，越姬執禮甚端莊。為義而死明大節，群臣讚姬有主張。兩姬德行分高下，一公一私自顯彰。」

五、蓋將之妻

蓋❶之偏將❷邱子之妻也。戎伐蓋❸，殺其君，令於蓋群臣曰：「敢有自殺者，妻子❹盡誅！」邱子自殺，人救之，不得死。既歸，其妻謂之曰：「吾聞將節勇而不果生❺，故士民盡力而不畏死，是以戰勝攻取，故能存國安君。夫戰而忘勇，非孝也；君亡不死，非忠也。今軍敗君死，子獨何❻生？忠孝忘❼於身，何忍❽以歸？」邱子曰：「蓋小戎大，吾力畢能盡，君不幸而死，吾固❾自殺也，以救故不得死。」其妻曰：「曩日❿有救，今又何也？」邱子曰：「吾非愛身也。戎今日自殺者誅及妻子，是以不死。死又何益於君？」其妻曰：「吾聞之，主憂臣辱，主辱臣死。今君死而子不死，可謂『義』乎？多殺士民，不能存國而自活，可謂『仁』乎？憂妻子而忘仁義，背故君而事強暴，可謂『忠』乎？人無忠臣之道，仁義之行，可謂『賢』乎？《周書》曰：『先君而後臣，先父母而後兄弟，先兄弟而後交友，先交友而後妻子⓫。』妻子，私愛也；事君，公義也。今子以妻子之故，失人臣之節⓬，無事君之禮，棄忠臣之公道，營妻子之私愛，偷生苟活，妾等恥之，況於子乎？吾不能與子蒙恥而生焉。」遂自殺。戎君賢之，祠⓭以太牢⓮，而以將禮葬之，賜其弟金百鎰，以為卿，而使別治蓋。君子謂：「蓋將之妻，潔而好義。」《詩》曰：「淑人君子，其德不回⓯。」此之謂也。

【章　旨】記敘蓋將之妻潔而好義的事蹟。

【注　釋】❶蓋　古國名。❷偏將　副將。❸戎伐蓋　《竹書紀年》：「周幽王六年，西戎滅蓋。」戎，西戎。我國古代西北地區的少數民族。❹妻子　指妻子和兒女。❺不果生　謂不能惜命而終於活下來。果，最終。❻何　原作「可」，據梁端《校注》本校改。❼忘　與「亡」古字通用。❽忍　忍心。❾固　本來。❿曩日　從前。⓫先君而後臣四句　未見於《尚書・周書》及《逸周書》，疑為佚文。⓬節　節操。⓭祠　祭祀。⓮太牢　牛、羊、豬三樣祭品齊全者。⓯淑人君子二句　見《詩經・小雅・鼓鐘》。回，邪曲。

【語　譯】蓋將之妻，是蓋國副將邱子的妻子。西戎攻伐蓋國，殺了蓋國國君，並下令對蓋國臣子說：「有敢自殺的，妻子兒女都一塊殺掉！」邱子自殺，被人救起活了過來。

邱子回到家，妻子對他說：「我聽說一個將軍的氣節是勇武殺敵，與部下同生共死，不獨自一人活到最後，這樣才能激勵士民，效力疆場，不怕流血犧牲，戰必勝，攻必取，使國家安定，君主安全。作戰時忘掉勇氣，這不是孝的表現；國君死而自己活著，這不是忠的行為。現在蓋軍慘敗，國君陣亡，你獨自一人為什麼還活著呢？你自身喪失了忠孝的德行，為什麼還忍心活著回家呢？」邱子說：「蓋國弱小，西戎強悍，我在戰場上已精疲力竭，國君不幸被殺，我本來就要自殺，只是被人救起才沒有死啊。」妻子說：「從前有人相救，那麼今天又如何呢？」邱子說：「我不是愛惜自己的生命。西戎下令說自殺的人，要誅戮妻子兒女，因此我沒有再去自殺。再說自殺對國君又能夠帶來什麼好處呢？」妻子說：「我聽說過這個道理：君王有了憂患，臣子就要受辱，君王受辱，臣子就要去死。現在君王已死，而你不死，這能說得上是『義』嗎？在眾多士民犧牲的情況下，你不能保存國家，不能同生共死，這能說得上是『仁』嗎？擔憂妻子兒女而忘記了仁義，背棄自己的君主而奉事強暴的戎人，這能說得上是『忠』嗎？做人臣沒有忠臣的規矩，沒有仁義的行為，這能說得上是『賢』嗎？《周書》上說：『先是君主後是臣子，先是父母後是兄弟，先是兄弟後是朋友，先是朋友後是妻子兒女。』這說明關心妻子兒女，是屬於私愛；奉事君主，是屬於公義。現在你為妻子兒女的緣故，就喪失人臣的節操，以致違背事君的禮儀，拋棄忠臣的公道，去營求妻子兒女的私愛，苟且偷生，我們婦女都對此感到恥辱，何況你還是男子大丈夫呢？我不能同你一塊蒙受恥辱而活下去。」於是她就自殺了。西戎的統領認為她很賢良，就用太牢來祭祀她，並用安葬將軍的喪禮規格來安葬她，還賜給她的弟弟黃金百鎰，封為卿，讓她弟弟去重建家園，別治蓋國。君子說：「蓋將的妻子高潔好義。」《詩經》上說：「善良君子有修養，為人正直又端莊。」說的就是這種情況。

頌曰：「蓋將之妻，據節❶銳精❷。戎既滅蓋，邱子獨生。妻恥不死，陳設五榮❸。為夫先死，卒遺顯名。」

【章旨】總結全文，讚揚蓋將之妻深明五榮，不以私愛而廢公義的品德。

【注釋】❶據節　守節。❷銳精　銳意精進。❸五榮　指忠、孝、仁、義、賢五種榮名。

【語譯】頌贊說：「蓋將之妻修養高，銳意精進勵節操。西戎滅蓋殺其君，邱子獨活責難逃。妻子以他為恥辱，陳列五榮道義昭。高潔好義身先死，終有榮名樹風標。」

六、魯義姑姊

魯義姑姊❶者，魯野❷之婦人也。齊攻魯，至郊，望見一婦人抱一兒、攜一兒而行。軍且及❸之，棄其所抱，抱其所攜，而走❹於山。兒隨而啼，婦人遂行不顧❺。齊將問兒曰：「走者，爾母耶？」曰：「是也。」「母所抱者誰也？」曰：「不知也。」齊將乃追之，軍士引❻弓將射之曰：「止！不止，吾將射爾！」婦人乃還。齊將問：「所抱者誰也？所棄者誰也？」對曰：「所抱者，妾兄之子也；所棄者，妾之子也。見軍之至，力不能兩護，故棄妾之子。」齊將曰：「子之於母，其親愛也，痛甚於心，今釋之而反抱兄之子，何也？」婦人曰：「己之子，私愛也；兄之子，公義也。夫背公義而嚮私愛，亡兄子而存妾子，幸而得免，則魯君不吾畜❼，大夫不吾養❽，庶民國人不吾與❾也。夫如是，則脅肩❿

無所容，而累足⓫無所履也。子雖痛乎，獨謂義何⓬？故忍棄子而行義。不能無義而視⓭魯國。」於是齊將按兵⓮而止，使人言於齊君曰：「魯未可伐也。乃⓯至於境，山澤⓰之婦人耳，猶知持節行義，不以私害公，而況於朝臣士大夫乎？請還。」齊君許之。魯君聞之，賜婦人束帛百端⓱，號曰「義姑姊」。公正誠信⓲，果⓳於行義。夫義，其大哉！雖在匹婦⓴，國猶賴之，況以禮義治國乎？《詩》云：「有覺德行，四國順之㉑。」此之謂也。

【章　旨】記述魯義姑姊棄子行義的事蹟。

【注　釋】❶姑姊　姑姑。父之姊為姑姊，父之妹為姑妹。❷野　郊野。❸及　近。❹走　跑。❺顧　回頭。❻引　拉。❼畜　容留。❽養　養育。❾與　結交。❿脅肩　聳起肩膀。脅，斂縮。⓫累足　重疊兩足。⓬獨謂義何　難道損於義。獨，副詞，相當於「難道」。⓭視　王照圓《補注》：「視，猶生也。如『長生久視』之『視』。」⓮按兵　或作「案兵」，止兵不動。⓯乃　才；僅。⓰山澤　山林草澤。⓱束帛百端　指五十匹布。帛為絲織品，五匹為一束，每匹從兩端捲起，計十端。百端為五十匹。⓲公正誠信　梁端《校注》本云：「以他傳例之，『公正』上當有『君子謂義姑姊』六字，因『義姑姊』複出，誤脫耳。」誠信，誠實忠信。⓳果　果決。⓴匹婦　平民婦女。㉑有覺德行二句　見《詩經・大雅・抑》。覺，高大正直。四國，四方。

【語　譯】魯義姑姊，是魯國一個郊野的婦女。齊軍攻打魯國，當進軍到城郊時，遠遠望見有個婦女，抱一小孩、牽一小孩向前走。齊軍快要追近她時，她丟下抱的小孩，抱起牽的小孩向山上跑去。丟下的小孩跟在後面大哭，婦人頭也不回，一個勁向前逃跑。齊將問丟下的小孩說：「前頭那個跑的人，是不是你的母親？」小孩回答：「是的。」齊將又問：「你母親抱的人又是誰呢？」小孩說：「不知道。」齊將便向前追趕，軍士也拉開弓，做好射箭的準備，大喊：「站住！不站住，我就放箭了！」婦人這才站住轉過頭來。齊將問她：「抱著的小孩是誰？丟下的小孩又是誰？」婦人回答：「抱著的是我哥哥的兒子；丟下的是我自己的孩子。因為看到大軍來了，我沒有力量保護兩個孩子，因此只好丟下自己的孩子。」齊將說：「孩子對於生育他的母親來說，是最為親愛的，是最為疼痛於心的，現在你丟棄自己的親骨肉，反而去抱哥哥的孩子，這是什麼道理呢？」婦人說：「愛自己的孩子，是私愛；愛哥哥的孩子，是公義。背棄公義的原則，來滿足自己的私愛，不救哥哥的孩子，保存自己的孩子，即使是幸而得免，魯君也不會收容我，魯大夫也不會養育我，魯之平民百姓也不會和我結交了。這樣就是讓我聳起兩肩也找不到容身的地方，讓我疊起兩腳也找不到站立的地方。雖然我心疼自己的孩子，難道可因而損害公義嗎？因此我忍心丟下自己的孩子，去奉行公義。我不能無仁無義地在魯國生活。」齊將聽後，便按兵不動，派人向齊國君主稟報說：「不能攻打魯國。我帶兵才到邊境，就碰上魯國山林草澤中的一個婦人，連這麼一個婦女都知道守節行義，不以私愛去損害公義，何況是魯國的君臣士大夫呢？我請求班師回朝。」齊國君主答應撤兵。魯國國君聽說這件事，就把束帛百端賞賜給那個婦女，並賞她「義姑姊」的稱號。君子說：「義姑姊公正無私，誠實忠信，果決行義。」公義的原則，它所起的作用和影響是很大的啊！即使這種公義力量在一個平民婦女身上發揮出來，還是能夠起保國安民的巨大作用，更何況用禮義來治國安邦呢？《詩經》上說：「君子正直樹榜樣，四方諸侯都歸向。」說的就是這個情況。

頌曰：「齊君攻魯，義姑有節。見軍走山，棄子抱姪❶。齊將問之，賢其推理❷。一婦為義，齊兵遂止。」

【章旨】總結全文，歌頌魯義姑姊奉行公義、止兵保國的功績。

【注釋】❶姪　姪子；兄之子。❷推理　推究義理。

【語譯】頌贊說：「齊兵進攻魯關山，義姑節操非等閒。齊兵追逼兩護難，棄子抱姪走山間。齊將追問其原因，讚她公正道德完。一婦行義不簡單，阻住齊兵保國安。」

七、代趙夫人

代❶趙夫人者，趙簡子❷之女，襄子❸之姊，代王之夫人也。簡子既葬，襄子未除服❹，北❺登夏屋❻，誘代王，使廚人持斗❼以食代王及從者。行斟，陰令宰人各❽以斗擊殺代王及從者，因舉兵平代地，而迎其姊趙夫人。夫人曰：「吾受先君之命，事代之王，今十有餘年矣。代無大故❾，而主君❿殘之。今代已亡，吾將奚⓫歸？且吾聞之，婦人之義無二夫，吾豈有二夫哉？欲迎我何之⓬？以弟慢⓭夫，非義也；以夫怨⓮弟，非仁也。吾不敢怨，然亦不歸。」遂泣而呼天，自殺於靡笄⓯之地。代人皆懷之。君子謂：「趙夫人善處夫婦之間。」《詩》云：「不僭不賊，鮮不為則⓰。」此之謂也。

【章　旨】記敘代趙夫人能處理好夫婦、姊弟之間的關係。

【注　釋】❶代　古國名。在今河北蔚縣東北。戰國初期為趙襄子所滅。❷趙簡子　晉卿。趙文子之孫，趙景子之子，趙鞅之父。❸襄子　趙襄子，晉卿。簡子之子無卹。❹除服　服喪期滿而除去喪服。❺北　原作「地」，據《史記・趙世家》校改。❻夏屋　山名。在今山西代縣東北。❼斗　酒器。《史記・趙世家》作「銅枓」，為方形有柄的盛水器。❽宰人各　名叫各的廚人。各，一作「雒」。❾大故　大錯。❿主君　對國君與卿的稱謂，此指晉卿趙襄子。⓫奚　何；哪兒。⓬何之　即之何，到何處。⓭慢　怠慢。⓮怨　怨恨。⓯靡笄　《史記・趙世家》謂代趙夫人「摩笄自殺」。靡，同「摩」、「磨」。笄，簪子。代人因稱其自殺之地為靡笄山或靡笄之地，在今河北蔚縣東南。⓰不僭不賊二句　見《詩經・大雅・抑》。僭，錯誤。賊，殘害。鮮，少。則，法則。

【語譯】代趙夫人，是晉卿趙簡子的女兒，晉卿趙襄子的姊姊，代國國君的夫人。趙簡子去世安葬，服喪守孝的趙襄子未脫喪服，就北上登上夏屋山，用計騙來代王，派廚人拿著斗這種酒器，來招待代王和他的隨從。斟酒開宴時，襄子暗地裡命令名字叫「各」的廚人，用斗擊殺代王和他的隨從，並乘機攻佔代國國土，迎請姊姊趙夫人。趙夫人說：「我接受先君的命令，來奉侍代王，今天算來已十多年了。代國並沒有大錯，而主君卻殘滅它。現在代國已亡，我將歸向哪兒呢？況且我聽說，按婦女仁義的原則，是不能有第二個丈夫的，我難道還能有第二個丈夫嗎？你要迎接我到何處去呢？因為弟弟而怠慢丈夫，那是不義；因為丈夫而怨恨弟弟，那是不仁。我既不敢怨恨，但也不願回去。」於是她哭泣著呼喊蒼天，在靡笄之地自殺了。代國人都懷念她。君子說：「趙夫人善於處理夫婦關係。」《詩經》上說：「不出差錯不殺伐，很少不被人效法。」說的就是這個意思。

頌曰：「惟❶趙襄子，代夫人弟。襲滅代王，迎取其姊。姊引義理，稱說節禮。不歸不怨，遂留野❷死。」

【章旨】總結全文，歌頌代趙夫人有仁有義、不歸不怨。

【注釋】❶惟　語首助詞。❷野　山野。指靡笄山。

【語譯】頌贊說：「晉國有個趙襄子，代趙夫人是其姊。襲滅代王佔代地，準備迎姊回故里。姊姊賢明有遠識，對弟稱說節和禮。不歸不怨留野死，名列節義人稱美。」

八、齊義繼母

齊義繼母者，齊二子之母也。當宣王❶時，有人鬥❷死於道者，吏訊之，被一創❸。二子兄弟立其傍❹，吏問之，兄曰：「我殺之。」弟曰：「非兄也，乃我殺之。」期年，吏不能決，言之於相；相不能決，言之於王。王曰：「今皆赦之，是縱有罪也；皆殺之，是誅無辜❺也。寡人度❻其母能知子善惡，試問其母，聽其所欲殺活❼。」

相召其母，問之曰：「母之子殺人，兄弟欲相代死，吏不能決，言之於王。王有仁惠❽，故問母何所欲殺活。」其母泣而對曰：「殺其少者。」相受其言，因而問之曰：「夫少子者，人之所愛也。今欲殺之，何也？」其母對曰：「少者，妾之子也。長者，前妻之子也。其父疾且死之時，屬❾之於妾曰：『善養視❿之。』妾曰：『諾。』今既受人之託，許人以諾，豈可以忘人之託，而不信其諾邪？且殺兄活弟，是以私愛廢公義也；背言忘信，是欺死者也。夫言不約束⑪，已諾不分⑫，何以居於世哉？子雖痛乎，獨謂行何⑬？」泣下沾襟。相入言於王，王美其義，高其行，皆赦不殺，而尊其母號曰「義母」。君子謂：「義母信而好義，絜⑭而有讓。」《詩》曰：「愷悌君子，四方為則⑮。」此之謂也。

【章　旨】記敘齊義繼母不以私廢公、背言忘信。

【注　釋】❶宣王　齊宣王。戰國時齊國國君。田氏，名辟疆。❷鬥　鬥毆。❸創　傷害。❹傍　通「旁」。❺無辜　無罪。❻度　揣度；推測。❼殺活　使動詞。殺，使之死。活，使之活。❽仁惠　仁慈恩惠。❾屬　同「囑」。囑託。❿養視　養育看顧。⓫約束　管束。⓬分　職分。⓭行何　《藝文類聚．人部．五》、《太平御覽．卷四二二．人事部．六十三》作「行義」。⓮絜　絜矩。謂執持禮法。⓯愷悌君子二句　見《詩經．大雅．卷阿》。愷悌，和樂平易。

【語　譯】齊義繼母，是齊國兩個孩子的母親。當齊宣王在位時，有人相互鬥毆被打死在路上，官吏前去查問驗看，查驗出死者是被一個人打傷致死的。有兄弟兩人站在死者旁邊，官吏便盤問他們，哥哥說：「是我殺死的。」弟弟接著說：「不是我哥哥，是我殺死的。」這件案子拖了一年，官吏不能判決，便向齊相稟報；齊相也不能判決，便上奏於宣王。宣王說：「如果將弟兄倆都赦免了，就有可能放縱其中一個罪犯；如果將弟兄倆都殺掉，就有可能殺掉其中一個無辜的人。我猜想他們的母親能知子善惡，可試著問問他們母親，聽聽她想要誰償命、要誰活命。」

於是齊相召見他們的母親，問道：「你的孩子殺了人，弟兄倆各要爭著去死，官吏不能判決，上奏給大王。大王有仁義，施恩惠，因此想問你對殺誰不殺誰的意見。」母親哭著回答說：「殺掉小的。」齊相聽了意見後，又問她：「對小兒子，按人之常情是最寵愛的。你現在要小兒子償命，為什麼？」母親說：「小兒子，是我生的。大兒子，是我丈夫前妻生的。他父親患病快要死時，曾經囑託我說：『好好地看顧養育這個孩子。』我答應：『行。』我現在既然接受人家的囑託，應承人家的許諾，難道可以忘掉人家的託付，而不信守自己的諾言嗎？再說讓大的償命，小的活命，那是以私愛來廢棄公義；違背諾言，忘掉信用，這是欺騙死去的丈夫了。自己說的話不約束自己去做，已經許諾的不當分內事去完成，憑什麼活在人世呢？我即使心疼自己孩子，難道可因而影響到行義嗎？」她邊說邊哭，眼淚沾滿了衣襟。齊相入宮向宣王奏明情況，宣王讚美這種兄友弟恭的義舉，尊重這種母慈子孝的德行，就下令赦免兩個孩子，並賞賜他們母親以「義母」的尊號。君子說：「義母守信而好義，執禮而謙讓。」《詩經》上說：「君子和易有修養，四方以他為榜樣。」說的就是這種情況。

頌曰：「義繼信誠，公正知禮。親假❶有罪，相讓不已。吏不能決，王以問母。據信行義，卒免二子。」

【章旨】總結全文，歌頌齊義繼母據信行義的德行。

【注釋】❶親假　調親子和假子。假子是非親生子。

【語譯】頌贊說：「齊義繼母最信誠，公正知禮有賢名。親子假子犯了罪，兄弟相讓事不明。官吏不能來判決，宣王向母問真情。據信行義為義母，赦免兩子得安寧。」

九、魯秋潔婦

潔婦者，魯秋胡子妻也。既納之五日，去而宦❶於陳，五年乃歸。未至家，見路旁婦人採桑，秋胡子悅之，下車謂曰：「若❷曝❸採桑，吾行道遠，願託❹桑蔭，下湌❺，下齎❻，休焉。」婦人採桑不輟❼。秋胡子謂曰：「力❽田不如逢豐年，力桑不如見國卿❾。吾有金，願以與夫人。」婦人曰：「嘻！夫採桑力作，紡績織紝❿，以供衣食，奉二親，養夫子。吾不願金，所願卿⓫無有外意，妾亦無淫泆⓬之志。收子之齎與笥⑬金！」秋胡子遂去。

至家，奉⑭金遺⑮母，使人喚婦至，乃嚮⑯採桑者也。秋胡子慚，婦曰：「子束髮⑰修身，辭親往仕，五年乃還，當所悅⑱馳驟揚塵疾至，今也乃悅路傍婦人，下子之裝⑲，以金予之，是忘母也；忘母不孝。好色淫泆，是汙行也；汙行不義。夫事親不孝，則事君不忠⑳；處家不義，則治官不理㉑。孝義並㉒亡，必不遂㉓矣。妾不忍見子改娶矣，妾亦不嫁。」遂去而東走，投河而死。君子曰：「潔婦精㉔於善。」夫不孝，莫大於不愛其親而愛其人㉕。秋胡子有之矣，君子曰：「見善如不及，見不善如探湯㉖，秋胡子婦之謂也。」《詩》云：「惟是褊心，是以為刺㉗。」此之謂也。

【章　旨】記敘魯秋潔婦事夫堅貞不二。

【注　釋】❶宦　原作「官」，據《文選・卷二一・秋胡詩》注、《太平御覽・卷四四一・人事部・八十二》校改。❷若　你。❸曝　曬。❹託　憑藉；依靠。❺下湌　用飯。湌，同「餐」。❻下齎　放下行裝。齎，通「資」。

裝。❼輟　中止；停止。❽力　勤。❾國卿　《藝文類聚・人部・二》作「公卿」。❿織紝　織絲縷。⓫卿　人稱代詞，你。⓬淫泆　縱欲放蕩。⓭筥　盛飯或衣物用的竹製器具。⓮奉　捧。⓯遺　送。⓰嚮　從前；方才。⓱束髮　成童的代稱。古代男孩成童，束髮為髻。⓲當所悅　《文選・卷二一・秋胡詩》注作「當見親戚」，《太平御覽・卷五二〇・宗親部・十》作「思見親」，疑有脫文。古謂父母為「親戚」。⓳裝　原作「糧」，據《文選・卷二一・秋胡詩》注校改。⓴夫事親不孝二句　《孝經・廣至德章》：「子曰：『君子之事親孝，故忠可移於君。』」㉑處家不義二句　《孝經・廣至德章》：「居家理，故治可移於官。」㉒竝　並。㉓遂　通達；成功。㉔精　專一。㉕夫不孝二句　《孝經・聖治章》：「父母之道，天性也，君臣之義也。……故不愛其親而愛他人者，謂之悖德；不敬其親而敬他人者，謂之悖禮。」其人，他人。㉖見善如不及二句　見《論語・季氏》。不及，趕不上。探湯，伸手到沸水中取物。㉗惟是褊心二句　見《詩經・魏風・葛屨》。維，因。褊心，心胸狹隘。

【語　譯】魯秋潔婦，是魯國人秋胡子的妻子。秋胡子娶妻後五天，就離開家到陳郡做官去了，隔了五年才回魯國來。還沒有到家，看見路旁有個婦人正在採桑，秋胡子很喜歡她，就走下車來對她說：「你曬著太陽採桑，我要走遠路，希望靠著桑樹的樹蔭，能吃頓飯，能放下行裝，休息一下。」那婦人仍不停地採桑。秋胡子又說：「勤勞種田不如碰上豐年好收成，竭力採桑不如碰上公卿大貴人。我這兒有金銀，願意送給夫人。」婦人說：「哼！我辛勤採桑，紡線織布，在於提供衣食，奉侍雙親，供養丈夫。我不需要什麼黃金白銀，我只希望你別生邪惡之念，我也不會有淫泆之心。收起你的行裝和筥金吧！」秋胡子只好離開了。

秋胡子回到家，就將金銀捧著送給母親，並派人將妻子找來，沒有料想到就是那個剛見過面的採桑女，秋胡子非常羞愧。妻子說：「你一成人，就注意修養品德，告別親人，出去做官，五年後才回來，本當早見父母盡快趕回家來，然而你卻喜歡上路旁婦人，放下行裝，還想給她金子，這是忘記母親；忘記母親就是不孝。你好色淫逸，這是汙穢行為；有汙穢行為就是不義。事親不孝，那麼事君就會不忠；居家不義，那麼做官就會胡來。忠孝仁義全部喪失，肯定你是無所作為的了。我不忍心看見你另娶新婦，我也不會改嫁。」於是她跑出家門，向東投河而死。君子說：「潔婦專心一意行善事。」不孝的行為，最嚴重的要算不愛親人而愛他人，秋胡子就有這樣不孝的行為。君子說：「發現善事，唯恐趕不上似的；碰上壞事，好像將手伸到沸水裡要避開似的。秋胡子妻就是這樣的義女節婦。」《詩經》上說：「他是一個狹心腸，諷刺批評把理彰。」說的就是這種情況。

頌曰：「秋胡西仕，五年乃歸。遇妻不識，心有淫思。妻執無二❶，歸而相知。恥夫無義，遂東赴河❷。」

【章　旨】總結全文，歌頌魯秋潔婦恥夫不義，赴河而死的節義。

【注　釋】❶二　貳心；不忠實。❷赴河　謂投河自殺。

【語　譯】頌贊說：「秋胡仕陳獨遠離，衣錦還鄉五年期。路遇妻子不相識，心有淫思失禮儀。妻子堅貞無異心，回家相認才相知。恥夫不孝又不義，投河明志天下奇。」

十、周主忠妾

周主忠妾者，周大夫妻之媵妾❶也。大夫號主父❷，自衛仕於周，二年且歸。其妻淫於鄰人，恐主父覺其淫者，憂之。妻曰：「無憂也！吾為毒酒，封❸以待之矣。」三日，主父至，其妻曰：「吾為子勞❹，封酒相待。」使媵婢取酒而進之。媵婢心知其毒酒也，計念❺：進之則殺主父，不義；言之❻，又殺主母，不忠。猶與❼，因陽❽僵覆酒。主父怒而笞❾之。既已，妻恐媵婢言之，因以他過笞，欲殺之。媵知將死，終不言。

主父弟聞其事，具❿以告主父。主父驚，乃免媵婢，而笞殺其妻。使人陰⓫問媵婢曰：「汝知其事，何以不言而反幾⓬死乎？」媵婢曰：「殺主⓭以自生，又有辱⓮主之名。吾死則死耳，豈言之哉？」主父高其義，貴其意，將納以為妻。媵婢辭曰：「主辱而死，而妾獨生，是無禮也；代主之處⑮，是逆禮⑯也。無禮逆禮，有一猶愈⑰，今盡有之，難以生矣。」欲自殺。主聞之，乃厚幣⑱而嫁之，四鄰爭娶之。君子謂：「忠妾為仁厚⑲。」夫名無細而不聞，行無隱而不彰。《詩》云：「無言不讎，無德不報⑳。」此之謂也。

【章旨】記敘周主忠妾不殺主以自生。

【注釋】❶媵妾　陪嫁的婢妾。❷主父　婢妾稱男主人為主父，女主人為主母。❸封　封存。❹勞　慰勞。❺計念　算計；考慮。❻言之　稟報實情。❼猶與　同「猶豫」。❽陽　同「佯」。假裝。❾笞　用鞭、杖或竹板打。❿具　通「俱」。都；完全。⓫陰　暗中。⓬幾　幾乎。⓭主　此指主母。大夫之妻亦稱「主」，從夫之稱。⓮辱　玷辱。⓯處　位置。⓰逆禮　背禮。⓱愈　過。⓲厚幣　重禮。幣，用作禮物的玉、馬、皮、帛等等。⓳仁厚　仁義忠厚。⓴無言不讎二句　見《詩經·大雅·抑》。讎，同「酬」。應對；贈答。

【語譯】周主忠妾，是周朝大夫妻子陪嫁的婢妾。大夫號稱主父，從衛國來到周朝做官，兩年以後準備回家。他的妻子在他離開的這段時間裡，與鄰人私通，鄰人擔心主父回來會察覺私通的事，便十分憂慮。大夫的妻子卻對姦夫說：「不要憂慮！我已做好毒酒，封存收藏好，正等著他了。」三天後，主父到家，妻子說：「我要好好慰勞您，已準備好酒招待您。」便叫陪嫁的婢妾把酒送上來。婢妾知道這是毒酒，不由得心中暗想：送上去吧，就要毒殺主父，這是不義的；說出實情吧，又會傷害主母，這是不忠的。她猶豫矛盾之後，就佯裝失足倒地把酒打翻了。主父生氣地將她鞭打了一頓。過後，妻子害怕婢妾說出實情，就以別的過錯作藉口鞭打她，並準備殺死她。婢妾深知自己快要死去，但始終不說實情。

主父的弟弟知道內情，便向主父和盤托出。主父大吃一驚，就寬恕婢妾，將妻子鞭打而死。主父派人私下去問婢妾：「你完全了解實情，為什麼不說，反而讓自己差點送了命呢？」婢妾回答：「如果說了出去，就是讓主母去死，讓自己活命，還敗壞了主母的名聲。我死就死了，難道能這樣去做不忠的事嗎？」主父非常推重她的節義，讚揚她的忠貞，準備娶她做妻子。婢妾辭謝說：「主母受辱而死，我獨自活下來，這是無禮；如果我取代主母的位置，這是違禮。無禮與違禮，只要犯了其中的某一條，就很過分了，現在如果兩條都犯全了，我就很難活下去了。」隨後她想自殺了事。主父聽說，便用厚禮送她出嫁，近處四鄰都爭著要娶她。君子說：「忠妾為人仁義，本性忠厚。」這樣看來，名聲決不會由於細小就不流傳，德行決不會因為隱蔽就不顯露。《詩經》上說：「不是出言無反響，施德總會得報償。」說的就是這個意思。

頌曰：「周主忠妾，慈惠有序。主妻淫僻❶，藥酒毒主。使妾奉進，僵以除賊。忠全其主，終蒙其福。」

【章旨】總結全文，歌頌周主忠妾「忠全其主」的節義。

【注釋】❶淫僻 淫邪。僻，邪。

【語譯】頌贊說：「周主忠妾節義崇，仁慈厚道有德風。主父之妻性淫亂，藥酒毒夫世不容。不義不忠妾猶豫，倒地潑酒要全忠。不能無禮不違禮，福祿盡在忠義中。」

十一、魏節乳母

魏節乳母者，魏公子之乳母。秦攻魏，破之，殺魏王瑕❶，誅諸公子，而一公子不得。令魏國曰：「得公子者，賜金千鎰，匿❷之者，罪至夷❸！」

節乳母與公子俱逃。魏之故臣見乳母而識之曰：「乳母無恙❹乎？」乳母曰：「嗟乎！吾奈公子何？」故臣曰：「今公子安在？吾聞秦令曰：有能得公子者，賜金千鎰，匿之者，罪至夷。乳母倘❺言之，則可以得千金；知而不言，則昆弟❻無類❼矣。」乳母曰：「吁❽！吾不知公子之處。」故臣曰：「我聞公子與乳母俱逃。」母曰：「吾雖知之，亦終不可以言。」故臣曰：「今魏國已破亡，族已滅，子匿之，尚誰為乎？」母吁而言曰：「夫見利而反❾上者，逆❿也；畏死而棄義者，亂也。今持逆亂而以求利，吾不為也！且夫凡為人養子者，務生之⓫，非為殺之也，豈可利賞畏誅之故，廢正義而行逆節哉？妾不能生而令公子禽⓬也。」遂抱公子逃於深澤⓭之中。故臣以告秦軍，秦軍追見，爭射之，乳母以身為公子蔽⓮，矢著身者數十，與公子俱死。秦王聞之，貴其守忠死義，乃以卿禮葬之，祠以太牢，寵其兄為五大夫⓯，賜金百鎰。君子謂：「節乳母慈惠敦厚，重義輕財。」禮⓰：為孺子⓱室於宮，擇諸母⓲及阿者⓳，必求其寬仁慈惠⓴、溫良恭敬，慎而寡言者，使為子師㉑，次為慈母㉒，次為保母㉓，皆居子室以養全之，他人無事不得往㉔。夫慈，故能愛，乳狗㉕搏虎，伏雞㉖搏狸，恩出於中心也。《詩》云：「行有死人，尚或墐之㉗。」此之謂也。

【章　旨】記敘魏節乳母抱公子出逃，不廢正義而行逆節。

【注　釋】❶魏王瑕　《史記・魏世家》作「魏王假」。❷匿　藏匿。❸夷　滅；滅其族。❹無恙　指一種禮貌性的問候。謂沒有疾病、災禍等事。恙，憂；病。❺倘　倘若。❻昆弟　兄弟。❼無類　謂無遺類。無一幸免的意思。類，族類。❽吁　感嘆詞，表示驚嘆。❾反　背叛。❿逆　叛逆。⓫生之　使他活下去。⓬禽　通「擒」。⓭深澤　深山大澤。⓮蔽　遮蓋；掩蔽。⓯五大夫　爵位名，在秦為二十等爵之第九級。⓰禮　此下至「他人無事不得往」九句，見《禮記・內則》，文字略有出入。為人君養子之禮。⓱孺子　小孩。此指諸侯之養子。⓲諸母　指眾妾，即庶母。⓳阿者　《禮記・內則》作「可者」。鄭注云：「傅御之屬也。」⓴寬仁慈惠　《禮記・內則》作「寬裕慈惠」。㉑子師　《禮記・內則》鄭注云：「子師，教示以善道者。」㉒慈母　《禮記・內則》鄭注云：「慈母，知其嗜欲者也。」㉓保母　《禮記・內則》鄭注云：「保母，安其居處者也。」㉔他人無事不得往　謂小孩精氣微弱，怕他人驚擾。㉕乳狗　哺乳之母狗。㉖伏雞　孵蛋之母雞。㉗行有死人二句　見《詩經・小雅・小弁》。行，道路。墐，同「殣」。埋葬。

【語　譯】魏節乳母，是魏國公子的乳母。秦國攻破魏國，殺死魏王瑕，又誅眾公子，只有一個公子未被抓住。秦軍便向被佔領的魏國下通緝令：「能抓到公子的，賜金千鎰，敢藏匿不報的，罪至滅族！」

魏節乳母與公子一起出逃。湊巧魏國的一位舊臣在路上碰見乳母並認出了她，便問候她：「乳母好嗎？」乳母說：「唉！我們的公子怎麼辦呢？」那臣子說：「現在公子在哪兒？我聽說秦軍下了通緝令，說是抓到公子的，賜金千鎰，藏匿的，罪至滅族。乳母倘若舉報，就可以得到千金；如果知道不說，那麼你的兄弟就無一幸免了。」乳母感嘆地說：「唉！我還不知公子在哪裡呢。」

臣子說：「我聽說公子是同你一起逃出來的。」乳母說：「我即使知道，也永遠不會說出去的。」臣子說：「現在魏國已經破亡，王室宗族已經消滅，你還藏著公子，究竟是為誰呢？」乳母又感嘆一聲，說：「見到賞金而出賣公子，這是叛逆的行為；害怕滅族而拋棄仁義，這是悖亂的行為。如果以叛逆悖亂的代價來換取私利，我是不會這樣做的！再說為人家撫養孩子，是為了讓孩子活下去，不是為了讓孩子被人殺害，難道能利圖賞賜、害怕殺戮，就廢除正義而行叛逆之事嗎？我不能在活著時就讓公子被人抓去。」於是她抱起公子逃往深山大澤中去了。臣子便將此事向秦軍告密，秦軍追逐乳母，紛紛射箭。乳母用身體遮掩公子，中了數十箭，最後同公子一起死去。秦王聽說乳母這件事，敬重她為忠守責，為義死節，便以正卿的葬禮規格安葬她，並以太牢祭她，還讓她哥哥寵任五大夫的爵位，賞賜黃金百鎰。君子說：「魏節乳母慈惠敦厚，重義輕財。」按照為人君養子之禮規定：要為公子在宮內選擇住房，還要選擇庶母和傅御人員，一定要符合寬仁慈厚、溫良恭敬、謹慎寡言的條件，讓他們當管教育的老師，其次是管飲食的慈母，再次是管居處的保母，他們都住在公子的室內，負責全面照管公子，他人無要事不能前往。有了仁慈，才能產生出愛心。哺乳的母狗敢於搏擊老虎，孵蛋的母雞敢於搏擊狐狸，這是恩愛出自內心深處的緣故。《詩經》上說：「屍體放在大路旁，有人同情來安葬。」說的就是這種情況。

頌曰：「秦既滅魏，購❶其子孫。公子乳母，與俱遁逃。守節執事，不為利違❷。遂死不顧，名號顯遺。」

【章　旨】總結全文，歌頌魏節乳母守忠死義的節操。

【注　釋】❶購　懸賞。❷違　違背。

【語　譯】頌贊說：「秦國滅魏佔魏土，懸賞捉拿公子苦。奶媽帶著公子逃，自是忠心為故主。不為千金不畏死，慈惠仁愛出肺腑。為保公子死不顧，義母名號傳千古。」

十二、梁節姑姊

梁節姑姊者，梁之婦人也。因失火❶，兄子與己子在內中❷，欲取兄子，輒❸得其子，獨不得兄子。火盛，不得復入，婦人將自趣❹火。其友❺止之曰：「子本欲取兄之子，惶恐，卒❻誤得爾子，中心謂何？何至自赴火？」婦人曰：「梁國豈可戶告人曉也？被❼不義之名，何面目以見兄弟國人哉？吾欲復投吾子，為失母之恩。吾勢❽不可以生。」遂赴火而死。君子謂：「節姑姊潔而不汙。」《詩》曰：「彼其之子，舍命不渝❾。」此之謂也。

【章旨】記敘梁節姑姊赴火死義。

【注釋】❶失火 《藝文類聚・火部》、《太平御覽・卷四二二・人事部・六十三》作「其室失火」。❷內中 指室內。古稱室為「內」。❸輒 只；總是。❹趣 同「趨」。奔赴。❺其友 《太平御覽・卷四二二・人事部・六十三》作「其夫」。❻卒 同「猝」。突然；出其不意。❼被 背負。❽勢 情勢。❾彼其之子二句 見《詩經・鄭風・羔裘》。

【語譯】梁節姑姊，是梁國的一個婦女。有一天，碰上室內失火，哥哥的孩子和自己的孩子都被困在起火的室內，她想抱出哥哥的孩子，卻只找到自己的孩子，偏偏找不到哥哥的孩子。火勢愈燒愈烈，已不能再進入室內，那個婦女準備投入火海自焚。朋友勸止她說：「你本來想救出哥哥的孩子，在一時驚慌不安中，出其不意地誤抱了自己的孩子，這對良心有什麼過不去的呢？怎麼到了投火自焚的嚴重程度呢？」婦人回答：「我救姪取義的念頭，難道能讓梁國家喻戶曉、老少皆知嗎？現在我背上不義的名聲，還有什麼厚臉去見兄弟國人呢？我想將我的孩子再扔到火裡去，那又喪失了做人母的人性和恩義。在這種情勢下，我不能再活下去了。」於是她投火自焚而死。君子說：「梁節姑姊品德純淨到沒有一點雜質。」《詩經》上說：「他是那樣的節烈，寧願捨命不變節。」說的就是這種情況。

頌曰：「梁節姑姊，據義執理。子姪同內，火大發起。欲出其姪，輒得厥子。火盛自投，明❶不私己。」

【章旨】總結全文，歌頌梁節姑姊據義執理、潔而不汙的節操。

【注釋】❶明　表明；證明。

【語譯】頌贊說：「梁國有個節姑姊，為人守義又執理。子姪同在一室內，突然室內大火起。姑姊原要救姪子，卻救己子非本旨。烈火之中自焚死，表明為義不私己。」

十三、珠崖二義

二義者，珠崖❶令❷之後妻❸及前妻之女也。女名初，年十三。珠崖多珠，繼母連大珠以為繫臂❹。及令死，當送喪。法：內❺珠入於關者，死。繼母棄其繫臂珠，其子男年九歲，好而取之，置之母鏡奩❻中，皆莫之知。

遂奉喪歸。至海關，關候❼士吏搜索，得珠十枚於繼母鏡奩中。吏曰：「嘻！此值法❽，無可奈何，誰當坐者❾？」初在，左右顧，心恐母云置鏡奩中，乃曰：「初當坐之。」吏曰：「其狀❿何如？」對曰：

「君不幸，夫人解繫臂，棄之，初心惜之，取而置夫人鏡奩中，夫人不知也。」繼母聞之，遽[11]疾行問初。初曰：「夫人所棄珠，初復取之，置夫人奩中。初當坐之。」母意亦以初為實[12]，然憐之，乃因謂吏曰：「願且待，幸無劾[13]兒，兒誠不知也。此珠妾之繫臂也，君不幸，妾解去之，而置奩中。迫奉喪，道遠與弱小俱，忽然[14]忘之，妾當坐之。」初固曰：「實初取之。」繼母又曰：「兒但讓[15]耳，實妾取之。」因涕泣不能自禁。女亦曰：「夫人哀初之孤，欲強活[16]初耳，夫人實不知也。」又因哭泣，泣下交頸。送葬者盡哭，哀動[17]傍人，莫不為酸鼻揮涕。關吏執筆書劾[18]，不能就一字[19]。關候垂泣，終日不能忍決[20]，乃曰：「母子有義如此，吾寧坐之，不忍加文[21]，且又相讓，安知孰是？」遂棄珠而遣之。既去，後乃知男獨取之也。君子謂：「二義慈孝[22]。」《論語》曰：「父為子隱，子為父隱，直在其中矣[23]。」若繼母與假女，推讓爭死，哀感傍人，可謂直耳。

【章　旨】記敘珠崖二義推讓爭死。

【注　釋】❶珠崖　一作「朱厓」，西漢郡名。盛產珍珠，在今海南島東北部。❷令　郡令。❸後妻　續娶之妻。❹繫臂　繫於臂上作為裝飾之物。❺內　同「納」。藏。❻鏡奩　婦女梳妝用的鏡匣。❼關候　海關長官。❽值法　犯法當刑。值，當。❾當坐者　謂當罪的人。❿狀　情狀。⓫遽　急忙。⓬實　實情。⓭劾　判定有罪。⓮忽然　疏忽；不小心。⓯讓　推讓。⓰強活　勉力使之活命。⓱動　原作「慟」，據《太平御覽・卷四一五・人事部・五十六》校改。⓲書劾　寫判決書。⓳不能就一字　指一個字也寫不成。就，成。⓴忍決　忍心判決。㉑加文　施及法令。文，法令條文。㉒慈孝　母慈女孝。㉓父為子隱三句　見《論語・子路》。隱，隱瞞。直，直率；正直。

【語　譯】珠崖二義，是珠崖令的後妻及前妻的女兒。女兒名初，才滿十三歲。珠崖郡這個地方盛產珍珠，繼母用繩子貫大珠繫於臂上為裝飾。珠崖令死，家人當送喪回鄉。按當時王法規定：偷偷夾帶珍珠入關的，要判處死刑。繼母便隨手扔掉繫臂上的珍珠，她九歲的兒子覺得珍珠好玩，就將它撿起來，放在母親的梳妝匣裡面，別人都不知道有這回事。

於是送喪回鄉。到了海關，關候士吏進行檢查，查獲繼母鏡匣中私藏有十顆珍珠。官吏說：「哼！這是犯法的，真是沒有辦法的事，應當由誰來承擔罪責？」初站在一旁，左右看看，擔心繼母承認是她自己放在鏡匣裡的，便說：「是我犯了罪。」官吏說：「犯罪的過程是怎樣的呢？」初回答：「我父親不幸去世，繼母便解下繫於臂上的珍珠扔掉了，我感到可惜，便撿起來放在繼母的鏡匣裡面，繼母不知道這件事。」繼母聽說，便趕緊快步走來問女兒。初說：「母親扔掉了珠子，我再把它撿起來，放在您的梳妝匣裡。我應當被判刑。」繼母也認為女兒說的是實情，但又疼愛這孩子，便向官吏說：「請等一等，希望不要給孩子定罪，孩子的確不知這件事。這珍珠是我用來繫臂的，我丈夫不幸去世，我便解下來，放到梳妝匣裡。因急著要送喪回鄉，加上道路遙遠，還要拖兒帶女，倉促中不小心忘了此事，我應當被判罪。」女兒堅持說：「珠子的確是我拿的。」繼母又說：「孩子只是推讓罷了，珠子的確是我拿的。」說著禁不住流淚。女兒說：「母親可憐我喪父喪母的孤苦，想竭力讓我活下來，母親實不知情。」說著也哭了起來，淚水都流到頸子上。送葬的人全都哭了，那悲慘哀傷的情景，甚至感動了過往的行人，沒有一個不是酸鼻揮淚的。關吏拿筆寫判決書，卻是一個字也寫不出來。關候也在流淚，整天不忍心判決，便說：「母女二人這樣有義，我寧可自己犯罪，也不忍心給母女依法判罪，再說母女又互相推讓，怎能知道該給誰判罪呢？」於是丟下珍珠，把母女倆放走了。她們離開之後，人們才知道珍珠是小男孩一人拿的。君子說：「珠崖二義真是母慈女孝啊！」《論語》上說：「做父親的替兒子隱瞞一些事，做兒子的替父親隱瞞一些事，這中間就包括了做人正直的道理。」像繼母與假女那樣，推讓爭死，哀感旁人，也可說是正直了吧！

頌曰：「珠崖夫人，甚有母恩。假繼相讓，維❶女亦賢。納珠於關，各自伏愆❷。二義如此，為世所傳。」

【章　旨】總結全文，歌頌珠崖二義母慈女孝的行為。

【注釋】❶維　句首助詞。❷伏愆　服罪。伏，通「服」。

【語譯】頌贊說：「珠崖夫人心不偏，對待假女真愛憐。互相推讓來擔待，母是仁慈女也賢。藏珠入關非干己，卻要爭死服罪愆。二義哀情動旁人，大節大義天下傳。」

十四、郃陽友娣

友娣❶者，郃陽邑❷任延壽之妻也。字季兒，有三子。季兒兄季宗與延壽爭葬父事，延壽與其友田建陰殺❸季宗。建獨坐死❹，延壽會赦，乃以告季兒。季兒曰：「嘻！獨今乃語❺我乎？」遂振衣❻欲去，問曰：「所與共殺吾兄者為誰？」延壽曰：「田建。田建已死，獨我當坐之，汝殺我而已。」季兒曰：「殺夫不義，事兄之讎亦不義。」延壽曰：「吾不敢留汝，願以車馬及家中財物盡以送汝，聽汝所之❼。」季兒曰：「吾當安❽之？兄死而讎不報，與子同枕席而使殺吾兄，內不能和❾夫家，又縱兄之仇，何面目以生而戴天履地❿乎？」延壽慚而去，不敢見季兒。

季兒乃告其大女曰：「汝父殺吾兄，義不可以留，又終不復嫁矣。吾去汝而死，善視汝兩弟。」遂以縊⓫自經而死。馮翊⓬王讓聞之，大其義，令縣復⓭其三子而表其墓。君子謂：「友娣善復兄仇。」《詩》曰：「不僭不賊，鮮不為則⓮。」季兒可以為則矣。

【章　旨】記敘郃陽友娣善復兄仇。

【注　釋】❶娣　妹妹。❷郃陽邑　古有莘國，戰國魏郃陽邑。漢置郃陽縣，在今陝西合陽。❸陰殺　暗殺。❹坐死　獲罪而死。坐，罪。❺語　告訴。❻振衣　整衣。❼之　往；到。❽安　安置。❾和　和睦。❿戴天履地　頂天立地。謂處於天地之間。⓫縊　同「襁」。背小孩的背帶。⓬馮翊　官名，亦為政區名。漢高祖在秦內史地置河上郡，武帝太初元年改左內史置，職掌相當於郡太守，轄區相當於一郡，治所在長安，轄境在今陝西渭河以北，涇河以東、洛河中下游地區。⓭復　免除徭役。⓮不僭不賊二句　見《詩經・大雅・抑》。僭，過錯。賊，殘害。

【語　譯】郃陽友娣，是郃陽邑任延壽的妻子。友娣字季兒，生有三個孩子。季兒的哥哥季宗和丈夫延壽為葬父事發生爭執，延壽就夥同他的好朋友田建，將季宗暗殺了。後來田建因殺人罪被處死，而延壽正碰上大赦被釋放出獄，回到家，便將事情的經過對季兒說明。季兒說：「哼！為什麼偏偏現在才告訴我呢？」於是她整一整衣服準備離開，她問：「你夥同殺害我哥哥的究竟是誰呢？」延壽說：「那是田建。田建已死，現在我當獨自承擔罪責，你殺死我好了。」季兒說：「殺丈夫是不義的，奉侍哥哥的仇人也是不義的。」延壽說：「我不敢挽留你，願將車馬和家中財物全部送給你，隨便你到什麼地方去。」季兒說：「我該到哪裡去呢？哥哥已死，有仇難報，和你同枕共席，而你卻殺害了我哥哥，使我內不能使夫家和睦，外又放縱哥哥的仇人，我還有什麼臉皮活在天地之間呢？」延壽慚愧地離開，不敢再見到季兒。季兒便告知大女兒：「你的父親殺害了我的哥哥，按照仁義道德的準則，我不能留在這個家裡，但也永遠不會改嫁別人。我要離開你們去死，希望你照顧好兩個弟弟。」於是她就上吊死了。馮翊王讓聽說這件事，很敬重友娣的義行，便命令縣裡免除三個孩子的徭役，並在她墓前刻石立碑。君子說：「友娣善於為哥哥報仇。」《詩經》上說：「不出差錯不殘害，很少不被人效法。」季兒就是可以被人效法的人。

頌曰：「季兒樹義，夫殺其兄。欲復兄讎，義不可行。不留不去，遂以自殃❶。馮翊表墓，嘉其義明。」

【章　旨】總結全文，歌頌郃陽友娣自殃樹義的節操。

【注　釋】❶自殃　謂自經而死。

【語　譯】頌贊說：「郃陽季兒節義張，夫殺其兄遭禍殃。欲報兄仇關夫命，義不可行重綱常。不留不去樹節義，自經死節姓氏揚。馮翊嘉獎她節義，墓前刻石永流芳。」

十五、京師節女

京師❶節女者，長安大昌里人之妻也。其夫有仇人，欲報其夫，而無道徑。聞其妻之仁孝有義，乃劫其妻之父，使要❷其女為中譎❸。父呼其女告之。女計念：不聽之，則殺父，不孝；聽之，則殺夫，不義。不孝不義，雖生不可以行於世，欲以身當❹之。乃且❺許諾曰：「旦日❻在樓上新沐❼，東首臥則是矣。妾請開戶牖❽待之。」還其家，乃告❾其夫，使臥他所。因自沐居樓上，東首開戶牖而臥。夜半，仇家果至，斷頭持去，明而視之，乃其妻之頭也。仇人哀痛之，以為有義，遂釋❿不殺其夫。君子謂：「節女仁孝，厚⓫於恩義也。」夫重⓬仁義，輕⓭死亡，行之高⓮者也。《論語》曰：「君子殺身以成仁，無求生以害仁⓯。」此之謂也。

【章　旨】記敘京師節女保父救夫，以全孝全義。

【注　釋】❶京師　國都。此指西漢國都長安。在今陝西西安西北。❷要　強求；要挾。❸中譎　梁端《校注》本：「按『譎』乃『詗』之誤。《史記・淮南王安傳》：『為中詗長安。』《集解》徐廣曰：『詗，伺候探察之名。』」中詗，從中偵察。❹當　承受；擔任。❺且　通「徂」。往。❻旦日　明天。❼沐　《藝文類聚・人部・十七》、《太平御覽・卷三六四・人事部・五》作「沐頭」。❽戶牖　門窗。牖，窗。❾告　請求。❿釋　放下。⓫厚　使之深厚。⓬重　看重。⓭輕　看輕。⓮高　高尚。⓯君子殺身以成仁二句　見《論語・衛靈公》：「子曰：『志士仁人，無求生以害仁，有殺身以成仁。』」殺身，勇於犧牲。成仁，成全仁義。求生，貪生怕死。害，損害。

【語　譯】京師節女，是長安大昌里某人的妻子。她的丈夫有個仇家，總想對她丈夫進行報復，但又苦於找不到報復的途徑。仇家聽說做人妻子的她仁孝有義，就綁架了她的父親，迫使父親去要挾女兒從中探聽情況。父親將女兒找去，告訴她這件事。節女想想：不聽從仇家的話，父親就會被殺，這是不孝；聽從仇家的話，丈夫就會被殺，這是不義。自己不孝不義，即使活著也不能在世上做人，就準備犧牲自己，來承擔保父救夫、全孝全義的責任。於是她前往仇人處答應幫忙殺死丈夫，說是：「明天動手，那個洗了頭髮在樓上東邊躺臥的就是他，我打開窗戶等待著你。」她回到家裡，就請求丈夫睡在別的地方。她自己洗過頭，披散著頭髮，到樓上打開東邊窗戶躺下來。半夜，仇家果然如約前來，砍掉人頭拿走了。天亮一看，卻是要殺那人的妻子。仇家很悲傷痛心，認為節女有仁有義，便放下復仇的事不殺她丈夫了。君子說：「節女仁義孝順，使恩義深厚。」看重仁義，看輕死亡，這是德行之中最為高尚的事。《論語》上說：「仁人君子要勇於犧牲自己來成全仁義，不能貪生怕死來損害仁義。」說的就是這種情況。

頌曰：「京師節女，夫讎劫父。要女間之❶，不敢不許。期處❷既成，乃易其所。殺身成仁，義冠❸天下。」

【章旨】總結全文，歌頌京師節女殺身成仁、義冠天下的節義行為。

【注釋】❶間之　乘間；從中找機會。間，空隙。❷期處　時間地點。❸冠　位居第一。

【語譯】頌贊說：「京師節女實可謳，父受劫難因夫仇。要挾節女供內情，救父救夫考慮周。時間地點相約定，以身易夫定計謀。殺身成仁天下冠，全孝全義兩相酬。」

卷六 辯通傳

【說 明】〈辯通傳〉是《列女傳》分類傳題之六。在這一分類傳題下，共列有十五個分傳，依次是：一、〈齊管妾婧〉，二、〈楚江乙母〉，三、〈晉弓工妻〉，四、〈齊傷槐女〉，五、〈楚野辯女〉，六、〈阿谷處女〉，七、〈趙津女娟〉，八、〈趙佛肸母〉，九、〈齊威虞姬〉，十、〈齊鍾離春〉，十一、〈齊宿瘤女〉，十二、〈齊孤逐女〉，十三、〈楚處莊姪〉，十四、〈齊女徐吾〉，十五、〈齊太倉女〉等。

〈辯通傳〉都是獨傳，其中的傳主，全是從春秋戰國到西漢初年的婦女。她們身分寒微，生活坎坷，有的甚至奇醜無比，但是通過她們的言行，從各個不同的角度、不同的側面，表現出她們共同的才智。

辯通，謂能言善辯，通情達禮。她們有德有才，文辭辯通；她們連類引譬，消除禍凶；她們撥亂反正，為國為公；她們全忠全孝，執禮甚恭；她們供人師法，世所尊崇。如楚江乙母的以小喻大，晉弓工妻的可以處難，齊傷槐女的說理救父，阿谷處女的達情知禮，趙津女娟的通達有辭，齊鍾離春的分別四殆，齊宿瘤女的仁義治國，齊孤逐女的縱談國事，楚處莊姪的終守以正，齊太倉女的上書救父等等。

一、齊管妾婧

妾婧❶者，齊相管仲之妾也。甯戚❷欲見桓公，道無從❸，乃為人僕❹，將❺車宿齊東門之外。桓公因出，甯戚擊牛角而商歌❻甚悲。桓公異之❼，使管仲迎之。甯戚稱曰：「浩浩乎，白水！」管仲不知所謂，不朝五日，而有憂色。

其妾婧進曰：「今君不朝五日，而有憂色，敢問國家之事耶，君之謀也？」管仲曰：「非汝所知也。」婧曰：「妾聞之也，毋老老❽，毋賤賤，毋少少，毋弱弱。」管仲曰：「何謂也？」「昔者太公望❾年七十，屠牛於朝歌❿市，八十為天子師，九十而封於齊。由是觀之，老可老邪？夫伊尹，有莘氏之媵臣也，湯立以為三公⓫，天下之治太平。由是觀之，賤可賤邪？皋子⓬生五歲而贊禹，由是觀之，少可少邪？駃騠⓭生七日，而超其母，由是觀之，弱可弱邪？」於是管仲乃下席⑭而謝曰：「吾請語子其故。昔日⑮公使我迎甯戚，甯戚曰：『浩浩乎，白水！』吾不知其所謂，是故憂之。」其妾笑曰：「人已⑯語君矣，君不知識邪⑰？古有〈白水〉之詩⑱，詩不云乎：『浩浩白水，儵儵⑲之魚。君來召我，我將安居。國家未定，從我⑳焉如？』此甯戚之欲得仕國家也。」管仲大悅，以報桓公。

桓公乃修官府㉑，齊戒㉒五日見甯子，因以為相㉓，齊國以治。君子謂：「妾婧為可與謀。」《詩》云：「先民有言，詢于芻蕘㉔。」此之謂也。

【章　旨】記敘齊管妾婧善解〈白水〉詩。

【注　釋】❶妾婧　齊相管仲妾名。❷甯戚　又作甯越、甯武。春秋時衛國人。家貧為人挽車。後入齊，受齊桓公重用，拜為上卿。❸道無從　找不到進見齊桓公的門路。❹僕　駕車的僕役。❺將　駕。❻商歌　商聲之歌。古代樂官將音樂分為宮、商、角、徵、羽五音，並將五音與四季、五行、五方相配合，以示音調的感情色彩。五音中的商音，屬四季中的秋天、五方中的西方（秋的方位）、五行中的金，是一種肅殺悲傷的音調。甯戚擊牛角而歌的記載，內容不同。《史記・魯仲連鄒陽列傳》裴駰《集解》引應劭曰：「南山矸，白石爛，生不逢堯與舜禪。短布單衣適至骭，從昏飯牛薄夜半，長夜曼曼何時旦？」《文選・嘯賦》李善注引《淮南子》：「出東門兮厲石班，上有松柏兮清且蘭。鹿布衣兮縕縷，時不過兮堯舜。牛兮努力食細草，大臣在爾側，吾當與爾適楚國。」❼異之　認為很不尋常。❽老老　以老年為老。即輕視老年人。第一個「老」字為動詞，第二個「老」字為名詞。下文「賤賤」、「少少」、「弱弱」句式同此。❾太公望　即呂尚。姜姓，呂氏，名尚。相傳周文王請回來立為師，稱「太公望」。西周初年，他官太師，被周武王尊為師尚父，成為天子師。因他輔佐武王滅商有功，封於齊，是周朝齊國的始祖。❿朝歌　商朝都城。在今河南淇縣。⓫三公　官名，輔佐國君掌握國政的高官。一說為太師、太傅、太保；一說為司馬、司徒、司空。⓬皋子　一作「陶子」，即皋陶。古代東夷族首領，相傳為舜的刑官。一說皋子為皋陶之子伯益。⓭駃騠　良馬名，今指驢騾。⓮下席　古人席地而坐，離開坐席走下來，是表示敬意。⓯昔日　原作「昔曰」，據梁端《校注》本改。⓰已　原作「也」，據梁端《校注》本改。⓱邪　同「耶」。原作「矣」，據梁端《校注》本改。⓲白水之詩　古逸詩。《管子・小問》：「浩浩者水，育育者魚。未有室家，而召我安居？」明代馮惟訥之《古詩紀》亦輯有此詩。白水，神話傳說中之水名。一說即黃河。⓳儵儵　黑色。⓴從我　跟隨我，暗寓以國事託付給我的意思。㉑官府　原作「官職」，據梁端《校注》本校改。㉒齊戒　古人舉行重大典禮前，必沐浴更衣，戒酒戒葷，以表誠敬。齊，同「齋」。㉓相　輔佐。此指以甯戚為相。㉔先民有言二句　見《詩經・大雅・板》。先民，古人。芻蕘，割草打柴。此指樵夫。

【語　譯】齊管妾婧，是齊相管仲的妾。甯戚想進見桓公，卻找不到進見的門路，便去做別人的車夫，駕著牛車，住宿在齊都東門外。桓公從城內出來，甯戚就敲擊著牛角唱起歌來，那音調肅殺悲愴。桓公感到很不尋常，就派管仲去迎請他。甯戚只是說：「浩浩啊，白水！」管仲弄不明白其中的意思，有五天時間沒去上朝，臉上現出憂愁的顏色。

管仲的妾婧上前問道：「您五天不上朝，臉有憂色，膽敢請問是憂國家大事呢，還是憂自家的私事呢？」管仲說：「這不是你所能知道的。」妾婧說：「我聽說，不要把老年人看成老朽無能，不要把地位卑微的人看成卑賤無知，不要把少年人看成少不更事，不要把弱小的人看成弱不禁風。」管仲說：「你說的是什麼意思？」妾婧回答：「從前太公望七十歲時，仍在朝歌集市上屠牛，八十歲竟成為天子師，九十歲又被封於齊地。這樣看來，老人可以因為年老而小看他嗎？伊尹是有㜪氏陪嫁的奴隸，商湯讓他位居三公之列，把天下治理得太平。這樣看來，賤人可以因為地位卑賤而小看他嗎？皋子只有五歲就能輔佐大禹，這樣看來，小孩可以因為年小而小看他嗎？駃騠出生七天就具有超過母親的速度，這樣看來，弱者可以因為幼弱而小看他嗎？」管仲趕忙離席下來向妾婧道歉：「我要告訴你事情的原委。前些時桓公派我去迎請甯戚，甯戚說了句：『浩浩啊，白水！』我不知他說的是什麼意思，正為此感到憂慮。」妾婧笑著說：「人家已經告訴了，您怎麼不明白呢？古代有〈白水〉詩，詩中不是在說：『浩浩的白水，黑黑的游魚。君王將要召見我，我將到此來定居。現在國家未安定，跟隨我去又何如？』這是說甯戚想要在齊國做官。」管仲非常高興，便向齊桓公稟報。

齊桓公便修建官署，自己齋戒五天，才召見甯戚，並任他為輔佐大臣，齊國由此大治。君子說：「妾婧是可以參與謀劃國家大事的人。」《詩經》上說：「古人說話多叮嚀，有事請教砍柴人。」說的就是這個意思。

頌曰：「桓遇甯戚，命管迎之。甯戚〈白水〉，管仲憂疑。妾進問焉，為說其詩。管嘉❶報公，齊得以治。」

【章旨】總結全文，讚揚齊管妾婧能參與謀事，使齊大治。

【注釋】❶嘉　嘉許；讚美。

【語譯】頌贊說：「甯戚商歌感桓公，管仲迎請禮節恭。甯戚僅稱〈白水〉詩，管仲憂疑心忡忡。妾婧進見問原委，為他解說詩內容。甯戚為相來輔佐，齊國大治立大功。」

二、楚江乙母

楚大夫江乙之母也。當恭王❶之時，乙為郢大夫。有入王宮中盜者，令尹❷以罪乙，請於王而絀❸之。

處家無幾何，其母亡布八尋❹，乃往言於王曰：「妾夜亡布八尋，令尹盜之。」王方在小曲之臺，令尹侍焉。王謂母曰：「令尹信❺盜之，寡人不為其富貴而不行法焉；若不盜而誣之，楚國有常法❻。」母曰：

「令尹不⑦身盜之也，乃使人盜之。」王曰：「其使人盜，奈何？」對曰：「昔孫叔敖之為令尹也，道不拾遺，門不閉關⑧，而盜賊自息⑨。今令尹之治也，耳目不明，盜賊公行⑩，是故使盜得盜妾之布，是與使人盜何以異也？」王曰：「令尹在上，寇盜在下，令尹不知，有何罪焉？」母曰：「吁，何大王之言過也！昔日妾之子為郢大夫，有盜王宮中之物者，妾子坐而絀，妾子亦豈知之哉？然終坐之。令尹獨何人而不以是為過也？昔者周武王有言曰：『百姓有過，在予一人。』⑪上不明，則下不治；相不賢，則國不寧。所謂國無人者，非無人也，無理人者⑫也。王其察之。」王曰：「善！非徒譏⑬令尹，又譏寡人。」命吏償母之布，因賜金十鎰⑭。母讓金、布曰：「妾豈貪貨而干⑮大王哉？怨令尹之治也。」遂去，不肯受。

王曰：「母智若此，其子必不愚。」乃復召江乙而用之。君子謂：「乙母善以微喻。」《詩》云：「猷之未遠，是用大諫⑯。」此之謂也。

【章旨】記敘楚江乙母指責令尹沒有治理好國政。

【注釋】❶恭王　即楚恭王。楚莊王之子，名箴，或作審，春秋時楚國國君。❷令尹　即宰相。為輔助國君處理政務的最高執政官。戰國後期，宰相的名稱並不統一，有稱「相邦」，有稱「相國」，有稱「丞相」，而楚國則稱「令尹」。❸絀　通「黜」。貶退。❹八尋　六丈四尺。古代以八尺為一尋。❺信　確實。❻常法　《藝文類聚・布帛部》引注云：「常法，謂誣罪人，其罪罪之。」❼不　《藝文類聚・布帛部》作「非」。❽闔　門閂。❾息　停止。❿公行　《藝文類聚・布帛部》作「從橫」。⓫周武王有言曰三句　《墨子・兼愛》引周武王事作「萬方有罪，維予一人」。引湯曰：「萬方有罪，即當朕身。」《呂氏春秋・順民》引湯曰：「萬方有罪，在余一人。」⓬理人者　指有才能治國安民的人。⓭譏　譏彈；指責缺點或錯誤。⓮十鎰　原作「千鎰」，據《藝文類聚・布帛部》改。⓯干　冒犯。原誤作「失」，據《藝文類聚・布帛部》改。⓰猷之未遠二句　見《詩經・大雅・板》。猷，計謀。是用，是以；所以。

【語譯】楚江乙母，是楚國大夫江乙的母親。楚恭王當政時，江乙為郢都大夫。有賊進入王宮偷盜，令尹將此事歸罪江乙，並請示恭王罷免了他的官職。

江乙罷官閒居不久，他的母親丟了六丈四尺布，就進宮稟報恭王：「我家裡夜晚丟了六丈四尺布，是令尹盜走的。」當時恭王正在小曲臺上，令尹在旁侍奉。恭王對江乙母親說：「如果令尹確實盜走你的布，我決不會因為他富貴就不執法處治；如果令尹沒盜，是你誣告，楚國也有處治誣告罪的法律。」江乙母親說：「令尹不是親自去盜布，而是使人去盜布。」恭王說：「令尹怎樣使人去盜呢？」江乙母回答說：「從前孫叔敖當楚國令尹的時候，治理得道不拾遺，門不閉闔，盜賊都自動停止活動了。現在令尹理政，耳目不明，盜賊公開到處活動，因此使盜賊能夠盜走我的布，這與使人盜布有什麼兩樣呢？」恭王說：「令尹身在朝廷，盜賊身在江湖，令尹不知他們的活動，又有什麼罪呢？」江乙母說：「唉，大王的話多麼過分啊！從前我的兒子為郢大夫，有賊人盜王宮內的東西，我兒子因此被判罪而免官。難道我兒子也知道盜賊的行動嗎？可是終究還是判了他的罪。唯獨令尹，他是什麼特殊人物，而不把此事看作是自己的過錯呢？早先周武王有句話：『百姓有了過錯，責任在我一人。』上面不明情況，下面就不會治理好；輔佐國君的人不賢能，國家就不會安寧。所謂國家無人，不是真的無人，而是指沒有治理才幹的人。希望大王明察。」恭王說：「講得很有道理！不但指責令尹，也批評了我呀！」於是命令官吏償還江乙母的布，另賜她黃金十鎰。江乙母不受黃金和布，說：「我難道是為了財物來冒犯大王嗎？我只是責怪令尹沒有治理好罷了！」她說完就離開了，始終沒有接受財物。

恭王說：「母親如此聰明，做兒子的一定不會愚蠢。」便又召來江乙，恢復他的官職。君子說：「江乙母善以細小的事比喻大的道理。」《詩經》上說：「執政計謀無遠見，因此作詩來規勸。」說的就是這種情況。

頌曰：「江乙失位，乙母動心❶。既歸家處，亡布八尋。指責令尹，辭甚有度❷。王復用乙，賜母金布。」

【章旨】總結全文，歌頌江乙之母善以小喻大的才智。

【注釋】❶動心 指心有不平。❷度 適度；有分寸。

【語譯】頌贊說：「江乙免官實無辜，乙母不平心有數。江乙回家來居處，乙母丟失八尋布。指責令尹有責任，乙母言辭很適度。恭王恢復江乙官，賜給乙母金與布。」

三、晉弓工妻

弓工❶妻者，晉繁人❷之女也。當平公❸之時，使其夫為弓，三年乃成。平公引弓而射，不穿一札❹。平公怒，將殺弓人。

弓人之妻請見曰：「繁人之子，弓人之妻也，願有謁於君。」平公見之。妻曰：「君聞昔者公劉之行❺乎？羊牛踐葭葦，惻然為民❻痛之，恩及草木，豈欲殺不辜者乎？秦穆公有盜食其駿馬之肉，反飲之以酒❼。楚莊王臣援其夫人之衣而絕纓❽，與飲大樂。此三君者，仁著於天下，卒享其報，名垂至今。昔帝堯茅茨不翦，采椽不斲❾，土階三等❿，猶以為為之者勞，居之者逸也。今妾之夫治造此弓，其為之亦勞矣⓫。其幹生於太山之阿⑫，一日三覩陰，三覩陽；傳以燕牛之角，纏以荊麋之筋，餬以河魚之膠⑬。此四者，皆天下之妙選⑭也，而君不能以穿一札，是君之不能射也。而反欲殺妾之夫，不亦謬乎？妾聞射之道：左手如拒石，右手如附枝；右手發之，左手不知⑮。此蓋射之道也。」平公以其言為儀⑯而射，穿七札。繁人之夫立得出，而賜金三鎰。君子謂：「弓工妻可與處難。」《詩》曰：「敦弓既堅⑰。」「舍矢既鈞⑱。」言射有法也。

【章　旨】記敘晉弓工之妻能據理力爭，救夫脫難。

【注　釋】❶弓工　製弓的工匠。❷繁人　《太平御覽・卷三四七・兵部・七十八》引注云：「繁人，官名。」❸平公　晉平公，名彪。春秋時晉國國君。《韓詩外傳・卷八》作「齊景公」。❹札　甲葉，即鎧甲。❺公劉之行　《吳越春秋》：「公劉慈仁，行不履生草，運車以避葭葦（蘆葦）。」《後漢書・寇榮傳》：「公劉敦行葦，世稱其仁。」《潛夫論・邊議》：「公劉仁德，廣被行葦。」公劉，后稷的後代，周族的首領。❻民　原缺，據梁端《校注》本補。❼反飲之以酒　為秦穆公事。《史記・秦本紀》：「初，穆公亡善馬，岐下野人共得而食之者三百餘人，吏逐得，欲法之。穆公曰：『君子不以畜產害人。吾聞食善馬肉不飲酒，傷人。』乃皆賜酒而赦之。三百人者聞秦擊晉，皆求從，從而見穆公窘，亦皆推鋒爭死，以報食馬之德。」其事又見《呂氏春秋・愛士》、《韓詩外傳・卷一〇》、《淮南子・氾論》。❽絕纓　為楚莊王事。《韓詩外傳・卷七》：「楚莊王賜群臣酒，日暮酒酣，殿上燭滅。有牽王后衣者，后扢（扯）冠纓（繫帽的帶子）而絕（斷）之，言於王曰：『今燭滅，有牽妾衣者，妾扢其纓而絕之，願趣（取）火視絕纓者。』王曰：『止！』立出，令曰：『與寡人飲，不絕纓者不為樂也。』後吳興師攻楚，有人五合戰、五陷陣卻敵，遂取大軍之首而獻之。王怪而問之曰：『寡人未嘗有異於子，何為於寡人厚也。』對曰：『臣先殿上絕纓者也。』」其事又見《說苑・復恩》。❾昔帝堯茅茨不翦二句　《韓非子・五蠹》：「堯之王天下也，茅茨不翦，采椽不斲。」茅茨，茅草。翦，同「剪」。采，櫟木。椽，椽子。斲，砍削。❿三等　蕭道管《集注》：「等，階級也。三等，言卑也。」⓫矣　原缺，據《太平御覽・兵部》校補。⓬太山之阿　泰山之轉彎處。太，通「泰」。⓭傳以燕牛之角三句　《太平御覽・卷三四七・兵部・七十八》引綦毋邃注曰：「燕角，楚筋細，河膠黏也。」傳，附上。燕牛，燕國出產之牛。荊麋，楚國出產之麋鹿。河，原作「阿」，據《太平御覽・卷三四七・兵部・七十八》校改。⓮妙選　所選的上好材料。⓯左手如拒石四句　王照圓《補注》：「如拒，言力勇也。附枝，不敢縱也。左手不知，腕不動也。」⓰為儀　原脫，據《太平御覽・卷三四七・兵部・七十八》校增。⓱敦弓既堅　見《詩經・大雅・行葦》。敦弓，雕弓。⓲舍矢既鈞　見《詩經・大雅・行葦》。舍矢，射箭。鈞，射中。

【語譯】晉弓工妻，是晉國繁人的女兒。晉平公當政時，曾派她丈夫去製弓，過了三年才製成。平公拉弓而射，竟連一層鎧甲也穿不過去。平公大怒，準備殺掉弓匠。

弓工的妻子請求進見平公，說：「我是繁人的女兒，弓工的妻子，希望能拜謁大王。」平公召見她。弓工妻說：「大王聽說過從前公劉的行事嗎？羊和牛踐踏了蘆葦，他都憂傷得為民痛心，他的恩惠施及草木，難道會殺害無辜的人嗎？有人盜食秦穆公的駿馬，秦穆公反而賜酒給他們喝。有個大臣拽楚莊王王后的衣服，王后扯斷了大臣的帽帶，楚莊王反而與這個大臣飲酒作樂。這三個君主，仁義之德顯揚於天下，最後都得到報答，名聲流傳至今不衰。從前帝堯居處簡樸粗陋，茅草蓋的屋子不加修剪，櫟木做的椽子不加砍削，土築的臺階也是最卑下的，但他還認為做房子的夠勞苦了，住房子的夠安逸了。現在我的丈夫為大王製弓，他已付出艱苦的勞力。做弓的幹生長在泰山之阿，一天三次要驗看它背陰向陽的情況；然後傳上燕牛的角，纏上荊麋的筋，餬上河魚的膠。這四件都是經過精心挑選的上等材料，但是大王竟不能射穿一層鎧甲，這說明了大王是不會射箭的。現在反而要殺害我丈夫，不也太荒謬了嗎？我聽說過射箭之道是：左手力勇如拒石，右手不縱如附枝；右手發箭，左腕不動。這可說是射箭的方法。」平公按照她說的方法射了一箭，結果穿透了七重鎧甲。於是平公釋放了她的丈夫，並賜她三鎰黃金。君子說：「弓工之妻可以患難與共。」《詩經》上說：「拉起雕弓來開張。」「箭箭中靶力量強。」這是說懂得射箭的方法啊！

頌曰：「晉平❶作弓，三年乃成。公怒弓工，將加以刑。妻往說公，
陳其幹材。列其勞苦，公遂釋之。」

【章　旨】總結全文，讚揚弓工之妻患難與共的品德。

【注　釋】❶晉平　指晉平公。

【語　譯】頌贊說：「晉國平公要製弓，弓工三年才成功。不穿一札平公怒，弓工將要遭禍凶。弓工之妻見平公，製弓材料說始終。勞苦功高來訴說，丈夫釋罪甘苦同。」

四、齊傷槐女

齊傷槐女者，傷槐衍之女也。名婧。景公❶有所愛槐，使人守之，植木懸之，下令曰：「犯槐者，刑！傷槐者，死！」於是衍醉而傷槐。景公聞之曰：「是先犯我令。」使吏拘之，且加❷罪焉。

婧懼，乃造❸於相晏子之門曰：「賤妾不勝其欲，願得備數於下❹。」晏子聞之，笑曰：「嬰其❺有淫色乎？何為老而見奔？殆有說，內之至哉❻！」既入門，晏子望見之曰：「怪哉！有深憂。」進而問焉。對曰：「妾父衍幸得充城郭為公民，見陰陽不調，風雨不時，五穀不滋之故，禱祠於名山神水❼，不勝麴蘗❽之味。先犯君令，醉至於此，罪固當死。妾聞明君之蒞國❾也，不損祿而加刑，又不以私恚❿害公法，不為六畜⓫傷民人，不為野草傷禾苗。昔者，宋景公⓬之時，大旱，三年不雨，召太卜⑬而卜之，曰：『當以人祀之⑭。』景公乃降堂，北面稽首⑮曰：『吾所以請雨者，乃為吾民也。今必當以人祀，寡人請自當之。』言未卒，天大雨，方千里。所以然者，何也？以能順天慈民也！今吾君樹槐，令犯者死，欲以槐之故殺婧之父，孤妾之身，妾恐傷執政之法，而害明君之義也。鄰國聞之，皆謂君愛樹而賊⑯人，其可乎？」

晏子惕然⑰而悟。明日朝，謂景公曰：「嬰聞之窮民財力謂之暴；崇玩好，威嚴令，謂之逆；刑殺不正謂之賊。夫三者，守國之大殃也！今君窮民財力，以美飲食之具，繁鐘鼓之樂，極宮室之觀⑱，行暴之大者也；崇玩好，威嚴令，是逆民之明者也；犯槐者刑，傷槐者死，刑殺不正，賊民之深者也。」公曰：「寡人敬受命。」

晏子出，景公即時命罷守槐之役，拔植懸之木，廢傷槐之法，出犯槐之囚。君子曰：「傷槐女能以辭免。」《詩》云：「是究是圖，亶其然乎⑲？」此之謂也。

【章　旨】記敘齊傷槐女奔走救父以盡孝。

【注　釋】❶景公　即齊景公，名杵臼。春秋時齊國國君。❷加　施加。❸造　往；到。❹願得備數於下　《晏子春秋・內篇諫下》作「願得充數乎下陳」。備數，謙詞，充數。❺其　原缺，據梁端《校注》本校增。❻殆有說二句　《晏子春秋・內篇諫下》作「是必有故，令內之」。殆，大概。內，同「納」。❼神水　原作「神女」，據梁端《校注》本改。❽麴櫱　酒。❾蒞國　治國。蒞，治理。❿恚　怨恨。⓫六畜　指馬、牛、羊、豬、狗、雞六種家畜。⓬宋景公　春秋時宋國國君。子姓，名頭曼。⓭太卜　原作「太上」，據梁端《校注》本改。⓮之　原缺，據梁端《校注》本補。⓯稽首　古時的跪拜禮。叩頭至地，是九拜中最重者。見《周禮・春官・大祝》。⓰賊　虐害；傷殘。一本作「賤」。⓱惕然　恐懼的樣子。⓲觀　壯觀的景象。⓳是究是圖二句　見《詩經・小雅・常棣》。究，深思。圖，考慮。亶，確實。

【語　譯】齊傷槐女，是一個傷害槐樹名叫衍的女兒。她名叫婧。齊景公喜好槐樹，就派人守護，並且豎起木樁，在上面掛起告示牌，下令：「觸犯槐樹的，判刑！傷害槐樹的，處死！」碰巧衍因喝醉酒傷害了槐樹。景公知道後說：「這是最早違犯我命令的人。」便派官吏拘捕他，將加罪懲處。

婧為父親憂懼，就到齊相晏子的家門口說：「我禁不住有種奢望，希望能充當相國的侍從。」晏子聽說了，笑著說：「我難道是好色的人嗎？為什麼偌大的年紀還碰見私奔之人？她大概有話要說，可以讓她進來！」婧進了門，晏子一看，說：「怪呀！似乎有深重的憂慮。」於是詢問她。婧回答說：「我的父親有幸住在城中，成為臣民，他最近看到陰陽不協調，風雨不及時，五穀不滋長的現象，就向名山神水祭祀禱告，因而喝醉了酒。違犯了君主的命令，醉成這個樣子，本來罪當處死。我聽說聖明的君主治理國家，不減俸祿，不加刑罰，不因私怨去損害國法，不因六畜去傷害百姓，不因野草去糟蹋禾苗。從前，宋景公當政時，天下大旱，三年沒有下雨，便召來太卜占卜，卜辭說：『應當用人祭天。』景公就走下殿堂，向北行跪拜禮說：『我求雨，是為了我的老百姓。現在卻要用人來祭天，那就讓我自己去充當祭品吧！』話未說完，天便下大雨，遍及千里。所以會這個樣子，是為了什麼呢？那是因為宋景公能上順天心、下愛百姓啊！現在我們的君主種了槐樹，命令傷害它的要處死，準備以傷槐的原因，殺害我的父親，使我成為孤兒，我擔心這樣會損害執政的法律，而傷害明君的仁義。如果鄰國聽了這件事，就會認為我們君主愛樹而殘害人，這樣能行嗎？」

晏子聽了，猛然驚覺過來。在第二天上朝時，便對齊景公稟報：「我聽說窮盡百姓財力的叫做凶暴；崇尚喜愛玩物、發布威嚴命令的叫做悖逆；刑殺不正的叫做殘賊。這三件事，對執政者是最大的禍殃呀！現在大王窮盡百姓的財力，來美化飲食器皿，增多鐘鼓樂曲，窮盡宮室的華麗，這是最大的暴虐行為；崇尚喜好的玩物，發布威嚴的命令，這是最大的悖逆行為；觸犯槐樹的判刑，傷害槐樹的處死，刑殺不正，這是最大的殘民行為。」景公說：「我敬領你的教益。」

晏子離開後，景公即刻就取消看護槐樹的苦役，拔去懸掛命令的木樁，廢除傷害槐樹的法令，釋放傷害槐樹的囚犯。君子說：「齊傷槐女能通過說辭免除父親罪名。」《詩經》上說：「認真思量又考慮，道理確實應如是？」說的就是這種情況。

頌曰：「景公愛槐，民醉折傷。景公將殺，其女悼惶❶。奔告晏子，稱說先王。晏子為言，遂免父殃。」

【章旨】總結全文，歌頌齊傷槐女使父免罪的孝行。

【注釋】❶悼惶 連文同義，驚恐。

【語譯】頌贊說：「景公愛槐命令懸，醉酒傷槐犯罪愆。景公要殺傷槐人，女兒驚惶孝心連。奔走救父告晏子，稱說先王美德傳。晏子以理諫景公，其父性命得保全。」

五、楚野辨女

楚野辨女者，昭氏之妻也。鄭簡公❶使大夫聘❷於荊❸，至於狹路，有一婦人乘車與大夫遇❹，轂❺擊而折大夫車軸。大夫怒，將執而鞭之。婦人曰：「妾聞君子不遷怒，不貳過❻；今於狹路之中，妾已極❼矣，而子大夫之僕不肯少引❽，是以敗子大夫❾之車，而反執妾，豈不遷怒哉？既不怒僕，而反怒❿妾，豈不貳過哉？《周書》曰：『毋侮鰥寡而畏高明⓫。』今子列大夫而不為之表，而遷怒貳過，釋僕執妾，輕⓬其微弱，豈可謂不侮鰥寡乎？吾鞭則鞭耳，惜子大夫之喪善也。」

大夫慚而無以應，遂釋之而問之。對曰：「妾楚野之鄙人⓭也。」大夫曰：「盍⓮從我於鄭乎？」對曰：「既有狂夫昭氏在內⓯矣。」遂去。君子曰：「辨女能以辭免。」《詩》云：「惟號斯言，有倫有脊⓰。」此之謂也。

【章　旨】記敘楚野辨女以不遷怒、不貳過之理說服鄭大夫。

【注　釋】❶鄭簡公　即鄭伯嘉。姬姓，名嘉，鄭僖公之子。春秋時鄭國國君。❷聘　指聘問。古代國與國之間遣使訪問。❸荊　指楚國。❹遇　原缺，據《太平御覽・卷六四九・刑法部・十五》校增。❺轂　車輪中心的圓木。周圍與車輻的一端相連，中間有圓孔用以插軸。❻不貳過　不再犯同樣的過失。貳，再；重複。❼極窮。指狹路無可躲避。❽少引　稍微避開。❾大夫　原作「夫夫」，據梁端《校注》本改。❿怒　原作「怨」，據《太平御覽・卷六四九・刑法部・十五》校改。⓫毋侮鰥寡而畏高明　見《尚書・周書・洪範》。今本作「毋虐煢獨而畏高明」。鰥，指鰥夫。老而喪妻或無妻的人。寡，寡婦。王照圓《補注》：「此『鰥寡』亦但微弱之稱耳。既云有夫，即非鰥寡明矣。」高明，寵貴之人。⓬輕　原作「鞭」，據梁端《校注》本改。⓭鄙人　謙詞，謂鄙俗之人。⓮盍　何不。⓯內　指家內。⓰惟號斯言二句　見《詩經・小雅・正月》。惟，發語詞。號，呼叫。倫，道。脊，理。

【語譯】楚野辨女，是昭氏的妻子。鄭簡公派遣大夫做使者到楚國訪問，走到一條狹小的路上，有一個婦人乘車碰巧與大夫相遇，兩車的車轂相撞，使大夫的車軸折斷。大夫很生氣，準備用馬鞭抽打她。婦人說：「我聽說君子不拿別人出氣，不再犯同樣的過錯；今天我們狹路相逢，我已被逼得無路可避，但您的車夫卻不肯稍稍避開一點，因而才撞壞了您的車子，您反倒要抓我，難道不是拿別人出氣嗎？您不去責怪自己的車夫，反倒要遷怒於我，難道不是再犯同樣的錯誤嗎？《周書》上說：『不要欺侮鰥寡弱小的人而害怕寵貴的人。』您位列大夫之爵，卻不能做出表率，遷怒別人再犯錯誤，放過車夫，抓我鞭打，看輕身分微弱的人，難道不是欺侮鰥寡弱小嗎？我挨鞭打就挨鞭打吧，只是惋惜您喪失了善良的品行。」

大夫慚愧得無話可答，便放過她，並詢問她。她回答說：「我不過是楚國的鄉野鄙人。」大夫再問她：「能不能跟隨我到鄭國去呢？」她回答：「我家裡已有丈夫昭氏了。」說完就離開了。君子說：「楚野辨女能以巧妙的言辭來免除鞭打之苦。」《詩經》上說：「人們說出此話言，確有道理很周全。」說的就是這種情況。

頌曰：「辨女獨乘，遇鄭使者。鄭使折軸，執女忿怒。女陳其冤，亦有其序❶。鄭使慚去，不敢談語。」

【章　旨】總結全文，表彰楚野辨女能以辭免苦。

【注　釋】❶序　指言而有序，說話次序井然。

【語　譯】頌贊說：「楚野辨女坐車中，忽與鄭使狹路逢。車軸折斷鄭使怒，要鞭辨女氣洶洶。辨女訴苦將理說，言辭懇切甚從容。鄭使心中很慚愧，不敢交談去匆匆。」

六、阿谷處女

阿谷❶處女者，阿谷之隧❷浣❸者也。孔子南游，過阿谷之隧，見處子佩璜❹而浣。孔子謂子貢曰：「彼浣者，其可與言乎？」抽觴以受❺子貢曰：「為之辭，以觀其志。」子貢曰：「我，北鄙❻之人也，自北徂❼南，將欲之❽楚。逢天之暑，我思譚譚❾，願乞一飲，以伏我心。」處子曰：「阿谷之隧，隱曲之地❿，其水一清一濁，流入於海。欲飲則飲，何問乎婢子？」受⓫子貢觴，迎流而挹⓬之，投而棄之，從流而挹之，滿而溢之。跪置沙上，曰：「禮不親授⓭。」

子貢還報其辭。孔子曰：「丘已知之矣。」抽琴，去其軫⑭，以受子貢曰：「為之辭。」子貢往曰：「嚮者聞子之言，穆⑮如清風，不拂⑯不寤⑰，私復我心。有琴無軫，願借子調其音。」處子曰：「我，鄙野之人也，陋固無心，五音⑱不知，安能調琴？」

子貢以報孔子。孔子曰：「丘已知之矣。過⑲賢則賓。」抽絺綌⑳五兩㉑，以受子貢曰：「為之辭。」子貢往曰：「吾，北鄙之人也，自北徂南，將欲之楚。有絺綌五兩，非敢以當子之身也，願注之水旁。」處子曰：「行客之人，嗟然永久。分其資財，棄於野鄙。妾年甚少，何敢受子？子不早命㉒，竊有狂夫名㉓之者矣。」

子貢以告孔子。孔子曰：「丘已知之矣。斯婦人達於人情而知禮。」

《詩》云：「南有喬木，不可休息。漢有遊女，不可求思㉔。」此之謂也。

【章　旨】記敘阿谷處女經受孔子對她的多方考驗。

【注　釋】❶阿谷　大的陵谷。阿，大山陵。❷隧　山道。❸浣　洗。❹璜　原作「瑱」，據《太平御覽・卷八二六・資產部・六》引《韓詩外傳》校改。璜，佩玉。❺受　原作「授」，據《太平御覽・卷八二六・資產部・六》引《韓詩外傳》校改。❻北鄙　北邊郊野。❼徂　往。❽之　到。❾譚譚　梁端《校注》本：「《韓詩外傳》作『潭潭』。棲霞郝氏懿行曰：『譚、潭皆燂之借音。《說文》：燂，火熱也，疑作燂為是。』」❿隱曲之地　《太平御覽・卷八二六・資產部・六》引《韓詩外傳》作「隱曲之汜」。隱曲，幽深盤曲。⓫受　原作「授」，王照圓《補注》：「『授』，當作『受』，字之誤也。」下文「以授子貢」的「授」，均作「受」。⓬挹　舀；盛出。⓭禮不親授　《禮記・內則》：「非祭非喪，不相授器。」⓮軫　轉動琴絃的軸。⓯穆　和暢。⓰拂　違背。⓱寤　同「忤」。抵觸。⓲五音　古代樂理分宮、商、角、徵、羽五音，又稱五聲。⓳過　孫詒讓曰：「過，當作『遇』，形近而誤。」陳漢章《斠注》：「『過』疑為『遇』。」⓴絺綌　葛布。㉑五兩　五匹。㉒命　指婚姻之命。㉓名　問名，古代婚禮「六禮」之一。男家向女家主人請問女子之名，叫問名，故男女相知名。見《儀禮・士昏禮》。㉔南有喬木四句　見《詩經・周南・漢廣》。喬木，高大的樹木。漢，漢水。思，助詞。

【語　譯】阿谷處女，是阿谷山道旁的洗衣女。孔子與弟子到南方遊歷，路過阿谷山道，看見一佩玉的女孩了在洗衣。孔子對子貢說：「那個洗衣的女孩子，可以跟她說說話嗎？」便拿出酒器交給子貢說：「與她談談，看看她的志向。」子貢走過去，說：「我，是北邊郊野之人，從北往南，要到楚國去。正好碰上暑天，心頭熱燥得很，希望能討杯水喝，來壓壓熱燥的感覺。」女孩說：「阿谷山道，是個幽深盤曲的地方，此處的水流，一為清澈，一為渾濁，都流入大海，你要喝就喝，何必要問我呢？」她撿起子貢的酒器，逆著水流舀水，又倒出來，然後順著水流舀水，水滿得溢出了酒器。她跪著將酒器放在沙地上，說：「按禮的要求，我不能親手交給你。」

子貢回去，把她說的告訴孔子。孔子說：「我已經知道了。」孔子拿出琴，拔掉軫後交給子貢說：「再去與她談談。」子貢走過去說：「剛才聽你說的，像是和暢的清風，顯得很協調和諧，使我心得到安寧。我現有一把琴，掉了調絃的軸子，希望你能幫忙調調音。」女孩說：「我，是個村野之人，生來就見識淺陋，不知五音，怎麼能調琴呢？」

子貢回來，把她說的告訴孔子。孔子說：「我已經知道了。遇聖賢她將表敬意。」孔子又拿五兩葛布，交給子貢說：「再去與她談談。」子貢又走過去說：「我，是北邊郊野之人，從北往南，要到楚國去。現有葛布五兩，不敢用來充當你的身價，希望將它投放在水邊。」女孩說：「過路的客人，嗟歎良久。你拿出資財，丟棄村野。我雖年小，怎麼敢接受你的資財？你到現在還沒有成親，可是我已知丈夫之名了。」

子貢回去，又告訴孔子。孔子說：「我已經知道了。這個女孩既通達人情，又通曉禮儀。」《詩經》上說：「喬木高高在南山，枝葉稀疏休息難。漢水有個好遊女，要想追求難上難。」說的就是這個情況。

頌曰：「孔子出遊，阿谷之南。異❶其處子，欲觀其風。子貢三反，女辭辨深❷。子曰達情，知禮不淫❸。」

【章　旨】總結全文，歌頌阿谷處女達情知禮。

【注　釋】❶異　動詞，驚異。❷辨深　辨析深刻。❸淫　惑亂。

【語　譯】頌贊說：「孔子出遊到楚地，途經南方阿谷隧。驚嘆處女與人異，多方考驗她大志。子貢三往三反復，處女辨析有深意。孔子誇她不惑亂，知情達禮有風致。」

七、趙津女娟

趙❶津女娟者，趙河津吏❷之女，趙簡子之夫人也。初，簡子南擊楚，與津吏期❸。簡子至，津吏醉臥不能渡，簡子怒❹，欲殺之。娟懼，持檝❺而走。簡子曰：「女子走何為？」對曰：「津吏息女❻。妾父聞主君東❼渡不測之水，恐風波之起，水神動駭，故禱祠九江❽、三淮❾之神，供具備禮，御釐❿受福，不勝巫⓫祝杯酌餘瀝，醉至於此。君欲殺之，妾願以鄙軀易父之死。」簡子曰：「非女⓬之罪也。」娟曰：「主君欲因其醉而殺之，妾恐其身之不知痛，而心不知罪也。若不知罪殺之，是殺不辜也。願醒而殺之，使知其罪。」簡子曰：「善。」遂釋不誅。

簡子將渡，用檝者少一人，娟攘卷摻⑬檝而請曰：「妾居河濟之間，世習舟檝之事⑭，願備員⑮持檝。」簡子曰：「不穀⑯將行，選士大夫齊戒沐浴，義不與婦人同舟而渡也。」娟對曰：「妾聞昔者湯伐夏，左驂牝驪⑰，右驂牝靡⑱，而遂放桀。武王伐殷，左驂牝騏⑲，右驂牝騜⑳，而遂克紂，至於華山之陽。主君不欲渡則已，與妾同舟又何傷㉑乎？」簡子悅。

遂與渡中流，為簡子發〈河激〉之歌㉒。其辭曰：「升彼阿㉓西㉔面觀清，水揚波兮杳㉕冥冥。禱求福兮醉不醒，誅將加兮妾心驚。罰既釋兮瀆㉖乃清，妾持檝兮操其維㉗。蛟龍助兮主將歸，呼來櫂㉘兮行勿疑。」簡子大悅，曰：「昔者不穀夢娶妻，豈此女乎？」將使人祝祓㉙以為夫人。娟乃再拜而辭曰：「夫婦人之禮，非媒不嫁，嚴親在內，不敢聞命。」

遂辭而去。簡子歸，乃納幣㉚於父母，而立以為夫人。君子曰：「女娟通達而有辭。」《詩》云：「來遊來歌，以矢其音㉛。」此之謂也。

【章　旨】記敘趙津女娟進諫趙簡子勿殺無辜以救父。

【注　釋】❶趙　春秋時晉國趙氏封地。❷河津吏　管理河邊渡口的官吏。❸期　約定期限。❹怒　原缺，據《太平御覽・卷七七一・舟部・四》校增。❺檝　船槳。❻息女　親生女。息，生。❼東　原作「來」，據《藝文類聚・水部下》、《太平御覽・卷五七二・樂部・十》校改。❽九江　泛指長江水系的支流。漢代劉歆以注入彭蠡（今鄱陽湖）的湖漢水（今贛江）及其八大支流合稱九江。宋代胡旦、朱熹等以注入洞庭湖的沅、湘等水為九江。說法不一。❾三淮　不詳。王照圓《補注》：「趙之河津去江、淮遠矣，禱祠及之，蓋望祭歟？」蕭道管《集注》：「《詩・小雅》：『淮有三洲。』《傳》：『三洲，淮上之地。』三淮，或指此。」❿御釐　迎福。御，迎。釐，通「禧」。福。⓫巫　原作「玉」，據《太平御覽・卷七七一・舟部・四》校改。⓬女　同「汝」。⓭摻　原作「操」，據梁端《校注》本改。摻，同「攙」。牽挽。⓮妾居河濟之間二句　共十二字，原脫，據《北堂書鈔・舟部》、《太平御覽・卷七七一・舟部・四》校增。⓯員　原作「父」，據《北堂書鈔・舟部》、《太平御覽・卷七七一・舟部・四》校改。⓰不穀　不善，古代諸侯自稱的謙詞。⓱左驂牝驪　指車前轅馬左邊的黑色母馬。牝，雌性的鳥獸。驪，純黑色的馬。⓲靡　梁端《校注》本：「顧（廣圻）校曰：『疑靡即麋，字通用。』」⓳騏　青黑色的馬。⓴驥　同「騜」。黃白色的馬。㉑傷　妨礙。㉒河激之歌　《太平御覽・卷五七二・樂部・十》引綦毋邃注云：「河水激揚，濟之不易。」㉓阿　王照圓《補注》：「『阿』，蓋『舸』字之誤。」㉔西　原作「面」，據《太平御覽・卷五七二・樂部・十》校改。㉕杳　深遠。㉖瀆　大川。㉗維　繫船用的纜繩。

㉘櫂　同「棹」。搖船的工具，此指船。㉙祝祓　向神祝禱祈福。㉚納幣　古代婚禮「六禮」之一。當婚約已定，男方要送女方玄纁、束帛、儷皮（兩張鹿皮）等聘禮，也叫「納徵」。㉛來遊來歌二句　見《詩經・大雅・卷阿》。矢，陳。

【語　譯】趙津女娟，是趙地管理河上渡口一個官吏的女兒，趙簡子的夫人。起初，趙簡子率兵向南攻打楚國，與渡口官吏約定過河的時間。當趙簡子到達時，渡口官吏喝醉了酒，不能送他們過河，趙簡子很生氣，準備殺掉渡口官吏。

趙津女娟很害怕，拿起船槳就跑。簡子看見說：「那個女子為什麼要跑？」女娟回答：「我是渡口官吏的親生女。我父親聽說主君要東渡水性難測的河水，又擔心風浪湧起，驚動水神，就向九江、三淮的水神祈禱，供上祭品，備行禮數，迎求福佑，由於喝了巫祝杯中的餘酒，竟然醉成這個樣子。如果主君要殺的話，我希望用我的生命去換取父親的生命。」簡子說：「這不是你的罪過呀！」女娟說：「主君因為我父親喝醉了酒才殺他，我擔心他身子不感到痛苦，而心裡不明白罪過呀！假使不明白罪過就殺了他，那是殺害無辜了。我希望待他酒醒之後再殺他，使他明白自己的罪過。」簡子說：「你講得很好！」於是釋放了渡口官吏，不再殺他。

簡子將要渡河，但船上還缺一個用槳的人。女娟捲起袖子，拿起船槳，請求說：「我生活在黃河、濟水之間，世世代代都熟練划船的技巧，我願意充當划槳的一員。」簡子說：「我出發之前，挑選士大夫齋戒沐浴，在道義原則上，不與婦人同船渡河。」女娟回答：「我聽說從前湯伐夏時，駕戰車的轅馬，左驂是牝驪，右驂是牝靡，最後流放了夏桀。武王伐殷時，駕戰車的轅馬，左驂是牝騏，右驂是牝驥，最後戰勝了紂王，一直攻打到華山的南邊。主君您不想渡河就算了，與我同船，又有什麼妨礙呢？」簡子很高興地上了船。

船到了河中間，女娟就為簡子唱起了〈河激〉之歌。她唱道：「登上渡船啊西望清流，水起波浪啊杳遠悠悠。祈求福佑啊沈醉不醒，父將誅殺啊我心驚憂。釋放我父啊黃河水清，持楫挽繩啊我與同舟。蛟龍助主啊平安渡水，呼來船棹啊勿疑行舟。」簡子聽了很高興，心想：「以前我夢見娶了妻子，難道就是這個女子嗎？」於是他打算祈求神靈賜福，以女娟為夫人。女娟兩次下拜辭謝說：「婦人的禮儀，沒有媒妁之言就不出嫁。何況父母在家，不敢從命。」於是向簡子告辭就離開了。簡子回宮後，就向女娟的父母納幣，立女娟為夫人。君子說：「女娟通達而善辯。」《詩經》上說：「來此遊玩來唱歌，詩興大發豪情多。」說的就是這個意思。

頌曰：「趙簡渡河，津吏醉荒❶。將欲加誅，女娟恐惶。操楫進說，父得不喪。維久難蔽，終遂發揚。」

【章旨】總結全文，讚揚趙津女娟通達善辯。

【注釋】❶荒　荒忽；恍惚。

【語譯】頌贊說：「趙簡渡河擊楚忙，津吏醉將命令忘。貽誤軍機將誅殺，女娟擔心甚驚惶。操槳進言來救父，道理周全釋禍殃。女娟品德難掩藏，孝行辯才終發揚。」

八、趙佛肸母

趙佛肸❶母者，趙之中牟宰❷佛肸之母也。佛肸以中牟叛❸。趙之法：以城叛者，身死家收❹。佛肸之母將論❺，自言曰：「我死不當❻。」士長❼問其故，母曰：「為我通於主君，乃❽言不通，則老婦死而已。」士長為之言於襄子❾。襄子出❿問其故，母曰：「不得見主君，則不言。」

於是襄子見而問之曰：「不當死，何也？」母曰：「妾之當死，亦何也？」襄子曰：「而⓫子反。」母曰：「子反，母何為當死？」襄子曰：「母不能教子，故使至於反；母何為不當死也？」母曰：「吁！以主君殺妾為有說⓬也，乃以母無教邪？妾之職盡久矣，此乃在於主君！妾聞子少而慢⓭者，母之罪也；長而不能使者，父之罪也。今妾之子，少而不慢，長又能使，妾何負⓮哉？妾聞之，子少則為子，長則為友，夫死從子。妾能為君長子⑮，君自擇以為臣，妾之子與在論中⑯，此君之臣，非妾之子，君有暴臣，妾無暴子。是以言妾無罪也。」襄子曰：「善！夫佛肹之反，寡人之罪也。」遂釋之。君子曰：「佛肹之母，一言而發襄子之意，使行不遷怒之德，以免其身。」《詩》云：「既見君子，我心寫兮⑰。」此之謂也。

【章旨】記敘佛肹之母使君主行不遷怒之德。

【注釋】❶佛肹　一作「佛肸」。為春秋時晉大夫范中行的家臣。❷中牟宰　中牟縣長。中牟，春秋時晉邑，故址在今河北邢臺和邯鄲之間，並非河南之中牟。❸以中牟叛　晉國國卿趙簡子攻打范中行氏，佛肹為中牟縣長，故佔據中牟來抗拒趙簡子。❹收　拘禁。❺論　論死；判死罪。❻不當　不該。❼士長　掌刑獄之長官。❽乃　如果。❾襄子　趙襄子，晉正卿。趙簡子之子無卹。陳漢章《斠注》：「案：佛肹之叛在趙簡子時，與襄子不相值。」❿出　當作「使」。⓫而　人稱代詞，你。⓬有說　有理。⓭慢　怠慢。⓮負　虧欠。⓯長子　使子長大成人。⓰與在論中　指擇賢才任以爵祿事。《禮記・王制》：「凡官民材，必先論之；論辨，然後使之；任事，然後爵之；位定，然後祿之。」論，考核德行道藝。⓱既見君子二句　見《詩經・小雅・蓼蕭》。寫，愉快；舒暢。

【語譯】趙佛肹母，是趙氏中牟邑宰佛肹的母親。佛肹佔據中牟，反叛趙氏。按照趙氏的家法：

佔據城邑反叛的，本人要處死，家族要拘禁。佛肸之母將要判死罪，自言自語：「我不該死罪。」刑獄官問她原因，她提出：「讓我去向主君陳述一下，如果不成，那麼我就去死好了。」刑獄官稟報趙襄子，趙襄子派人去問她為什麼，佛肸母說：「見不到主君，我就不說。」

於是趙襄子召見佛肸母，問她：「你說不該死，為什麼呢？」佛肸母反問道：「我又為什麼該死呢？」襄子說：「你兒子反叛。」佛肸母說：「兒子反叛，做母親的為什麼就該死呢？」襄子說：「做母親的不能教育好兒子，結果使兒子走向反叛；母親為什麼不該死呢？」佛肸母嘆口氣說：「唉！我以為主君殺我會有充分理由，原來只是說我沒有教育好兒子嗎？要說教育兒子，我早就盡到職責了。這件事的責任完全在於主君！我聽說，兒子小時候怠惰，是母親的罪過；長大後不能使喚做事，是父親的罪過。現在我這個兒子小時候不怠惰，長大後也能做事，我還虧欠他什麼呢？我還聽說，兒子小時候可看作是兒子，長大了就當作是朋友，丈夫死後就聽從兒子的。我能為主君把兒子養大成人，主君自願選擇他為臣子，我兒子正在接受德行道藝的考核之中，這是屬於主君的臣子，已不屬於我的兒子了，主君有暴戾的臣子，我沒有暴戾的兒子。因此，我說我沒有罪過。」襄子說：「講得好！佛肸反叛，是我的罪過。」於是他就把佛肸釋放了。君子說「佛肸的母親，能用言辭感動趙襄子，使他不遷怒於人，自己也免除了災難。」《詩經》上說：「見到君子有美德，我的心情真舒暢。」說的就是這種情況。

頌曰：「佛肸既叛，其母任理❶。將就於論，自言襄子。陳列母職，子長在君。襄子說❷之，遂釋不論。」

【章旨】總結全文，歌頌佛肸之母能任理救子。

【注釋】❶任理 憑藉道理。❷說 同「悅」。

【語譯】頌贊說：「佛肸反叛據中牟，母親自是有理由。按照家法將論罪，請見襄子任理周。母職已盡無虧欠，責在君王有愆尤。襄子高興不遷怒，千古留名釋罪囚。」

九、齊威虞姬

虞姬者，名娟之，齊威王❶之姬也。威王即位，九年不治，委政大臣。諸侯竝侵之，其❷佞臣周破胡，專權擅勢，嫉賢妒能。即墨❸大夫賢，而日毀❹之，阿❺大夫不肖，反日譽之。

虞姬謂王曰：「破胡，讒諛之臣也，不可不退。齊有北郭先生者，賢明有道，可置左右。」破胡聞之，乃惡❻虞姬，曰：「其幼弱在於閭巷之時，嘗與北郭先生通❼。」王疑之，乃閉虞姬於九層之臺，而使有司即窮❽驗問。破胡賂執事者，使竟❾其罪。執事者誣其辭而上之。

王視其辭，不合於意，乃召虞姬而自問焉。虞姬對曰：「妾娟之幸得蒙先人之遺體❿，生於天壤之間，去蓬廬⓫之下，侍明王之讌，昵附王著⓬，薦床⓭蔽席。供執埽除，掌奉湯沐⓮，至今十餘年矣。惓惓⓯之心，冀幸補一言，而為邪臣所擠⓰，湮⓱於百重之下⓲。不意大王乃復見而與之語。妾聞玉石墜泥不為汙，柳下⓳覆寒女不為亂，積之於素雅⓴，故不見疑也。經瓜田不躡履，過李園不正冠㉑，妾不避此，罪一也。既陷難中，有司受賂，聽用邪人，卒見覆冒㉒，不能自明。妾聞寡婦哭城㉓，城為之崩；亡士嘆市㉔，市為之罷。誠信發內，感動城市。妾之寃明於白日，雖獨號於九層之內，而眾人莫為豪釐㉕。此妾之罪二也。既有汙名，而加此二罪，義固不可以生。所以生者，為莫白妾之汙名也！且自古有之：伯奇放野㉖，申生被患㉗，孝順至明，反以為殘㉘。妾既當死，不復重陳，然願戒大王，群臣為邪，破胡最甚。王不執政，國殆危矣！」

於是王大寤，出虞姬，顯之於朝市，封即墨大夫以萬戶㉙，烹阿大夫與周破胡，遂起兵收故侵地。齊國震懼。人知烹阿大夫，不敢飾非，務盡其職，齊國大治。君子謂：「虞姬好善。」《詩》云：「既見君子，我心則降㉚。」此之謂也。

【章旨】記敘齊威虞姬因忠心規諫而使齊國大治。

【注釋】❶齊威王　戰國時齊國國君。田氏，名嬰齊，一作因齊。❷諸侯並侵之其　六字原脫，據《文選・卷一一・景福殿賦》引校補。竝，同「並」。一齊。侵，侵佔；欺侮。❸即墨　齊邑。在今山東平度東南。❹毀　誹謗。❺阿　齊邑。在今山東陽谷東南。❻惡　厭惡；憎恨。❼通　私通。❽窮　窮究。❾竟　根究。❿先人之遺體　《禮記・祭義》：「身也者，父母之遺體也。」因身體為父母所生，故稱自己的身體為父母之「遺體」。⓫蓬廬　草屋。⓬昵附王著　孫詒讓曰：「昵附王著，言在王宮為嬪御，昵近主之宁位也。」昵，親近。著，同「宁」。指門屏之間。⓭薦床　鋪床。⓮湯沐　指沐浴。⓯惓惓　同「拳拳」。誠懇。⓰擠　排抵。⓱湮　墜。⓲百重之下　比喻深幽。⓳柳下　即柳下惠，春秋時魯國大夫。《荀子・大略》：「柳下惠與後門者同衣而不見疑。」此即所謂「坐懷不亂」之事。⓴素雅　平常。㉑經瓜田不躡履二句　古樂府〈君子行〉：「瓜田不納履，李下不整冠。」躡，踩。㉒覆冒　誣陷。㉓寡婦哭城　指齊杞梁妻哭城城為之崩事。㉔亡士嘆市　王照圓《補注》：「《左傳》：魯文公之夫人姜氏哭而過市，市人皆哭。疑此事也。」又引郝懿行曰：「疑用伍子胥吹簫吳市事。」㉕眾人莫為豪釐　王照圓《補注》：「言眾人莫為伸理也。豪釐，喻微小，十豪為髮，十髮為釐。」

㉖伯奇放野　伯奇為西周大臣尹吉甫之子，很孝順，後母譖之，被尹吉甫放逐郊野，自投江中。㉗中生被患　申生為晉獻公太子恭君，被晉獻驪姬陷害而自殺。㉘殘　殘賊。㉙萬戶　指食邑萬戶。㉚既見君子二句　見《詩經・小雅・出車》。降，下。指放下心。

【語譯】齊威虞姬，名叫娟之，是齊威王的王姬。齊威王即位後，有九年時間不問政事，而將政事委派朝中大臣去辦理。在這種情況下，諸侯都欺侮齊國，威王的奸臣周破胡，也乘機專權擅勢，嫉賢妒能。即墨大夫賢能，卻常常被他誹謗，阿大夫不賢，反而被他稱讚不已。

虞姬對威王說：「周破胡是個進讒誹謗、阿諛奉承的臣子，必定要貶逐他。齊國有個北郭先生，賢明有才，可以作為大王的左右大臣。」周破胡聽說，十分怨恨虞姬，就散布流言蜚語：「虞姬小時候住在里巷中，曾與北郭先生私通。」威王因此對虞姬起了疑心，就把她禁閉於九層高臺，並派官吏去窮究查問。周破胡賄賂辦案的人，要他根究虞姬的罪。辦案的人便捏造供辭，呈報給威王。

威王看了供辭，感到很不滿意，就召見虞姬親自審問。虞姬回答：「我娟之有幸為父母所生，活在天地之間，又離開村野茅廬，來侍奉大王的宴安，成為親近大王的妃嬪，鋪墊床席，掃除內室，掌奉沐浴，至今已有十多年了。我以誠懇之心，希望說句有益於國事的話，卻反被奸臣排抵，遭受深重的冤屈。沒想到大王再次召見與我面談。我聽說玉石掉在泥汙中沒有人認為它汙穢，柳下惠覆蓋受寒之女沒有人認為他淫亂，良好的印象是日積月累的結果，因而不會被懷疑。路過瓜田不彎腰整履，路過李園不舉手整帽，我不避這些嫌疑，這是我的罪過之一。我患難之後，官吏接受賄賂，受奸臣指使，終被誣陷，還不能親自表白辯明。我聽說寡婦哭城，城牆為之崩倒；亡士嘆市，市民為之罷市。他們的忠誠信義出自內心，使城牆、市民都受到感動。我含冤負屈如同白日那樣明白，雖然我一個人在九層高臺嗚冤叫屈，眾人卻絲毫不能為我辯誣伸冤。這是我的罪過之二。既然有了汙名，再加上這兩種罪過，按仁義之道，我本來是不能活下去的。我所以還厚顏活著，是因為沒消除汙名啊！再說自古就有這樣的事：伯奇被放逐，申生遭禍，都是孝行顯著，反而背上了殘賊之名。我有罪當死，不該再次申述意見，但是我還是希望告誡大王，群臣中行奸作惡的，以周破胡最為嚴重。大王如果再不親掌權柄，齊國恐怕就很危險了。」於是威王醒悟過來，釋放了虞姬，在朝市中顯揚她的名聲，封即墨大夫食邑萬戶，烹殺阿大夫和周破胡，並帶兵收復諸侯侵佔的土地，使齊國人都大為震驚。國人得知烹殺了阿大夫，不敢再掩飾錯誤，都盡忠盡職，齊國於是大治。君子說：「虞姬好行善事。」《詩經》上說：「見到君子真儒雅，我的心事才放下。」說的就是這個意思。

頌曰：「齊國惰政，不治九年。虞姬譏刺❶，反害其身。姬列其事，上指皇天。威王覺寤，卒距❷強秦。」

【章旨】總結全文，歌頌虞姬能譏刺惰政。

【注釋】❶刺　宋本作「刺」，批評。❷距　同「拒」。抗拒。

【語譯】頌贊說：「齊威惰政不理事，委政大臣已九年。虞姬為國來譏刺，反害自身受熬煎。列舉故事明道理，上指皇天辯沈冤。威王醒悟強齊國，抗拒強秦威名傳。」

十、齊鍾離春❶

鍾離春者，齊無鹽❷邑之女，宣王❸之正后也。其為人極醜無雙，臼頭❹深目，長壯❺大節，卬❻鼻結喉，肥項少髮，折腰出胸❼，皮膚若漆。行年四十❽，無所容入，衒嫁不讎❾，流棄莫執。

於是乃拂拭短褐，自詣❿宣王，謂謁者曰：「妾，齊之不讎女也。聞君王之聖德，願備後宮之埽除。頓首司馬門外⓫，唯王幸許之。」謁者以聞。宣王方置酒於漸臺，左右聞之，莫不掩口大笑曰：「此天下強顏⓬女子也，豈不異哉？」於是宣王乃召見之，謂曰：「昔者先王為寡人娶妃匹⓭，皆已備有列位矣。今夫人⓮不容於鄉里布衣，而欲干⓯萬乘之主⓰，亦有何奇能哉？」鍾離春對曰：「無有。特竊慕大王之美義耳！」王曰：「雖然，何善⓱？」良久，曰：「竊嘗善隱⓲。」宣王曰：「隱，固寡人之所願也，試一行之。」言未卒，忽然不見⑲。宣王大驚，立發《隱書》⑳而讀之，退而推之，又未能得。

明日，又更召而問之，不以隱對。但揚目銜齒，舉手拊㉑膝，曰：「殆㉒哉！殆哉！」如此者四。宣王曰：「願遂聞命。」鍾離春對曰：「今大王之君國㉓也，西有衡㉔秦之患，南有強楚之讎，外有二國之難，內聚姦臣，眾人不附㉕；春秋四十，壯男不立，不務眾子，而務眾婦，尊所好，忽所恃㉖。一旦山陵崩弛㉗，社稷不定；此一殆也。漸臺五重，黃金白玉，琅玕㉘籠疏㉙，翡翠珠璣，幕絡㉚連飾，萬民罷㉛極；此二殆也。賢者匿於山林，諂諛強於左右，邪偽立於本朝，諫者不得通入；此三殆也。飲酒沈湎，以夜繼晝，女樂俳優㉜，縱橫大笑，外不修諸侯之禮㉝，內不秉國家之治；此四殆也。故曰：『殆哉！殆哉！』」於是宣王喟然㉞而嘆曰：「痛乎無鹽君之言，乃今一聞！」

於是拆漸臺，罷女樂，退諂諛，去雕琢。選兵馬，實府庫，四辟公門㉟，招進直言，延及側陋㊱。卜擇吉日，立太子，進慈母，拜無鹽君為后。而齊國大安者，醜女之力也。君子謂：「鍾離春正而有辭。」《詩》云：「既見君子，我心則喜㊲。」此之謂也。

【章旨】記敘齊鍾離春為宣王陳述國之四種危機。

【注釋】❶鍾離春 複姓鍾離，名春。❷無鹽 戰國齊邑。在今山東東平東。❸宣王 即齊宣王。田氏，名辟彊，齊威王之子。戰國時齊國國君。❹臼頭 指頭狀如春臼。❺壯 原作「指」，據《太平御覽・卷三六四・人事部・五》、《太平御覽・卷三八二・人事部・二十三》校改。❻卬 原作「印」，據《太平御覽・卷三八二・人事部・二十三》校改。卬，仰。❼折腰出胸 指駝背凸胸。❽四十 《太平御覽・卷三八二・人事部・二十三》作「三十」。❾衒嫁不讎 謂自我炫耀以求嫁。衒，炫耀。讎，售，一本作「售」。❿詣 到。⓫頓首司馬門外 謂在宮外恭候召見。頓首，頭叩地而拜，古代九拜之一。司馬門，皇宮的外門。⓬強顏 厚顏。⓭妃匹 配偶。妃，通「配」。⓮今夫人 原作「今女子」，據《太平御覽・卷三八二・人事部・二十三》校改。⓯干 求。⓰萬乘之主 指擁有兵車萬乘的國君。⓱善 原作「喜」，據《太平御覽・卷三八二・人事部・二十三》校改。⓲善隱 原作「喜隱」，《太平御覽・卷三八二・人事部・二十三》作「隱善」，今改正。隱，指隱語、謎語。⓳忽然不見 此四字有誤。蕭道管《集注》：「忽然不見，在古人乃事理難明之辭，本非隱形之謂也。」陳漢章《斠注》：「忽然隱其亡國之意而退，故云不見。」⓴隱書 解喻隱語之書。《漢書・藝文志》錄有《隱書》十八篇。顏師古注引劉向《別錄》曰：「《隱書》者，疑其言以相問，對者以慮思之，可以無不諭。」㉑拊 拍。㉒殆 危險。㉓君國 治國。㉔衡 通「橫」。專橫。㉕附 依附。㉖恃 原作「時」，據《太平御覽・卷三八二・人事部・二十三》校改。㉗山陵崩弛　謂君主之死。弛，當作「阤」，崩塌。崩阤，連文同義。㉘琅玕　美石。㉙籠疏　即「龍疏」，席子。又名龍茲、蒲蓋。㉚幕絡　一作「莫落」，又作「莫難」。寶珠名。㉛罷　通「疲」。㉜俳優　古代以樂舞諧戲為業的藝人。㉝諸侯之禮　《周禮・秋官・大行人》：「凡諸侯之邦交，歲相問也，殷相聘也，世相朝也。」㉞喟然　嘆息的樣子。㉟公門　古稱國君之外門、中門。㊱側陋　指地位卑微者。㊲既見君子二句　見《詩經・小雅・菁菁者莪》。

【語　譯】齊鍾離春，是齊國無鹽邑的女子，齊宣王的正后。她的長相奇醜無比，頭如舂臼，眼睛凹陷，手指粗長，骨節粗大，鼻仰露孔，喉結粗大，頸子肥大，頭髮稀少，駝背凸胸，皮膚漆黑。已經四十歲了，還未找到婆家。她自我炫耀以求嫁，但一直嫁不出去，到處受排斥而無人收留。

於是她就稍為整理一下麻布衣服，自己到宮裡進見齊宣王，她對負責接待傳達的謁者說：「我，是齊國嫁不出去的女子。我聽說君王聖明仁德，希望充當妃嬪，打掃後宮，我在司馬門給大王叩頭，希望大王能答應我。」謁者將此事呈報上去。宣王正在漸臺擺宴喝酒，左右大臣聽說，都忍不住掩口大笑，說：「這真是天下少有的厚臉皮的女人，難道她與眾不同嗎？」宣王於是召見她，並對她說：「從前先王為我娶配偶，已備有多位妃嬪了。現在你連在鄉里平民中都找不到婆家，反而要求成為萬乘之主的妃子，難道你有什麼特別的才能嗎？」鍾離春回答：「沒有特殊才能。我不過是仰慕大王奉行仁義的美德罷了！」宣王說：「即使如此，你有什麼特長嗎？」過了好一會兒，鍾離春說：「我長於隱語。」宣王說：「隱語，我也希望能聽一聽，你不妨試試吧！」鍾離春話未說完，忽然變得語義難明而下去了。宣王大驚，立刻打開《隱書》來讀，退朝後又認真推敲一番，還是沒有弄清隱語的意思。

第二天，宣王又召她來詢問，鍾離春不回答有關隱語的含義，只是睜大眼睛，咬緊牙齒，舉起手來，拍著膝頭，說：「危險啊！危險啊！」像這樣說了四遍。宣王說：「我希望能聽聽你的意見。」鍾離春回答：「現在大王治理國家，西邊有橫暴的秦國為患，南邊與強大的楚國為仇，國外有秦、楚二國的騷擾，國內聚集一些奸臣，眾人不依附於大王；您年已四十，不立壯年的太子，您不關心公子，卻喜妃嬪，您看重所喜愛的，忽視所依靠的，一旦大王不幸去世，國家就會發生動亂；這是第一種危險。大王高築漸臺五重，嵌以黃金白玉，綴以琅玕籠疏，又用翡翠、珠璣、幕絡裝飾，但萬民卻為此疲憊至極；這是第二種危險。現在賢人隱居山林，諂諛之臣橫行於左右，邪偽之臣掌權於本朝，而忠心進諫的人卻不能入宮上達意見；這是第三種危險。大王沈湎於酒宴，通宵達旦，而且和女樂俳優肆意笑樂，對外不行諸侯之禮，對內不理國家之政；這是第四種危險。因此，我重複強調：『危險啊！危險啊！』」宣王聽了，感慨地嘆息說：「無鹽君的話，說得多麼透徹暢快，我還是頭一回聽到啊！」

於是宣王採取措施，拆掉漸臺，撤掉女樂，貶退諂諛，除去雕飾，挑選精兵良馬，充實錢糧府庫，敞開四面宮門，招納直言忠諫之人，延請卑微的賢人志士。宣王還卜擇吉日良辰，立太子，奉慈母，拜無鹽君為王后。而使齊國得到和平穩定，這完全是醜女鍾離春的功勞。君子說：「鍾離春正直而有辯才。」《詩經》上說：「見到君子好修養，我的心情真歡暢。」說的就是這種情況。

頌曰：「無鹽之女，干說[1]齊宣。分別四殆，稱國亂煩。宣王從之，四辟公門。遂立太子，拜無鹽君。」

【章旨】總結全文，歌頌齊鍾離春正直而有辯才，使齊大定。

【注釋】❶說 遊說。

【語譯】頌贊說：「無鹽之女鍾離春，求說宣王情最真。列舉國家有四殆，內外煩擾動亂頻。宣王聽從她意見，招賢納諫開公門。遂立太子關大計，無鹽為后德義伸。」

十一、齊宿瘤女

宿瘤❶女者，齊東郭❷採桑之女，閔王❸之后也。項有大瘤，故號曰宿瘤。初，閔王出游，至東郭，百姓盡觀，宿瘤女❹採桑如故。王怪之，召問曰：「寡人出遊，車騎甚眾。百姓無少長皆棄事來觀，汝採桑道旁，曾不一視，何也？」對曰：「妾受父母教採桑，不受教觀大王。」王曰：「此奇女也！惜哉宿瘤！」女曰：「婢妾之職，屬❺之不二，予之不忘，中心謂何？宿瘤何傷？」王大悅之，曰：「此賢女也！」

命後車❻載之。女曰：「賴大王之力，父母在內，使妾不受父母之教而隨大王，是奔❼女也，大王又安用之？」王大慚曰：「寡人失❽之。」又❾曰：「貞女一禮不備，雖死不從。」

於是王遣歸，使使者加❿金百鎰，往聘迎之。父母驚惶，欲洗沐加衣裳。女曰：「如是見王，則變容更服，不見識⓫也。」請死不往。於是如故隨使者。閔王歸見諸夫人，告曰：「今日出遊，得一聖女，今至，斥汝屬矣。」諸夫人皆怪之，盛服而衛⓬。遲⓭其至也，宿瘤駭宮中，諸夫人皆掩口而笑，左右失貌⓮，不能自止。王大慚曰：「且無笑，不飾⓯耳。夫飾與不飾，固相去十百也。」女曰：「夫飾與不飾，相去千萬尚不足言，何獨十百也？」王曰：「何以言之？」對曰：「性相近，習相遠也。昔者堯、舜、桀、紂，俱天子也。堯、舜自飾以仁義，雖為天子，安於節儉，茅茨不翦，采椽不斲，後宮衣不重采⓰，食不重味。至今數千歲，天下歸善焉。桀、紂不自飾以仁義，習為苛文⓱，造為高臺深池。後宮蹈綺縠⑱，弄珠玉，意非有饜時也。身死國亡，為天下笑。至今千餘歲，天下歸惡焉。由是觀之，飾與不飾相去千萬，尚不足言，何獨十百也？」

於是諸夫人皆大慚，閔王大感，立⑲瘤女以為后。出令：卑⑳宮室，填池澤，損膳減樂，後宮不得重采。期月㉑之間，化㉒行鄰國，諸侯朝之。侵三晉㉓，懼秦、楚，立帝號㉔。閔王至於此也，宿瘤女有力焉。及女死之後，燕遂屠齊㉕，閔王逃亡而弒死於外。君子謂：「宿瘤女通而有禮。」《詩》云：「菁菁者莪，在彼中阿。既見君子，樂且有儀㉖。」此之謂也。

【章旨】記敘齊宿瘤女進諫閔王以仁義自飾。

【注釋】❶宿瘤　大肉瘤。宿，大。❷東郭　東邊的外城。郭，外城。❸閔王　即齊閔王。田氏，名地，宣王之子。戰國時齊國國君。閔，一作「湣」。❹女　原脫，據《太平御覽・卷三八二・人事部・二十三》校補。❺屬　同「囑」。囑咐。❻後車　原作「後乘」，據《太平御覽・卷三八二・人事部・二十三》校改。❼奔　指私奔。❽失 過失。❾又 王照圓《補注》：「『又』，當是『女』之誤。」❿加 原作「以」。⓫見識 認識我。⓬衛 護。⓭遲 梁端《校注》本：「王氏念孫曰：『遲，猶比也，言比其至，而宮中皆駭也。』」⓮失貌 失去常態。⓯飾 修飾。⓰重采 追求華麗的花紋。⓱苛文 煩苛的政令法令。⓲綺縠 絲織品。⓳立 原脫，據《太平御覽．卷三八二．人事部．二十三》校補。⓴卑 使之低下。㉑期月 整年。㉒化 教化。㉓三晉 春秋末期，晉國為韓、趙、魏三家卿大夫所瓜分，三家各立為國，周天子正式承認三家為諸侯，史稱三晉。㉔立帝號 此句前原衍「一」字，據《太平御覽．卷三八二．人事部．二十三》校刪。據《史記．秦本紀》，秦約齊稱帝，秦頃襄王十九年，「王（頃襄王）為西帝，齊（閔王）為東帝，皆復去之」。㉕燕遂屠齊 據《史記．燕召公世家》，燕易王二十四年，「於是遂以樂毅為上將軍，與秦、楚合謀以伐齊。齊兵敗，湣王出亡於外」。㉖菁菁者莪四句 見《詩經．小雅．菁菁者莪》。菁菁，茂盛。莪，蘿蒿。中阿，即阿中。阿，大山陵。儀，儀式；準則。

【語 譯】齊宿瘤女，是齊國東郭的採桑女，齊閔王的王后。她頸子上生了個大肉瘤，因此號稱宿瘤。起初，閔王出城遊玩，來到東郭，百姓都來圍觀，唯獨宿瘤女照樣在採桑。

閔王感到奇怪，就召見她來詢問：「我出城遊玩，車馬眾多，百姓不分老幼，都放下活計來圍觀，你在路旁採桑，卻不看一眼，為什麼呢？」宿瘤女回答：「我是奉父母命來採桑，不是奉命來圍觀大王的。」閔王說：「這真是一個奇女子！可惜生了個大肉瘤！」宿瘤女說：「婢妾的職責就是一心做好所囑咐的事情，只要牢記不忘，心中還能有什麼念頭呢？一個肉瘤子有什麼值得傷感的呢？」閔王很高興，說：「你真是個賢女！」便命令後車載她進宮。宿瘤女說：「仰仗大王的恩德讓我入宮，但父母在家，如果不奉父母之命跟隨大王入宮，那就是私奔的女子，這對大王又有何用呢？」閔王很是羞慚，說：「這是我的過失。」宿瘤女又說：「對於貞女，如果『六禮』中有一禮不齊備，是寧死不從的。」

閔王便遣送她回去，派使者帶上黃金百鎰，前去聘娶。宿瘤女的父母驚喜不已，要她去洗澡換衣。宿瘤女不同意這麼做，說：「如果洗澡換衣，就會改變容顏和服飾，大王就不認識我了。」她根本不聽從。於是她像平常那樣，不加妝扮，就跟著使臣進宮。閔王回宮對各位夫人說：「今天我出城遊玩，尋得一位聖女，她隨後即到，你們將會聽到她的教訓。」夫人們都很好奇，便華服盛妝環護於閔王左右。等到宿瘤女一進宮，那頸上的大肉瘤使宮中的人吃了一驚，夫人們都掩口大笑，左右的人也笑得失態，不能控制自己。閔王很難為情，說：「你們暫且不要笑，她不過是沒有修飾罷了。修飾與不加修飾，是要相差十倍百倍的。」宿瘤女接著說：「修飾與不修飾，相差千倍萬倍還算不上什麼，豈止是相差十倍百倍呢？」閔王說：「憑什麼這樣說呢？」宿瘤女回答：「人的本性原是相近的，後來因為積習不同，才有了較大的差異。從前，唐堯、虞舜、夏桀、商紂，都做過天子。唐堯、虞舜以仁義來修飾自己，雖然做了天子，卻注重節儉，蓋屋子的茅草不加修剪，做椽子的櫟木不加砍削，後宮之中，衣服不求什麼樣的花紋，吃飯不求什麼樣的美味。至今已有好幾千年了，天下人仍在稱頌他們的美德善行。夏桀、商紂不以仁義來修飾自己，不停地制訂煩苛的法律，建造高臺深池，後宮中人身穿綺縠，玩弄金玉，慾壑沒有滿足的時候。終於身死國亡，為天下所恥笑。至今也有好幾千年了，天下人仍在責罵他們的惡德醜行。由此看來，修飾與不修飾，相差千倍萬倍，還算不了什麼，豈止是十倍百倍而已呢？」

宿瘤女的這一席話，使夫人們都大為羞慚，更使閔王大為感動，閔王於是立瘤女為王后。並發布命令：宮室修造要低矮，池澤要填平，要減少膳食，減少樂舞，後宮不能穿華麗花紋的衣服。一年之間，齊國的教化就影響到鄰近的國家，使不少諸侯前來朝見。閔王還率兵攻打三晉，使秦、楚強國大為震驚，又自立為東帝。閔王能夠做到這樣，宿瘤女是有功勞的。當宿瘤女死了之後，燕國就與秦、楚合謀，攻破齊國，閔王逃亡在外，被人殺害。君子說：「宿瘤女通達有禮。」《詩經》上說：「密密麻麻有蘿莪，根子生在大山坡。見到君子心快樂，學習榜樣莫蹉跎。」說的就是這種情況。

頌曰：「齊女宿瘤，東郭採桑。閔王出遊，不為變常❶。王召與語，諫辭甚明。卒升后位，名聲光榮。」

【章　旨】總結全文，歌頌齊宿瘤女能通達有禮。

【注　釋】❶常　常規。

【語　譯】頌贊說：「齊女宿瘤人驚惶，東郭路旁來採桑。閔王出遊人圍觀，採桑如故不變常。閔王召她來詢問，仁義自飾理周詳。貌醜德美為帝后，聲名遠播有榮光。」

十二、齊孤逐女

孤逐女者，齊即墨之女，齊相之妻也。初，逐女孤無父母，狀甚醜，三逐於鄉❶，五逐於里❷，過時無所容。

齊相婦死，逐女造襄王❸之門而見謁者曰：「妾三逐於鄉，五逐於里，孤無父母，擯棄❹於野，無所容止❺。願當君王之盛顏，盡其愚辭。」左右復❻於王，王輟食吐哺而起。左右曰：「三逐於鄉者，不忠也；五逐於里者，少禮也。不忠少禮之人，王何為遽❼？」王曰：「子不識也。夫牛鳴而馬不應，非不聞牛聲也，異類故也。此人必有與人異者矣。」遂見，與之語三日。

始一日，曰：「大王知國之柱❽乎？」王曰：「不知也。」逐女曰：「柱，相國是也。夫柱不正，則棟❾不安，棟不安，則榱橑墮❿，則屋幾覆矣。王，則棟矣；庶民，榱橑也；國家，屋也。夫屋堅與不堅在乎柱，國家安與不安在乎相。今大王既有明知，而國相不可不審⑪也。」

王曰：「諾。」

其二日，王曰：「吾國相奚若？」對曰：「王之國相，比目之魚⑫也，外比內比，然後能成其事，就其功。」王曰：「何謂也？」逐女對曰：「朋⑬其左右，賢⑭其妻子，是外比內比也。」

其三日，王曰：「吾相其可易乎？」逐女對曰：「中才也，求之未可得也。如有過之者，何為不可也？今則未有。妾聞明王之用人也，推⑮一而用之，故楚用虞邱子，而得孫叔敖⑯；燕用郭隗，而得樂毅⑰。大王誠能厲⑱之，則此可用矣。」王曰：「吾用之奈何？」逐女對曰：「昔者齊桓公尊九九之人，而有道之士歸之⑲；越王敬螳蜋之怒，而勇士死之⑳；葉公好龍，而龍為暴下㉑。物之所徵㉒，固不須頃。」王曰：「善！」遂尊相，敬而事之，以逐女妻之。居三日，四方之士，多歸於齊㉓，而國以治。《詩》云：「既見君子，並坐鼓瑟㉔。」此之謂也。

【章旨】記敘齊孤逐女進見齊襄王縱談國政的經過。

【注釋】❶鄉　行政區域單位。周代以一萬二千五百家為一鄉。❷里　古代以二十五家為一里，聚族列里而居。❸襄王　即齊襄王。田氏，名法章，閔王之子，戰國時齊國國君。❹擯棄　排斥棄絕。❺容止　收留。❻復　白；報告。❼何為遽　《太平御覽・卷三八二・人事部・二十三》作「何足為遽」。遽，急忙；倉猝。❽杜　支梁的柱子。❾棟　房屋的正梁。❿榱橑墮　下衍「榱橑墮」三字，據梁端《校注》本刪。榱橑，即椽子。⓫審　慎重。⓬比目之魚　即鰈魚。王照圓《補注》：「比目之魚，不比不行。一眼兩片，相得及行。合之則美，離之則傷者也。」⓭朋　以之為朋友。⓮賢　以之為賢人。⓯推　推重。⓰楚用虞邱子二句　見本書卷二〈賢明傳・楚莊樊姬〉。⓱燕用郭隗二句　見《史記・燕召公世家》：「燕昭王於破燕之後即位，卑身厚幣以招賢者。謂郭隗曰：『齊因孤之國亂而襲破燕，孤極知燕小力少，不足以報。然誠得賢士以共國，以雪先王之恥，孤之願也。先王視可者，得身事之。』郭隗曰：『王必欲致士，先從隗始。況賢於隗者，豈遠於里哉！』於是昭王為隗改築宮而師事之。樂毅自魏往，鄒衍自齊往，劇辛自趙往，士爭趨燕。」⓲厲　勉勵。⓳齊桓公尊九九之人二句　見《韓詩外傳・卷三》：「齊桓公設庭燎，為士之欲造見者。期年，而士不至。東野鄙人有以九九見者，曰：『四方之士，皆自以不及君，故不至也。夫九九薄能耳，而君猶禮之，況賢於九九者乎？』」事又見《說苑・尊賢》。九九，即九九乘法。以一至九每兩數相乘而成。⑳越王敬螳蜋之怒二句　見《淮南子・人間》：「齊莊公出獵，有一蟲舉足將搏其輪。問其御曰：『此何蟲也？』對曰：『此所謂螳螂者也，其為蟲也知進而不知卻，不量力而輪敵。』莊公曰：『此為人而必為天下勇武矣。』迴車而避之。勇武聞之，知所盡死矣。」㉑葉公好龍二句　《新序・雜事五》：「葉公子高好龍，鉤以寫龍，鑿以寫龍，屋室雕文以寫龍。於是天龍聞而下之，窺頭於牖（窗戶），施尾於堂。葉公見之，棄而還走，失其魂魄，五色無主。是葉公非好龍也，好夫似龍而非龍者也。」葉，古邑名，在今河南葉縣。暴，突然。㉒徵　證驗。㉓居三日三句　原缺十一個字，據《北堂書鈔・設官部》校增。㉔既見君子二句　見《詩經・秦風・車鄰》。鼓，彈。

【語　譯】 齊孤逐女，是齊國即墨的女人，齊國國相的妻子。起初，她因父母去世成為孤女，加上她又長得很醜，所以有三次被鄉人逐出，有五次被里人趕走，超過了應嫁年紀，一直找不到婆家。

逐女聽說齊相死了妻子，就到齊襄王的宮門，對負責接待的謁者說：「我三次被鄉人趕出來，五次被里人趕出來，無父無母，孤苦無依，被排斥於郊野，沒有可容身之地。我希望能當著大王的面，講出我要講的話。」左右向襄王稟報，襄王放下飯碗，吐出食物，站起身來。左右說：「三逐於鄉，是她不忠的表現；五逐於里，是她少禮的行為。對這種不忠少禮的人，大王為什麼要急於召見呢？」襄王說：「你們不懂。牛一鳴叫而馬沒有反應，那不是馬沒有聽到牛叫，而是因為牠們不是同類的緣故。這個女人必有與一般人不同的地方。」於是召見她，並和她談了三天話。

頭一天，她向襄王提出：「大王知道國家的支柱是什麼嗎？」襄王說：「不知道。」逐女說：「國家的支柱，就是相國呀。支柱不正，房屋的正梁就不會安穩，正梁不安穩，那麼椽子就會墜落，房子就會整個倒塌下來。大王，就是棟梁；庶民百姓，就是椽子；國家，就是那個房屋。房屋堅牢不堅牢全在支柱，國家安定不安定全在國相。現在大王很是明智，但任用國相是不可不慎重的。」襄王表示同意，說：「好！」

第二天，襄王問她：「我的國相你認為怎樣？」逐女回答：「大王的國相，就像是比目魚，要做到內外都能並行不悖，然後才能辦好大事，獲得成功。」襄王說：「你說的是什麼意思？」

逐女回答：「把左右的人看作朋友，把妻子兒女看作賢人，這就是內外都並行不悖了。」

第三天，襄王問：「我的國相能不能換換呢？」逐女回答：「他是個中才之人，但這樣的中才也很難得。如果有超過他的才能的，為什麼不可以任用呢？但現在尚未發現。我聽說聖明的君主任用人才，是先推重其中一人來試用，因此，楚國任用虞邱子，而得到孫叔敖；燕國任用郭隗，而得到樂毅。大王如果真能加以勉勵，那麼這個國相還是可用的。」襄王說：「怎樣任用好呢？」逐女回答：「從前，齊桓公推重一個懂九九乘法的人，使有德有才的人前來歸附；越王敬重一隻敢於擋車輪的螳螂，使勇士拼死效力；葉公喜歡龍，使龍突然從天而降。萬物是相互感應的，這可在短時間內就得到驗證。」襄王說：「你講得很好！」於是尊重相國，加以禮待，並讓逐女做他的妻子。過三天，四方賢士，多歸向齊國，齊國就得到治理。《詩經》上說：「見到君子器宇昂，並坐彈瑟樂未央。」說的就是這種情況。

頌曰：「齊逐孤女❶，造襄王門。女雖五逐，王猶見焉。談國之政，亦甚有文。與語三日，遂配相君。」

【章旨】總結全文，歌頌齊孤逐女使齊大治的才智。

【注釋】❶逐孤女　當作「孤逐女」。

【語譯】頌贊說：「齊有孤女身貧寒，有事來宮叩門關。雖然鄉里五見逐，襄王接見未為難。縱談國政關大事，陳辭見識不一般。襄王與她談三日，配給齊相盡歡顏。」

十三、楚處莊姪

楚處❶莊姪❷者，楚頃襄王❸之夫人，縣邑❹之女也。初，頃襄王好臺榭，出入不時，行年四十，不立太子。諫者蔽塞，屈原❺放逐，國既殆矣。秦欲襲其國，乃使張儀❻間❼之，使其左右謂王曰：「南游於唐❽，五百里有樂焉。」王將往。是時莊姪年十二，謂其母曰：「王好淫樂，出入不時，春秋既盛，不立太子；今秦又使人重賂左右，以惑我王，使游五百里之外，以觀其勢❾。王已出，姦臣必倚❿敵國而發謀，王必不得反國。姪願往諫之。」其母曰：「汝嬰兒也，安知諫？」不遣。姪乃逃，以緹⓫竿為幟。姪持幟伏南郊道旁。

王車至，姪舉其幟。王見之而止，使人往問之。使者報曰：「有一女童，伏於幟下，願有謁於王。」王曰：「召之。」姪至，王曰：「女何為者也？」姪對曰：「妾縣邑之女也，欲言隱事⑫於王，恐壅閼⑬蔽塞而不得見，聞大王出遊五百里，因以幟見。」王曰：「子何以戒寡人？」姪對曰：「大魚失水；有龍無尾；牆欲內崩，而王不視。」王曰：「不知也。」姪對曰：「大魚失水者，王離國五百里也，樂之於前，不思禍之起於後也。有龍無尾者，年既四十，無太子也，國無強⑭輔，必且殆也。牆欲內崩而王不視者，禍亂且成，而王不改也。」王曰：「何謂也？」姪曰：「王好臺榭，不恤眾庶，出入不時，耳目不聰明，春秋四十，不立太子，國無強輔，外內崩壞⑮；強秦使人內間王左右，使王不改，日以滋甚⑯。今禍且構⑰，王遊於五百里之外，王必遂往，國非王之國也！」王曰：「何也？」姪曰：「王之致此三難⑱也，以⑲五患。」王曰：「何謂五患？」姪曰：「宮室相望，城郭闊達，一患也；宮垣衣繡⑳，民人無褐㉑，二患也；奢侈無度，國且虛竭，三患也；百姓飢餓，馬有餘秣㉒，四患也；邪臣在側，賢者不達，五患也。王有五患，故及三難。」

王曰：「善！」命後車載之，立還反，國門㉓已閉，反者已定。王乃發鄢㉔郢之師以擊之，僅能勝之㉕。乃立姪為夫人，位㉖在鄭子袖㉗之右㉘。為王陳節儉愛民之事，楚國復強。君子謂：「莊姪雖違於禮，而終守以正。」《詩》云：「北風其喈，雨雪霏霏。惠而好我，攜手同歸㉙。」此之謂也。

【章旨】記敘楚處莊姪以「五患」、「三難」勸諫楚頃襄王。

【注釋】❶處　處子；女孩。❷莊姪　莊姓，名姪。❸楚頃襄王　戰國時楚國國君。熊氏，名橫，楚懷王之子。❹縣邑　泛指王畿內的縣邑。❺屈原　戰國時楚國的政治家、文學家。名平，字原。楚懷王時任左徒、三閭大夫，主張革新政治，聯齊抗秦，因遭讒去職。楚頃襄王時被放逐，流浪於沅、湘之間。秦破郢都後，悲憤投湖南汨羅江而死。❻張儀　戰國時的縱橫家。曾任秦相，封武信君，主張「連橫」說，遊說各國諸侯服從秦國。據《史記‧張儀列傳》，張儀遊說楚國親秦，為楚懷王時代，非楚頃襄王時代。❼間　離間。❽唐　高唐觀，在雲夢澤。❾勢　形勢。❿倚　原作「倍」，據梁端《校注》本改。⓫緹　赤色之帛。⓬隱事　隱語；謎語。⓭壅閼　堵塞；阻隔。⓮強　原作「弼」，據梁端《校注》本改。⓯壞　原作「壤」，據梁端《校注》本改。⓰日以滋甚　原作「滋日以甚」，據《太平御覽‧卷四五五‧人事部‧九十六》校改。⓱構　造成。⓲三難　即大魚失水、有龍無尾、牆欲內崩的隱語。⓳以　因為。⓴衣繡　穿上華麗的衣服。㉑褐　粗麻布。㉒秣　馬的飼料。㉓國門　指楚國郢都之城門。㉔鄢　水名，源出湖北保康西南。今名蠻河，流經南漳、宜城入於漢水。㉕僅能勝之《太平御覽．卷四五五．人事部．九十六》作「僅而得勝」。㉖位 原作「立」，據梁端《校注》本改。㉗鄭子袖 即鄭袖，楚懷王之夫人。此處疑有誤。㉘右 古時以右為尊，引申為高貴的意思。㉙北風其喈四句 見《詩經．邶風．北風》。喈，風急的聲音。雨雪，下雪。霏霏，紛紛的樣子。惠而，惠然；順從；贊成。

【語譯】楚處莊姪，是楚頃襄王的夫人、王畿縣邑的姑娘。起初，頃襄王喜歡遊觀之樂，不按時出入宮中，年已四十，還未立太子，諫官受到阻擋，屈原遭到流放，國家已岌岌可危了。這時秦國企圖襲擊楚國，便派張儀到楚國進行離間工作，唆使左右大臣對頃襄王說：「到南邊的高唐觀去，沿途五百里都有玩樂的地方。」頃襄王準備前往。當時莊姪才十二歲，她對母親說：「大王過於喜好遊樂，不按時出入宮廷，到了卅年，不立太子；現在秦國又派人以重金賄賂左右大臣，來迷惑大王，讓他離開郢都五百里之外，來觀察楚國的動向。大王一旦外出，朝中的奸臣必定依靠敵國而發動叛亂陰謀，大王就不能返回國都了。我希望去勸諫大王。」母親說：「你還是個小孩子，哪裡懂什麼勸諫呢？」不讓莊姪去。莊姪設法逃出家，用一塊赤色的帛繫在竹竿上作為旗號。她拿著旗號伏在頃襄王必經的南郊路上。

頃襄王坐車過來了，莊姪便高高地舉起旗號。頃襄王發現後便停下車來，派人去詢問。使者回來稟報：「有一個女孩子，在旗號下面伏著，希望能拜見大王。」頃襄王說：「喚她過來。」莊姪走過去，頃襄王問：「你想幹什麼？」莊姪回答：「我是王畿縣邑的女子，想向大王談談關於隱語的事，因怕碰到阻塞而見不著大王，聽說大王要到五百里外去遊玩，我就拿著旗幟趕來拜見。」頃襄王說：「你有什麼話要對我說呢？」莊姪說：「大魚離開水；龍沒有尾巴；牆將要往裡崩塌，但大王並未看見。」頃襄王說：「我不知你說的隱語是什麼意思。」莊姪解釋說：「大魚離開了水，是說大王離開京都五百里外，只想遊樂於前，不想禍起於後。有龍沒有尾巴，是說大王年已四十，未立太子，國家沒有強而有力的輔佐，必然面臨危機。牆要往裡崩塌而大王未見，是說禍亂將要釀成，而大王卻不改悔。」頃襄王說：「這具體說來，是指什麼呢？」莊姪說：「大王喜好遊觀之樂，不體恤百姓，不按時出入宮中，耳目不聰不明，年已四十，不立太子，國家沒有堅強的輔弼，朝廷內外分崩離析；強秦派人從內部離間大王的左右，使大王不知悔改，而且情況愈來愈嚴重。現在禍亂將要釀成，大王卻遊樂於五百里之外，如果真的外出，恐怕楚國就不是大王的楚國了！」頃襄王問：「為什麼呢？」莊姪說：「大王所以得到三種災難，是因為有五種隱患存在。」頃襄王問：「是哪五種隱患呢？」莊姪說：「宮室重疊相望，城郭廣闊暢通，為隱患之一；宮中穿華麗的衣服，百姓連粗麻布也穿不上，為隱患之二；宮中奢侈無度，國庫將空虛衰竭，為隱患之三；百姓在挨餓，宮中馬廄裡卻有多餘的飼料，為隱患之四；奸臣在君側，使賢臣不通達，為隱患之五。大王有這五患，也就產生了三種災難。」

頃襄王很賞識她這一席話，說：「講得好！」便命令後車載上莊姪，立刻返回郢都，但郢都城門已關閉，叛軍已控制了郢都。頃襄王便調遣鄢水和郢都四周的軍隊，向叛軍反擊，算是勉強取勝了。於是頃襄王立莊姪為夫人，位在鄭子袖之上。莊姪常向頃襄王陳述節儉愛民的事蹟，楚國重又強盛起來。君子說：「莊姪雖然有違於禮，但最終還是恪守著正道。」《詩經》上說：「北風呼呼來肆威，大雪紛紛漫天飛。志同道合好伙伴，我們攜手一同歸。」說的就是這個意思。

頌曰：「楚處莊姪，雖為女童。以幟見王，陳國禍凶。設❶王三難，五患累重❷。王載以歸，終卒有功。」

【章旨】總結全文，歌頌楚處莊姬使楚復強的功德。

【注釋】❶設　設置。❷累重　重疊。

【語譯】頌贊說：「莊姪雖是一女童，見識與眾自不同。高舉旗幟得見王，陳述國家有禍凶。預見君王有三難，原因就在五患中。楚王載回立夫人，楚國復強立大功。」

十四、齊女徐吾

齊女徐吾者，齊東海上貧婦人也。與鄰婦李吾之屬❶會燭❷，相從夜績。徐吾最貧，而燭數❸不屬❹。

李吾謂其屬曰：「徐吾燭數不屬，請無與夜❺也。」徐吾曰：「是何言與❻？妾以貧，燭不屬之故，起常先，息常後，灑埽陳席，以待來者；自與蔽薄❼，坐常處下❽，凡為貧燭不屬故也。夫一室之中，益一人燭不為暗，損一人燭不為明，何愛東壁❾之餘光，不使貧妾得蒙見哀❿之恩，長為妾役之事。使諸君常有惠施於妾，不亦可乎？」李吾莫能應，遂復與夜，終無後言。君子曰：「婦人以辭不見棄於鄰，則辭安可以已乎哉？」《詩》云：「辭之輯矣，民之協矣⓫。」此之謂也。

【章旨】記敘齊女徐吾因家貧會燭夜績的故事。

【注釋】❶李吾之屬 指李吾之伙伴。屬，類。❷會燭 合共火燭。❸數 屢次；頻繁。❹屬 連綴；繼續。❺與夜 指一起夜績。❻與 同「歟」。句末語氣詞。❼蔽薄 破敝單薄的席子。王照圓《補注》：「蔽，當作『敝』。」❽坐常處下 指常處下座，以示謙卑。❾東壁 星宿名。壁宿與室宿共有四顆星，稱為「營室」，東壁兩星在「營室」的東邊，故稱「東壁營室」，簡稱「東壁」。王照圓《補注》：「東壁，星名，猶言四壁也。」❿見哀 被哀憐。見，被。⓫辭之輯矣二句 見《詩經・大雅・板》。輯，和諧。協，《毛詩》作「洽」，和諧融洽。

【語譯】齊女徐吾，是齊國東海岸邊的一個貧困的婦人。她和鄰居李吾的伙伴合共火燭，在夜裡一起紡麻線。她家裡因為太窮，火燭屢屢供應不上。

李吾對她的伙伴們說：「徐吾的火燭常常接不上來，夜裡請不要和她在一起幹活。」徐吾說：「這是什麼話呀？我因為貧窮，火燭接不上，便最早起床，最晚休息，灑水掃地，鋪墊席子，等待你們到來；自取破舊單薄的席子，又常處於後座，這些都是家貧火燭不繼的緣故。一室之中，多一個人的燭光不會變得更暗，少一個人的燭光不會變得更亮，為什麼吝惜東壁的餘光，不讓我得到哀憐的恩德，從而能長久去做我的績事。諸位常常給我恩惠，不是可以嗎？」李吾不能應答，於是夜晚還是與徐吾一起共燭，以後沒有再說什麼閒話。君子說：「婦人通過言辭使自己不被鄰居所嫌棄，那麼怎能不好好地運用言辭呢？」《詩經》上說：「說話和氣有商量，人心協調合力強。」說的就是這種情況。

頌曰：「齊女徐吾，會績獨貧。夜託燭明，李吾絕❶焉。徐吾自列，辭語甚分。卒得容入❷，終沒後言。」

【章旨】總結全文，歌頌齊女徐吾善於辭令，使鄰婦不加嫌棄的才德。

【注釋】❶絕　拒絕。❷容入　收容。

【語譯】頌贊說：「齊女徐吾生計難，燭火不繼太寒酸。夜託燭明來紡績，李吾拒絕勢孤單。徐吾請求多照顧，會燭沾光亦何難。感動鄰婦來合作，終無後話兩相安。」

十五、齊太倉女

齊❶太倉女者，漢太倉令淳于公❷之少女也。名緹縈。淳于公無男，有女五人。孝文皇帝❸時，淳于公有罪當刑❹。是時肉刑尚在，詔獄❺繫長安。當行會逮，公罵其女曰：「生子不生男，緩急❻非有益。」

緹縈自悲泣，而隨其父至長安，上書曰：「妾父為吏，齊中皆稱廉平；今坐法❼當刑。妾傷夫死者不可復生，刑者不可復屬，雖欲改過自新，其道無由也。妾願入身為官婢，以贖父罪，使得自新。」書奏❽，天子憐悲其意，乃下詔曰：「蓋聞有虞之時，畫衣冠異章服以為僇❾，而民不犯，何其至治也！今法有肉刑五❿，而姦不止，其咎安在？非朕⓫德薄而教之不明歟？吾甚自媿。夫訓道⓬不純，而愚民陷焉。《詩》云：『愷悌君子，民之父母⓭。』今人有過，教未施而刑已加焉，或欲改行為善，而其道無繇，朕甚憐之。夫刑者至斷支體，刻肌膚，終身不息⑭，何其痛而不德也！豈稱為民父母之意哉？其除肉刑！」

自是之後，鑿顛⑮者，髡⑯；抽脅⑰者，笞⑱；刖足者，鉗⑲。淳于公遂得免焉。君子謂：「緹縈一言發聖主之意，可謂得事之宜矣。」《詩》云：「辭之懌矣，民之莫矣⑳。」此之謂也。

【章旨】記敘齊太倉女上書救父成功。

【注釋】❶齊　西漢初年分封的諸侯國之一，都臨淄。在今山東淄博東北。❷淳于公　姓淳于，名意，臨淄人。他曾為齊之太倉令，主管糧倉，故又稱太倉公。他是西漢著名醫學家，為人治病，決死生，多驗。事見《史記・孝文本紀》、《史記・扁鵲倉公列傳》。❸孝文皇帝　即漢文帝劉恆，漢高祖劉邦之子。❹有罪當刑　《史記・扁鵲倉公列傳》說是文帝四年；《史記・孝文本紀》、《漢書・文帝紀》說是文帝十三年。❺詔獄　奉皇帝詔令拘禁囚犯的監獄，也指奉詔審訊的案件。❻緩急　困厄；情勢急迫。❼坐法　犯法判刑。❽書奏　《文選・卷三六・永明九年策秀才文》注引《列女傳》曰：「緹縈歌〈雞鳴〉、〈晨風〉之詩。」今傳脫此文。❾僇　原作「示」，據《史記・孝文本紀》校改。僇，侮辱。❿肉刑五　《史記・孝文本紀》、《漢書・刑法志》作「肉刑三」。顏師古注引孟康曰：「黥、劓二，刖左右趾合一，凡三也。」黥，即墨刑。用刀刺刻額頰等處，再塗上墨。劓，割鼻的刑罰。刖，砍腳的刑罰。⓫朕　我，專用為皇帝之自稱。⓬訓道　教誨開導。道，同「導」。⓭愷悌君子二句　見《詩經・大雅・泂酌》。⓮息　生。⓯顛　頭。⓰髡　剃去頭髮。⓱脅　肋骨。⓲笞　用竹鞭、木板抽打。⑲鉗 用鐵圈束頸。⑳辭之懌矣二句 見《詩經・大雅・板》。懌，喜悅。莫，通「瘼」。疾病；苦難。

【語 譯】齊太倉女，是西漢齊太倉令淳于公的小女兒。她名叫緹縈。淳于公沒有兒子，卻有五個女兒。漢文帝在位時，淳于公犯罪判刑。當時還有肉刑，朝廷下了詔令拘囚淳于公，到長安審訊。當要逮捕時，淳于公大罵五個女兒：「我生的都不是男孩子，情勢緊迫時，沒有一個能幫上忙。」

緹縈聽了悲傷流淚，親自跟隨被逮捕的父親到了長安，上書文帝說：「我父親為官，齊中的人都稱讚他廉潔公平，現在犯了法要判處肉刑。我很悲傷，人死不會復活，受了肉刑，那被砍斷的手腳無法再接起來，即使要改過自新，也沒有什麼辦法了。我情願入身為官奴，來代我父親贖罪，使他能爭取一個自新的機會。」書上奏後，天子很憐憫緹縈這個孝女的用心，便下詔說：「聽說虞舜時，將罪犯的衣冠畫上顏色，讓他們穿上奇裝異服，以此來羞辱他們，而百姓受到教育不再犯法，這治理得多好啊！現在刑法中有五種肉刑，但作奸犯科的事仍未停止，那麼我們的失誤在哪裡呢？難道不是我仁德欠缺而教訓不明嗎？我非常慚愧。教誨不正，就會使愚民陷入犯罪的泥坑。《詩經》上說：『君子品德真高尚，為民父母有聲望。』現在的人一旦有過錯，尚未教化就先用刑罰，即使想要改惡從善，也無法挽救了，我很同情他們。受了肉刑，或是斷肢體，或是刺肌膚，終身再不能生長，這是多麼痛苦而沒有仁德的事啊！難道這是為民父母的用心嗎？因此要廢除肉刑！」

從此之後，廢去鑿頭的肉刑，改為剃去頭髮；廢去抽肋骨的肉刑，改用鞭子抽打；廢去砍腳的肉刑，改用鐵圈束頸。淳于公終於獲得了赦免。君子說：「緹縈的言辭能夠感動聖明的君主，可說是把事情辦得兩全其美啊！」《詩經》上說：「平民喜悅出肺腑，因為免除了痛苦。」說的就是這種情況。

頌曰：「緹縈訟父，亦孔❶有識。推誠上書，文雅甚備。小女之言，乃感聖意。終除肉刑，以免父事。」

【章旨】總結全文，歌頌齊太倉女以一言而廢除肉刑的功德。

【注釋】❶孔　很。

【語譯】頌贊說：「緹縈不愧女中傑，有膽有識情懷烈。上書天子來救父，文辭諄諄真懇切。小女之言有力量，感動聖意施恩德。廢除肉刑解民苦，救出父親見孝節。」

卷七　孽嬖傳

【說　明】〈孽嬖傳〉是《列女傳》分類傳題之七。在這一分類傳題下，共列有十五個分傳，依次是：一、〈夏桀末喜〉，二、〈殷紂妲己〉，三、〈周幽褒姒〉，四、〈衛宣公姜〉，五、〈魯桓文姜〉，六、〈魯莊哀姜〉，七、〈晉獻驪姬〉，八、〈魯宣繆姜〉，九、〈陳女夏姬〉，十、〈齊靈聲姬〉，十一、〈齊東郭姜〉，十二、〈衛二亂女〉，十三、〈趙靈吳女〉，十四、〈楚考李后〉，十五、〈趙悼倡后〉等。

《列女傳》的前六傳，如〈母儀〉、〈賢明〉、〈仁智〉、〈貞順〉、〈節義〉、〈辯通〉等，都是記敘婦女的美德懿行，而〈孽嬖傳〉則與此相反，記敘婦女的惡德醜行。因此，在內容和頌贊方面，已由原來的歌頌讚美，轉向揭露批評，當然這仍是從儒家的觀點立場出發的。〈孽嬖傳〉有獨傳，也有合傳，其傳主或是帝王的后妃，或是諸侯的夫人，生活在夏、商、西周以及春秋戰國時期。她們的惡德與婦女的美德形成強烈的反差。

孽，妖孽；嬖，以邪僻取得愛寵。孽嬖，謂受帝王寵愛而淫亂禍國的妖孽。她們專擅後宮，邀寵獻媚；她們驕奢淫佚，亂倫無忌；她們指是為非，從中作祟；她們不守禮儀，背節棄義；她們禍國殃民，遺臭後世。如夏桀末喜的孽亂無道，殷紂妲己的惑亂朝綱，衛宣公姜的亂及五世，魯桓文姜的縱欲亂倫，魯莊哀姜的驕淫危魯，晉獻驪姬的謀譖太子，趙靈吳女的廢后興戎，趙悼倡后的受賄亡趙等等，可以說是作為帝王后妃的反面鑑戒來總結的。

一、夏桀末喜

末喜❶者，夏桀❷之妃也。美於色，薄於德，亂孽❸無道，女子行，丈夫心，佩劍帶冠。

桀既棄禮義，淫於婦人，求美女，積之於後宮。收倡優❹、侏儒❺、狎徒❻，能為奇偉戲者，聚之於旁，造爛漫之樂❼，日夜與末喜及宮女飲酒，無有休時。置末喜於膝上，聽用其言，昏亂失道，驕奢自恣。為酒池❽，可以運舟，一鼓而牛飲者三千人，䩭❾其頭而飲之於酒池，醉而溺死者，末喜笑之以為樂。

龍逢❿進諫曰：「君無道，必亡矣！」桀曰：「日有亡乎？日亡而我亡。」不聽，以為妖言而殺之。造瓊室瑤臺⓫，以臨雲雨⓬。殫⓭財盡幣，意尚不饜。召湯，囚之於夏臺，已而釋之。諸侯大叛。於是湯受命⓮而伐之，戰於鳴條⓯。桀師不戰，湯遂放桀，與末喜、嬖妾⓰同舟，流於海，死於南巢⓱之山。《詩》曰：「懿厥哲婦，為梟為鴟⓲。」此之謂也。

【章旨】記敘夏桀末喜嬖幸於夏桀，導致夏朝滅亡。

【注釋】❶末喜　一作「妺喜」、「妹嬉」。有施氏之女。夏桀攻有施氏，有施氏以女嫁桀，為桀所寵。❶夏桀　即夏癸。禹十七世王皋之孫，王發之子，夏代國王。❷亂孽　作亂為害。❸倡優　即俳優。演歌舞諧戲者。❹侏儒　矮人。古代貴族常以侏儒為倡優。❺狎徒　陪伴飲酒淫樂者。❻爛漫之樂　放蕩靡曼的音樂。❼為酒池　《韓詩外傳》：「桀為酒池，可以運舟，糟丘足以望十里。」❽䩭　同「羈」。羈縻。❾龍逢　即關龍逢，夏朝大臣。《韓詩外傳》引「關龍逢進諫曰：『古之人君，身行仁義，愛民節財，故國安而身壽。今君用財若無窮，殺人若恐弗勝。君若弗革，天殃必降，而誅必至矣，君其革之。』」❿瓊室瑤臺　以美玉裝飾的宮室臺榭。瓊瑤，皆美玉。⓫以臨雲雨　形容高聳。臨，及；到。⓬殫　竭盡。⓭命　指天命。⓮鳴條　地名。《太平御覽・卷三一三・兵部・四十四》引曹大家曰：「鳴條，南夷地名。」鳴條又名高侯原，在今山西運城安邑鎮北。⓯嬖妾　寵妾。嬖，寵。⓰南巢　地名，在今安徽巢縣西南。⓱懿厥哲婦二句　見《詩經・大雅・瞻卬》。懿，通「噫」。感嘆詞。厥，其。哲，聰慧。梟，相傳長大後食母的惡鳥。鴟，貓頭鷹，惡鳥。

【語譯】夏桀末喜，是夏桀的妃子。她容貌美麗，卻薄於德行，行為暴亂，沒有規矩，雖是女人，卻具有男人那樣的脾氣性格，常常身佩寶劍，頭戴冠冕。

夏桀既然拋棄禮義，就沈迷女色，訪求美女，將她們集中在後宮。夏桀又搜羅倡優、侏儒、狎徒，挑選出能做奇特表演的，聚集在自己的身邊，創作出靡靡之音，與末喜及宮女日夜飲酒作樂，沒有休止的時候。夏桀常抱著末喜，放在膝上，對她百依百順，昏亂無道，驕奢淫佚，恣意放縱。夏桀還造了個酒池，裡面可以行船，飲酒時擊鼓為號，鼓一響，像牛喝水那樣狂飲的有三千人之多，還常用繩子束縛住他們的頭來喝酒，往往有喝醉而溺死的，末喜就大笑，以此為樂。大臣關龍逢進諫說：「君王昏亂無道，國家就會滅亡！」夏桀說：「你看太陽有滅亡的時候嗎？太陽要是滅亡，我就會滅亡。」不聽諫言，還以散布怪誕邪說的罪名，把龍逢殺害。夏桀又造瓊室瑤臺，造得又大又高。竭盡了國家錢財，還不滿足。夏桀還召見湯，把他拘囚在夏臺，不久又釋放了他。

天下諸侯紛紛起來反叛。於是湯受命於天，討伐夏桀，兩軍大戰於鳴條。夏桀的軍隊不戰自潰，湯將桀放逐，讓桀與末喜、愛妾等坐船漂流至海，死在南巢之山。《詩經》上說：「嘆息此婦太逞刁，像是惡鳥鴟和梟。」說的就是這種情況。

頌曰：「末喜配桀，維亂驕揚。桀既無道，又重其荒❶。姦軌❷是用，不恤法常❸。夏后❹之國，遂反為商。」

【章　旨】總結全文，指出夏桀末喜孽亂無道。

【注　釋】❶荒　荒淫。❷姦軌　奸軌；犯法作亂。軌，同「宄」。❸法常　法則。❹夏后　《史記・夏本紀》：「太史公曰：『禹為姒姓，其後分封，用國為姓，故有夏后氏、有扈氏、有男氏、斟尋氏、彤城氏、褒氏、費氏、杞氏、繒氏、辛氏、冥氏、斟氏、戈氏。』」

【語　譯】頌贊說：「末喜配給夏桀王，驕縱播亂勢囂張。夏桀昏亂本無道，又加荒淫作樂忙。犯法作亂民生怨，不顧國法招禍殃。夏后之國自滅亡，天下從此屬商湯。」

二、殷紂妲己

妲己❶者，殷紂之妃也❷。嬖幸於紂❸。紂材力過人，手格❹猛獸。智足以距❺諫，辯足以飾非。矜❻人臣以能，高天下以聲，以為人皆出己之下。好酒淫樂，不離妲己。妲己之所譽，貴之；妲己之所憎，誅之。作新淫之聲，北鄙❼之舞，靡靡之樂，收珍物積之於後宮，諛臣群女，咸獲所欲。積糟為邱，流酒為池，懸肉為林，使人裸形相逐其間，為長夜之飲。妲己好之。

百姓怨望，諸侯有畔❽者。紂乃為炮烙❾之法，膏❿銅柱加之炭，令有罪者行其上，輒墮炭中，妲己乃笑。比干⓫諫曰：「不修先王之典法，而用婦言，禍至無日！」紂怒，以為妖言。妲己曰：「吾聞聖人之心有七竅⓬。」於是剖心而觀之。囚箕子⓭。微子⓮去之。

武王遂受命興師伐紂，戰於牧野⓯。紂師倒戈。紂乃登廩臺⓰，衣寶玉衣而自殺。於是武王遂致天之罰，斬妲己頭懸於小白⓱旗，以為亡紂者，是女也。《書》曰：「牝雞無晨。牝雞之晨，惟家之索⓲。」《詩》云：「君子信盜，亂是用暴⓳。」「匪其止共，維王之邛⓴。」此之謂也。

【章　旨】記敘殷紂妲己嬖幸於紂王，導致商朝滅亡。

【注　釋】❶妲己　有蘇氏之女，己姓。《國語・晉語一》：「殷辛伐有蘇，有蘇氏以妲己女焉。」❷殷紂之妃也　《太平御覽・卷一三五・皇親部・一》引此句下有「紂伐有蘇，有蘇女以妲己。美於辯，用心邪僻，夸比於體，戚施於貌」二十五個字。❸紂　殷商國君。或稱殷紂、商紂、帝辛，為湯三十一世帝乙之子。❹格　鬥；擊。❺距　同「拒」。抗拒。❻矜　誇耀。❼北鄙　北邊。《史記・殷本紀》作「北里」。❽畔　同「叛」。反叛。❾炮烙　《史記・殷本紀》作「炮格」，一種酷刑。❿膏　塗上油膏。⓫比干　商代貴族，官少師，為紂王之叔父。⑫七竅　《莊子・應帝王》：「人皆有七竅。」竅，孔穴。⑬箕子　商代貴族，官太師，為商紂王之諸父，封於箕（在今山西太谷東北）。⑭微子　名啟，為商紂王的庶兄，封於微（在今山東梁山西北）。後因不滿紂而出走。周武王滅商，封他於宋，為周代宋國始祖。⑮牧野　地名，在今河南淇縣西南。⑯廩臺　《史記・殷本紀》作「鹿臺」。《新序・刺奢》：「紂為鹿臺，七年乃成，其大三里，高千尺。」⑰小白　梁端《校注》本引陳氏奐曰：「小白，即雜帛也。《左傳》謂之『少白』。『白』與『帛』通。」⑱牝雞無晨三句　見《尚書・周書・牧誓》。牝雞，即母雞。晨，司晨。索，蕭索；敗落。⑲君子信盜二句　見《詩經・小雅・巧言》。信，輕信。盜，指讒人。是用，是以；因此。⑳匪其止共二句　見《詩經・小雅・巧言》。匪，同「非」。止，達到。共，同「恭」。忠於職守。維，為。邛，病。

【語譯】殷紂妲己，是殷紂王的妃子。她被紂王所寵愛。紂王的才能力氣超過常人，能徒手搏擊猛獸。紂王的智力能夠拒絕人臣的忠諫，辯才能夠粉飾自己的錯誤。他在群臣面前炫耀自己的才能，在天下諸侯面前抬高自己的身價，自以為別人都趕不上自己。他好酒色，荒淫作樂，一時都離不開妲己。妲己讚賞的，就使他尊貴；妲己憎恨的，就加以誅殺。紂王還大作新淫之聲、北鄙之舞、靡靡之樂，搜刮珍寶奇玩堆於後宮，奸臣和所有宮女，都能獲得他們所需要的東西。紂王將酒糟堆成山丘，將美酒灌滿酒池，將肉懸掛成樹林，又使人赤身裸體在其間追逐嬉戲，通宵達旦地狂歡。妲己就喜歡這樣。

紂王、妲己這樣荒淫作樂，引起天下百姓的怨恨，諸侯中也有人因而反叛。紂王於是設計出炮烙的酷刑峻法，即在銅柱上塗上油膏，用炭火燒得滾燙，命令犯人在上面行走，因銅柱又滑又燙，犯人很快就掉在炭火中燒死，妲己看了便大笑。大臣比干進諫說：「不遵先王的典章法度，卻聽信一個婦人的話，禍殃很快會發生！」紂王大怒，認為他妖言惑眾。妲己說：「我聽說聖人的心臟有七孔。」紂王就叫人剖開比干的胸膛，挖出他的心來驗看。紂王還囚禁大臣箕子。賢臣微子也被迫離開了朝歌。

武王於是承受天命，率兵討伐殷紂，在牧野進行決戰。紂王的軍隊臨陣倒戈。紂王見大勢已去，便登上廩臺，穿上寶玉衣自殺了。武王執行上天懲罰的意旨，斬了妲己，將她的頭懸掛在小白旗上，用來表示滅亡殷紂的就是這個婦女。《尚書》中說：「母雞沒有司晨鳴叫的。如果家中的母雞司晨鳴叫，那麼這一家子就要衰敗了。」《詩經》上說：「君子聽信那讒言，亂子出現禍相連。」「不忠職守又不賢，害得君王生事端。」說的就是這種情況。

頌曰：「妲己配紂，惑亂❶是修。紂既無道，又重相謬。指笑炮炙，諫士刳❷、囚。遂敗牧野，反商為周。」

【章旨】總結全文，指出殷紂妲己惑亂朝綱。

【注釋】❶惑亂　蠱惑淫亂。❷刳　剖開挖空。

【語譯】頌贊說：「妲己配紂身不修，惑亂朝綱是禍由。紂王惰政本無道，又寵妲己重隱憂。笑指炮烙真殘忍，剖心、囚禁諫臣愁。牧野倒戈紂自殺，從此天下屬於周。」

三、周幽褒姒

褒姒❶者，童妾❷之女，周幽王❸之后也。初，夏之衰也，褒人❹之神化為二龍，同❺於王庭而言曰：「余，褒之二君❻也。」夏后卜殺之與去❼，莫吉。卜請其漦❽，藏之而吉。乃布幣❾焉，龍忽不見，而藏漦櫝❿中，乃置之郊，至周莫之敢發也。及周厲王⓫之末，發而觀之，漦流於庭，不可除也。王使婦人裸而譟之，化為玄蚖⓬，入後宮。宮之童妾未毀⓭而遭之，既笄⓮而孕，當宣王⓯之時產。無夫而乳，懼而棄之。先是有童謠曰：「檿弧⓰箕服⓱，寔亡周國。」宣王聞之。後有人夫妻賣檿弧箕服之器者，王使執而戮之。夫妻夜逃，聞童妾⓲遭棄而夜號，哀而取之，遂竄於褒。長而美好，褒人姁⓳有獄⓴，獻之以贖。幽王受而嬖之，遂釋褒姁，故號曰褒姒。

既生子伯服，幽王乃廢后申侯㉑之女，而立褒姒為后，廢太子宜咎㉒，而立伯服為太子。幽王惑於褒姒，出入與之同乘，不卹㉓國事，驅馳弋獵㉔不時，以適褒姒之意。飲酒流湎㉕，倡優在前，以夜續晝。褒姒不笑，幽王乃欲其笑，萬端㉖，故不笑。幽王為熢燧㉗大鼓，有寇至則舉。諸侯悉至，而無寇，褒姒乃大笑。幽王欲悅之，數為舉熢火。其後不信，諸侯不至。忠諫者誅，唯褒姒言是從，上下相諛，百姓乖離㉘。申侯乃與繒㉙、西夷犬戎㉚共攻幽王。幽王舉熢燧徵兵，莫至。遂殺幽王於驪山㉛之下，虜褒姒，盡取周賂㉜而去。於是諸侯乃即㉝申侯而共立故太子宜咎，是為平王。自是之後，周與諸侯無異。《詩》曰：「赫赫宗周，褒姒滅之㉞。」此之謂也。

【章　旨】記敘周幽褒姒嬖幸於周幽王，導致西周滅亡。

【注　釋】❶褒姒　有褒國（在今陝西漢中褒城一帶）人，姒姓。《國語・晉語一》：「周幽王伐有褒，褒人以褒姒女焉。」❷童妾　指童年女婢。❸周幽王　西周國王，宣王之子。姬姓，名宮涅，一作「宮生」。❹褒人《國語・鄭語》韋昭注：「褒人，褒君。」❺同　原作「伺」，據《國語・鄭語》校改。韋昭注：「共處曰同。」❻二君　指褒之二位先君。❼夏后卜殺之與去　《國語・卷一六・鄭語》、《史記・周本紀》作「夏帝卜殺之與去之與止之」，疑本傳有脫文。夏后，即夏朝帝王。❽漦　唾液。《國語・鄭語》韋昭注：「漦，龍所吐沫，龍之精氣也。」❾布幣　陳列玉帛。指用作祭品卜請龍漦。❿櫝　櫃；匣。原作「犢」，據《國語・鄭語》校改。⓫周厲王　西周國王。姬姓，名胡。⓬玄蚖　黑色的蜥蜴。蚖，《國語・鄭語》作「黿」。⓭未毀　《國語・鄭語》作「未既齔」。韋昭注：「毀齒曰齔。未盡齔，毀未畢也。女七歲而毀齒（換牙）。」⓮既笄　及笄。指女子可以盤髮插笄（簪子）的年齡。即成年。《國語・鄭語》韋昭注：「女十五而笄。」⓯宣王　即周宣王。姬姓，名靖，一作「靜」。西周國王。⓰檿弧　山桑木所製之弓。⓱箕服　箕形的箭袋。⓲童妾　梁端《校注》本：「『妾』下疑脫『之女』二字。」⓳姁　褒君。⓴獄　訴訟案件。㉑申侯　申國國君，姜姓。傳為伯夷之後，周宣王時一部分被東遷，分封於謝（在今河南南陽），建立申國，春秋初為楚所滅。㉒宜咎　一本作「宜臼」。㉓卹　同「恤」。體恤。㉔弋獵　射獵。㉕流湎　沈湎於酒。㉖萬端　萬方。㉗熢燧　熢火。古代邊疆在高臺上燒柴或狼糞以報警。㉘乖離　背離。㉙繒　或作「曾」、「鄫」。國名，在今河南方城一帶。㉚西夷犬戎　我國古代西方的少數民族。西夷即西戎，而犬戎是其中一支。㉛驪山　山名，在今陝西臨潼東南。㉜賂　財物。㉝即　依就。㉞赫赫宗周二句　見《詩經・小雅・正月》。赫赫，興旺的樣子。宗周，指周的王都鎬京。周為天下諸侯所宗，故王都所在曰宗周。宗，主。

【語　譯】周幽褒姒，是個小婢女的女兒，周幽王的王后。起初，在夏朝衰敗的時候，褒國先君的神靈化為二條龍，一同出現在宮庭中，說：「我們是有褒國的二位先君。」夏帝占卜得知殺死龍或趕跑龍，都不吉利。只有請龍留下唾沫收藏起來，才能吉利。便陳列玉帛等祭品，祈禱龍留下唾沫，龍便忽然不見了，只留下唾沫，夏帝就將唾沫收藏在匣子裡，埋藏在荒郊野外，直到周朝建立也沒有人敢打開。等到周厲王的末年，把它打開觀看，龍的唾沫就流到宮庭，再也清除不了。厲王便叫婦人赤身露體地大聲鼓譟，唾沫便化為一條黑蜥蜴，爬進後宮。宮中的一個小婢女恰巧碰上牠，成年後就懷了身孕，在周宣王當政時才生下女孩子。小婢女因為是沒有丈夫而懷孕生子，心裡害怕就把女孩拋棄了。原先社會上流傳著一首童謠：「桑木做的弓、箕形的箭袋，必定使周朝滅亡。」周宣王聽到了這首童謠。後來發現有夫妻在賣桑木弓和箕形箭袋，宣王就準備抓起來殺掉。夫妻倆連夜出逃，黑夜中聽到小婢女拋棄的女孩子在號哭，覺得可憐，便抱養了她，逃奔到有褒國。女孩長大後容貌漂亮，褒國國君昫因為有案被訴，將女孩獻給周幽王以便贖罪。周幽王很寵愛女孩，於是釋放了褒昫，因此號稱褒姒。

褒姒生下兒子伯服，周幽王就廢掉申侯女兒的王后之位，立褒姒為幽后，廢掉前王后所生的太子宜咎，立伯服為太子。幽王被褒姒所惑亂，出入宮室都與她同車，不關心國事，經常縱馬驅馳，射獵禽獸，來迎合褒姒的心意，又沈湎於酒，讓倡優演戲跳舞，整天整夜地作樂。褒姒不愛笑，幽王為了讓她一笑，想了很多辦法，她還是不笑。幽王曾在邊境高臺上設烽火戰鼓，如果有敵寇入侵就放烽火報警。有次幽王點燃烽火，四方諸侯都趕來了，卻沒有發現敵兵，褒姒看了才大笑起來。此後，幽王為了讓褒姒高興而發笑，又多次點燃烽火。但是玩笑開多了，諸侯再不相信警報，也不再來了。從此凡是忠言進諫的就遭誅殺，只聽從褒姒的話，上上下下都相互奉承，老百姓也背離朝廷。

在此形勢下，申侯就聯合繒、西夷犬戎共同攻打幽王。幽王點燃烽火來召集救兵，但諸侯再也不來。於是幽王在驪山腳下被殺，俘虜褒姒，把周朝的財物盡都取走。於是諸侯便依申侯之意立了原太子宜咎，這就是周平王。自此之後，周王室衰敗，與諸侯的地位就沒有什麼差別了。《詩經》上說：「宗周統治勢力強，褒姒一笑就滅亡。」說的就是這種情況。

頌曰：「褒神龍變，寔生褒姒。興配幽王，廢后太子。舉烽致兵，笑寇不至。申侯伐周，果滅其祀❶。」

【章旨】總結全文，指出周幽褒姒滅亡周祀。

【注釋】❶祀　宗祀。

【語譯】頌贊說：「褒神變龍化玄蚖，生下褒姒好夢圓。廢掉皇后和太子，寵於幽王若天仙。烽火點燃寇不至，褒姒一笑生禍愆。申侯伐周幽王死，西周滅亡恨綿綿。」

四、衛宣公姜

宣姜者，齊侯之女，衛宣公❶之夫人也。初，宣公夫人夷姜生伋子❷，以為太子。又娶於齊，曰宣姜，生壽及朔。夷姜既死，宣姜欲立壽，乃與壽弟朔謀構❸伋子。公使伋子之齊，宣姜乃陰使力士待之界❹上而殺之，曰：「有四馬白旄❺至者，必要❻殺之！」

壽聞之，以告太子曰：「太子其❼避之！」伋子曰：「不可！夫棄父之命，則惡❽用子也？」壽度❾太子必行，乃與太子飲，奪之旄而行，盜殺之。伋子醒，求旄不得，遽往追之，壽已死矣。伋子痛❿壽為己死，乃謂盜曰：「所欲殺者，乃我也。此何罪？請殺我！」盜又殺之。

二子既死，朔遂立為太子。宣公薨，朔立，是為惠公，竟終無後⓫。亂及五世⓬，至戴公⓭而後寧。《詩》云：「乃如之人，德音無良⓮。」此之謂也。

【章旨】記敘衛宣公姜謀構太子，亂及五世。

【注釋】❶衛宣公　春秋時衛國國君。姬姓，名晉。❷伋子　一作「急子」。❸構　構陷；設計陷人於罪。❹界　邊界。❺白旄　為使者所持飾以白色旄牛尾的符節。❻要　同「邀」。中途攔截。❼其　表祈使語氣。❽惡　怎麼，表反詰語氣。❾度　猜度；推測。❿痛　原作「以」，據梁端《校注》本改。⓫無後　指沒有男孩子延續後代。⑫亂及五世　顧廣圻云：「據《左傳》及〈衛世家〉，『五』是『三』之誤。三，謂宣、惠、懿也。」⑬戴公　即衛戴公。姬姓，名申。春秋時衛國國君。⑭乃如之人二句　見《詩經・邶風・日月》。乃，竟。如，像。之人，這個人。德音，好名聲。

【語　譯】衛宣公姜，是齊侯的女兒，衛宣公的夫人。起初，衛宣公的前夫人夷姜生下伋子，立作太子。後來宣公又娶齊侯的女兒，名叫宣姜，生下公子壽和朔。夷姜死後，宣姜就企圖立壽為太子，便和壽的弟弟朔密謀，構陷伋子。碰巧衛宣公派伋子出使到齊國，宣姜便暗中派遣力士在邊界上等著，打算殺了伋子。宣姜對力士說：「看見有乘四馬的車、持有白旄符節的人，就一定要攔截住他，將他殺掉！」

公子壽聽到了這個消息，就告知太子伋子：「您躲避一下！」太子說：「不行！拋棄父王的使命，那還算是兒子嗎？」公子壽猜測太子必定冒死前往，就與太子喝酒並灌醉他，奪下白旄符節，先趕到邊界，被力士殺死。伋子酒醒後，找不到符節，便急忙去追公子壽，趕到邊界時，公子壽已被殺死。伋子對壽作為自己之替身而死，非常哀痛，便對殺手力士說：「要殺的對象是我。他有什麼罪呢？請殺死我吧！」於是殺手又將他殺了。

太子和公子壽死後，公子朔便立為太子。衛宣公死後，太子朔便繼王位，這就是衛惠公，結果卻沒有後嗣。於是衛國的動亂延及五世，直到衛戴公時才安定下來。《詩經》上說：「這種人啊喪天良，損害名譽臭名彰。」說的就是這種情況。

頌曰：「衛之宣姜，謀危❶太子。欲立子壽，陰設力士。壽乃俱死，衛果危殆。五世不寧，亂由姜起。」

【章旨】總結全文，指出衛宣公姜亂及五世。

【注釋】❶危 危害。

【語譯】頌贊說：「衛之宣姜真可恥，與朔陰謀害太子。企圖立壽繼王位，暗派殺手昧天理。太子公子俱同死，衛國從此危難始。五世不寧誰之過，宣姜有罪罪難弭。」

五、魯桓文姜

文姜者，齊侯之女，魯桓公❶之夫人也。內亂其兄齊襄公❷。桓公將伐鄭，納厲公❸。既行，與夫人俱，將如❹齊也。申繻❺曰：「不可！女有家❻，男有室❼，無相瀆❽也，謂之有禮。易此必敗。且禮，婦人無大故，則不歸❾。」桓公不聽，遂與如齊。

文姜與襄公通。桓公怒，禁之不止。文姜以告襄公，襄公享❿桓公酒，醉之，使公子彭生抱而乘之⑪，因拉⑫其脅⑬而殺之，遂死於車。魯人求彭生以除恥，齊人殺彭生。《詩》曰：「亂匪降自天，生自婦人⑭。」此之謂也。

【章旨】記敘魯桓文姜與兄淫通的惡行。

【注釋】❶魯桓公　姬姓，名軌。春秋時魯國國君。❷內亂其兄齊襄公　謂家內亂倫。齊襄公，姜姓，名諸兒，文姜之兄。春秋時齊國國君。❸納厲公　護送鄭厲公返國復位。厲公，即鄭莊公之子厲公突，姬姓。春秋時鄭國國君。他因大臣祭仲專權，曾一度出奔於邊邑。❹如　往；到。❺申繻　一作「申俞」，魯國大夫。❻女有家　指女有丈夫。❼男有室　指男有妻子。《禮記・曲禮上》：「三十曰壯有室。」鄭玄注：「有室，有妻也。妻稱室。」❽無相瀆　此謂男各有妻，女各有大，界限謹嚴，不得輕易褻瀆。瀆，褻瀆；輕慢。❾且禮三句　《詩經・鄘風・載馳》正義引《左傳》服虔注：「在禮，婦人父母俱沒，不得甯兄弟。」大故，大罪。指婦女「七出」之罪。歸，歸寧。❿享　同「饗」。用酒食款待。⓫乘之　助之登車。⓬拉　扯斷。⓭脅　肋骨。⓮亂匪降自天二句　見《詩經・大雅・瞻卬》。匪，同「非」。

【語譯】魯桓文姜，是齊侯的女兒，魯桓公的夫人。她出嫁前即在家內亂倫縱欲，與兄長齊襄公私通。魯桓公準備討伐鄭國，並護送一度出奔在外的鄭厲公回國復位。當出發時，魯桓公又準備偕同夫人文姜到齊國去一趟。大夫申繻進諫說：「不行。女子各有丈夫，男子各有妻子，這個嚴謹的界限，是不能隨便褻瀆的。這就叫做有禮。如果違背它，就必定會壞事。再說按禮的規定，婦女沒有犯『七出』的大罪，是不得回娘家去見兄弟的。」桓公聽不進去，就與文姜一起到了齊國。

到了齊國，文姜再次與兄長齊襄公私通亂倫。桓公得知非常惱怒，屢屢加以禁止，她卻不予理睬。當文姜將情況告知齊襄公後，齊襄公殺心頓起，便擺酒宴將桓公灌醉，然後派公子彭生抱起桓公，幫著他上車，乘機扯斷他的肋骨，把他殺掉，桓公就這樣死在車上。魯國人請求逮住兇手彭生以報仇雪恥，齊國人便殺掉彭生。《詩經》上說：「災禍不是出上天，原是婦人犯罪愆。」說的就是這種情況。

頌曰：「文姜淫亂，配魯桓公。與俱歸齊，齊襄淫通。俾❶厥彭生，摧幹❷拉胸。維女為亂，卒成禍凶。」

【章　旨】總結全文，指出魯桓文姜縱欲亂倫，卒成禍凶。

【注　釋】❶俾　使。❷摧幹　摧折軀幹。

【語　譯】頌贊說：「文姜原本有淫心，後來許配魯桓公。魯桓偕她回齊國，兄妹亂倫續私通。彭生被派當兇手，拉折肋骨殺桓公。婦女為亂罪難容，危害家國成禍凶。」

六、魯莊哀姜

哀姜者，齊侯之女，莊公❶之夫人也。初，哀姜未入時，公數如齊，與哀姜淫。既入，與其弟❷叔姜俱。公使大夫宗婦❸用幣❹見。大夫夏甫不忌❺曰：「婦贄❻不過棗、栗，以致禮也；男贄不過玉、帛、禽、鳥❼，以章物❽也。今婦贄用幣❾，是男女無別也。男女之別，國之大節也。無乃❿不可乎？」公不聽。又丹其父桓公廟宮之楹，刻其桷⓫，以夸⓬哀姜。

哀姜驕淫，通於二叔公子慶父⓭、公子牙。哀姜欲立慶父。公薨，子般立。慶父與哀姜謀，遂殺子般於黨氏⓮。立叔姜之子，是為閔公⓯。閔公既立，慶父與哀姜淫益甚。又與慶父謀殺閔公，而立慶父，遂使卜齮⓰襲弒閔公於武闈⓱，將自立。魯人謀之，慶父恐，奔莒⓲，哀姜奔邾⓳。

齊桓公立僖公⑳，聞哀姜與慶父通以危魯，乃召哀姜，酖而殺之。魯遂殺慶父。《詩》云：「啜其泣矣，何嗟及矣㉑。」此之謂也。

【章旨】記敘魯莊哀姜私通慶父，終於釀成災禍。

【注釋】❶莊公　即魯莊公。姬姓，名同。春秋時魯國國君。❷弟　同「娣」。女弟：妹妹。❸宗婦　《國語・魯語上》韋昭注：「同宗大夫之婦也。」❹幣　指玉、馬、皮、帛等禮物。❺夏甫不忌　《國語・魯語上》作「夏父展」。韋昭注：「夏父，氏也。展，名也。」「夏父弗忌為宗」注：「弗忌，魯大夫，夏父展之後也。」❻婦贄　《禮記・曲禮上》：「婦人之摯，椇（枳椇之果）、榛（榛栗）、脯（果脯）、修（果脯加薑、桂等）棗、栗。」贄，本作「摯」。古人相見，必手執物以表誠敬，所執之物稱為「摯」。按禮，男女不同摯，以示男女有別。❼男贄不過玉帛禽鳥　《國語・魯語上》韋昭注：「謂公執桓圭，侯執信圭，伯執躬圭，子執穀璧，男執蒲璧，孤執皮帛，卿執羔，大夫執鴈，士執雉，庶人執鶩，工商執雞也。」❽章物　謂由所執之物來顯示尊卑貴賤的等級身分。❾婦贄用幣　謂男女同贄，不合禮制。❿無乃　大概。⓫丹其父桓公廟宮之楹二句　按古禮，自天子至大夫、士，皆不紅漆柱，不雕刻桷。此謂莊公丹楹刻桷，不合禮制。丹，用朱紅塗漆。楹，柱子。刻，雕刻。桷，方形椽子。⓬夸　誇耀。⓭慶父　即仲慶父、共仲，又稱孟氏。春秋時魯莊公之弟。他私通哀姜，在莊公死後，派人殺害太子子般。閔公即位，他又派人殺害閔公。後自縊而死。他連續不斷地製造魯國內亂，故有「慶父不死，魯難未已」的成語。⓮黨氏　猶言黨家。為魯之大夫。⓯閔公　即魯閔公。姬姓，名開，為哀姜之娣叔姜之子。⓰卜齮　魯大夫。⓱武闈　宮中側門名。⓲莒　即莒國，己姓。在今山東莒縣一帶，戰國時為楚所滅。⓳郳　即郳國，曹姓。在今山東鄒縣一帶，戰國時為楚所滅。⓴僖公　姬姓，名申，莊公之子。

春秋時魯國國君。㉑啜其泣矣二句　見《詩經・王風・中谷有蓷》。啜，哭泣時抽噎的樣子。何嗟及矣，即嗟何及矣。

【語　譯】魯莊哀姜，是齊侯的女兒，魯莊公的夫人。起初，哀姜未入魯國時，莊公就多次到齊國，與哀姜私通。入魯國後，哀姜就與妹妹叔姜一起侍奉莊公。有次，莊公派同宗大夫之妻帶著玉、帛等贄禮去進見哀姜，大夫夏甫不忌知道這件事，就進諫莊公說：「婦女用的贄禮，不過是棗子、栗子，用來表示敬意；男子用的贄禮，不過是玉、帛、禽、鳥，用來顯示身分貴賤和等級尊卑。男女不能同贄，現在婦贄用玉、帛，那是男女無別了。男女之別，是國家的大節。這樣做恐怕不行吧？」莊公不聽。為了讓哀姜廟見，又派人在先父魯桓公宮廟的柱子上塗刷紅漆，在方形椽子上雕刻花紋，以此向哀姜誇耀一番。

哀姜驕縱荒淫，和兩個小叔子慶父、叔牙私通亂倫。哀姜想立慶父為魯國國君。莊公死，太子子般繼位。慶父就與哀姜密謀，在黨家殺死子般，擁立叔姜所生的庶子開為君，這就是魯閔公。閔公繼位後，慶父和哀姜更是肆無忌憚地淫亂。不久，哀姜又與慶父密謀殺害閔公，要讓慶父當國君，於是派大夫卜齮在武闈殺掉閔公，以準備自立為君。魯國人便謀劃著反對這件事，慶父很害怕，就逃奔莒國，哀姜也逃奔邾國。齊桓公就立僖公為魯國國君，聽說哀姜與慶父私通而危害魯國，就把哀姜召來，用毒酒毒死。魯國隨後也殺死了慶父。《詩經》上說：「嗚咽涕泣心悲切，後悔不及空嗟嘆。」說的就是這種情況。

頌曰：「哀姜好邪❶，淫於魯莊。延及二叔，驕妒縱橫❷。慶父是依，國適以亡。齊桓征伐，酖❸殺哀姜。」

【章旨】總結全文，指出魯莊哀姜亂倫危魯。

【注釋】❶邪　淫邪。❷縱橫　強橫。❸酖　同「鴆」。

【語譯】頌贊說：「魯莊哀姜扇淫風，嫁前淫於魯莊公。嫁後淫及二小叔，驕妒強橫亂後宮。想靠慶父來立國，危害魯國世不容。齊桓征伐平魯難，鴆殺哀姜有殊功。」

七、晉獻驪姬

驪姬者，驪戎❶之女，晉獻公❷之夫人也。初，獻公娶於齊，生秦穆夫人及太子申生。又娶二女於戎，生公子重耳、夷吾。獻公伐驪戎，克之，獲驪姬以歸，生奚齊、卓子。驪姬嬖於獻公，齊姜先死，公乃立驪姬以為夫人。

驪姬欲立奚齊，乃與弟❸謀曰：「一朝不朝，其間用刀❹。逐太子與二公子而可間也。」於是驪姬乃說❺公曰：「曲沃❻，君之宗邑也；蒲與二屈❼，君之境也，不可以無主。宗邑無主，則民不畏；邊境無主，則開寇心。夫寇生其心，民嫚❽其政，國之患也。若使太子主曲沃，二公子主蒲與二屈，則可以威民而懼寇矣。」遂使太子居曲沃，重耳居蒲，夷吾居二屈。

晉獻驪姬既遠太子，乃夜泣。公問其故，對曰：「吾聞申生為人甚好仁而強❾，甚寬惠而慈於民，今謂君惑於我，必亂國，無乃以國民之故，行強❿於君。君未終命而歿⓫，君其奈何？胡不殺我？無以一妾亂百姓。」公曰：「惠⓬其民而不惠其父乎？」驪姬曰：「為民與為父異。夫殺君利民，民孰不戴？苟父⓭利而得寵，除亂而眾說⓮，孰⓯不欲焉？雖其愛君，欲不勝⓰也。若紂有良子而先殺紂，毋章⓱其惡，鈞⓲死也，毋必假手於武王以廢其祀。自吾先君武公兼翼⓳，而楚穆弒成⓴，此皆為民而不顧親。君不早圖，禍且及矣。」公懼曰：「奈何而可？」驪姬曰：「君何不老㉑而授之政？彼得政而治之，殆將釋君乎？」公曰：「不可！吾將圖之。」由此疑太子。

驪姬乃使人以公命告太子曰：「君夢見齊姜，亟往祀焉。」申生祭於曲沃，歸福㉒於絳㉓。公田㉔不在，驪姬受福，乃寘鴆於酒，施毒於脯㉕。公至，召申生，將胙㉖，驪姬曰：「食自外來，不可不試也。」覆酒於地，地墳㉗。申生恐而出。驪姬與犬，犬死；飲小臣㉘，小臣死之。驪姬乃仰天叩心而泣，見申生哭曰：「嗟乎！國，子之國，子何遲為君？有父恩忍之，況國人乎？弒父以求利，人孰利之？」獻公使人謂太子曰：「爾其圖之！」太傅㉙里克曰：「太子入自明，可以生，不則不可以生。」太子曰：「吾君老矣。若入而自明，則驪姬死，吾君不安。」遂自經於新城廟㉚。公遂殺少傅杜原款㉛；使閹楚㉜刺重耳，重耳奔狄；使賈華㉝刺夷吾，夷吾奔梁㉞。盡逐群公子，乃立奚齊。

獻公卒，奚齊立，里克殺之；卓子立，又殺之；乃戮㉟驪姬，鞭而殺之。於是秦立夷吾，是為惠公。惠公死，子圉立，是為懷公。晉人殺懷公於高梁㊱，立重耳，是為文公。亂及五世㊲然後定。《詩》曰：「婦有長舌，惟厲之階㊳。」又曰：「哲婦傾城㊴。」此之謂也。

【章旨】記敘晉獻驪姬惑亂晉獻公的經過。

【注釋】❶驪戎 即西戎的一支，其君男爵，姬姓。在今陝西臨潼驪山一帶。❷晉獻公 春秋時晉國國君。姬姓，名詭諸，晉武公之子。❸弟 同「娣」。女弟。即陪嫁之妹妹。❹用刀 原作「容刀」，據梁端《校注》本改。❺說 遊說；勸說。❻曲沃 晉邑名，在今山西聞喜東北。《國語・晉語一》韋昭注：「曲沃，桓叔之封，先君宗廟在焉，猶西周謂之宗周。」❼蒲與二屈 晉邑名。蒲，在今山西隰縣西北。二屈，《國語・晉語一》韋昭注：「屈有南北也，今河東有北屈，則是時復有南屈也。」❽嫚 同「慢」。延緩；輕侮。❾強 強禦。❿行強 以暴力劫持。⓫歿 死。⓬惠 愛。⓭父 《國語・晉語一》作「交」。韋昭注：「交，俱也。」⓮說 高興。⓯孰 原作「妾」，據梁端《校注》本改。⓰欲不勝 禁受不住欲望的引誘。⓱章 彰明。⓲鈞 同樣。⓳武公兼翼 武公滅翼，將它兼併。武公，即晉武公，名稱，曲沃桓叔成師之孫。桓叔伐晉，殺其兄之子昭侯於翼。桓叔生嚴伯，嚴伯又伐翼，殺昭侯之子孝侯。嚴伯生武公。翼，晉邑名。在今山西翼城南。⓴楚穆弒成 楚穆王率兵圍楚宮，迫使其父楚成王自殺。楚穆，即楚穆王。㉑老 告老退位。㉒福 福物。指祭祀用的酒肉。㉓絳 晉邑名，即翼。㉔田 同「畋」。打獵。㉕脯 乾肉。㉖胙 祭祀用的肉。此用作動詞，獻胙。㉗墳 隆起。㉘小臣 《國語・晉語二》韋昭注：「官名，掌陰事陰命，閹士也。」㉙太傅 官名。春秋時晉國所設，為輔佐國君的官。㉚新城廟 指曲沃之宗廟。因曲沃新為太子城，故名。㉛杜原款 太子申生之傅。㉜閹楚

《國語・晉語二》韋昭注：「閹，閹士也。楚，謂伯楚，寺人披之字也，於文公時為勃鞮。」㉝賈華　晉國大夫。㉞梁　國名，嬴姓。在今陝西韓城南。㉟戮　羞辱。㊱高梁　晉邑名，在今山西臨汾東北。㊲五世　指從奚齊、卓子、惠公、懷公至定公。㊳婦有長舌二句　見《詩經・大雅・瞻卬》。惟，是。厲，禍害。階，階梯。此指根源。㊴哲婦傾城　見《詩經・大雅・瞻卬》。傾城，傾覆國家。

【語　譯】晉獻驪姬，是驪戎的女子，晉獻公的夫人。起初，晉獻公娶了齊姜，生下秦穆夫人與太子申生。接著他又從戎族娶了兩個女子，生下公子重耳和夷吾。後來晉獻公攻伐驪戎，打敗它，並得到了驪姬，生下奚齊、卓子。驪姬由於受到獻公的愛寵，又因齊姜早死，所以獻公就立驪姬為夫人。

驪姬企圖立奚齊為太子，便與女娣商量：「只要有一天不上朝，就有用刀中傷的機會。驅逐太子和兩個公子也就有機可乘了。」於是驪姬就勸說獻公：「曲沃，是您宗廟所在的都邑；蒲邑和南北二屈，是您邊境上的城邑，都不能沒有自己的親人去主持管轄。宗邑無親人管轄，百姓就不畏懼；邊邑無親人統帥，就會使敵人產生入侵的野心。敵人有入侵的野心，百姓有輕侮政令的惰心，這是國家的禍患。如果讓太子去管轄曲沃，讓二公子去統帥蒲邑和二屈，那麼就可以使百姓懾服，使敵人害怕了。」獻公聽從了她的話，便派太子申生去管轄曲沃，公子重耳去統帥蒲邑，公子夷吾去統帥二屈。

晉獻驪姬已將太子趕到遠方，便又在夜裡哭泣。獻公問她什麼原因，她回答：「我聽說太子的為人，喜行仁德，個性堅強，又喜施寬惠，慈愛百姓，現在他以為大王被我迷住，必定亂了國家，為了國家和百姓，他恐怕要用暴力劫持大王。這時候，大王不等壽終就要死亡，這怎麼辦好呢？為什麼不殺了我呢？不要因為一個小女子而使百姓作亂啊！」獻公說：「太子愛百姓還不愛他父親嗎？」驪姬說：「對待百姓與對待父親是不同的。殺掉君主，有利於百姓，百姓誰能不擁護愛戴呢？如果都同樣有利並得到榮寵，消除禍亂使百姓歡悅，誰不想這樣做呢？即使他再愛君王，也經不起利欲的考驗。假若殷紂王有個好兒子事先把紂王殺掉，不去彰明他的罪惡，那麼紂王同樣是死，也就不必借周武王的手來斷絕殷祀了。我們的先君晉武公有兼併翼都的例子，楚穆王也有殺害楚成王的例子，都是為了百姓而不顧親情的。大王您不早想辦法，就會遭到禍害的。」獻公聽了很害怕，說：「怎麼辦才好呢？」驪姬說：「大王您為何不告老退位，把國家權柄交給太子呢？他得到權柄而統治國家，恐怕他就會放過您吧？」獻公說：「不行！讓我想些別的辦法。」從此，晉獻公就對太子申生起了疑心。

驪姬派人傳獻公的命令，對太子申生說：「大王夢見了你的母親齊姜，要從速去祭祀。」申生就在曲沃祭祀，然後將祭品帶到都城絳邑，恰好獻公外出打獵，驪姬接受了祭品，並私下在酒裡下了鴆毒，在祭肉中放了毒藥。獻公回宮，召來申生，申生將祭肉獻上去，驪姬說：「這些食物是從外面帶進來的，不能不事先嚐試一下。」於是把酒潑在地上，地上便隆起一塊。申生驚慌地跑了出去。驪姬又叫人拿祭肉餵狗，狗吃後也死了；再拿酒讓小臣喝，小臣喝後又死了。驪姬就向天捶胸大哭起來，她哭著對申生說：「唉呀！國家是你的國家，你不是很快就要當國君了嗎？對父親的恩義尚且如此殘忍，何況是對待國人呢？你殺父來得到私利，國人又怎麼會給你好處呢？」獻公派人對太子說：「你自己去反省吧！」太傅里克對太子說：「太子進宮去辯明真相，就可以活命，否則性命難保。」太子說：「我們的君王老了。如果我進宮去辯白，驪姬就會被處死，我們的君王就不能安度晚年了。」於是太子在曲沃宗廟中上吊自殺。獻公於是殺掉少傅杜原款；並派閹楚去刺殺公子重耳，重耳逃亡到狄；又派大夫賈華去刺殺公子夷吾，夷吾逃亡到梁。獻公將公子們全都趕走了，便立奚齊為太子。

獻公死後，奚齊即位為晉君，被太傅里克所殺；卓子繼位，又被里克所殺；並且拘捕驪姬加以羞辱一番，然後用鞭子將她打死。在這形勢下，秦國就擁立公子夷吾為晉國國君，這就是晉惠公。惠公死後，他兒子圉繼位，這就是晉懷公。結果晉人在高梁殺死懷公，擁立公子重耳為晉君，這就是後來稱霸的晉文公。晉國的內亂就這樣一直延續五世，然後才安定下來。《詩經》上說：「有了多嘴長舌婦，由此生出禍根由。」又說：「聰明婦女傾國家。」說的就是這種情況。

頌曰：「驪姬繼母，惑亂晉獻。謀譖太子，毒酒為權❶。果弒申生，公子出奔。身又伏辜❷，五世亂昏。」

【章旨】總結全文，指出晉獻驪姬謀譖太子而亂及五世。

【注釋】❶權　權術。❷伏辜　伏罪。辜，罪。

【語譯】頌贊說：「繼母驪姬自蒙羞，迷惑獻公弄權謀。譖害太子心歹毒，暗施毒酒把計售。太子果然自經死，公子出奔夙夜憂。自身伏罪被鞭死，五世昏亂亂始休。」

八、魯宣繆姜

繆姜者，齊侯之女，魯宣公❶之夫人，成公❷母也。聰慧而行亂，故謚曰繆❸。初，成公幼，繆姜通於叔孫宣伯❹，名喬如。喬如與繆姜謀去季、孟❺，而擅❻魯國。晉、楚戰於鄢陵❼，公出佐晉。將行，姜告公：「必逐季、孟，是背❽君也。」公辭以晉難，請反聽命。又貨❾晉大夫，使執季孫行父❿而止之，許殺仲孫蔑⓫，以魯士⓬晉為內臣。魯人不順喬如，明⓭而逐之。喬如奔齊，魯遂擯繆姜於東宮⓮。

始往，繆姜使筮⓯之，遇〈艮〉之六⓰，史⓱曰：「是謂〈艮〉之〈隨〉⓲。〈隨〉，其出也⓳。君必速出！」姜曰：「亡⓴！是於《周易》曰：『〈隨〉，元、亨、利、貞，无咎㉑。』元，善之長也㉒；亨，嘉之會也㉓；利，義之和也㉔；貞，事之幹也㉕。終㉖，故㉗不可誣㉘也。是以雖〈隨〉无咎㉙。

今我婦人而與於亂。固在下位㉚，而有㉛不仁，不可謂元；不靖國家，不可謂亨；作而害身，不可謂利；棄位而放㉜，不可謂貞。有四德者，〈隨〉而无咎。我皆無之，豈〈隨〉也哉？我則取惡，能无咎乎？必死於此，不得出矣。」卒薨於東宮。君子曰：「惜哉！繆姜雖有聰慧之質，終不得掩其淫亂之罪。」《詩》曰：「士之耽兮，猶可說也；女之耽兮，不可說也㉝。」此之謂也。

【章旨】記敘魯宣繆姜淫通叔孫宣伯。

【注釋】❶魯宣公　名倭，姬姓。春秋時魯國國君。❷成公　即魯成公。姓姬，名黑肱，宣公之子。❸諡曰繆　梁端《校注》本：「《逸周書・諡法解》：名與實爽（違背）曰繆。」❹叔孫宣伯　即叔孫宣子。名喬如，又作「僑如」，叔孫氏，為叔牙之曾孫，莊叔得臣之子，魯國宗室大臣。❺季孟　即季孫氏、孟孫氏（或作「仲孫氏」）。魯國的孟孫氏、叔孫氏、季孫氏，分別是魯桓公之子仲慶父、叔牙、季友的後裔，掌握魯國大權。❻擅　獨佔。❼鄢陵　鄭邑名，在今河南鄢陵北。❽背　背叛。❾貨　以財物賄賂。❿季孫行父　即季文子。季孫氏，季友之孫，齊仲無佚之子，魯國正卿。⓫仲孫蔑　即孟獻子。孟孫氏，仲慶父之曾孫，公孫敖之孫，孟文伯歜之子，魯國宗室貴族。⓬士　通「事」。事奉。⓭明　通「盟」。結盟。《左傳・成公十六年》：「出叔孫僑如而盟之。」⓮東宮　別宮名。⓯筮　用蓍草卜卦。⓰遇艮之六　謂得到〈艮〉變為六。《左傳・襄公九年》「六」

作「八」。⑰史　太史，掌管起草文書、記載史事等。⑱之隨　謂變成〈隨卦〉。⑲其出也　謂〈隨卦〉乃隨人而行，有出走之象。⑳亡　通「無」。應對否定之辭，有不用、不要之意。㉑隨元亨利貞无咎　〈隨卦〉卦辭。㉒元善之長也　《左傳・襄公九年》作「元，體之長也」。元，首。首為身體的最高處。㉓亨嘉之會也　亨是嘉禮享宴中的主賓相會。亨，享。凡嘉禮必有享，享則有主有賓，故稱會。㉔利義之和也　《大戴禮・四代》：「義，利之本也。」古人義利之辨，行公利為義，行私利為利，利之和為公利。㉕貞事之幹也　《易・乾・文言》：「貞固足以幹事。」貞，信。幹，本。㉖終　《左傳・襄公九年》作「然」。㉗故　同「固」。㉘誣　妄；欺。㉙无咎　沒有禍殃。㉚固在下位　古代男尊女卑，婦女處於下位。㉛有　同「又」。㉜棄位而放　《左傳・襄公九年》作「棄位而姣」。棄位，背棄太后的本位。姣，美；好。㉝士之耽兮四句　見《詩經・衛風・氓》。耽，耽樂；過分沈迷於歡樂。說，同「脫」。解脫。

【語　譯】魯宣繆姜，是齊侯的女兒，魯宣公的夫人，魯成公的母親。她聰明有智慧，但行為淫亂，因此她死後就依據她名與實相違背的情況，給她「繆」的謚號。起初，成公年幼，繆姜就淫通叔孫宣伯，宣伯名叫喬如。喬如與繆姜密謀策劃，準備除去掌握魯國實權的宗室貴族季孫氏、孟孫氏，由自己把持魯國國政。有次，晉、楚兩國在鄢陵交戰，魯成公帶兵出征去援助晉國。將要出發時，繆姜告誡成公：「一定要把季孫氏、孟孫氏驅逐出去，因為他們背叛了國君。」成公以救晉急難為由婉辭，請求返國後再聽命。繆姜與喬如又以財物賄賂晉大夫，要求他們扣留魯國正卿季孫行父，並許諾如果殺掉魯國宗室貴族仲孫蔑，就讓魯國成為事奉晉國的晉臣。魯國人不順從喬如，就與諸大夫結盟逐出喬如，喬如逃奔到齊國。魯國人還棄絕繆姜，將她遷於東宮。

繆姜被遷往東宮時，曾派人卜卦，得到〈艮〉變為六。太史說：「這叫做〈艮〉變為〈隨〉。

〈隨〉是出走之象。您必定要趕緊出走。」繆姜說：「不用！這卦象在《周易》中是說：『〈隨〉，元、亨、利、貞，沒有禍殃。』元，是善的最高體現；亨，是嘉禮享宴中的主賓相會；利，是道義的總和；貞，是辦好事情的本體。如是四德是決不能弄虛作假的，因此得到〈隨卦〉，也不會有禍殃。我是個婦人卻參與謀叛，本來就處於下位，又沒有仁義，不能說是元。使國家不能安定，不能說是亨。如此作為而終害自身，不能說是利。背棄太后的本位而修飾打扮，不能說是貞。有元、亨、利、貞四種德行的，得到〈隨卦〉才能免除禍殃。我沒有這四種德行，又怎麼符合〈隨卦〉卦辭呢？我選擇了邪惡，難道能避免禍殃嗎？一定會死於東宮，不能出去了。」繆姜後來果然死於東宮。君子說：「可惜呀！繆姜即使有聰慧的姿質，但也掩飾不了她淫亂的罪過。」《詩經》上說：「男人過分求歡樂，還是容易得解脫；女人過分求歡樂，就是不能得解脫。」說的就是這種情況。

頌曰：「繆姜淫泆，宣伯是阻❶。謀逐季、孟，欲使專魯。既廢見擯，心意摧下❷。後雖善言，終不能補。」

【章　旨】總結全文，指出魯宣繆姜淫通亂魯。

【注　釋】❶是阻　王照圓《補注》引郝懿行云：「『是阻』，疑『寔怚』之誤。『寔』與『實』古字通。《說文》：『怚，驕也。』」❷摧下　悲傷。

【語　譯】頌贊說：「繆姜放蕩不貞節，宣伯驕橫又穢褻。兩人密謀除季、孟，想將魯國大權竊。繆姜被廢囚東宮，精神痛苦心摧折。後來雖然發善言，罪行難掩自作孽。」

九、陳女夏姬

陳女夏姬❶者，陳❷大夫夏徵舒❸之母，御叔之妻也❹。其狀美好無匹，內挾伎術❺，蓋老而復壯者，三為王后，七為夫人，公侯爭之，莫不迷惑失意。夏姬之子徵舒為大夫。公孫寧、儀行父❻與陳靈公❼皆通於夏姬，或衣其衣，或衷其襦❽，以戲於朝。泄冶❾見之，謂曰：「君有不善，子宜掩❿之。今自子率⓫君而為之，不待幽閒⓬於朝廷，以戲士民，其謂爾何？」二人以告靈公，靈公曰：「眾人知之⓭吾不善，無害也；泄冶知之，寡人恥焉。」乃使人徵⓮賊泄冶而殺之。

靈公與二子飲於夏氏，召徵舒也。公戲二子曰：「徵舒似汝。」二子亦曰：「不若其似公也。」徵舒疾⓯此言。靈公罷酒出，徵舒伏弩廄⓰

門，射殺靈公。公孫寧、儀行父皆奔楚，靈公太子午奔晉。其明年，楚莊王舉兵誅徵舒，定陳國，立午，是為成公。

莊王見夏姬美好，將納之。申公巫臣[17]諫曰：「不可。王討罪也，而納夏姬是貪色也。貪色為淫，淫為大罰。願王圖之！」王從之，使壞後垣而出之。將軍子反[18]見美，又欲取之。巫臣諫曰：「是不祥人也。殺御叔，弒靈公，戮夏南，出孔、儀，喪陳國。天下多美婦人，何必取是？」子反乃止。莊王以夏姬與連尹襄老[19]。襄老死於邲[20]，亡其尸。其子黑要又通於夏姬。巫臣見夏姬，謂曰：「子歸，我將聘汝。」

及恭王[21]即位，巫臣聘於齊，盡與其室俱，至鄭，使人召夏姬曰：「尸可得也。」夏姬從之。巫臣使介歸幣於楚，而與夏姬奔晉。大夫子反怨之，遂與子重[22]滅巫臣之族，而分其室。《詩》云：「乃如之人兮，懷昏姻也。大無信也，不知命也[23]。」言嬖色殞命也。

【章　旨】記敘陳女夏姬淫通亂倫。

【注　釋】❶陳女夏姬　《國語・楚語上》：「昔陳公子夏為御叔娶於鄭穆公。」韋昭注：「公子夏，陳宣公之子，御叔之父也，為御叔娶鄭穆公少妃姚子之女夏姬也。」梁端《校注》本：「夏姬不當稱『陳女』，疑『鄭』字之誤。」❷陳　原缺，據《史記・陳杞世家》正義引《列女傳》校補。❸夏徵舒　字子南，又稱夏南。❹御叔之妻也　原缺此句，據《史記・陳杞世家》正義引《列女傳》校補。御叔，嬀姓。夏徵舒之父，陳公子夏之子，靈公之從祖父。❺伎術　才能技藝。伎，同「技」。❻公孫寧儀行父　陳國二卿。公孫寧，即孔寧。❼陳靈公　嬀姓，名平國。虞舜之後，恭公之子，陳國國君。❽或衷其襦　原脫此四字，據《穀梁傳・宣公九年》校補。衷，內衣。引申為穿在裡面。襦，短衣。❾泄冶　陳國大夫。❿掩　掩飾；遮掩。⓫率　引導。⓬幽閒　幽深閒靜。⓭之　王照圓《補注》：「『之』字衍。」梁端《校注》本：「『之吾』二字誤倒。」⓮徵　王照圓《補注》：「『徵』，疑『微』字誤。『微』，隱也。」⓯疾　厭惡。⓰廄　馬廄。⓱申公巫臣　楚申公屈巫子靈，楚國宗族大臣。⓲子反　楚司馬公子側。⓳襄老　楚國連尹。⓴邲　鄭地名，在今河南鄭州西北。魯宣公十二年，晉、楚戰於邲，晉國智莊子射襄老獲之，以其屍歸。㉑恭王　即楚恭王，名箴，又名審，楚莊王之子。㉒子重　即公子嬰齊，楚莊王之弟。㉓乃如之人兮四句　見《詩經・鄘風・蝃蝀》。懷，「壞」的借字。敗壞。信，忠貞。命，壽命。

【語　譯】陳女夏姬，是陳國大夫夏徵舒的母親，御叔的妻子。她容貌美好無比，而且內懷才智。她雖年老，但身體壯健，因此她曾三次當上王后，七次當上夫人，公侯都爭搶著聘娶她，無不為她而神迷意亂的。夏姬的兒子夏徵舒是陳國的大夫。公孫寧、儀行父與陳靈公都淫通夏姬，有時他們穿上夏姬的外衣，有時他們甚至穿上夏姬的內衣，公然在朝廷上嬉笑逗樂。陳國大夫泄冶發現這個情況後，便對公孫寧、儀行父說：「國君有什麼過錯，你們應該為他掩飾。但是現在你們卻引導國君去犯錯誤，並且公開在朝廷上而不是在幽深安靜之處去取樂，如此戲弄士民，究竟是為了什麼呢？」公孫寧、儀行父便將泄治的話告訴陳靈公。靈公說：「眾人知道我不好，這沒有什麼妨害；泄治知道我不好，我就感到羞恥。」他便派人暗地裡殺害了泄治。

有一天，靈公與公孫寧、儀行父在夏氏家喝酒，還叫來夏徵舒作陪。靈公和二人開玩笑說：「徵舒生得很像你們。」二人也說：「不如說徵舒更像君王。」徵舒很憎惡這些話。等到靈公喝完酒出來，徵舒便在馬廄門口埋伏下弩弓，將靈公射殺了。公孫寧、儀行父都逃奔到楚國，靈公太子午逃奔到晉國。到了第二年，楚莊王發兵殺了徵舒，安定陳國，並立太子午為陳國國君，這就是陳成公。

楚莊王看見夏姬有美色，便想接納她。大臣申公巫臣進諫說：「不可。大王發兵是討伐罪人的，現在卻要接納夏姬，是所謂貪圖女色了。貪色就是淫欲，淫欲就會受到重罰。希望大王好好考慮！」楚莊王聽從這個意見，因怕人發現，便派人毀壞後牆，將夏姬送出去。將軍子反發現夏姬姿色，也想娶她。申公巫臣又勸告說：「夏姬是個極不吉祥的人。她使御叔被殺，靈公被弒，夏徵舒被戮，又使公孫寧、儀行父逃亡，使陳國滅亡。天下有許多美婦人，為什麼非要娶她？」子反也打消了娶夏姬的想法。楚莊王便把夏姬賜給了連尹襄老。不久襄老在晉、楚邲之戰中戰死，屍首也不見了。襄老的兒子黑要又與夏姬私通。申公巫臣找到夏姬，對她說：「你暫回娘家鄭國去住著，我將要娶你。」

等到楚恭王即位，派申公巫臣出使到齊國訪問，他將家室與財產盡都帶至鄭國，派人去叫夏姬說：「可以找到襄老的屍體。」夏姬就跟隨著他。申公巫臣派人將齊國所送的禮物送回楚國，就與夏姬一起逃奔到晉國去了。大夫子反對申公巫臣卑鄙醜惡的行徑很氣憤，便聯合楚莊王之弟子重消滅了巫臣的宗族，並且瓜分了他們的家室和財產。《詩經》上說：「就是這麼一種人，破壞婚姻和禮儀。不講貞潔來淫亂，性命難保害自身。」這是說迷戀女色是會送掉性命的。

頌曰：「夏姬好美，滅國破陳。走二大夫，殺子之身。殆❶誤楚莊，敗亂巫臣。子反悔懼，申公族分❷。」

【章旨】總結全文，指出陳女夏姬敗壞禮教，滅國破陳。

【注釋】❶殆　幾乎。❷分　瓜分。

【語譯】頌贊說：「夏姬美貌世無儔，滅國破陳禍根由。使二大夫逃亡楚，又使兒子死箭鉤。幾乎妨害楚莊王，敗亂巫臣臭名留。子反悔恨且恐懼，申公族分招愆尤。」

十、齊靈聲姬

聲姬❶者，魯侯之女，靈公❷之夫人，太子光❸之母也。號孟子。淫通於大夫慶剋❹，與之蒙衣❺乘輦❻，而入於閎❼。鮑牽❽見之，以告國佐❾。國佐召慶剋。將詢之，慶剋久不出，以告孟子曰：「國佐非❿我。」孟子怒。

時國佐相⓫靈公，會諸侯於柯陵⓬，高子、鮑子⓭處內守。及還，將至，閉門而索客⓮。孟子訴之曰：「高、鮑將不內⓯君，而欲立公子角⓰，國佐知之。」公怒，刖⓱鮑牽而逐高子、國佐，二人奔莒⓲。

更以崔杼⓳為大夫，使慶剋佐之。乃帥師圍莒，不勝。國佐使人殺慶剋。靈公與佐盟⓴而復之。孟子又愬而殺之。及靈公薨，高、鮑皆復；遂殺孟子，齊亂乃息。《詩》云：「匪教匪誨，時維婦寺㉑。」此之謂也。

【章旨】記敘齊靈聲姬淫亂禍國。

【注釋】❶聲姬　即鬷聲姬，鬷姓。❷靈公　即齊靈公，春秋時齊國國君。姜姓，名環。❸太子光　即齊莊公，春秋時齊國國君。姜姓，名購，齊靈公之太子。❹慶剋　一本作「慶克」，為慶封之父。齊國大夫。❺蒙衣　以頭巾蒙住頭，為古代婦女外出的習俗。此指男扮女裝。❻輦　用人拉挽的車子。❼閎　巷門；宮中夾道門。

❽鮑牽　即鮑莊子，鮑叔牙之曾孫。齊國大夫。❾國佐　一作「國差」，即國武子。齊國正卿。❿非　非難；責備。⓫相　相禮，負責禮儀者。⓬柯陵　即嘉陵、加陵。在今河南許昌南。⓭高子鮑子　據《左傳・成公十七年》，高子為高無咎；鮑子即鮑牽。⓮閉門而索客　謂關閉城門，檢查旅客，為警戒措施。⓯內　同「納」。⓰公子角　齊頃公之子，齊靈公之兄弟。⓱刖　砍腳的酷刑。⓲莒　古國名，在今山東莒縣。⓳崔杼　即崔武子，齊國大夫。⓴盟　立誓締約。㉑匪教匪誨二句　見《詩經・大雅・瞻卬》。時，是。維，只。寺，同「侍」。近侍；內侍。

【語　譯】齊靈聲姬，是魯侯的女兒，齊靈公的夫人，太子光的母親。她號稱孟子。她和大夫慶剋淫亂，讓慶剋男扮女裝，穿上女人衣服，用頭巾蓋住頭，和自己一塊坐車出入門戶。大夫鮑莊子發現了，就轉告國佐。國佐召慶剋，擬詢問一下情況。慶剋躲著不出家門，並告訴孟子說：「國佐非難我。」孟子為此非常生氣。

當時國佐充當相禮，隨同齊靈公在柯陵會見諸侯，由高子、鮑子留守國都。等到靈公回來，快將到達都城時，高子、鮑子採取警戒措施，關閉城門，盤查旅客，以防不測。孟子乘機讒害說：「高、鮑準備不讓大王入城，而擁立公子角為國君，國佐是知道這件事的。」靈公大怒，砍掉鮑莊子的腳，驅逐高子和國佐，二人只好逃亡到莒國。

靈公便委任崔杼為大夫，又派慶剋協助他。於是親自帶兵圍攻莒國，但未能取勝。這時，國佐派刺客殺了慶剋。靈公與國佐盟誓，恢復了國佐的官職。孟子又加以誹謗，終使國佐被殺。等到靈公死後，高子、鮑子都恢復了官職；他們便殺掉孟子，齊國的亂事才平息下來。《詩經》上說：「無人教唆與訓誨，只因聽信內侍話。」說的就是這種情況。

頌曰：「齊靈聲姬，厥行亂失❶。淫於慶剋，鮑牽是疾❷。譖愬高、鮑，遂以奔亡。好禍用亡❸，亦以事喪。」

【章旨】總結全文，指出齊靈聲姬奸禍亂齊。

【注釋】❶失 同「泆」。淫泆。❷疾 怨恨。❸好禍用亡 奸禍亂齊。王照圓《補注》：「好，當作奸。」用，因。亡，梁端《校注》本：「陳氏奐曰：『亡』疑『妄』字之誤。《說文》：『妄』，亂也。」

【語譯】頌贊說：「齊靈聲姬真作孽，淫泆不知重名節。蒙衣乘輦通慶剋，鮑子發現怨仇結。讒害高子和鮑子，國佐奔莒情義絕。聲姬好禍來亂齊，哪知身死又名裂。」

十一、齊東郭姜

齊東郭姜者，棠公❶之妻，齊崔杼御❷東郭偃之姊也。美而有色。棠公死，崔子弔而說❸姜，遂與偃謀，娶之。

既居，其室比於公宮。莊公❹通焉，驟❺如崔氏。崔子知之。異日，公以崔子之冠賜侍人，崔子慍❻，告有疾，不出。公登臺以臨崔子之宮，由臺上與東郭姜戲⑦。公下從之，東郭姜奔入戶而閉之。公推之曰：「開，余。」東郭姜曰：「老夫在此，未及收髮⑧。」公曰：「余聞⑨崔子之疾也，不開？」崔子與姜自側戶出，閉門，聚眾鳴鼓。公恐，擁柱而歌⑩。公請於崔氏曰：「孤知有罪矣。請改心，事吾子⑪。若不信，請盟。」崔子曰：「臣不敢聞命。」乃避之。公又請於崔氏之宰⑫曰：「請就先君之廟而死焉。」崔氏之宰曰：「君之臣杼有疾不在，侍臣不敢聞命。」公踰牆而逃，崔氏射公，中踵⑬，公反墮⑭，遂弒⑮公。

先是時，東郭姜與前夫子棠毋咎俱入，崔子愛之，使為相室⑯。崔子前妻子二人，大子城⑰，少子彊。及姜入後，生二子明、成⑱。成有疾，崔子廢成而以明為後⑲。成使人請崔邑⑳以老，崔子哀而許之，棠毋咎與東郭偃爭而不與㉑。成與彊怒，將欲殺之，以告慶封㉒。慶封，齊大夫也，陰與崔氏爭權，欲其相滅也，謂二子曰：「殺之！」於是二子歸殺棠毋咎、東郭偃於崔子之庭。崔子怒，愬之於慶氏曰：「吾不肖，有子不能教也，以至於此。吾事夫子，國人之所知也，唯㉓辱使者，不可以已。」慶封乃使盧蒲嫳帥徒眾與國人，焚其庫廄，而殺成、姜㉔。崔氏之妻曰：「生若此，不若死。」遂自經而死。崔子歸見庫廄皆焚，妻子皆死，又自經而死。君子曰：「東郭姜殺一國君而滅三室㉕，又殘其身，可謂不祥矣。」《詩》曰：「枝葉未有害，本實先敗㉖。」此之謂也。

【章旨】記敘齊東郭姜淫通齊莊公。

【注釋】❶棠公　春秋時齊國棠邑大夫。棠邑，疑在今山東平度境內。❷御　御者；車夫。❸說　同「悅」。喜歡。❹莊公　即齊莊公，名光，靈公之子。春秋時齊國國君。❺驟　屢次。❻慍　怒；怨恨。❼戲　嬉戲。❽收髮　梳頭。❾閭　一作「開」，梁端《校注》本：「當作『問』。」❿擁柱而歌　《左傳·襄公二十五年》作「公拊楹而歌」。服虔云：「公以姜氏不知己在外，故歌以命之也。一曰，公自知見欺，恐不得出，故歌以自悔。」擁，抱持。⓫吾子　相親之辭。子，為人之美稱或貴稱。⓬宰　卿大夫總管家務的家臣，或卿大夫私邑之長官。⓭踵　腳後跟。《左傳·襄公二十五年》、《史記·齊太公世家》作「股」。⓮反墮　仍跌於牆內。⓯弒　臣殺君，子殺父。⓰相室　執政大臣。⓱城　《史記·齊太公世家》作「成」。⓲二子明成　梁端《校注》本：「『子』上『二』字衍，『明』下又衍『成』字，涉頌『明成』而誤。」⓳後　後嗣；繼承人。⓴崔邑　崔氏祖廟所在的城邑，在今山東濟陽境內。㉑與　給予。㉒慶封　春秋時期齊國大夫。崔杼殺齊莊公，擁立齊景公，他與崔杼分任左、右相。景公二年，滅崔氏當國。次年，鮑、高、欒氏合謀攻他，他奔吳。楚靈王伐吳，他被擒滅族。㉓唯　通「惟」。雖。㉔姜　《史記・齊太公世家》作「彊」。㉕三室　指崔、棠、東郭三家。㉖枝葉未有害二句　見《詩經・大雅・蕩》。敗，敗壞。《毛詩》作「撥」，為「敗」的假借字。

【語譯】齊東郭姜，是棠公的妻子，齊大夫崔杼的馬車夫東郭偃的姊姊。她長得貌美有姿色。棠公去世，崔杼前往弔唁，喜歡東郭姜的姿色，就與東郭偃商量，把她娶了過來。

東郭姜到了崔家，因住房靠近王宮，莊公便與她私通，屢次到崔家去幽會。崔杼知道這件事。有一天，莊公把崔杼的帽子賜給侍從，崔杼很生氣，便聲稱有病在身，不出家門。莊公登上高臺，從高處下視崔杼的住房，並在臺上和東郭姜嬉戲。莊公下了高臺，去追蹤東郭姜，東郭姜跑進房中，把門關上。莊公推推門，說：「開門吧，是我。」東郭姜說：「我老頭子在此，還沒有梳頭髮。」莊公說：「我是來問問崔子的病情的，為什麼不讓我進去探視？」崔杼和東郭姜從側門出來，關上宮門，擊鼓召集兵隊。莊公驚恐不安，抱著柱子唱起歌來。莊公向崔杼請罪說：「我知道自己有罪，我請求改正錯誤，並事奉您。假如不相信我說的，我希望立誓訂盟。」崔杼說：「臣不敢聽命。」說罷，就躲了起來。莊公又向崔杼的家臣請求說：「請讓我死在先君的廟堂裡。」崔杼的家臣說：「大王之臣崔杼有病，不在這裡，侍臣不敢聽命。」莊公無奈，就跳牆逃跑，崔杼用箭射中莊公的腳後跟，莊公跌落牆內，就被殺死。

在這之前，東郭姜和前夫棠公所生之子棠毋咎，一起到了崔家，崔杼喜歡棠毋咎，任他為相室。崔杼前妻所生的兒子，大的叫成，小的叫彊。東郭姜入崔家後，又生了個兒子叫明。大兒子崔成患病，崔杼廢掉崔成，立崔明為自己的繼承人。崔成派人請求回祖廟所在的城邑終老，崔杼憐憫他就應允了，但是棠毋咎和東郭偃卻力爭不給崔邑。崔成和崔彊大怒，準備殺了他們，並告訴了慶封。慶封，是齊國大夫，暗地裡與崔杼爭權奪利，企圖讓崔氏家族內部互相殘殺，便唆使崔成兄弟說：「殺了他們！」崔成兄弟一回去，就在崔杼家裡殺死棠毋咎、東郭偃。崔杼大怒，請求慶封說：「我不肖，沒有教育好兒子，以致事態發展到此地步。我待您好，這是眾所周知的，現在只有承蒙您派兵去，才能制止他們。」於是慶封便派盧蒲嫳帶著兵丁和國人，焚燒崔家的倉庫和馬廄，殺死崔成、崔彊兄弟。東郭姜見此慘狀說：「像這樣活著，還不如去死。」接著就上吊自殺。崔杼回家，見倉庫馬廄燒得一乾二淨，妻兒孩子都已死光，也上吊自殺。君子說：「東郭姜使一國君被殺，使三家滅絕，自己也上吊自殺，可以說是很不吉祥的人。」《詩經》上說：「樹葉雖然未傷害，但是樹根先敗壞。」說的就是這種情況。

頌曰：「齊東郭姜，崔杼之妻。惑亂莊公，毋咎是依。禍及明、成，爭邑相殺。父母無聊❶，崔氏遂滅。」

【章旨】總結全文，指出齊東郭姜殺一國君而亡三室，禍及多人。

【注釋】❶無聊　無所依賴。

【語譯】頌贊說：「齊東郭姜棠公妻，後來成為崔杼妻。通於莊公性淫亂，聽從毋咎不遲疑。明、成二子受災禍，爭邑相殺家室危。父母孤苦無依賴，崔氏滅亡亦可悲。」

十二、衛二亂女

衛二亂女者，南子及衛伯姬也。南子者，宋女，衛靈公❶之夫人。通於宋子朝❷，太子蒯聵❸知而惡之。南子讒太子於靈公曰：「太子欲殺我。」靈公大怒蒯聵，蒯聵奔宋。靈公薨，蒯聵之子輒立，是為出公。衛伯姬者，蒯聵之姊也，孔文子❹之妻，孔悝❺之母也。悝相出公。文子卒，姬與孔氏之豎❻渾良夫淫，姬使良夫於蒯聵。蒯聵曰：「子苟能內我於國，報子以乘軒❼，免子三死❽。」與盟，許以姬為良夫妻。良夫喜，以告姬，姬大悅。良夫乃與蒯聵入舍孔氏之圃。昏時，二人蒙衣而乘，遂入至姬所。已食，姬杖戈先，太子與五介胄❾之士，迫其子悝於廁❿，強盟之。出公奔魯，子路死之，蒯聵遂立，是為莊公。殺夫人南子，又殺渾良夫。莊公以戎州之亂又出奔⓫，四年而出公復入。將入，大夫殺孔悝之母而迎公。二女為亂五世⓬，至悼公⓭而後定。《詩》云：「相鼠有皮，人而無儀。人而無儀，不死何為⓮？」此之謂也。

【章旨】記敘衛二亂女淫亂禍國。

【注釋】❶衛靈公　春秋時衛國國君。姬姓，名元，衛襄公之子。❷宋子朝　宋國公子。❸蒯聵　即衛莊公，衛靈公之太子。春秋時衛國國君。❹孔文子　衛之大夫。❺孔悝　孔文子之子，輔佐衛出公。❻豎　內豎；小使。❼乘軒　謂封為大夫。軒，古代供大夫以上官爵乘坐的車。❽三死　《史記・衛康叔世家》裴駰《集解》：「杜預曰：『三死，死罪三。』」張守節《正義》：「杜預曰：『三罪，紫衣，袒裘，帶劍。』」紫衣，春秋末為國君之服色，他人不得用。袒裘，不敬。劍為殺人之器，不得近君王，近君不釋劍，亦為不敬。《左傳・哀公十七年》載：衛侯有次請渾良夫吃飯，渾良夫穿上紫衣和狐皮袍。來到後，敞開皮袍，沒有放下劍就吃飯，太子派人牽著他退下，舉出三罪把他殺了。❾介冑　指披甲戴盔的武士。❿廁　同「側」。邊側；角落。⓫莊公以戎州之亂又出奔　《左傳・哀公十七年》載：衛莊公登城望見戎州，說：「我是姬姓的國家，怎麼還有戎人住在那裡？」於是掃平了戎州。衛卿石圃謀反，莊公逃到戎州己姓家中，被己姓殺死。戎州之亂，指衛莊公之死。又出奔，當指逃奔戎州己姓家。⓬五世　指衛莊公、公子班師、公子起、衛出公和衛悼公。⓭悼公　即衛悼公，名黔。⓮相鼠有皮四句　見《詩經・鄘風・相鼠》。相，看。儀，威儀。

【語譯】衛二亂女，是南子和衛伯姬。南子，是宋國的女子，衛靈公的夫人。她和宋國公子宋子朝私通，太子蒯聵知道後很厭惡她。南子就向靈公說太子的壞話：「太子想要殺害我。」靈公於是對太子大發脾氣，太子蒯聵便逃奔宋國。靈公死後，蒯聵的兒子輒立為衛君，這就是衛出公。衛伯姬，是蒯聵的姊姊，孔文子的妻子，孔悝的母親。孔悝輔助出公。文子死後，伯姬就與文子的內豎渾良夫私通，她派渾良夫到蒯聵那裡去。蒯聵說：「你如果能助我回國復位，我就報答你，讓你成為我的大夫，免除你的三樁死罪。」蒯聵和渾良夫還立誓訂約，答應讓伯姬做他的妻子。渾良夫很高興，告訴伯姬，伯姬也十分高興。渾良夫便帶蒯聵回國，藏身在孔家的園圃裡。天黑後，二人便男扮女裝，坐著車子，來到伯姬的住所。吃完飯，伯姬就舉起戈矛走在前面，帶領蒯聵和五個披甲胄的武士，把自己的兒子孔悝逼到牆角落裡，強迫他訂出讓蒯聵為君的盟約。衛出公便逃亡到魯國，子路也因此被殺。於是蒯聵立為國君，這就是衛莊公。莊公一繼位，即殺掉靈公夫人南子，又殺掉渾良夫。第二年莊公因戎州之亂又出奔，四年後出公才返回衛國。出公將進宮時，衛國大夫殺了孔悝的母親伯姬，來迎接出公。二女這樣相繼作亂，亂及五世，直到衛悼公時才安定下來。《詩經》上說：「看看老鼠身有皮，這人做人無威儀。既然做人無威儀，為何還不快去死？」說的就是這種情況。

頌曰：「南子惑淫，宋朝是親。譖彼蒯聵，使之出奔。悝母亦嬖，出入兩君❶。二亂交錯，咸以滅身。」

【章旨】總結全文，指出衛二亂女亂及五世。

【注釋】❶兩君　指衛莊公和衛出公。

【語譯】頌贊說：「南子淫亂性使然，通於宋朝犯罪愆。太子蒯聵被譖害，出奔宋國自播遷。孔悝之母也嬖幸，兩個君主受牽連。二亂交錯無寧日，性命難保夢難圓。」

十三、趙靈吳女

趙靈吳女者，號孟姚，吳廣❶之女，趙武靈王❷之后也。初，武靈王娶韓王女為夫人，生子章，立以為后，章為太子。王嘗夢見處女鼓瑟❸而歌曰：「美人熒熒❹兮，顏若苕之榮❺。命兮命兮，逢天時而生，曾莫我嬴嬴❻！」異日，王飲酒樂，數❼言所夢，想見其人。吳廣聞之，乃因❽后而入其女孟姚；甚有色焉，王愛幸之，不能離。數年，生子何。孟姚數微言❾后有淫意，太子無慈孝之行。王乃廢后與太子，而立孟姚為惠后，以何為王，是為惠文王。武靈王自號主父，封章於代❿，號安陽君。

四年⑪，朝群臣，安陽君來朝。主父從旁觀窺群臣宗室，見章儽然⑫也，反臣⑬於弟，心憐之。是時，惠后死久恩衰，乃欲分趙而王⑭章於代。計未決而輟。

主父游沙丘宮⑮，章以其徒作亂，李兌⑯乃起四邑之兵擊章。章走主父，主父閉⑰之，兌因圍主父宮。既殺章，乃相與謀曰：「以章圍主父，即解兵，吾屬夷⑱矣。」乃遂圍主父。主父欲出不得，又不得食，乃探雀鷇⑲而食之。三月餘，遂餓死沙丘宮。《詩》曰：「流言以對，寇攘式內⑳。」言不善之從內出也。

【章旨】記敘趙靈吳女嬖幸於趙武靈王。

【注釋】❶吳廣　戰國時趙國人，虞舜之後。❷趙武靈王　戰國時趙國國君，名雍。他勵精圖治，改革軍事，胡服騎射，使趙國強盛。他後來傳位給兒子何（即趙惠文王），自稱主父，因內亂而死。❸鼓瑟　《史記．趙世家》作「鼓琴」。鼓，彈奏。瑟，一種二十五弦的撥弦樂器。❹熒熒　容光豔麗的樣子。❺苕之榮　苕花。苕，草名，其花紫，草可染帛。榮，開花。❻曾莫我嬴嬴　《史記・趙世家》作「曾無我嬴」。嬴嬴，猶盈盈，儀態美好的樣子。❼數　屢次。❽因　通過。❾微言　暗喻。❿代　地名，在今河北蔚縣境內。⓫四年　指趙惠文王四年。⓬儽然　頹喪的樣子。《史記・趙世家》作「傫然」。⓭臣　稱臣。原作「目」，據《史記・趙世家》校改。⓮王　稱王。⓯沙丘宮　《史記・趙世家》正義：「沙丘宮，在邢州平鄉縣東北二十里。」⓰李兌　趙國司寇。⓱閉　藏。原作「開」，據梁端《校注》本改。⓲夷　滅族。⓳鷇　須母鳥哺食的幼鳥。⓴流言以對二句　見《詩經・大雅・蕩》。流言，謠言。寇攘，盜竊。式，於；在。內，指朝廷之內。

【語譯】趙靈吳女，號稱孟姚，是吳廣的女兒，趙武靈王的王后。起初，趙武靈王娶韓國國王的女兒為夫人，生下兒子章，夫人被立為王后，章被立為太子。有次，趙武靈王曾經夢見一個處女彈瑟歌唱道：「美人容光煥發呀，容顏好似苕之花。命運之神賜好運，生時又逢時辰佳，為何不識我吳娃！」改天，趙武靈王喝酒取樂，便多次談起他夢見處女彈瑟而歌的事，並希望能見到那個處女。吳廣聽說這件事，就通過太后將自己女兒孟姚送入宮中；孟姚長得很漂亮，趙武靈王非常寵愛她，已到了難分難捨的地步。數年之後，孟姚生下兒子何。因孟姚有心計，屢屢在趙武靈王面前暗示：王后有淫逸之心，太子章無慈孝之行。趙武靈王於是廢去王后和太子，立孟姚為惠后，又將王位傳給了何，這就是趙惠文王。趙武靈王自己號稱主父，將公子章封於代地，號稱安陽君。

過了四年，趙惠文王上朝召見群臣，安陽君也來朝見。主父從旁觀察群臣和宗室，發現安陽君一副頹喪的樣子，原是太子現在反過來向弟弟稱臣，就頓生憐憫之心。這時，惠后已去世很久，往日的恩寵也衰竭下來，主父便想將趙國分開治理，讓安陽君在代稱王。這個計劃還未定奪就中止了。

有次，主父去遊沙丘宮，公子章就帶領他的部下乘機作亂，趙國司寇李兌便調遣四方城邑的軍隊去攻打公子章。公子章兵敗後便逃到主父所在的沙丘宮，主父就將他藏匿起來，李兌於是派兵包圍了沙丘宮。當殺掉公子章之後，李兌與部下謀劃說：「因為追捕公子章而圍困主父，即使現在就撤兵，我們這些人也難免滅族之罪。」便仍然圍困主父。主父想出宮不得，又找不到糧食，只得去掏鳥窩裡的小鳥雀充飢。過了三個多月，便餓死在沙丘宮。《詩經》上說：「造謠誹謗壞名聲，竊權奪位出內廷。」這是說國家壞事是由內廷造成的。

頌曰：「吳女苕顏，神寤❶趙靈。既見嬖近，惑心乃生。廢后興戎❷，子何是成。主閉沙丘，國以亂傾。」

【章旨】總結全文，指出趙靈吳女造謠中傷，種下廢后興戎的惡果。

【注釋】❶寤　通「悟」。感悟。❷興戎　指公子章與惠文王之間的戰事。

【語譯】頌贊說：「趙靈吳女美娉婷，神靈感悟趙武靈。進宮受寵來誹謗，心生惑亂智不明。廢掉王后興內亂，惠文登位氣候成。主父被困死沙丘，國勢傾危出內廷。」

十四、楚考李后

楚考李后者，趙人李園之女弟，楚考烈王❶之后也。初，考烈王無子，春申君❷患之。李園為春申君舍人❸，乃取其女弟與春申君，知有身❹，園女弟承間❺謂春申君曰：「楚王❻之貴幸君，雖兄弟不如❼。今君相楚三十餘年❽，而王無子，即百歲❾後將立兄弟。即楚更立君後，彼亦各貴其所親，又安得長有寵乎？非徒然也❿，君用事久，多失禮於王兄弟；王兄弟誠立，禍且及身，何以保相印、江東⓫之封乎？今妾知有身矣，而人莫知。妾之幸君未久，誠以君之重而進妾於楚王，楚王必幸⓬妾。妾賴天有子男，則是君之子為王也，楚國盡可得，孰與身臨不測之罪乎？」春申君大然⓭之。乃出園女弟謹舍之，言之考烈王。考烈王召而幸之，遂生子悼⓮，立為太子。

園女弟為后，而李園貴用事，養士欲殺春申君以滅口。及考烈王死，園乃殺春申君，滅其家。悼立，是為幽王⑮。后有考烈王遺腹子猶⑯立，是為哀王。考烈王弟公子負芻⑰之徒，聞知幽王非考烈王子，疑哀王，乃襲殺哀王及太后⑱；盡滅李園之家，而立負芻為王。五年而秦滅之。《詩》云：「盜言孔甘，亂是用餤⑲。」此之謂也。

【章旨】記敘楚考李后發跡春申而成為王后。

【注釋】❶楚考烈王　名元，一作「完」，熊姓。戰國時楚國國君。❷春申君　戰國四公子之一。姓黃，名歇，楚國貴族。頃襄王時任左徒，考烈王時為令尹，封淮北地十二縣，後改封於吳，號春申君。他養食客三千。曾救趙攻秦，滅亡魯國。後因內訌被殺。❸舍人　親近左右之小臣。❹有身　指有身孕。❺承間　即乘間、趁機。原缺「承」，據梁端《校注》本校補。❻楚王　指楚考烈王。❼不如　不及；趕不上。❽三十餘年　《戰國策・楚四》、《史記・春申君列傳》均作「二十餘年」。三，當作「二」。❾百歲　謂死。古人以為人生不過百歲，因以百歲為死的諱稱。❿非徒然也　不僅如此。⓫江東　古稱蕪湖、南京以下的長江南岸地區。因春申君被封於吳（即江蘇蘇州），故名。⓬幸　原脫，據《戰國策・楚四》、《史記・春申君列傳》校補。⓭然　以為正確。⓮悼　《史記・楚世家》作「悍」，字形之誤。⓯幽王　王照圓《補注》：「『幽王』下當脫『幽王死』三字。」《史記・楚世家》：「十年，幽王卒。」⓰猶　《史記・趙世家》稱是幽王的同母弟。⓱負芻　《史記・趙世家》稱是哀王庶兄。⓲太后　指楚考李后。⓳盜言孔甘二句　見《詩經・小雅・巧言》。盜，指讒人。孔，很。餤，進食。引申作增多。

【語譯】楚考李后，是趙國人李園的妹妹，楚考烈王的王后。起初，楚考烈王沒有兒子，春申君很擔憂這件事。而李園是春申君的舍人，他曾將妹妹許給春申君，當李園的妹妹得知自己懷孕之後，便趁機對春申君說：「楚王賜給您的尊貴和榮寵，就是他的兄弟手足也趕不上的。現在您為令尹，相楚已有二十餘年，您當然知道楚王無子的利害關係，如果後繼無人，那麼他去世後就會另立其他兄弟為王。等到另立新君，新君也只會讓自己親近的人得到榮華富貴，您又怎麼能夠長期享有恩寵呢？不僅如此，您長期相楚治理國事，對楚王的兄弟多有失禮的地方；他們如果立為國君，您就會大禍及身，怎麼能夠保住相印和江東的封邑呢？現在我自知有了身孕，但別的人並不知道。我服侍您時間很短，如果能憑著您的重要身分和地位，將我進獻給楚王，楚王一定會寵愛我。要是上天保佑我生了兒子，那就是您的兒子成為楚國國君了，這樣，整個楚國全都掌握在您的手裡，這比起身臨不能預測的罪責，不是更加有利嗎？」春申君認為她的主意很不錯。於是將李園的妹妹送出去，小心謹慎地安置在一個館舍裡住起來，然後推薦給楚考烈王。楚考烈王召見李園的妹妹，果然得到寵幸，不久生下兒子悍，立為太子。

李園的妹妹終於成為王后，而李園也因此成為專擅朝政的新貴，他還畜養敢死之士準備殺掉春申君來滅口。等到考烈王去世，李園便殺掉春申君，消滅他全家。悍繼位為君，這就是楚幽王。後來考烈王的遺腹子猶又繼位為君，這就是楚哀王。這時楚考烈王的弟弟公子負芻一夥，聽說幽王不是考烈王之子，便對哀王產生了懷疑，於是就襲殺了哀王和楚考李后；盡滅李園一家，擁立負芻為國君。負芻即位後五年，秦國就滅了楚國。《詩經》上說：「讒人嘴巴非常甜，更使亂事亂如麻。」說的就是這個意思。

頌曰：「李園女弟，發迹春申。考烈無子，果得納身。知重❶而入，遂得為嗣。既立畔本❷，宗族滅弒。」

【章旨】總結全文，指出楚考李后叛本亂國。

【注釋】❶重　重身；身中有身。即懷孕。❷畔本　背叛國家宗法的根本。指幽王以春申君之子為楚國國君事。畔，通「叛」。

【語譯】頌贊說：「李園女弟逞奸刁，通過春申上九霄。楚考烈王適無子，果然受寵成妖嬈。先懷身孕後入宮，生得兒子繼楚祧。背叛宗法難逃罪，宗族被滅終蕭條。」

十五、趙悼倡后

倡后者，邯鄲之倡❶，趙悼襄王❷之后也。前日❸而亂一宗之族。既寡，悼襄王以其美而取❹之。李牧❺諫曰：「不可。女之不正，國家所以覆而不安也。此女亂宗，大王不畏乎？」王曰：「亂與不亂，在寡人為政。」遂娶之。

初，悼襄王后生子嘉為太子。倡后既入為姬，生子遷。倡后既嬖幸於王，陰譖后及太子於王，使人犯太子而陷之於罪。王遂廢嘉而立遷，黜后而立倡姬為后。及悼襄王薨，遷立，是為幽閔王❻。

倡后淫佚不正，通於春平君，多受秦賂，而使王誅其良將武安君李牧。其後，秦兵徑❼入，莫能距，遷遂見虜於秦。趙亡。大夫怨倡后之譖太子及殺李牧，乃殺倡后而滅其家，共立嘉於代❽。七年不能勝秦，趙遂滅為郡。《詩》云：「人而無禮，不死胡俟❾？」此之謂也。

【章旨】記敘趙悼倡后嬖幸於趙悼襄王。

【注釋】❶邯鄲之倡　原脫此四字，據《史記·趙世家》集解、〈張釋之馮唐列傳〉索隱引校增。邯鄲，趙國都城，在今河北邯鄲。倡，歌舞藝人。❷趙悼襄王　戰國時趙國國君，名偃。❸日　梁端《校注》本：「『日』，盧（文弨）校改『嫁』。」❹取　同「娶」。❺李牧　趙國大將。曾大敗秦軍，因功封武安君。後因趙王中秦反間計而被殺害。❻幽閔王　《史記・趙世家》作「幽穆王」，名遷。❼徑　直；直截了當。❽代　古國名，在今河北蔚縣東北。代為趙襄子所滅。後來秦破趙國，趙公子嘉奔代，立為代王。❾人而無禮二句　見《詩經・鄘風・相鼠》。《毛詩》作「人而無止，不死何俟？」止，節止；使行為合乎禮。俟，等待。

【語譯】趙悼倡后，是邯鄲城裡的女藝人，趙悼襄王的王后。以前出嫁時，她曾因淫亂使本宗族不得安寧。她丈夫死後，悼襄王見她漂亮，就把她娶了過來。將軍李牧進諫說：「不行。婦女淫邪不正，這是使國家衰亡、不安的原因。這個婦女曾鬧得宗族不安，大王不因此而害怕嗎？」悼襄王說：「亂還是不亂，關鍵在我如何理政。」最後還是娶她過來。

起初，悼襄王的王后生了公子嘉，立為太子。倡后入宮為姬妾，生下庶子遷。倡后在獲得悼襄王寵愛之後，就暗地裡在悼襄王面前說王后和太子的壞話，並派人去冒犯太子，促使太子犯罪。悼襄王於是廢掉嘉，而立遷為太子，並廢黜王后，立倡姬為王后。等到悼襄王一死，太子遷即繼位為國君，這就是幽閔王。

倡后淫亂邪僻，曾與春平君私通，還多方接受秦國的賄賂，並唆使幽閔王殺害良將武安君李牧。以致後來，秦兵長驅直入，趙兵無法抗拒，幽閔王也就被秦兵所俘虜。趙亡。大夫對倡后讒廢太子及殺李牧的事很是怨憤，就殺掉倡后，消滅她一家，共同擁立嘉在代為代王。七年後仍未能戰勝秦軍，趙國於是滅亡，成為秦郡。《詩經》上說：「行為無禮不節止，還等何時不去死？」說的就是這種情況。

頌曰：「趙悼倡后，貪叨❶無足。隳廢后適❷，執詐不愨❸。淫亂春平，窮意所欲。受賂亡趙，身死滅國。」

【章旨】總結全文，指出趙悼倡后讒廢后嫡、受賂亡趙。

【注釋】❶貪叨　貪婪。❷隳廢后適　指廢黜王后與太子。隳，毀壞。適，正。此指正妻所生之子。❸愨　誠實。

【語譯】頌贊說：「趙悼倡后好貪酷，貪婪成性不滿足。廢黜王后與太子，奸詐不誠心邪曲。私通春平多淫亂，肆無忌憚窮所欲。受賂亡趙身亦死，汙名長留罪難贖。」

卷八 續列女傳

【說明】〈續列女傳〉共二十傳，據目錄所增題注，依次是：一、〈周郊婦人〉（續〈仁智〉第十二），二、〈陳國辯女〉（續〈辯通〉第七），三、〈聶政之姊〉（續〈節義〉第十三），四、〈王孫氏母〉（續〈節義〉第十四），五、〈陳嬰之母〉（續〈賢明〉第十六），六、〈王陵之母〉（續〈節義〉第十九），七、〈張湯之母〉（續〈仁智〉第十八），八、〈雋不疑母〉（續〈母儀〉第十七），九、〈漢楊夫人〉（續〈賢明〉第十八），十、〈霍夫人顯〉（續〈孽嬖〉第十七），十一、〈嚴延年母〉（續〈仁智〉第十七），十二、〈漢馮昭儀〉（續〈節義〉第十八），右十二傳漢成帝前人；十三、〈王章妻女〉（續〈仁智〉第十九），十四、〈班女婕妤〉（續〈辯通〉第十七），十五、〈漢趙飛燕〉（續〈孽嬖〉第四），十六、〈孝平王后〉（續〈貞順〉第十一），十七、〈更始夫人〉（續〈孽嬖〉第十八），十八、〈梁鴻之妻〉（續〈賢明〉第十七），十九、〈明德馬后〉（續〈母儀〉第七），二十、〈梁夫人嫕〉（續〈辯通〉第十八）。右八傳成帝同時人或後時人，而皆班氏（指班固）前人或同時人。

〈續列女傳〉是後人摻入的。這大概是因西漢劉向最早撰《列女傳》後，有人仿其體例，繼而續作，並以「列女」名書的緣故。北宋嘉祐年間，集賢校理蘇頌、長樂人王回對通行本《列女傳》重加整理，將全書刪為八篇，即劉向所撰七篇，包括〈母儀〉、〈賢明〉、〈仁智〉、〈貞順〉、〈節義〉、〈辯通〉、〈孽嬖〉等傳，稱《古列女傳》；將後人摻入的二十傳，從周郊婦人至梁夫人嫕，以時相次，別為一篇，稱〈續列女傳〉。南宋嘉定年間，蔡驥再次整理刊刻《列女傳》，或題《古列女傳》七卷、〈續列女傳〉一卷。但〈續列女傳〉二十傳均無「頌曰」。

〈續列女傳〉共有二十個傳主。按時代順序，自春秋、戰國、秦至西漢、東漢，時間跨度較長；按所涉內容，有續〈仁智〉四篇、〈辯通〉三篇、〈節義〉四篇、〈賢明〉三篇、〈母儀〉二篇、〈孽嬖〉三篇、〈貞順〉一篇，或正或反，或褒或貶，較為駁雜。傳主多集中於西漢，其事蹟見於東漢班固之《漢書》本傳以及〈外戚傳〉、〈酷吏傳〉、〈元后傳〉等。

一、周郊婦人（續〈仁智〉第十二）

周郊❶婦人者，周大夫尹固所遇於郊之婦人也。周敬王❷之時，王子朝❸怙寵為亂，與敬王爭立，敬王不得入。尹固與召伯盈❹、原伯魯附於子朝。《春秋》魯昭二年六月❺，晉師納王❻，尹固與子朝奉周之典籍，出奔楚❼。

數日道還，周郊婦人遇郊，尤❽之曰：「處則勸人為禍，行則數日而反，是其❾過三歲乎？」至昭公二十九年，京師果殺尹固❿。君子謂：「周郊婦人，惡尹氏之助亂，知天道之不祐，示以大期⓫。終如其言。」《詩》云：「取辟不遠，昊天不忒⓬。」此之謂也。

【章旨】記敘周郊婦人惡尹固助亂、知天道不祐，以表揚她仁智之美德。

【注釋】❶周郊　此指東周都城洛邑（今河南洛陽）的城郊。❷周敬王　原作「周赧王」，據《左傳・昭公二十六年》、《史記・周本紀》校改。周敬王名丐，一作「匄」，周景王之子，周悼王之弟。❸王子朝　周景王之長庶子。《史記・周本紀》記載王子朝依寵為亂事：「景王十八年，后太子聖而蚤卒。二十年，景王愛子朝，欲立之，會崩，子丐之黨與爭立，國人立長子猛為王，子朝攻殺猛，猛為悼王。晉人攻子朝而立丐，是為敬王。敬王元年，晉人入敬王，子朝自立，敬王不得入，居澤（周地澤邑）。四年，晉率諸侯入敬王於周，子朝為臣，諸侯城周。十六年，子朝之徒復作亂，敬王犇于晉。十七年，晉定公遂入敬王于周。」❹召伯盈　即召簡公。❺二年六月　梁端《校注》本：「當作二十六年。案：《左傳》在昭公二十六年十一月，傳下文云：『是其過三歲乎？』至昭公二十九年京師果殺尹固，尤其明證。」❻納王　指送周敬王回洛邑。❼尹固與子朝二句　《左傳・昭公二十六年》：「王子朝及召氏之族、毛伯得、尹氏固、南宮嚚奉周之典籍以奔楚。」典籍，國家的重要文獻。❽尤　責備。❾其　豈。❿果殺尹固　《左傳・昭公二十九年》：「三月己卯（十三日），京師殺召伯盈、尹氏固及原伯魯之子。」⓫大期　猶言「大限」，指死期。⓬取辟不遠二句　見《詩經・大雅・抑》。辟，《毛詩》作「譬」。譬喻；打比方。昊天，上天。忒，偏差。

【語　譯】周郊婦人，是東周大夫尹固在洛邑都城城郊所遇到的婦人。周敬王在位時，王子朝依仗著周景王的愛寵作亂，他與周敬王爭奪王位，自立為王，使周敬王不能進入都城。大夫尹固與召伯盈、原伯魯為子朝黨羽，依附於子朝為亂。據《春秋》魯昭公二十六年載，晉國軍隊將逃亡到晉的周敬王送回都城。尹固和子朝就帶著周王室的重要文獻逃奔到楚國。

過了幾天，尹固又由楚返回東周洛邑，周郊婦人在城郊碰上他，就斥責他說：「你在朝做官就唆使別人犯上作亂，逃奔在外又沒幾天就回來，你這個人難道能活過三年嗎？」到了魯昭公二十九年，京師的人果然將尹固殺了。君子說：「周郊婦人厭惡尹氏助人作亂，預知上天不會保佑他，便向他預示死期。結果如周郊婦人所說的那樣，完全應驗。」《詩經》上說：「不妨就近打比方，上天賞罰不偏向。」說的就是這種情況。

二、陳國辯女（續〈辯通〉第七）

辯女者，陳國採桑之女也。晉大夫解居甫使於宋，道過陳，遇採桑之女，止而戲❶之曰：「女❷為我歌，我將舍❸汝！」採桑女乃為之歌曰：「墓門有棘，斧以斯之。夫也不良，國人知之。知而不已，誰昔然矣❹。」大夫又曰：「為我歌其二。」女曰：「墓門有梅，有鴞萃止。夫也不良，歌以訊止。訊予不顧，顛倒思予❺。」大夫曰：「其梅則有，其鴞安在？」女曰：「陳，小國也，攝❻乎大國之間，因之❼以饑饉❽，加❾之以師旅，其人且亡，而況鴞乎？」大夫乃服而釋之。君子謂：「辯女貞正而有辭，柔順而有守。」《詩》云：「既見君子，樂且有儀❿。」此之謂也。

【章　旨】記敘陳國辯女以善辯脫身，以表揚她貞正有辭、柔順有守的美德。

【注　釋】❶戲　調戲。❷女　同「汝」。你。❸舍　同「捨」。放棄。❹墓門有棘六句　見《詩經・陳風・墓門》第一章。墓門，陳國城門名。棘，酸棗樹。斯，劈開。不已，不止。誰昔，疇昔；從前。❺墓門有梅六句　見《詩經・陳風・墓門》第二章。墓門有梅之「梅」當作「棘」，與本詩第一章「墓門有棘」同。梁端《校注》本：「《楚辭・天問》：『何繁鳥萃棘，負子肆情。』王逸注：『言解居父聘吳，過陳之墓門，見婦人負其子，欲與之淫泆，肆其情欲。婦人則引《詩》刺之曰：「墓門有棘，有鴞萃止。」故曰繁鳥萃棘也。言墓門有棘，雖無人，棘上有鴞，汝獨不愧也。』」下文「其梅則有」之「梅」，亦作「棘」。鴞，通「梟」。貓頭鷹。萃，集；停息。止，語尾助詞。訊，借作「誶」。警告；責罵。顛倒，亂。❻攝　夾；箝。❼因之　使之順從。❽饑饉　原作「饑餓」，據《楚辭補注》校改。❾加　凌駕；欺侮。❿既見君子二句　見《詩經・小雅・菁菁者莪》。儀，儀容；表率。

【語　譯】陳國辯女，是陳國一個採桑的婦女。晉國大夫解居甫出使宋國，路過陳國，正碰上這個採桑婦女，就停下來調戲她：「你給我唱唱歌，我就會放你過去！」採桑女便唱道：「墓門有樹叫酸棗，要用斧頭來砍倒。那人不是好材料，臭名人人都知曉。知過不改仍如故，生來就是壞腦。」剛唱完，大夫又說：「再給我唱一首。」採桑女又唱道：「墓門有樹叫酸棗，它的上面棲鴞鳥。那人不是好材料，唱首歌兒來譏誚。譏誚警告他不聽，災難到來才開竅。」大夫問她：「有了酸棗樹，那鴞鳥在哪裡呢？」採桑女回答：「陳國，是一個小國，它夾於大國間，大國就利用它鬧饑荒使它順從，又派出軍隊來欺侮它，當前陳國的百姓都已四出逃亡，何況是鴞鳥呢？」大夫心服她能言善辯，就放她走了。君子說：「辯女貞正而善辯言，柔順而有操守。」《詩經》上說：「看見君子好修養，樂得有個好榜樣。」說的就是這個意思。

三、聶政之姊（續〈節義〉第十三）

齊勇士聶政❶之姊也。聶政母既終，獨有姊在。及為濮陽❷嚴仲子刺韓相俠累，所殺者數十人，恐禍及姊，因自披❸其面，抉❹其目，自屠剔❺而死。

韓暴❻其尸於市，購❼問以千金，莫知為誰。姊曰：「弟至賢，愛妾之軀❽，滅吾之弟名❾，非弟意也。」乃之韓，哭聶政尸，謂吏曰：

「殺韓相者，妾之弟，軹深井里聶政也。」亦自殺於尸下。

晉❿、楚、齊、衛聞之曰：「非獨聶政之勇，乃其姊者，烈⓫女也。」

君子謂：「聶政姊仁而有勇，不去死⓬以滅名。」《詩》云：「死喪之威，兄弟孔懷⓭。」言死可畏之事，唯兄弟甚相懷。此之謂也。

【章旨】記敘聶政之姊冒死而揚弟名，以表揚她仁而有勇的美德。

【注釋】❶聶政　名榮，一作「嫈」。戰國時河內軹（今河南濟源軹城鎮）深井里人。因殺人避仇，客遊齊國，隱於市井，以為狗屠。韓列侯時，大臣嚴遂（亦名嚴翁仲，字仲子）和相國俠累（即韓傀）爭權結怨，暗交聶政代為報仇。列侯三年，聶政仗劍至韓，直入相府，刺殺俠累後自殺而死。見《史記・韓世家》、《史記・刺客列傳》、《戰國策・卷二七・韓二》。❷濮陽　衛都，在今河南濮陽西南。❸披　裂。❹抉　挖出。❺自屠剔　《史記・刺客列傳》、《戰國策・卷二七・韓二》作「自屠出腸」。❻暴　古「曝」字。暴曬；暴露。❼購　懸賞。❽愛妾之軀　《戰國策・卷二七・韓二》作「不可愛妾之軀」。❾滅吾之弟名　《史記・刺客列傳》、《戰國策・卷二七・韓二》作「滅吾弟之名」。❿晉　指三晉，即韓、趙、魏三國。⓫烈　義烈。⓬不去死　不避死。⓭死喪之威二句　見《詩經・小雅・常棣》。威，畏。孔，很。懷，關心。

【語譯】聶政之姊，是齊國勇士聶政的姊姊。聶政在母親去世後，家裡就只剩姊姊是唯一的親人了。到後來，聶政為濮陽的嚴仲子刺殺韓相俠累，一連殺了數十人，因為怕被人認出自己真實身分，讓姊姊為此受到牽連坐罪，就採取毀容辦法，用刀刺裂自己面皮，挖出自己眼睛，然後自殺而死。

韓國將聶政的屍首，置於集市光天化日之下，懸賞千金，查問刺客身分姓氏，但沒有人能認出來。聶政的姊姊聽說此事，就說：「我的弟弟最為賢明，我不能因為愛惜自己的性命，而埋沒弟弟大義的名聲，這不合弟弟的本意。」便親自趕到韓國，對著聶政的屍體哭悼，並向守屍的官吏說：「刺殺韓相的，正是我的弟弟，他就是軹邑深井里人聶政。」說完就在聶政屍體旁邊自殺了。

三晉、楚、齊、衛等國知道這件事，都說：「不僅弟弟聶政勇武可敬，就是姊姊也是義烈可嘉。」君子說：「聶政的姊姊仁義勇敢，不避死而揚弟弟之名。」《詩經》上說：「死亡威脅最怕人，唯有兄弟最關情。」這是說面臨死亡的可怕威脅，只有兄弟至親才能真正關心。說的就是這個意思。

四、王孫氏母（續〈節義〉第十四）

王孫氏之母者，齊大夫王孫賈❶之母也。賈年十五，事齊閔王❷。國亂，閔王出見弒❸，國人不討賊。

王孫母謂賈曰：「汝朝出而晚來，則吾倚門而望汝；汝暮出而不還，則吾倚閭而望汝。今汝事王，王出走，汝不知其處，汝尚何歸乎？」王孫賈乃入市中，而令百姓曰：「淖齒❹亂齊國，弒閔王，欲與❺我誅❻之者，袒右❼！」市人從者四百人，與之誅淖齒，刺而殺之。君子謂：「王孫母義而能教。」《詩》云：「教誨爾子，式穀似之❽。」此之謂也。

【章　旨】記敘王孫氏母教子忠君討賊，以表揚她義而能教的美德。

【注　釋】❶王孫賈　戰國時齊國人，與春秋時衛國之王孫賈有別。❷齊閔王　戰國時齊國國君。閔，一作「湣」。❸閔王出見弒　《戰國策・卷一三・齊六》作「王出走，失王之處」。❹淖齒　楚公族。齊閔王十七年，侵伐鄰國，窮兵黷武，外怨於諸侯，內失於百姓，燕將樂毅以燕、秦、趙、魏、韓五國之師攻齊，入臨淄，下齊七十餘城，閔王出走。楚頃襄王派淖齒帶兵救齊，被齊閔王任用為相。不久，淖齒數齊閔王「不知戒」之罪，將他殺死於鼓里（莒中地名）。淖，姓。❺與　助。❻誅　剪除。❼袒右　指脫右肩之衣袒露右臂，以為標記。❽教誨爾子二句　見《詩經・小雅・小宛》。式，助詞。穀，善。似，通「嗣」。繼續。

【語　譯】王孫氏母，是齊國大夫王孫賈的母親。王孫賈年方十五歲，就被任用為大夫，事奉齊閔王。有次，齊國發生動亂，齊閔王出逃，被亂臣賊子所殺，但國內並沒人出來討伐亂臣賊子。

王孫氏的母親，就以自己的愛心，去激起兒子的忠心：「你早上出去，晚上回家，我就靠著屋門盼望你；你傍晚出去，沒有回家，我就靠著里門盼望你。現在你事奉國君，國君出走，你不知他出走的地方，你還回家來幹什麼呢？」於是王孫賈就趕忙跑到集市上去，向百姓發出號令說：「淖齒在齊國作亂，殺害閔王，有願意幫助我去剪除亂臣賊子的，請露出右臂來！」集市上起而響應他的有四百人，大家一起幫著他去剪除淖齒，終將淖齒刺死。君子說：「王孫氏母深明大義，善於教子。」《詩經》上說：「要把兒子教育好，繼承祖業有希望。」說的就是這種情況。

五、陳嬰之母（續〈賢明〉第十六）

漢堂邑侯❶陳嬰之母也。始，嬰為東陽令史❷，居縣素信，為長者❸。秦二世❹之時，東陽少年殺縣令，相聚數千人，欲立長帥，未有所用，乃請陳嬰。嬰謝不能，遂強立之，縣中從之得二萬人，欲立嬰為王。

嬰母曰：「我為子家婦，聞先故❺不甚貴。今暴❻得大名，不祥。不如以兵有所屬，事成猶得封侯，敗則易以亡❼，可無為人所指名❽也。」嬰從其言❾，以兵屬項梁❿，梁以為上柱國⓫。後項氏敗，嬰歸漢，以功封堂邑侯。君子曰：「嬰母知天命，又能守先故之業，流祚後世，謀慮深矣。」《詩》曰：「貽厥孫謀，以燕翼子⓬。」此之謂也。

【章　旨】記敘陳嬰之母教子守先故之業，以表揚她深謀遠慮的賢德。

【注　釋】❶漢棠邑侯　《漢書・卷一六・高惠高后文功臣表第四》作「堂邑安侯」。堂，與「棠」古字通。堂邑，古縣名，春秋時楚置，後屬吳。西漢初為侯國，後置堂邑縣。在今江蘇六合境。❷東陽令史　《史記・項羽本紀》正義引《楚漢春秋》云：「東陽獄吏陳嬰。」東陽，古縣名，秦置。在今安徽天長西北。❸居縣素信二句　《史記・項羽本紀》作「居縣中，素信謹，稱為長者」。信謹，忠誠謹慎。長者，有德行的人。❹秦二世　即胡亥，秦始皇之子。秦朝第二代皇帝。❺先故　祖先。《史記・項羽本紀》作「先古」。❻暴　突然。❼亡　逃亡。❽指名　指名斥責。❾嬰從其言　《史記・項羽本紀》作「嬰乃不敢為王」。此句下有九句：「謂其軍吏曰：『項氏世世將家，有名於楚。今欲舉大事，將非其人，不可。我倚名族，亡秦必矣。』於是眾從其言。」❿項梁　楚國貴族，項燕之子。秦二世元年陳勝起義後，他與其姪項羽在吳（今江蘇蘇州）起義，反抗秦朝統治，後戰死。⓫上柱國　楚官名，上卿官，相當於相國。⓬貽厥孫謀二句　見《詩經・大雅・文王有聲》。貽，留下。《毛詩》作「詒」。孫，同「遜」。恭順。燕，安定。翼，庇護。

【語　譯】陳嬰之母，是西漢棠邑安侯陳嬰的母親。起初，陳嬰是東陽縣一個小小的獄吏，因為他在縣中的表現，素來忠誠謹慎，被人看作是忠厚長者。秦二世在位時，東陽有少年殺死縣令，聚集了數千人，想推舉個頭領，沒有找到合適的人選，就請陳嬰當頭領，陳嬰不答應，最後眾人就強迫他當上了頭領，縣裡跟隨他的有二萬人，準備擁立他為王。

陳嬰的母親對兒子說：「我成為陳家媳婦以來，從未聽說陳家的祖先出過富貴顯赫的人物。

現在你突然要稱王稱霸，那是很不吉利的。不如將兵卒交給別人統領，要是事業能成功還可以封侯，要是事業失敗了也能從容逃亡，是不會被人指名斥責的。」陳嬰聽從母親的意見，把兵卒交給項梁統領，項梁任他為上柱國。後來項氏失敗，陳嬰歸附於漢朝，因為有功被封為棠邑侯。君子說：「陳嬰之母能知天命，又能守住祖先的基業，使福澤流傳後世，這是深謀遠慮的結果。」《詩經》上說：「留下順天安民計，庇護兒子安享福。」說的就是這種情況。

六、王陵之母（續〈節義〉第十九）

漢丞相安國侯王陵❶之母也。陵，始為縣邑豪❷，高祖❸微時兄事陵。及高祖起沛，陵亦聚黨❹數千，以兵屬漢王。項羽❺與漢為敵國，得陵母，置軍中。陵使至則東鄉坐❻陵母，欲以招❼陵。陵母既而私送使者泣曰：「為老妾❽語陵，善事漢王。漢王長者，無以老妾故，懷二心。言妾已死也。」乃伏劍而死，以固勉陵。項羽怒亨之，陵志益感，終與高祖定天下，位至丞相，封侯，傳爵五世❾。君子謂：「王陵母能棄身立義，以成其子。」《詩》云：「我躬不閱，遑恤我後❿。」終身之仁也。陵母之仁及五世矣。

【章　旨】記敘王陵之母伏劍勉子，以表揚她棄身立義，以成子名的賢德。

【注　釋】❶王陵　沛縣（今屬江蘇）人，從劉邦定天下，封安國（漢縣名，在今河北安國）侯。漢惠帝六年，為右丞相，後觸怒呂太后，被奪去相權而死。見《漢書・張陳王周傳》。❷始為縣邑豪　《漢書・張陳王周傳》作「始為縣豪」。王照圓《補注》：「『邑』字衍。」豪，《太平御覽・人事部・八十二》引注：「豪，俊也。」❸高祖　即漢高祖劉邦，字季，沛縣人。曾為泗水亭長，秦二世元年起義反秦，稱沛公。他攻入咸陽，推翻秦朝統治，被項羽封為漢王。後在長達五年的楚漢戰爭中打敗項羽，即皇帝位，建立漢朝。高祖為劉邦死後的廟諡。❹聚黨　聚眾。❺項羽　名籍，字羽，下相（今江蘇宿遷西南）人。楚國貴族。秦二世元年，從叔父項梁起義反秦。秦亡後，自立為西楚霸王，並大封諸侯。在楚漢戰爭中失敗，最後從垓下（今安徽靈璧南）突圍到烏江（今安徽和縣東北）自殺。❻東嚮坐　即向東而坐。漢代賓主之間，一般以向東的座位（即西邊）為尊位。其次是向南的座位，再次是向北的座位，最末為向西的座位，這一座位常是陪席。❼招　招撫；使歸順。❽老妾　老婦的謙稱。❾傳爵五世　《史記・高祖功臣侯者年表》、《漢書・高惠高后文功臣表》載：自王陵經哀侯忌、終侯斿、安侯辟至方侯定凡五世。傳，原作「專」，據梁端《校注》本改。❿我躬不閱二句　見《詩經・邶風・谷風》、〈小雅・小弁〉。躬，自己。閱，收容。遑，何暇。恤，顧惜。

【語　譯】王陵之母，是西漢右丞相安國侯王陵的母親。起初，王陵是沛縣的一個豪俊，漢高祖劉邦微賤時，曾事奉王陵像事奉自己的兄長那樣。等到漢高祖在沛縣起兵抗秦，王陵也聚眾數千人，後來歸屬漢高祖統領。

在楚、漢戰爭中，項羽與漢高祖對敵，他抓來王陵之母，監押在軍中。當王陵派使者前來交涉時，項羽便尊禮王陵之母，讓她向東而坐，想以此禮遇招撫王陵。過後，王陵之母私自為使者送行，哭著說：「請代我轉告王陵，要好好地事奉漢王。漢王是個仁慈忠厚的長者，不要因為我的緣故就懷有異心。你就說我已經死了！」說完就伏劍自殺而死，以便安定兒子忠於漢王的心志。項羽大怒之下烹煮了王陵母的遺體，這樣一來，使王陵更加受到母親節義精神的感召，終於協助漢高祖平定天下，位至右丞相，封安國侯，其爵位傳及五世子孫。君子說：「王陵母能夠捨身立義，使兒子成就功業。」《詩經》上說：「自己尚且難容身，哪裡還能顧後人。」這說的是一個人難於終身保持自己的仁德。但像王陵之母卻使仁義之澤傳及五世子孫。

七、張湯之母（續〈仁智〉第十八）

漢御史大夫❶張湯❷之母也。湯以文法❸，事漢孝武帝❹，為御史大夫。好勝陵人，母數責怒，性不能悛改❺。後果為丞相嚴青翟❻及三長史❼所怨，會趙王上書言湯罪，繫廷尉❽，丞相及三長史共致其罪，遂自殺。

昆弟、諸子欲厚葬之。母曰：「湯為天子大臣，被❾惡言而死，亦何厚葬❿？」載以牛車，有棺而無槨⓫。天子聞之曰：「非此母不生此子！」乃盡案⓬誅三長史。丞相嚴青翟自殺。君子謂：「張湯母能克己⓭感悟時主。」《詩》云：「彼美孟姜，德音不忘⓮。」此之謂也。

【章旨】記敘張湯之母能克己悟主，以表揚她仁而有智的德行。

【注釋】❶御史大夫　官名，主管監察、司法。後改名為大司空、司空，與丞相（大司徒）、太尉（大司馬）合稱三公。❷張湯　西漢杜陵（今陝西西安南）人。武帝時任廷尉、御史大夫。他曾建議鑄造白金（銀幣）及五銖錢（錢幣），支持鹽錢官營政策，制訂「生緡令」（即對田宅、貨物、車船、畜產徵稅的法令）。他編律令，用法嚴峻。後遭誣陷而自殺。見《史記・酷吏列傳》、《漢書・張湯傳》。❸文法　指律令。❹漢孝武帝　即漢武帝劉徹，景帝之中子。❺悛改　悔改。❻嚴青翟　即丞相莊青翟。漢避明帝諱改「莊」為「嚴」。❼三長史　指朱買臣、王朝、邊通三人。見《史記・酷吏列傳》、《漢書・張湯傳》。長史，官名，為西漢時丞相、太尉、御史大夫的屬官，號稱三公輔佐。❽繫廷尉　《史記・酷吏列傳》、《漢書・張湯傳》作「事下廷尉」。廷尉，官名，又稱大理、廷尉卿，為九卿之一。❾被　遭受。❿亦何厚葬　疑有脫字。《史記・酷吏列傳》作「何厚葬為」。《漢書・張湯傳》作「何厚葬乎」。⓫有棺而無槨　指薄葬。槨，棺外的套棺。古時棺木有時用兩重，裡面的一重是裝殮死人的叫棺，外面的一重是棺外的套棺叫槨，這即是所謂「內棺外槨」，貴族的墓葬大多有槨。⓬案　案驗；查明案情。⓭克己　約束自己。⓮彼美孟姜二句　見《詩經・鄭風・有女同車》。孟姜，姜氏長女。德音，美好名聲。不忘，不盡。

【語譯】張湯之母，是西漢御史大夫張湯的母親。張湯由於在制訂律令方面有專長，忠心事奉漢孝武帝，被任用為御史大夫。但張湯為人，爭強好勝，盛氣凌人，母親屢次生氣地責備他，但他本性不改。後來果然招致丞相嚴青翟及三長史的怨恨，又正好碰上趙王上書指控他的罪狀，被廷尉拘禁，於是丞相及三長史就趁機羅織他的罪名謀陷他，他也就自殺而死。

張湯死後，他的兄弟和兒子們準備厚葬他。張湯的母親卻不同意，說：「張湯是天子的大臣，現在受到惡毒的讒言誣陷而死，為什麼要厚葬他呢？」於是採用薄葬，以牛車裝載送葬，而下葬時也有棺而無槨。天子聽說這件事就說：「不是這樣的母親，就不會有這樣的兒子！」便派人查究案情，殺了三長史。丞相嚴青翟也因此自殺。君子說：「張湯之母善於約束自己，使天子有所感悟。」《詩經》上說：「那位姜家大姑娘，品德美好永高尚。」說的就是這種情況。

八、雋不疑母（續〈母儀〉第十七）

漢京兆尹❶雋不疑❷之母也。仁而善教。不疑為京兆尹，行縣錄囚徒❸；還，其母輒問所平反❹，活幾何人❺。即不疑多所平反❻，母喜笑，飲食言語異於他時；或無所出❼，母怒，為之不食。由是故不疑為吏，嚴而不殘❽。君子謂：「不疑母能以仁教。」《詩》云：「昊天疾威，敷于下土⑨。」言天道好生⑩，疾威虐之行於下土也。

【章　旨】記敘雋不疑母仁而善教，以表揚她母儀的風範。

【注　釋】❶京兆尹　官名，職權相當於郡太守。治所在長安（今陝西西安），轄境約在今陝西秦嶺以北、西安以東、渭河以南。京兆尹在漢代也為政區名。❷雋不疑　字曼倩，西漢渤海（治所在今河北滄縣東）人。武帝時任青州刺史，昭帝時遷京兆尹，常以儒家經術決事，名聲重於朝廷。見《漢書．雋疏于薛平彭傳》。❸錄囚徒　指審查記錄在獄囚徒有無冤屈的情狀。❹平反　謂平其事反重為輕、反死為生。❺活幾何人　此四字原缺，據《漢書．雋疏于薛平彭傳》、《太平御覽．卷四一九．人事部．六十》校補。❻即不疑多所平反　此七字原缺，據《漢書．雋疏于薛平彭傳》、《太平御覽．卷四一九．人事部．六十》校補。❼出　指平反釋放出獄。❽嚴而不殘　原作「不嚴不殘」，據《漢書．雋疏于薛平彭傳》、《太平御覽．卷四一九．人事部．六十》校改。❾旻天疾威二句　見《詩經．小雅．小旻》。旻天，皇天。《毛詩》作「旻天」。疾，恨；憎惡。威，威恐。《詩毛氏傳疏》：「『疾威』二字平列。箋云：旻天之德，疾王者以刑罰威恐萬民。與《列女傳》續篇〈雋不疑傳〉釋詩義合此三家說也。」敷，布。下土，人間；天下。❿好生　愛惜生靈。

【語　譯】雋不疑母，是西漢京兆尹雋不疑的母親。她仁慈善良，諄諄教誨。雋不疑被擢遷京兆尹，常到轄境各縣去審查、登記在獄囚徒，看有無冤屈的情狀；回家之後，他母親總要詢問他為囚徒平反的情況，特別留意有多少囚徒被免除死罪而活下來。如果聽說雋不疑為許多囚徒洗雪冤情，反重為輕、反死為生，母親就高興得笑起來，吃飯、說話與平時很不一樣；如果聽說沒有囚徒被釋放出獄，母親就很生氣，甚至氣得不吃飯。由於這個緣故，雋不疑為官決獄，雖執法嚴明，但並不凶殘。君子說：「雋不疑母能用仁義慈善來教誨兒子。」《詩經》上說：「上天憎惡濫刑殺，使那禍殃布天下。」這是說上天有好生之德，憎惡濫用刑殺來威恐人間萬姓。

九、漢楊夫人（續〈賢明〉第十八）

楊夫人者，漢丞相安平侯楊敞❶之妻也。漢昭帝❷崩，昌邑王賀❸即帝位，淫亂，大將軍❹霍光❺與車騎將軍❻張安世❼謀，欲廢賀更立帝。議已定，使大司農❽田延年❾報敞。敞驚懼，不知所言，汗出浹背，徒曰唯唯❿而已。

延年出更衣⓫，夫人遽從東廂謂敞曰：「此國之大事，今大將軍議已定，使九卿來報君侯。君侯不疾應，與大將軍同心，猶與⓬無決，先事誅矣。」延年從更衣還，敞、夫人與延年參語⓭許諾，請奉大將軍教令。遂共廢昌邑王，立宣帝⓮。居月餘，敞薨，益封三千五百戶。君子謂：「敞夫人可謂知事之機⓯者矣。」《詩》云：「辰彼碩女，令德來教⓰。」

此之謂也。

【章　旨】記敘漢楊夫人知事之機，以表揚她當機立斷的賢智。

【注　釋】❶楊敞　西漢華陰（今屬陝西）人。官至丞相，封安平侯，謚曰敬侯。見《漢書・公孫劉田王楊蔡陳鄭傳》。❷漢昭帝　即劉弗陵，漢武帝之子。❸昌邑王賀　即劉賀。武帝之孫，昌邑（今山東巨野東南）哀王之子。❹大將軍　官名，職掌統兵征戰。漢代冠以大司馬（原稱太尉）之號，參與政事，為皇帝左右大臣。❺霍光　字子孟。西漢河東平陽（今山西臨汾境）人，為冠軍侯霍去病異母弟。昭帝時，他與桑弘羊共同輔政，任大司馬大將軍，封博陸侯。昭帝死，他在謀廢昌邑王、尊立宣帝中起關鍵作用。他前後執政二十餘年，謚曰宣成侯。見《漢書・霍光金日磾傳》。❻車騎將軍　官名，職位次於大將軍。❼張安世　字子孺，張湯之子，封富平侯。見《漢書・張湯傳》。❽大司農　官名，九卿之一。掌租稅錢穀鹽鐵和國家的財政收支。❾田延年　字子賓。官至大司農，封陽成侯。見《漢書・酷吏傳》。❿唯唯　謙卑地應答。⓫更衣　解手。⓬猶與　同「猶豫」。⓭參語　《漢書・公孫劉田王楊蔡陳鄭傳》顏師古注：「三人共語，故云參語。」⓮宣帝　即漢宣帝劉詢。昭帝死，他為霍光所立。⓯機　樞要；關鍵。⓰辰彼碩女二句　見《詩經・小雅・車舝》。辰，善良。令德，美德。

【語　譯】漢楊夫人，是漢丞相安平侯楊敞的妻子。漢昭帝死後，昌邑王劉賀即帝位，因為生活淫亂，大將軍霍光與車騎將軍張安世謀劃，想要廢掉昌邑王劉賀，另立皇帝。待商議已定，霍光便委派大司農田延年向丞相楊敞報告。楊敞聽後，一時驚惶害怕得不知怎樣回答好，冷汗濕透了背脊，只是謙卑地應答罷了。

田延年出去上廁所，楊敞的夫人趕緊從東廂房出來，對楊敞說：「這是國家的大事，現在大將軍對廢立的計劃已定，使九卿來報告您。您如果不很快做出反應，與大將軍同心，遲疑不決，事先就會被誅戮遇害了。」一當田延年解手回來，楊敞及夫人與延年三人一起商量，楊敞許諾，表示奉行大將軍的教令。於是他們共同廢掉昌邑王劉賀，尊立漢宣帝。過了一個多月，楊敞去世，謚為敬侯，增加食邑三千五百戶。君子說：「楊敞夫人可說是能知事態發展的關鍵所在。」《詩經》上說：「姑娘美麗又善良，葆有美德教有方。」說的就是這種情況。

十、霍夫人顯（續〈孽嬖〉第十七）

霍夫人顯者，漢大將軍博陸侯霍光之妻也。奢淫虐害，不循軌度❶。光以忠慎，受孝武皇帝遺詔，輔翼少主❷；當孝宣帝❸時，又以立帝之功，甚見尊寵，人臣無二。顯有小女字成君，欲貴之，其道無由。會宣帝許后當產，疾，顯乃謂女監❹淳于衍曰：「婦人娩乳大故❺，十死一生。今皇后當娩身，可因投藥去之❻。使我女得為后，富貴共之。」衍承❼其言，擣附子❽碎太醫大丸中，持入，遂藥弒許后。事急，顯以情告光，光驚愕。業已治衍，奏因令上署勿論❾。顯遂為成君衣補❿，治入宮具，果立為后。

是時，許后之子，以正適⑪立為太子。顯怒，歐⑫血不食曰：「此乃帝在民間時子，安得為太子？即我女有子，反當為王耶？」復教皇后⑬，令毒殺太子。皇后數召太子食，保阿輒先嘗之。

光既薨，子禹嗣為博陸侯。顯改更光時所造塋而侈大⑭之，築神道⑮，為輦閣⑯，幽閉良人、奴婢⑰。又治第宅，作乘輿輦⑱，畫繡絪軿⑲，黃金塗，為薦輪⑳，侍婢以五采絲輓㉑顯游戲；又與監奴㉒馮子都淫亂。禹等縱弛日甚。宣帝既聞霍氏不道㉓，又弒許后事泄，顯恐怖，乃謀為逆，欲廢天子而立禹。發覺，霍氏中外㉔皆腰斬，而顯棄市㉕，后廢處昭臺宮。《詩》云：「廢為殘賊，莫知其尤㉖。」言佚於惡，不知其為過。霍夫人顯之謂也。

【章旨】記敘霍夫人顯毒害許后，敗壞霍氏，以揭露她背節棄義的罪行。

【注　釋】❶軌度　法度。❷少主　即漢昭帝，年八歲即位，故稱。❸孝宣帝　即漢宣帝。❹女監　《漢書・霍光金日磾傳》作「乳醫」，《漢書・外戚傳》作「女醫」。監，當作「醫」，形近而誤。❺挽乳大故　《漢書・外戚傳》作「免乳大故」。挽乳，娩身；生子。挽，同「免」、「娩」。大故，大事。❻去之　除去許后。❼承奉。❽附子　有毒的藥草。❾奏因令上署勿論　當是「奏上，因署令勿論」。《漢書・霍光金日磾傳》作「會奏上，因署衍勿論」，《漢書・外戚傳》作「其後奏上，署衍勿論」。上，指漢宣帝。署，簽署。論，定罪。❿衣補《漢書・外戚傳》顏師古注：「謂縫作嫁時衣被也。」⓫正適　嫡子。⓬歐　同「嘔」。吐。⓭皇后　指孝宣霍皇后。⓮侈大　張大。⓯神道　墓道。⓰輦閣　供輦車往來的閣道。⓱幽閉良人奴婢　《漢書・霍光金日磾傳》作「而幽良人、婢妾守之」。良人，西漢妃嬪的稱號。此指婢妾。⓲輿輦　指君、后和諸侯所乘之車。⓳盡繡絪鞦　《漢書・霍光金日磾傳》作「加畫繡絪馮」。畫繡，繪有圖形花紋的刺繡。絪，同「茵」。車席。馮，謂所憑者，指車軾。即車廂前面供乘車人扶手用的橫木。鞦，同「絥」。車軾上的鋪墊物。⓴為薦輪　《漢書・霍光金日磾傳》作「韋絮薦輪」。晉灼注：「御輦以韋緣輪，著之以絮。」㉑輓　牽引。㉒監奴　《漢書・霍光金日磾傳》顏師古注：「謂奴之監知家務者也。」㉓不道　無道；行事不循理。㉔中外　此指霍家內外黨親。《漢書・霍光金日磾傳》：「自昭帝時，光子禹及兄孫雲皆中郎將，雲弟山奉車都尉侍中，領胡越兵。光兩女婿為東西宮衛尉，昆弟諸婿外孫皆奉朝請，為諸曹大夫，騎都尉，給事中。黨親連體，根據於朝廷。」㉕棄市　古代在鬧市執行死刑，並將屍首暴露街頭。㉖廢為殘賊二句　見《詩經・小雅・四月》。廢，同「忕」。習慣。殘賊，摧殘損害別人的人。尤，罪過。

【語　譯】霍夫人顯，是西漢大將軍博陸侯霍光的妻子。她奢侈淫靡，暴虐殘酷，不守法度。霍光因為忠誠謹慎，在孝武皇帝臨終時接受遺詔，輔佐年僅八歲的少主漢昭帝；在孝宣帝當政時，又因為有立帝之大功，倍受尊寵，這在人臣中是獨一無二的。霍夫人顯有個小女兒，字成君，想讓她得到皇帝的貴幸，卻一直找不到門路。後來正碰上宣帝的許后臨產，患了病，顯就對女醫淳于衍說：「婦女生孩子是件大事，十有九死。今許后要生子，可以通過投放毒藥的方式除掉她。假使能讓我女兒成為皇后，我們就共享榮華富貴。」淳于衍奉行顯的話，將毒草附子搗碎，糅進太醫調好的大藥丸中，帶進宮去，毒死了許皇后。由於事態緊急，顯不得不將實情告訴霍光，霍光十分驚慌。在即將給淳于衍治罪的情勢下，霍光上書啟奏，使宣帝簽署詔令，不再給淳于衍定罪。然後顯即給小女成君縫作嫁時衣被，準備入宮所需用品，不久成君果然被立為孝宣霍皇后。

這個時候，許后之子，以嫡子名分立為太子。顯對此很氣憤，又是吐血，又是不吃飯，她說：「這個孩子是皇帝以前在民間生的，怎麼能立為太子？如果我女兒有了兒子，不是反而當個諸侯王嗎？」於是顯又唆使霍皇后，要她去毒死太子。但是霍皇后多次召太子吃飯，照顧太子生活的保阿總是先把飯菜嘗一嘗，終使顯的陰謀沒有得逞。

霍光死後，他兒子霍禹嗣為博陸侯。顯便重修霍光所造的墳墓，使它更為高大，還修築墓道，並修築輦車往來的道路，幽閉良人、奴婢守護著墳墓。顯又修建高第大宅，建造帝后諸侯乘坐的車輦，車座和車軾上有繡著花紋的鋪墊，並用黃金塗飾車子，為了使車子走得平穩，還在車輪上纏上牛皮，塞上棉絮，顯坐上侍婢用五彩絲帶拉著的車子，到處去遊玩戲耍；又與管理家務的奴隸馮子都有了淫亂的行為。霍禹等人也越來越放縱淫樂。後來漢宣帝聽說霍氏無道，加上毒死許皇后的事也泄露出來，這使顯非常驚恐，便密謀叛亂，準備廢除漢宣帝而立霍禹為帝。但密謀很快被朝廷發覺，霍氏內外黨親都被腰斬，顯則在鬧市處死，曝屍街頭，而霍皇后被廢後囚於昭臺宮。《詩經》上說：「慣於害人太作孽，不知悔過擔罪責。」這說的是有人習慣於幹殘害別人的壞事，卻不知自己的罪過。霍光夫人顯就是這樣的人。

十一、嚴延年母（續〈仁智〉第十七）

河南❶太守❷東海❸嚴延年❹之母也。生五男，皆有吏材，至二千石❺，東海號曰「萬石❻嚴嫗」。延年為河南太守，所在名為嚴能。冬月❼，傳屬縣囚，論府下❽，流血數里，河南號曰「屠伯❾」。

其母常從東海來，欲就延年臘❿。到洛陽，適見報囚⓫，母大驚，便止都亭⓬，不肯入府。延年出至都亭謁，母閉閤⓭不見。延年免冠頓首閤下，母乃見之，因責數⓮延年曰：「幸備⓯郡守，專治千里，不聞仁義⓰教化，有以全安愚民，顧乘⓱刑罰多刑殺人，欲以致威，豈為民父母之意哉？」延年服罪，頓首謝，因為御歸府舍。

母畢正臘已，謂延年曰：「天道神明，人不可獨殺⓲。我不自意老當見壯子被刑戮也！行矣！去汝東海⓳，掃除墓地⓴耳。」遂去，歸郡，見昆弟宗族㉑，復為言之。

後歲餘，為府丞所章㉒，結㉓延年罪名十事，下御史㉔案驗㉕，遂棄延年於市。東海莫不稱母賢智。君子謂：「嚴母仁智信道。」《詩》云：「心之憂矣，寧自今矣㉖？」其嚴母之謂也。

【章旨】記敘嚴延年母注重仁義教化，以讚揚她仁智信道的德行。

【注釋】❶河南　漢代郡名。治所在雒陽（今河南洛陽東北），轄今河南黃河以南、黃河以北地區。❷太守　官名，即郡守。秦漢時一郡的最高行政長官。❸東海　漢代郡名。治所在郯（今山東郯城北），轄今山東南部、江蘇北部一帶。❹嚴延年　字次卿，西漢東海下邳人，曾官河南太守。他用法嚴酷，不避權貴。見《漢書・酷吏傳》。❺二千石　指西漢郡守的品秩，即其月俸為百二十斛。《漢書・百官公卿表》顏師古注：「漢制，三公號稱萬石，其俸月各三百五十斛穀。其稱中（滿的意思）二千石者月各百八十斛，二千石者百二十斛，比（比照的意思）二千石者百斛，千石者九十斛，比千石者八十斛，六百石者七十斛，比六百石者六十斛，四百石者五十斛，比四百石者四十五斛，三百石者四十斛，比三百石者三十七斛，二百石者三十斛，比二百石者二十七斛，一百石者十六斛。」❻萬石　一門之中有五人官至二千石，總稱萬石。❼冬月　此指冬季。❽論府下　《漢書・酷吏傳》作「會論府上」。論，判罪。府，指河南郡府。❾屠伯　《太平御覽・卷六四二・刑法部・八》引注：「以用刑殺為主，若屠者也。」❿臘　又名正臘，古代祭名，祭祀先祖和百神，在農曆十二月舉行。⓫報囚　《太平御覽・卷六四二・刑法部・八》引注：「所執決刑戮之囚也。」⓬都亭　古代都城門下的亭舍。⓭閤側門。⑭責數　責備。⑮備　充任。⑯仁義　《漢書・酷吏傳》作「仁愛」。⑰乘　因。⑱人不可獨殺　《漢書・酷吏傳》顏師古注：「言多殺人者，己亦當死。」獨，專斷；獨裁。⑲東海　《漢書・酷吏傳》作「東歸」。⑳掃除墓地　謂等待辦理其喪事。㉑宗族　《漢書・酷吏傳》作「宗人」。㉒章　上書言事。㉓結　《漢書・酷吏傳》顏師古注：「正其罪也。」㉔御史　此指御史丞，為御史大夫的下屬。負責舉劾案章，察舉非法。㉕案驗　查訪證實。㉖心之憂矣二句　見《詩經・大雅・瞻卬》。寧，豈；難道。

【語　譯】嚴延年母，是河南太守東海嚴延年的母親。嚴母生有五個兒子，都具有當官的才幹，品秩至二千石，東海郡的人都稱她是「萬石嚴嫗」。嚴延年任河南郡守，郡內的人都說他是嚴厲幹練的官吏。每到冬季，就將郡治所屬各縣的囚犯，總集郡府定罪判刑，被處決的囚犯很多，流血數里，河南郡的人號稱他為「屠伯」。

嚴母常從家鄉東海郡來，與嚴延年一起舉行臘祭，以便母子團聚一番。有次，她來到洛陽，正好碰上嚴延年報決處斬的囚犯，她大驚，就在郡府的都亭停了下來，不肯進入府中。嚴延年來都亭拜見母親，嚴母閉上都亭側門，不見他。嚴延年脫掉帽子，在門外叩頭行禮，母親才接見他，並責備他說：「你有幸充任郡守，專一治理河南郡所轄方圓千里之地，沒有聽說你實行仁義教化，來保全和安定愚民百姓，反而藉嚴刑峻法大量地殺人，想以此樹立自己的威嚴，這難道是為民父母的用意嗎？」嚴延年承認自己的過錯，叩頭謝罪，然後親自為母親駕車，載回府第。

嚴母臘祭完畢，即對嚴延年說：「天道神明，是讓人不可專斷刑殺的。我不想當年老時仍看到壯子遭到刑殺！我要走了！離開你回到東海老家，等著辦理你的喪事吧！」於是她離開洛陽，回到東海郡，見到兄弟和宗族中人，重又提到她向嚴延年說的這番話。

過了一年多，河南府丞上書皇帝告發嚴延年，有十大罪狀，皇帝交御史丞查訪核實，將嚴延年處斬於鬧市，曝屍街頭。東海郡的人無不稱讚嚴母的賢智。君子說：「嚴母仁智而信守道義。」《詩經》上說：「我的憂傷久在心，難道只是始於今？」說的就是嚴母這樣的人。

十二、漢馮昭儀（續〈節義〉第十八）

漢馮昭儀❶者，孝元帝❷之昭儀，右將軍❸光祿勳❹馮奉世❺之女也。元帝二年，昭儀以選入後宮，始為「長使」，數月為「美人」，生男，是為中山孝王，「美人」為「婕妤」。建昭❻中，上幸❼虎圈鬥獸，後宮皆從。熊逸出圈，攀檻欲上殿，左右「貴人」、傅昭儀❽皆驚走，而馮婕妤直當熊而立❾，左右格殺❿熊。天子問婕妤：「人情皆驚懼，何故當熊？」對曰：「妾聞猛獸得人而止，妾恐至御坐，故以身當之。」元帝嗟嘆，以此敬重焉。傅昭儀等皆慚。明年，中山王封，乃立婕妤為昭儀，隨王之國，號中山太后⓫。君子謂：「昭儀勇而慕義。」《詩》云：「公之媚子，從公于狩⑫。」《論語》曰：「見義不為，無勇也⑬。」昭儀兼之矣。

【章旨】記敘漢馮昭儀為護衛天子，當熊而立，以讚揚她勇而慕義的行為。

【注釋】❶馮昭儀 名媛。以選充後宮，為漢元帝昭儀，漢平帝的祖母。昭儀，昭顯其儀。西漢妃嬪稱號，為妃嬪中的第一等，位比丞相，爵比諸侯王。下文之「長使」、「美人」、「婕妤」（一作「倢伃」）、「貴人」，也是妃嬪或女官的稱號。《漢書・外戚傳上》：「漢興，因秦之號，帝母稱皇太后，祖母稱太皇太后，適（同「嫡」）稱皇后，妾皆稱夫人。又有美人、良人、八子、七子、長使、少使之號焉。至武帝制倢伃、娙娥（一作「娙何」）、傛華（一作「容華」）、充依，各有爵位，而元帝加昭儀之號，凡十四等云。」❷孝元帝 即漢元帝劉奭。❸右將軍 官名。漢代有前、後、左、右將軍，均為皇帝左右大臣。❹光祿勳 官名，職掌宿衛侍從。❺馮奉世 字子明，曾率兵征討羌，有戰功。見《漢書・馮奉世傳》。❻建昭 漢元帝年號。❼幸 指皇帝駕臨。❽傅昭儀 即孝元傅昭儀，定陶恭王之母，哀帝之祖母。因隨恭王歸國，稱定陶太后，後尊為恭皇太后。見《漢書・外戚傳》。❾直當熊而立 《漢書・外戚傳下》作「直前當熊而立」。當，阻擋；遮攔。❿格殺 擊殺。⓫明年四句 文有脫誤。中山孝王興，初立為信都（漢郡、國名，轄境相當今河北冀縣、深縣、武邑等縣及山東德州一部分）王，後才徙中山（漢郡、國名，轄境相當今河北狼牙山以南、滹沱河以北地區），為孝王。《漢書・諸侯王表》：「建昭二年六月乙亥，立為信都王，十五年，陽朔（漢成帝年號）二年，徙中山，凡三十年薨。」《漢書・外戚傳下》：「明年夏，馮倢伃男立為信都王，尊倢伃為昭儀。元帝崩，為信都太后，與王俱居儲元宮。河平（漢成帝另一年號）中，隨王之國，復徙中山，是為孝王。」⓬公之媚子二句 見《詩經・秦風・駟驖》。公，指秦君。媚子，所寵愛的人。于，去；往。狩，冬獵。⓭見義不為二句 見《論語・為政》。

【語　譯】漢馮昭儀，是漢元帝的昭儀，右將軍光祿勳馮奉世的女兒。漢元帝初元二年，昭儀被選入後宮，最初是「長使」，過了幾個月，升為「美人」，生了個兒子，就是後來的中山孝王，於是由「美人」又升到「婕妤」。漢元帝建昭年間，元帝駕臨虎圈鬥獸，後宮的人都跟著來了。突然之間，有一頭熊逃出虎圈之外，攀上柵欄，企圖竄上宮殿，在此危急關頭，元帝左右的「貴人」、傅昭儀都驚慌逃跑，而馮婕妤卻徑直向前，站在那裡擋住跑來的熊，直到左右衛士趕來將熊打殺。元帝問婕妤：「人們都驚慌害怕，你為什麼膽敢去阻擋熊呢？」婕妤回答：「我聽說猛獸抓住一個人便會停止下來，我擔心這頭熊會衝上御座，因此用身體擋在牠的前面。」元帝很感嘆，因而很敬重她。傅昭儀等人都很慚愧。第二年，中山王受封，元帝便立婕妤為昭儀，讓她隨中山王到封國，號中山太后。君子說：「馮昭儀勇武果敢，而追求道義。」《詩經》上說：「君王對他愛心切，同他一塊去打獵。」《論語・為政》上說：「碰上應該挺身相救的事情卻不去解救，那是怯懦的表現。」馮昭儀確實是義勇雙全的人。

十三、王章妻女（續〈仁智〉第十九）

王章❶妻女，漢京兆尹王仲卿之妻及其女也。仲卿為書生，學於長安，獨與妻居。疾病，無被，臥牛衣❷中；與妻訣，泣涕。妻呵❸怒曰：

「仲卿！尊貴在朝廷，誰愈於仲卿者？今疾病困厄，不自激昂，乃反涕泣，何鄙❹也！」後章仕宦至京兆尹。

成帝舅大將軍王鳳❺秉政專權，章雖為鳳所舉，意不肯附。會有日食之變，章上封事❻，言鳳不可任用。事❼成當上，妻止之曰：「人當知足，獨不念牛衣中流涕時耶？」章曰：「非女子所知！」書遂上，天子不忍退鳳，章猶❽是為鳳所陷，事至大逆❾，收繫下獄。

章有小女，年十二，夜號哭曰：「平日坐獄上❿，聞呼囚數常至九，今八而止；我君⓫素剛，先死者必我君也。」明日問之，果死。妻子皆徙⓬合浦⓭。鳳薨後，成都侯王商⓮為大將軍，閔⓯章無罪，白還其妻子、財產田宅⓰，眾庶給之⓱。君子謂：「王章妻知卷舒⓲之節。」《詩》云：「昊天已威，予慎無罪⓳。」言王為威虐之政，則無罪而遘⓴咎也。

【章旨】記敘王章之妻規勸丈夫窮當益堅，富當知足，以表揚她知卷舒之節。

【注　釋】❶王章　字仲卿，西漢泰山鉅平（今山東泰安西南）人。曾任諫大夫，敢於直言，為大臣貴戚所敬憚，官至京兆尹。後因觸犯大將軍王鳳，下獄死。見《漢書・趙尹韓張兩王傳》。❷牛衣　即「牛被」。亂麻所編給牛禦寒的覆蓋物。❸呵　怒責。❹鄙　見識淺陋。❺王鳳　字孝卿，西漢平陵（今山東濟南東）人。他襲父爵為陽平侯，其妹為元帝皇后，因而以外戚為大司馬、大將軍、領尚書事，專擅朝政。見《漢書・元后傳》。❻封事　密封的奏章。❼事　指封事。下文「事至大逆」的「事」，指罪。❽猶　同「由」。❾大逆　背叛天子的大罪。❿平日坐獄上　《漢書・趙尹韓張兩王傳》作「平生獄上」。疑後人妄增「日」字，又妄改「生」為「坐」。平生，先時。⓫君　此稱父親。⓬徙　徙邊。古代的一種流刑。⓭合浦　西漢郡名，治所在今廣西合浦。⓮王商　字子威。官至丞相，以外戚重臣輔政，後被誣陷，發病而死。見《漢書・王商史丹傅喜傳》。商，原誤作「商」，據本傳改。⓯閔　同「憫」。憐憫。⓰白還其妻子財產田宅　《漢書・趙尹韓張兩王傳》作「白上還章妻子故郡」。白，稟報。還，歸；返。⓱眾庶給之　《漢書・趙尹韓張兩王傳》作「眾庶冤紀之」。眾庶，眾民。⓲卷舒　曲伸。⓳昊天已威二句　見《詩經・小雅・巧言》。威，畏；虐。慎，誠；確實。⓴遘　遇。

【語　譯】王章妻女，是西漢京兆尹王仲卿的妻子和女兒。仲卿原是書生，到京都長安求學，獨自與妻子住在長安。有次，仲卿害病，卻沒有被子蓋體，只好躺臥在牛衣中；這種貧病交加的處境，使他意志消沉到要向妻子訣別，在那裡痛哭流涕。妻子怒責他說：「仲卿！那些在朝廷上的尊貴官宦，有誰會比你強呢？現在不過是有點病和困難，自己不激奮昂揚，反而痛哭流淚，眼光是多麼淺陋啊！」後來王章果然官至京兆尹。

漢成帝的舅舅大將軍王鳳執政專權，王章雖然得到王鳳的舉薦，內心卻不願意趨炎附勢。正好碰上有日食的變異，王章便乘機呈上密封的奏章，內容是說王鳳不可任用。奏章寫好，準備上奏皇帝，妻子勸阻他說：「人應當知足，你難道不想想當年躺在牛衣中流涕的情況嗎？」王章說：「這不是你婦道人家所能明白的。」於是呈上奏章，漢成帝不忍心貶退王鳳，而王章反受王鳳的陷害，被平白無辜地加上背叛天子的罪名，鋃鐺入獄。

王章有一個小女兒，才十二歲，有天夜晚哭喊著說：「先時在獄中，聽獄卒傳呼囚犯報號數，常常是九個人，今天只報號至第八個就停下了；我父親素來性情剛直，最先死去的必定是我的父親。」第二天一問情況，父親果然含冤負屈死去了。王章的妻兒子女都被流放到邊遠的合浦。王鳳死後，成都侯王商為大將軍，因憐憫王章無辜，便向皇上稟報，讓王章的妻兒子女由流放地返回故郡，並准許他的妻兒子女贖還原有的財產田宅，眾民也因王章含冤無辜而死，都在紀念他。君子說：「王章妻深知能屈能伸之大節。」《詩經》上說：「上天施威太恐怖，我無過錯真無辜。」這是說君主為政威虐，無罪的人也會遭受禍殃。

十四、班女婕妤（續〈辯通〉第十七）

班婕妤❶者，左曹越騎❷班況之女，漢孝成皇帝❸之婕妤也。賢才通辯。始，選入後宮為「少使」❹，俄而大幸，為「婕妤」。

成帝遊於後庭，嘗欲與婕妤同輦。辭曰：「觀古圖畫，賢聖之君皆有名臣在側，三代之末主❺乃有女嬖❻。今欲同輦，得無❼似之乎？」上善其言而止。太后聞而喜曰：「古有樊姬❽，今有班婕妤。」每誦《詩》及〈窈窕〉、〈德象〉、〈女師〉❾之篇，必三復之。每進見上疏，依古禮。

自鴻嘉❿之後，成帝稍隆於女寵。婕妤進侍者李平，平得幸，立為婕妤。帝曰：「始衛皇后⓫，亦從微起。」乃賜平姓曰衛，所謂衛婕妤也。

其後，趙飛燕姊妹⓬有寵，驕妒，譖訴⓭婕妤云：「挾邪詛祝⓮。」考問⓯班婕妤，曰：「妾聞：『死生有命，富貴在天⓰。』修正⓱尚未蒙福，為邪欲以何望？且使鬼神有知，不受不臣⓲之訴；如其無知，訴之何益？故弗為也。」上善其對而憐閔之，賜黃金百斤。

時飛燕驕妒。婕妤恐久見危⓳，求供養皇太后於長信宮⓴。上許焉。婕妤退處東宮㉑，作賦自傷曰：「承祖考㉒之遺德兮，荷性命之淑靈㉓；登薄軀於宮闕兮，充下陳㉔於後庭。蒙聖皇之渥㉕惠兮，當日月之盛明；

揚光烈[26]之翕赫[27]兮，奉隆寵於增成[28]。既過幸於非位[29]兮，竊庶幾乎嘉時；每寤寐而累息[30]兮，申佩離[31]以自思；陳女圖[32]而鏡鑑兮，顧女史[33]而問《詩》[34]。悲晨婦[35]之作戒兮，哀褒、豔之為尤[36]；美皇、英[37]之女舜兮，榮任、姒[38]之母周。雖愚陋其靡及兮，敢舍心而忘茲？歷年歲而悼懼兮，閔繁華之不滋[39]。痛陽祿與柘觀[40]兮，仍[41]繈褓[42]而離[43]災，豈妾人[44]之殃咎兮，將天命之不可求？白日忽以移光兮，遂奄莫[45]而昧幽[46]，猶被覆載[47]之厚德兮，不廢捐[48]於罪尤。奉供養於東宮兮，託長信之末流[49]，供灑埽於帷幄兮，永終死以為期。願歸骨於山足兮，依松柏之餘休[50]。」重[51]曰：「潛玄宮[52]兮幽以清，應門[53]閉兮禁闥[54]扃[55]。華殿塵兮玉階苔，中庭萋[56]兮綠草生。廣屋蔭兮幨帷[57]晻，房櫳虛兮風泠泠[58]。感[59]帷裳兮發紅羅[60]，紛悴憏[61]兮紈素[62]聲。神眇眇[63]兮密靖[64]處，君不御兮誰為榮？俯視兮丹墀[65]，思君兮履綦[66]。仰視兮雲屋[67]，雙涕下[68]兮橫流。顧左右兮和顏，酌羽觴[69]兮銷憂。惟人生兮一世，忽壹過兮若浮[70]。已獨嚮(71)兮高明(72)，處生民兮極休(73)。勉娛情兮極樂，與福祿兮無期。〈綠衣〉兮〈白華〉(74)，自古兮有之。」

至成帝崩，婕妤充奉園陵(75)，薨，因葬園中。君子謂：「班婕妤辭同輦之言，蓋宣后(76)之志也；進李平於同列，樊姬之德也；釋詛祝之譖，定姜(77)之知也；求供養於東宮，寡李(78)之行也。及其作賦，哀而不傷，歸命不怨。」《詩》云：「有斐君子，如切如磋。如琢如磨，瑟兮僩兮，赫兮咺兮，有斐君子，終不可諼兮(79)。」其班婕妤之謂也。

【章　旨】記敘班女婕妤退處東宮，作賦自傷，以歌頌她的賢才通辯。

【注　釋】❶婕妤　《漢書・昭帝紀》顏師古注：「倢，接幸也。伃，美稱也，故以名宮中婦官……字或並從女。」❷左曹越騎　官名，即左曹越騎校尉，為衛戍京師之將官。❸漢孝成皇帝　即漢成帝劉驁，元帝之子。❹少使　位居妃嬪、女官中的十一等。❺三代之末主　指夏桀、商紂、周幽王。❻女嬖　《漢書・外戚傳》作「嬖女」。❼得無　莫非；豈不是。❽樊姬　見本書卷二〈楚莊樊姬〉。❾詩及窈窕德象女師　《漢書・外戚傳》顏師古注：「皆古箴戒之書也。」《詩》，指《詩經》。〈窈窕〉、〈德象〉、〈女師〉，不知出何書。❿鴻嘉　漢成帝年號。⓫衛皇后　即衛子夫，漢武帝皇后。原為平陽公主家歌女，後入宮，生三女及戾太子，被立為皇后。見《漢書・外戚傳》。⓬姊妹　《漢書・外戚傳》作「姊弟」。⓭譖訴　進讒言。⓮挾邪詛祝　謂心術邪曲，求神降禍，詛咒別人。《漢書·外戚傳》作「挾媚道，祝詛後宮，詈及主上」。⓯考問　查核審問。⓰死生有命二句　見《論語·顏淵》。為子夏對司馬牛之言。⓱修正　指品德美好正直。⓲不臣　謂不盡臣職。或對上無禮，或叛主。《漢書·外戚傳》顏師古注：「祝詛主上是不臣也。」⓳危　危害。⓴長信宮　漢宮名，太后所居。《漢書·外戚傳》：「成帝母太皇太后稱長信宮。」㉑東宮　當指長信宮。《漢書·外戚傳》顏師古注：「東宮，太后所居也。」㉒祖考　謂祖先。㉓荷性命之俶靈　《漢書·外戚傳》作「何性命之淑靈」。荷，任；負。性命，此指品性。俶靈，連文同義，善。㉔下陳　指宮中地位低下的妃嬪。陳，列。㉕渥　厚。㉖光烈　以日月之光烈比喻王朝的興盛。㉗翕赫　隆盛的樣子。㉘增成　後宮區舍名。《漢書·外戚傳》顏師古注引應劭曰：「後宮有八區，增成第三也。」㉙非位　謂不合自己的身分地位。㉚累息　長嘆。㉛申佩離　伸結佩巾。申，同「伸」。佩離，即佩縭，女子出嫁時的佩巾。古代風俗，嫁女時母親要親自把佩巾結在女兒身上，叫「結縭」，後以此作為成婚的代稱。㉜女圖　繪於屏風上有關婦女德行的圖畫。㉝女史　婦官名。據《周禮·天官·女史》，為佐助內宰掌管有關王后禮儀的典籍。據《周禮·春官·世婦》，稱屬下有女史二人，掌管書寫文件。㉞詩　指《詩經》。㉟晨婦　《尚書·周書·牧誓》：「牝雞之晨，惟家之索。」謂婦女專司男子之事，如同母雞打鳴司晨。㊱褒豔之為尤　褒，褒姒，周幽王之王后。見本書卷七〈周幽褒姒〉。豔，豔妻。指褒姒，或指周幽王別的寵妾。《漢書·外戚傳》「豔」作「閻」。《漢書·谷永杜鄴傳》：「昔褒姒用國，宗周以喪；閻妻驕扇，日以不臧。此其效也。」顏師古注：「閻，嬖寵之族也。」《魯詩·小雅·十月之交》：「閻妻扇方處。」謂內寵熾盛，處於高位。《毛詩》作「豔」，後人據《毛詩》而改。尤，過失。㊲皇英　虞舜之二妃。見本書卷一〈有虞二妃〉。㊳任姒　周室之母太任、太姒。見本書卷一〈周室三母〉。㊴滋　《漢書·外戚傳》顏師古注：「滋，益也。言時逝不留，花色落也。」㊵陽祿與柘觀　《漢書·外戚傳》顏師古注引服虔曰：「二館名也。」柘，原作「祏」，據《漢書·外戚傳》校改。㊶仍　頻。㊷繈褓　亦作「襁褓」、「強葆」。背負小兒之物。此指代小兒。㊸離　同「罹」。遭。㊹妾人　婦女謙稱。原作「一人」，據《漢書·外戚傳》校改。㊺奄莫　傍晚。奄，

《漢書・外戚傳》作「晻」，同「暗」。莫，即「暮」字。(46)昧幽　幽暗。(47)覆載　此指天地。(48)廢捐　廢棄。(49)末流　地位末等。《漢書・外戚傳》顏師古注：「末流謂恩顧之末也。一曰流，謂等列也。」(50)餘休　餘蔭。(51)重　《漢書・外戚傳》顏師古注曰：「重者，情志未申，更作賦也。」(52)玄宮　深宮。(53)應門　正門。(54)禁闥　宮殿小門。(55)扃　關鎖。(56)萋　草木茂盛的樣子。(57)幨帷　帳幕。(58)泠泠　清涼的樣子。原作「冷冷」，據《漢書・外戚傳》校改。(59)感　動。(60)紅羅　紅色的絲織品。(61)悴縩　一作「綷縩」，風吹動衣服的響聲。(62)紈素　白色細絹。(63)眇眇　同「渺渺」。高遠的樣子。(64)密靖　寂靜。(65)丹墀　亦稱「丹陛」。古代宮殿前的石階，以紅色塗飾，故名。(66)履綦　鞋的飾物。(67)雲屋　似指燦若雲霞的宮殿。據晉朝葛洪《西京雜記》載，漢成帝曾於甘泉紫殿設雲帳、雲幄、雲幙，世謂三雲殿。(68)下　疑為衍字，《漢書・外戚傳》無此字。(09)羽觴　作爵（雀）狀的酒器。(70)浮　此指浮雲。(71)嚮　《漢書・外戚傳》作「享」。(72)高明　地位高貴。(73)休　《漢書・外戚傳》顏師古注：「休，美也。」(74)綠衣白華　皆《詩經》篇名。《漢書・外戚傳》顏師古注：「〈綠衣〉，《詩・邶風》刺妾上僭夫人失位。〈白華〉，〈小雅〉篇，周人刺幽王黜申后也。」(75)園陵　帝王墓地。(70)宣后　即周宣姜后。見本書卷二〈周宣姜后〉。(77)定姜　即衛姑定姜。見本書卷一〈衛姑定姜〉。(78)寡李　王紹蘭注曰：「『李』，當為『孝』字之誤也。寡李，即陳寡孝婦，專心養姑，班倢妤求供養皇太后於長信宮，其事正同，故云『寡孝之行也』。」事見本書卷四〈陳寡孝婦〉。(79)有斐君子七句　見《詩經・衛風・淇奧》。有斐，即斐斐，形容才華美盛的樣子。《毛詩》作「匪」，為「斐」的借字。切、磋、琢、磨，古代雕刻的工藝，分別是指雕刻骨、角、玉、石的各種工藝技巧。此用以比喻君子的才華、美德的精益求精。瑟，為「璱」的假借。莊重的樣子。僩，威武的樣子。赫，光明的樣子。咺，為「宣」的假借。威儀顯著的樣子。終，永久。諼，忘記。

【語　譯】班女婕妤，是左曹越騎班況的女兒，西漢成帝的婕妤。她有賢德才能，通達善辯。起初，她入選後宮時，只是個「少使」，不久即大受寵幸，成為「婕妤」。

有一次，漢成帝在王宮後庭遊玩，曾經想讓班婕妤同輦而坐。班婕妤辭謝說：「觀看古代圖畫，發現賢聖的君主都有名臣在身旁左右，到了三代的末主夏桀、商紂、周幽王，才有嬖女在旁。現在想要同輦共坐，豈不是像三代末主的所作所為了嗎？」漢成帝很賞識她的話，改正了這個過錯。太后聽說這件事，高興地說：「古代有楚莊樊姬，今天有班女婕妤。」班婕妤常常誦讀《詩經》以及〈窈窕〉、〈德象〉、〈女師〉等篇章，必定都反覆再三誦讀。每次進見漢成帝，或是有奏疏上呈，她都嚴格地遵依古代禮儀。

自從鴻嘉之後，成帝漸漸地喜歡女寵。班婕妤不願專寵，便向成帝進獻侍女李平，李平得到寵幸，被立為婕妤。漢成帝說：「當初衛皇后，也是出身微賤的。」於是賜衛姓給李平，這就是衛婕妤。

此後，趙飛燕姊娣倆獲得新寵，驕橫嫉妒，她們誣告班婕妤：「心藏奸邪，詛咒後宮，求神降禍。」成帝對班婕妤進行查核審問，婕妤回答：「我聽說：『死生聽從命運，富貴憑天安排。』品德賢良正直的尚且不能得福，有了邪欲又能有什麼指望呢？再說如果鬼神有知，是不受理那些不盡臣職的人的禱告的；如果鬼神無知，我去禱告又有什麼用呢？所以，我是不會那樣去做的。」漢成帝認為她說得很好，而且很憐憫她，便賞賜她黃金百斤。

當時趙飛燕驕橫嫉妒，班婕妤恐怕時間一長，自己會受到危害，便請求在長信宮供養太皇太后。漢成帝答應她的請求。班婕妤便退居東宮，曾作賦抒發自己的哀怨悲傷：「繼承祖先的遺德啊，身懷美好的性靈；微身選入宮廷啊，填充下列於後庭。承受聖皇的厚恩啊，如同日月放光明；弘揚聖朝的興盛啊，得到榮寵在增成。寵愛自覺非所宜啊，私自慶幸好時辰；日思夜夢長嘆息啊，伸結佩巾動心旌；排列女圖為鑑戒啊，問《詩》女史來修身。悲嘆晨婦之為戒啊，哀嘆褒、豔犯罪愆；有虞二妃皇、英美，周朝任、姒母儀先。我自愚陋難企及啊，怎敢放心忘先賢？成年累月心憂懼啊，哀憐花色難永鮮。陽祿、柘觀心悲痛啊，育子連連把命捐，難道是我種禍殃啊，祈求天命也徒然？陽光由東移向西啊，傍晚昏暗又深幽。皇恩厚重如天地啊，決不自棄惹禍由。供養太后為遠禍啊，長信宮中居末流。供奉灑掃帳幕間啊，以期終身度春秋。死後歸葬山陵下啊，依傍松柏餘蔭稠。」又說：「沈潛幽靜處深宮，千門萬戶關鎖重。殿蒙塵垢階生苔，庭草萋萋綠蔥蔥。後宮蔭蔭帳幕暗，清風泠泠房櫳空。吹動帷裳與紅羅，紈素飄飄衣聲通。神明高遠又寂靜，君不臨幸怎寵榮？低頭俯看丹墀地，天了足跡在眼前。抬頭仰望雲中殿，兩眼淚流心掛牽。左右和顏又悅色，為了銷憂酌羽觴。人生一世真短暫，浮雲過眼忽倉皇。自己獨享得尊貴，百姓和美也安詳。勉使情性多歡樂，有福有祿萬世長。〈綠衣〉、〈白華〉抒哀怨，自古就有此詩章。」

漢成帝死後，班婕妤被安排守護園陵，她死後也葬在園陵中。君子說：「班婕妤辭謝同輦的要求，這是具有周宣姜后的禮讓；進獻李平與自己同列，這是具有楚莊樊姬的仁德；消除求神降禍的讒言，這是具有衛姑定姜的智能；請求供養於東宮，這是具有陳寡孝婦的品行。至於她作賦抒情，哀愁而不過於悲傷，歸於天命又不怨天尤人。」《詩經》上說：「君子文采風流多，好像象牙來切磋，又似玉石經琢磨。儀表莊重又威武，心地光明性惠和。君子風流多文采，永記不忘可謳歌。」這說的就是班婕妤這樣賢才通辯的人。

十五、漢趙飛燕（續〈孽嬖〉第四）

趙飛燕❶姊娣者，成陽侯❷趙臨之女，孝成皇帝之寵姬也。飛燕初生，父母不舉❸，三日不死，乃收養之。成帝常微行❹出，過河陽❺主，樂作。上見飛燕而悅之，召入宮，大幸；有女弟，復召入，俱為婕妤，貴傾❻後宮，乃封父臨為成陽侯。有頃，立飛燕為皇后，其娣為昭儀。

飛燕為后而寵衰，昭儀寵無比。居昭陽舍，其中廷彤朱，殿上漆，砌皆銅沓❼黃金塗，白玉階，壁往往為黃金釭❽，函藍田❾璧玉，明珠、翠羽❿飾之。後宮未嘗有焉。姊娣專寵，而悉無子。嬌媚不遜⓫，嫉妒後宮。

帝幸許美人，有子。昭儀聞之，謂帝曰：「常紿⓬我從中宮⓭來，今許美人子何從生？」懟⓮，手自擣⓯，以頭擊柱，從床上自投地，涕泣不食，曰：「今當安置我？我欲歸⑯爾！」帝曰：「我故語之，反怒為？」亦不食。昭儀曰：「陛下自如是，不食謂何⑰？陛下常言『約不負汝』，今許美人有子，竟負約，謂何？」帝曰：「約以趙氏，故不立許氏，使天下無出趙氏之上者。無憂也！」乃詔許氏夫人⑱，令殺所生兒，革篋⑲盛緘之，帝與昭儀共視，復緘，封以御史中丞印，出埋獄垣下。中宮史⑳曹宮，字偉能，御幸生子。帝復用昭儀之言，勿問男女殺之。宮未殺，昭儀怒。掖庭㉑獄丞㉒籍武因中黃門㉓奏事曰：「陛下無繼嗣，子無貴賤，唯留意！」帝不聽。時兒生八九日，遂取去殺之。昭儀與偉能書及藥，令自死。偉能得書，曰：「果欲姊娣擅天下！且我兒額上有壯髮㉔，似元帝㉕。今兒安在？已殺之乎？」乃飲藥死。

自後御幸有子者，輒死，或飲藥自墮㉖，由是使成帝無嗣。成帝既崩，援立外藩㉗，仍不繁育㉘。君子謂：「趙昭儀之凶嬖，與褒姒同行；成帝之惑亂，與周幽王同風。」《詩》云：「池之竭矣，不云自濱？泉之竭矣，不云自中㉙？」成帝之時，舅氏㉚擅外，趙氏專內，其自竭極，蓋亦池泉之勢也。

【章旨】記敘趙飛燕姊娣貴傾後宮，以揭露她們凶嬖亂政的罪行。

【注釋】❶趙飛燕　原是長安宮的宮人，善歌舞，以其體輕，號曰飛燕。入宮，為婕妤，貴傾後宮，後立為皇后。漢平帝時被廢為庶人，自殺。❷成陽侯　即成陽節侯趙臨。《漢書‧外戚恩澤表》：「以皇后父封，二千戶。」成陽，縣名，在今河南信陽東北。❸不舉　不養育。舉，育子。❹微行　微服出行。❺河陽　《漢書‧外戚傳》作「陽阿」。陽阿，縣名，在今山西陽城西北。❻傾　超越；勝過。❼砌皆銅沓　用銅鑲合門限。砌，《漢書‧外戚傳》作「切」，古兩字通，階石。顏師古注：「切，門限也。」沓，合。❽壁往往為黃金釭　《漢書‧外戚傳》、《西京雜記》作「壁帶往往為黃金釭」。顏師古注：「壁帶，壁之橫木露出如帶者也。於壁帶之中，往往以金為釭，若車釭（指車轂中的圓孔）之形也。」壁帶，壁中橫木，其露出部分，形狀如帶。釭，壁帶上的環狀金屬飾物。❾藍田　山名，在今陝西藍田境，以產美玉著稱。❿翠羽　翡翠鳥的毛羽，可供鑲嵌裝飾用。⓫不遜　不謙讓恭順。⓬紿　欺誑。⓭中宮　皇后宮。⓮懟　怨怒。⓯掫　《漢書‧外戚傳》作「擣」，古字通，撞擊。⓰歸　歸休。指死亡。⓱謂何　為何；為什麼。⓲許氏夫人　此當指許美人。⓳革篋　《漢書‧外戚傳》作「葦篋」，指蘆葦所編織的小箱子。⓴中宮史　皇后宮中的女史。《漢書‧外戚傳》記中宮史曹宮「為學事史，通《詩》，授皇后」。㉑掖庭　皇宮中的旁舍，妃嬪所居地。㉒獄丞　職掌刑獄的官。㉓中黃門　宮內太監。㉔壯髮　《漢書‧外戚傳》顏師古注：「壯髮，當額前侵下而生，今俗呼為圭頭者是也。」㉕元帝　即漢元帝劉奭。㉖墮　墮胎。㉗外藩　分封的藩王。此指西漢同姓諸侯王。漢成帝死後，由漢元帝的庶孫、定陶恭王之子劉欣繼位，即漢哀帝。㉘仍不繁育　指仍無子嗣。㉙池之竭矣四句　見《詩經・大雅・召旻》。竭，乾涸。云，助詞。濱，水邊。《毛詩》作「頻」，古字同。㉚舅氏　指成帝的舅舅大將軍王鳳、王商等。

【語　譯】趙飛燕姊妹，是西漢成陽節侯趙臨的女兒，孝成皇帝的寵姬。趙飛燕剛生下來的時候，父母本不想養育她，但三天過後仍未死，便只好養活她。當時漢成帝常常微服出行，有一天，路過陽阿主家，陽阿主便獻上歌舞供娛樂。漢成帝在舞女中看見了趙飛燕，就喜歡上她，召她入宮，大加寵幸。趙飛燕有個妹妹，也召她入宮，姊妹倆都成為婕妤，榮華富貴超過後宮所有的妃嬪，她們的父親趙臨因而被封為成陽節侯。不久，漢成帝就立趙飛燕為皇后，她的妹妹為昭儀。

趙飛燕被立為皇后之後，恩寵漸衰，但昭儀卻愈來愈受寵愛。她住在昭陽宮內，中庭塗飾紅色，殿上漆上丹漆，用銅鑲合門限，並塗上黃金，臺階以白玉為文，壁帶以金環為飾，形同車釭，其中嵌有藍田璧玉，還用明珠、翠羽裝飾。這是後宮前所未有的。趙飛燕姊妹專寵後宮，但未生育孩子。她們嬌嬈嫵媚，很不謙恭，非常嫉妒後宮的其他妃嬪。

漢成帝曾臨幸許美人，於是許美人有了孩子。趙昭儀聽說，對成帝說：「陛下常說自己從皇后住的中宮那裡來，現在許美人的孩子是怎麼出生的呢？」昭儀十分怨怒，便以手擊打身體，又以頭撞擊柱子，從床上翻滾到地下，痛哭流涕，並且不吃飯，說：「現在怎麼處置我啊？讓我死掉算了！」成帝說：「我本來要把許美人的事告訴你，你反而發脾氣幹什麼呢？」也賭氣不吃飯。昭儀說：「這是陛下自己要那樣做，為什麼不去吃飯呢？陛下常說『定下盟約，決不有負於你。』現在許美人有了孩子，陛下竟然違背了盟約，這是為什麼呢？」成帝說：「盟約是立趙氏，決不會立許氏，我要使普天之下的人，沒有能超出趙氏之貴的。你不用擔憂這件事！」於是成帝便給許美人下詔，命令她殺死所生的孩子，裝在蘆葦編織的小箱裡，再用繩子捆得緊緊的，成帝與趙昭儀一塊去查看，等驗證無誤後，再捆起來，並將蓋有御史中丞印鑑的封條封上，弄出去埋在監獄的牆下。中宮史曹宮，字偉能，因成帝御幸而生子。成帝又聽從趙昭儀的話，不問是男是女，下令一律殺死。曹宮沒有殺孩子，昭儀很是生氣。掖庭獄丞籍武通過中黃門奏事說：「陛下沒有繼嗣，兒子不分貴賤，都要加以重視！」成帝不聽。當時孩子生下八九天，還是被抓去殺掉了。趙昭儀給曹宮送去一封信和一包毒藥，命令她自殺。曹宮看信後，說：「趙氏姊妹果真要想獨擅天下了！我兒子額前長有頭髮，很像漢元帝。現在我兒子在哪裡呢？難道已被殺掉了嗎？」於是喝毒藥自殺。

從此之後，與成帝生有孩子的，都被殺死，有的是自己喝藥墮胎，因此使成帝沒留下子嗣。成帝死後，只得另立同姓諸侯王，這就是漢哀帝劉欣，但哀帝依然沒有繁育後代。君子說：「趙昭儀的凶殘孽嬖，與褒姒不相上下；漢成帝的昏庸惑亂，與周幽王同出一轍。」《詩經》上說：「池水枯竭底朝天，豈不開始在水邊？泉水枯竭斷水源，豈不開始在裡面？」漢成帝在位時，舅氏外戚專權於朝廷，趙氏姊妹專寵於後宮，漢王朝的衰敗至極，就像是池水泉源枯竭斷絕的情形一樣。

十六、孝平王后（續〈貞順〉第十一）

漢孝平王后者，安漢公、太傅、大司馬王莽❶之女，孝平皇帝❷之后也。為人婉淑❸有節行。平帝即位，后年九歲，莽秉政，欲依霍光故事❹，以女配帝；設詐以成其禮❺，諷皇太后遣長樂少府、宗正、尚書令納采❻；太師、大司徒、大司空以下四十人皮弁素積❼，而告宗廟。明年春，遣司徒、司空、左、右將軍奉乘輿法駕❽，迎皇后於安漢公第。司徒授璽綬❾，登車稱警蹕❿，時自上林⓫延壽門，入未央⓬前殿。群臣就位行禮畢，大赦天下，賜公卿⓭下至騶宰⓮、執事⓯，皆有差⓰。

后立歲餘，平帝崩。後數年，莽篡漢位，后年十八。自劉氏廢，常稱疾不朝會。莽敬憚哀傷，意欲嫁之，令立國將軍孫建世子豫⓱將醫往問疾。后大怒，笞鞭旁侍御，因廢疾⓲，不肯起，莽遂不敢強也。及漢兵誅莽，燔燒未央，后⓳曰：「何面目以見漢家！」自投火中而死。君子謂：「平后體自然貞淑之行，不為存亡改意，可謂節行不虧汙者矣。」《詩》曰：「髧彼兩髦，實惟我儀。之死矢靡他⓴！」此之謂也。

【章旨】記敘漢孝平皇后不為存亡改意，以表揚她大節不虧的德行。

【注釋】❶王莽　字巨君，漢孝元帝皇后之姪、漢孝平王皇后之父。西漢末年，以外戚專權，為大司馬，封新都侯，賜號安漢公。後來他毒死漢平帝，自稱假皇帝，立年僅兩歲的廣戚侯子劉嬰為太子。初始元年，代漢稱帝，改國號新，年號始建國。更始元年，新王朝在赤眉、綠林農民起義軍打擊下崩潰，他也被殺。❷孝平皇帝　即漢平帝劉衎。漢元帝庶孫，中山孝王之子。❸婉淑　柔順善良。❹故事　舊事；成例。❺設詐以成其禮　王莽欲以己女配平帝為皇后，以固其權位，便施展欺詐手段。先是提出博選眾女，王氏女多在選中，後又假稱己女無材不當選。皇太后以為他出於至誠，便下詔：「王氏女，是我外家，不宜選。」公卿大夫不明真相，紛紛上書願得王氏女為天下母。皇太后不得已，只好聽公卿采選莽女。見《漢書・王莽傳》。❻諷皇太后句　《漢書・外戚傳》：「太后不得已而許之，遣長樂少府夏侯藩、宗正劉宏、少府宗伯鳳、尚書令平晏納采。」諷，規勸。長樂，漢宮名，內有長信、長秋等殿。漢初為朝會之所，後改為太后所居，又稱東宮。少府，官名，掌山海池澤收入和皇室手工業製造，為皇帝的私府，九卿之一。宗正，官名，掌管皇族事務，九卿之一。尚書令，官名，原是少府的屬官，掌殿內文書，至西漢掌有實權。納采，古代婚禮中的「六禮」之一。即男方請媒人向女方說明締婚的要求，以雁作為禮物，叫納采。❼太師大司徒句　《漢書・外戚傳》：「太師光、大司徒馬宮、大司空甄豐、左將軍孫建、執金吾尹賞、行太常事太中大夫劉歆及太卜、太史令以下四十九人皮弁素績，以禮雜卜筮，太牢祠宗廟，待吉月日。」四十人，應為「四十九人」。皮弁，以鹿皮為冠。素績，素裳。❽遣司徒句　《漢書・外戚傳》：「遣大司徒宮、大司空豐、左將軍建、右將軍甄邯、光祿大夫歆奉乘輿法駕，迎皇后于安漢公第。」司徒，應作「大司徒」。司空，應作「大司空」。乘輿法駕，指皇帝所乘坐的車駕。❾璽綬　繫印璽用的組綬。此指代印璽。❿警蹕　一作「警趩」，謂在皇帝出入經過之處嚴加戒備。警，警戒。蹕，清道。⓫上林　宮苑名，即上林苑，秦都咸陽時置。西漢武帝時在苑內放養禽獸，供皇帝射獵用，並建離宮、觀、館等，故址在今陝西西安西。東漢時亦置上林苑，故址在今河南洛陽東。⓬未央　即未央宮，周圍二十八里，西漢時為朝會之處。故址在今陝西西安西北郊漢長安故城內西南隅。⓭公卿　三公九卿。此泛指朝廷高官。⓮趨宰　統管僕役的頭目。⓯執事　指侍從左右供使令之人。⓰差　等級。⓱豫　《漢書・外戚傳》作「襐飾」，疑有錯字、脫字。襐，盛飾。⓲廢疾　《漢書・外戚傳》作「發病」。「發」、「廢」古通用。⓳后　原作「宮」，據《漢書・外戚傳》校改。⓴髡彼兩髦三句　見《詩經・鄘風・柏舟》。髡，髮下垂的樣子。兩髦，古代男子未成年時的髮式，前額頭髮分向兩旁下披，額後紮成左右各一的兩綹。實，是。惟，為。儀，「偶」的假借。配偶。之，到。矢，發誓。靡，無。

【語　譯】漢孝平皇后，是安漢公、太傅、大司馬王莽的女兒，漢平帝的皇后。她為人和順善良，很有節行。漢平帝即位時，皇后年方九歲，王莽專權擅政，想依照霍光的成例，將女兒許配皇帝為皇后，以鞏固自己的權位；於是他施展欺詐的手段，達到送女入宮成禮的目的，他先是讓公卿大夫規勸皇太后，派長樂少府、宗正、尚書令納采見女，然後又讓皇太后派太師、大司徒、大司空以下四十九人，戴上鹿皮冠，穿上素裳，行策告宗廟之禮。第二年春天，皇太后派大司徒、大司空及左、右將軍，侍奉漢平帝的車駕，到安漢公王莽府第迎接皇后。大司徒將印璽親授皇后，便登車清道警戒，經過上林苑延壽門，進入未央宮的前殿。群臣各就位，行禮致敬後，即大赦天下，並賞賜迎皇后及行禮者，自公卿下至趨宰、執事，都增官秩，賜金帛各有等級。

孝平王皇后立後一年多，漢平帝去世。又過了幾年，王莽篡位，代漢稱帝，改國號新，當時皇后才十八歲。自從劉漢王朝被廢之後，皇后常常稱病，不參加君臣朝會。王莽對她又是敬畏又是哀傷，想讓她改嫁，就派立國將軍孫建的世子穿戴整齊漂亮，帶著醫生去給她治病。皇后一見，大發脾氣，用鞭子抽打旁邊的侍從，接著即發病，再也不願起床，王莽也不便再強求她改嫁了。等到漢兵殺了王莽，焚燒未央宮，她即生死意，說：「我有什麼臉面去見漢家！」便自投火中死了。君子說：「孝平王皇后體現了自然貞淑的品行，不因為漢室的存亡而變心易志，可說是不虧損、不玷汙節操的。」《詩經》上說：「那個披髮少年公，是我配偶喜相從，誓死不變我初衷。」說的就是這種情況。

十七、更始夫人（續〈孽嬖〉第十八）

漢更始韓夫人者，更始皇帝❶劉聖公之夫人也。佞諂邪媚，嗜酒無禮。初，王莽之末，更始以新市、平林、下江❷之眾起，自立為更始將軍，兵威日盛，遂自立為帝，以紹❸漢統。

及申屠建❹討莽，首詣宛❺，更始視之曰：「不如此，當與霍光等。」韓夫人曰：「不如此，帝那得之？」其佞巧得更始意如此。更始既墮於政事，而韓夫人嗜酒淫色，日與更始醉飽沈湎，乃令侍中❻於幃幕之內詐為更始，與群臣語。群臣知非更始聲，莫不怨恨。尚書❼奏事，韓夫人曰：「帝方對我飲樂，正用是時來奏事！」由是，綱紀不攝❽，諸侯離畔。赤眉入關❾不能制，乃將妻子，奉天子璽綬，降於赤眉，為赤眉所殺。《詩》云：「彼昏不知，一醉日富❿。」其更始與韓夫人之謂也。

【章　旨】記敘更始韓夫人佞諂邪媚，嗜酒淫色，以揭露她禍國亡身的罪行。

【注　釋】❶更始皇帝　即淮陽王劉玄，字聖公，新莽末南陽蔡陽（今湖北棗陽西南）人。他是西漢遠支皇族，東漢光武帝劉秀的族兄，曾參加起義，被推為更始將軍。後稱帝，年號更始。更始三年，赤眉攻入長安，他被迫投降，被絞死。見《後漢書・劉玄劉盆子傳》。❷新市平林下江　指新莽末綠林起義軍的三支隊伍。新莽天鳳四年，王匡、王鳳等聚眾起義，佔據綠林山（今湖北當陽東北），號綠林軍。新莽地皇三年，綠林軍分別轉移，以新市（今湖北京山縣東北）人王匡、王鳳為首的一支，進入南陽（今河南南陽），稱新市兵；以王常、成丹為首的一支進駐南郡（今湖北江陵），稱下江兵；而平林（今湖北隨縣東北）人陳牧、廖湛也起兵響應，稱平林兵。❸紹　繼續。❹中屠建　綠林軍的西屏大將軍，封平氏王。❺首詣宛　《後漢書・劉玄劉盆子傳》作「傳首詣宛」。首，首級。詣，到。宛，地名，今河南南陽，更始皇帝曾建都於此。❻侍中　官名，為自列侯以下至郎中的加官，無定員。侍從皇帝左右，伺應雜事。❼尚書　官名。《後漢書・劉玄劉盆子傳》作「常侍」。❽攝　整頓。❾赤眉入關　新莽天鳳五年，琅邪（治所在今山東諸城）人樊崇在莒縣（今屬山東）起義，因為用赤色染眉為標識，故名赤眉。關，指函谷關，在今河南靈寶。❿彼昏不知二句　見《詩經・小雅・小宛》。一，《毛詩》作「壹」，語助詞。日富，日益自滿。富，盛；滿。

【語　譯】漢更始韓夫人，是更始皇帝劉聖公的夫人。她奸佞諂諛，淫邪妖媚，嗜好飲酒，不遵禮教。起初，王莽末年，更始皇帝參加新市、平林、下江兵起事，自立為更始將軍，此後，起義軍的兵威愈來愈強盛，便又自立為天子，以繼承漢代一脈相承的系統。

等到綠林軍將領申屠建討伐王莽，將王莽的首級傳送到宛城，更始仔細看著首級說：「不這樣，榮華富貴當與霍光相等。」韓夫人說：「不這樣，皇帝又怎能得到帝位呢？」她奸佞趨奉來討更始歡心，就像是這個樣子。更始怠於政事，而韓夫人嗜酒淫逸，每天與更始醉醇酒、飽肥鮮，沈湎酒色，甚至還派侍中躲在幃幕裡面，假冒更始，和群臣說話。群臣聽出不是更始的聲音，沒有不怨恨的。尚書有事上奏，韓夫人說：「皇帝正和我飲酒作樂，你怎麼利用這個時候來奏事！」從此以後，朝廷綱紀不能整頓，諸侯背叛，等到赤眉軍入關不能控制，更始就帶著妻兒子女，捧著天子印璽，向赤眉軍投降，最後被赤眉軍所絞殺。《詩經》上說：「頭腦昏昏真無知，天天醉飲愈奢侈。」說的就是更始和韓夫人這樣昏庸無知的人。

十八、梁鴻之妻（續〈賢明〉第十七）

梁鴻❶妻者，右扶風❷梁伯淳❸之妻，同郡孟氏之女也。其姿貌甚醜，而德行甚修❹。鄉里多求者，而女輒不肯。行年三十，父母問其所欲，對曰：「欲節操如梁鴻者。」

時鴻未娶，扶風世家❺多願妻者，亦不許。聞孟氏女賢，遂求納之。孟氏盛飾❻入門，七日而禮不成。妻跪問曰：「竊聞夫子高義，斥❼數妻。妾亦已偃蹇❽數夫。今來而見擇❾，請問其故。」鴻曰：「吾欲得衣裘褐❿之人，與共遁世避時。今若衣綺繡，傅黛墨⓫，非鴻所願也。」妻曰：「竊恐夫子不堪。妾幸有隱居之具矣。」乃更粗衣，椎髻⓬而前。鴻喜曰：「如此者，誠鴻妻也。」字之曰德曜，名孟光；自名曰運期，字俟光⓭，共遯逃霸陵⓮山中。

此時王莽新敗之後也。鴻與妻深隱，耕耘織作，以供衣食；誦書彈琴，忘富貴之樂。後復相將至會稽⓯，賃舂⓰為事。雖雜庸保⓱之中，妻每進食，舉案齊眉⓲，不敢正視。以禮修身，所在敬而慕之。君子謂：「梁鴻妻好道安貧，不汲汲⓳於榮樂。」《論語》曰：「不義而富且貴，於我如浮雲⓴。」此之謂也。

【章　旨】記敘梁鴻之妻與丈夫遁世避時，以表揚她好道安貧、舉案齊眉的賢德。

【注　釋】❶梁鴻　東漢時的逸民，與妻孟光隱居以求其志，曾作〈五噫之歌〉以諷當世。見《後漢書・逸民傳》。❷右扶風　漢政區名，相當於郡，為三輔之一。治所在長安（今陝西西安西），轄境約當陝西秦嶺以北，戶縣、咸陽、旬邑以西地。❸伯淳　梁鴻的字。《後漢書・逸民傳》作「伯鸞」。❹修　善；美好。❺世家　世代為官、門第高貴之家。《後漢書・逸民傳》作「埶家」。埶，同「勢」。權勢。❻盛飾　衣飾穿戴整齊漂亮。❼斥疏遠。《後漢書・逸民傳》作「簡斥」。❽偃蹇　疊韻聯綿詞，傲慢。❾擇　揀選。❿裘褐　粗衣。⓫傅黛墨指女子畫眉。傅，同「敷」。搽上。黛墨，女子畫眉用的青黑色顏料。⓬椎髻　一作「椎結」、「魋結」，如椎形的髮髻。⓭自名曰運期二句　《後漢書・逸民傳》作「乃易姓運期，名耀，字侯光」。可能因「侯」、「俟」形近而誤。⓮霸陵　縣名，在今陝西西安東北。⓯相將至會稽　據《後漢書・逸民傳》載梁鴻夫妻「遂至吳，依大家皐伯通，居廡下，為人賃舂」。相將，相隨。會稽，郡名，治所在吳縣（今江蘇蘇州）。⓰賃舂　為人舂米。⓱庸保　一作「傭保」，僱工的意思。⓲舉案齊眉　謂舉案高與眉齊，以示夫妻相互敬重。案，有腳的托盤。⓳汲汲　心情急切的樣子。⓴不義而富且貴二句　見《論語・述而》。不義，做不正當的事。浮雲，比喻不值得關心的事物。

【語　譯】梁鴻之妻，是東漢右扶風人梁伯鸞的妻子，是梁伯鸞同郡的孟氏的女兒。她姿容很醜，但德行很好。同鄉有許多人向她求婚，但她就是不中意。到了三十歲，父母詢問她想找個什麼樣的人，她回答：「想找個像梁鴻那樣有節操的人。」

當時梁鴻尚未娶妻，扶風的權豪顯貴之家很多都想把女兒嫁給他，他卻沒有應允。他聽說孟光很賢慧，便向孟光求婚。孟光穿戴得整齊漂亮進入梁家，過了七天，梁鴻仍未能與她行合巹之禮。孟光跪下問道：「我私自仰慕夫子您的高義大節，您已謝絕、疏遠好些求婚的人，我同樣也怠慢了好些想娶我為妻的人。現在我進入梁門卻被嚴加揀選挑剔，請問其中的緣故。」梁鴻回答說：「我想找個穿粗衣的妻子，以便與她共同遁世避時。如果穿上繡花的羅綺，用黛墨畫眉，這就不是我梁鴻所希望的了。」孟光說：「我因貌醜擔心夫子不能忍受，才打扮一番。我幸好帶有隱居用的衣物。」於是她換上粗衣，束成椎形的髮髻，走向前來。梁鴻高興地說：「像這個樣子，才真正是我的妻子。」梁鴻便給她起字叫德曜，起名叫孟光；同時也給自己改名叫運期，字侯光，夫妻倆一起遁逃到霸陵山中隱居。

當時，正是新莽失敗之後。梁鴻與妻子隱居深山，耕田織布，來供給自己的衣食；他還以誦書彈琴為樂趣，把功名富貴忘得乾乾淨淨。以後，他們相隨著又來到會稽，受僱為人舂米。即使梁鴻混雜在傭工之中，但妻子每天進食，都十分恭敬，將托盤舉得高與眉齊，不敢正視丈夫。她以禮教修身，當地的人都敬重而仰慕她。君子說：「梁鴻妻安貧樂道，不急切於追求榮華與安逸。」《論語・述而》說：「用不正當的手段得來的富貴，對我來說，如同浮雲一樣。」說的就是這個意思。

十九、明德馬后（續〈母儀〉第七）

明德馬后者，漢明帝[1]之后，伏波將軍、新息忠成侯馬援[2]之女也。

少有岐嶷[3]之性，年十三以選入太子家[4]。接待同列[5]，以承至尊[6]，先人後己，發於至誠[7]，由此見寵。時及政事，后推心以對，無不當理[8]；意有所未安[9]，則明陳其故。

是時，後宮未有妊育者，常言繼嗣當時[10]而立，薦達左右，如恐弗及。其後宮有進見者，輒奉養慰納之；其寵益進者，與之愈隆。是時宮中尚無人，事皆自為。舞衣袿[11]裁成，手皆瘃[12]裂，終未嘗與侍御者私語，防僮御雜錯[13]，或因有所訴，恐萬分見於顏色，故預絕其漸，其慎微如是。永平[14]三年，有司奏立長秋宮[15]，以率八妾[16]。上未有所言，皇太后曰：「馬貴人德冠後宮，即其人也！」遂登后位。身衣大練[17]，御者秃裙不緣[18]，率皆羌胡倭越[19]，未嘗請舊人僮使。諸王、親家[20]朝請[21]，望見后袍極粗疏，反以為綺[22]，就視乃笑。后曰：「此繒染色好，故用之耳。」老人知者，無不嗟息。性不喜出入游觀，未嘗臨御窗，又不好音樂。上時幸苑囿離宮[23]，以故希從，輒戒言不宜晨起及禽[24]，因陳風邪霧露之戒。辭意甚備，上納焉。

誦《易經》，習《詩》、《論》、《春秋》，略說大義。讀《楚辭》，不竟賦誦過耳，疾浮華㉕。聽言觀論，輒摘發㉖其要。讀〈光武皇帝本紀〉至於「獻千里馬、寶劍者，上以馬駕鼓車，劍賜騎士，手不持珠玉」，后未嘗不嘆息。時有楚獄㉗，因證相引㉘，繫者甚多。后恐有單辭㉙妄相覆冒㉚，承間為上言之，惻然感動，於是上衣夜起彷徨，思論所納，非臣下得聞。

后志在克己輔佐，不以私家干朝廷。兄為虎賁中郎㉛，弟黃門侍郎㉜，訖永平世不遷。明帝體不安，召黃門侍郎防奉參醫藥，夙夜勤勞。及帝崩，后作《起居注》㉝，省去防參醫藥事。公卿諸侯上書言宜遵舊典㉞，封舅氏。太后詔曰：「外戚橫恣，為世所傳，永平中常自簡練㉟，知舅氏不可恣，不令在樞機㊱之位。今水旱連年，民流滿道，至有饑餓，而施封拜，失宜不可。且先帝言諸王財令半楚、淮陽王㊲，『吾子不當與光武帝(38)子等』，今奈何欲以馬氏比陰氏(39)乎？吾自束修(40)，冀欲上不負先帝，下不虧先人之德，身服大練縑(41)裙，食不求所甘，左右旁人，皆無香薰之飾，但布帛耳。如是者，欲身帥眾也。以為外親(42)見之，當傷心自克，但反共言太后素自喜儉。前過濯龍(43)門上，見外家問起居，車如流水馬如龍，蒼頭(44)衣綠褠(45)，領袖正白，顧視旁御者，遠不及也。亦不譴怒，但絕其歲用，冀以默止讙(46)耳。知臣莫若君，況親屬乎？人之所以欲封侯者，欲以祿食養其親，奉修祭祀，身溫飽耳。今祭祀則受大官之牲，郡國既珍(47)，司農黍稷，身則衣御府(48)之餘繒，尚未足耶？必當得一縣上令？長樂宮有負言之責，內亦不愧於世俗乎？」先是時，城門越騎校尉(49)治母喪，起墳微大。後太后以為言，惶懼，即時削減成墳(50)。上下相承，俱奉法度，王主諸家，莫敢犯禁。廣平、鉅鹿、樂成王(51)入問起居，見車騎鞍勒，皆純黑無金銀采飾，馬不踰六尺；章帝緣太后意，白賜錢五百萬。新平主衣紺縞(52)直領，適(53)以不得厚賜。於是親戚被服(54)

如一，教化不嚴而從，以躬親率先之故也。置織室、蠶室濯龍中，后親往來，占視55於內，以為娛樂；教諸小王，試其誦論，衎衎56和樂。日夕論道，以終厥身。其視養章帝過所生。章帝奉之，竭盡孝道。君子謂：「德后在家則可為眾女師範，在國則可為母后表儀。」《詩》云：「惟此惠君，民人所瞻。秉心宣猷，考慎其相57。」此之謂也。

【章旨】記敘明德馬后能以身帥眾、克己輔佐，以讚揚她為眾女師範的母儀。

【注釋】❶漢明帝　即劉莊，漢光武帝之子。❷馬援　字文淵，東漢扶風茂陵（今陝西興平東北）人。曾任隴西太守、伏波將軍，封新息侯，後死於軍中。見《後漢書・馬援傳》。❸岐嶷　語出《詩經・大雅・生民》：「克岐克嶷。」形容幼而聰明乖巧。❹太子家　《後漢書・皇后紀》作「太子官」。太子，指漢明帝，當時為太子。❺接待同列　《後漢書・皇后紀》作「傍接同列」。接待，交接；會合。同列，同類。指其他妃嬪。❻至尊　至高無上的地位，用作皇位、皇帝的代稱。此指太子。❼至誠　誠心誠意。❽當理　合理。❾未安　未妥。❿當時　當其時；適時。⓫袿　婦女的上衣。⓬瘃　凍瘡。⓭雜錯　原作「雜繒」，據梁端《校注》本改。⓮永平　漢明帝的年號。⓯立長秋宮　指立皇后。長秋宮，原作「長秋官」，據《後漢書・皇后紀》校改。李賢注：「皇后所居宮也。長者久也，秋者萬物成熟之初也，故以名焉。請立皇后，不敢指言，故以宮稱之。」⓰八妾　《漢書・五行志上》顏師古注：「一娶九女，正嫡一人，餘者妾也，故云八妾。」⓱大練　大帛；粗帛。⓲不緣　不加邊飾。⓳羌胡倭越　指胡人。⓴親家　泛稱親戚之家。㉑朝請　朝拜。《漢律》：春曰朝，秋曰請。㉒綺紈綺；羅綺。指絲織品。下文「繒」字，為絲織品的總稱。㉓離宮　皇帝正宮以外臨時居住的宮室。㉔晨起及禽　謂早上隨禽鳥啼叫起床。及，王照圓《補注》：「疑『從』字之誤。」㉕讀楚辭三句　陳漢章《斠注》：「『不竟』二字乃『尤善』之誤，『誦』即『頌』之本字，『過』字衍，『耳』字當作『其』字，當在『疾』字下。《續漢書》曰：『讀《楚辭》，尤善賦頌，疾其浮華。』正本此傳。」㉖擿發　揭發。㉗楚獄　漢明帝永平十三年十一月，楚王劉英謀反，所連及死徒者數千人。㉘因證相引　《後漢書·皇后紀》作「因相證引」。㉙單辭　單方面的無旁證的證辭。㉚覆冒　誣陷。㉛虎賁中郎　官名，當指虎賁中郎將，為皇宮衛戍部隊的首領。此指馬皇后之兄馬廖。㉜黃門侍郎　官名，其職為侍從皇帝，傳達詔令。此指馬皇后之弟馬防、馬光等。㉝起居注　帝王的言行錄。《後漢書·皇后紀》：「自撰《顯宗起居注》。」㉞舊典　《後漢書·皇后紀》李賢注：「漢制，外戚以恩澤封侯，故曰舊典也。」㉟簡練　精選磨練。㊱樞機　指朝廷重要官職。《後漢書·皇后紀》李賢注：「樞機，近要之官也。」㊲先帝句　王照圓《補注》：「『先帝』下『言』字宜移于『淮陽王』之下，屬下句讀之。」先帝，指東漢明帝。諸王，指漢明帝封王諸子。見《後漢書·孝明八王傳》。財，僅。《後漢書·皇后紀》作「裁」。楚淮陽王，《後漢書·皇后紀》作「楚、淮陽諸國」。楚，楚王，指東漢光武帝之子楚王劉英。建武十五年封為楚公，十七年進爵為王，二十八年就國。見《後漢書·光武十王傳》。楚國，都彭城（今江蘇徐州），有縣七，徐州及淮安府邳州之西境是其地。淮陽王，即光武帝之子劉延。建武十五年封淮陽公，十七年進爵為王，二十八年就國。見《後漢書·光武十王傳》。淮陽國，都陳（今河南淮陽），有縣九，開封府徐州以南是其地。㊳光武帝　即劉秀，南陽蔡陽（今湖北棗陽西南）人。西漢末年，逢亂，他乘機起兵，於建武元年稱帝，是東漢王朝的建立者。見《後漢書·光武帝紀》。㊴陰氏　即東漢光武帝皇后陰麗華。㊵束修　約束修整。㊶縑　雙絲細絹。㊷外親　外戚。㊸濯龍　《後漢書·皇后紀》李賢注引《續漢志》曰：「濯龍，園名也，近北宮。」㊹蒼頭　奴僕，因以深青色巾包頭，故名。㊺褠　同「韝」。《後漢書·皇后紀》李賢注：「臂衣，今之臂韝，以縛左右手，於事便也。」㊻讙　同「喧」。喧譁。㊼郡國既珍　郡國的珍寶。郡國，漢初，郡與王國同為地方高級行政區劃，郡直隸中央，王國由分封的諸王統治。既，梁端《校注》本引盧文弨校改為「之」。㊽御府　皇室。㊾城門越騎校尉　此指馬皇后之弟城門校尉馬防、越騎校尉馬光。㊿成墳　梁端《校注》本：「二字疑衍，《後漢書》無。」(51)廣平鉅鹿樂成王　指廣平王劉羨、鉅鹿王劉恭、樂成王劉黨等，均為漢明帝之子。(52)紺縞　天青色的細絹。(53)讁　責備。(54)被服　感受；蒙受。(55)占視　同「覘視」。窺視。(56)衎衎　和樂的樣子。(57)惟此惠君四句　見《詩經・大雅・桑柔》。惠，順。宣猷，明道的意思。宣，明。猷，道。考慎，慎重考察。相，輔臣。

【語譯】明德馬后，是漢明帝的皇后，伏波將軍、新息忠成侯馬援的女兒。她從小聰明，十三歲時，被選入當時還是太子的明帝宮中。她會同其他妃嬪，侍奉太子，先人後己，完全出於真心誠意，因而受到寵愛。有時明帝和她論及政事，她推心置腹地對答，無不合理；明帝處理政事有不妥的地方，她就明確地指出其中的緣故。

當時，後宮沒有人懷孕生男孩子，她常說應該及時地選立繼嗣，並且推薦自己左右的妃嬪進御，深怕貽誤了立嗣的大事。對於後宮進御明帝的妃嬪，她奉養慰問；對於愈是得到明帝寵愛的妃嬪，她愈是關照愛護。當時後宮的人手很少，有什麼事她都得自己動手去做。有一年冬天，她裁件舞衣，手都生凍瘡皴裂了，但她始終沒有和侍從談論起這件事，以防侍從手忙腳亂，或者向明帝訴說，會讓明帝臉現憂色，焦慮不安，因此她預先杜絕此事發生，她謹小慎微就像是這個樣子。明帝永平三年，朝廷官員上書啟奏選立皇后，以便統率後宮八妾。漢明帝一時未有主見，皇太后卻明確地表示態度：「馬貴人德行為後宮之冠，皇后就選立她吧！」於是馬明德后就成了皇后。她日常穿布帛衣裳，所用侍從都穿不加邊飾的衣裙，而且全是那些羌胡倭越的女人，從未請舊人僮僕。諸王、外戚前來朝見，遠遠望見皇后所穿的粗疏的衣袍，誤以為是華麗的絲絹，靠近看看，都笑了起來。馬皇后說：「這種布帛染色好看，我才用它做衣服穿罷了。」那些老臣知道這件事，無不為此嘆息。她本性不喜歡進進出出，到處遊觀，甚至也未曾臨御窗向外張望，又不愛好音樂。漢明帝常到苑囿離宮，她因而很少跟隨，還告誡明帝不宜隨禽鳥啼叫便起早床，以免沾染上霧露風邪。她辭意很完足，明帝採納了她的意見。

馬皇后平日誦讀《易經》，學習《詩經》、《論語》、《春秋》，能概略說出其中的精義。她也愛讀《楚辭》，尤喜賦頌，但又對它的浮泛華麗之風表示不滿。她聽察官吏的言論，即能揭發其大旨精要。有一回，她讀〈光武皇帝本紀〉，讀至「有人獻千里馬、寶劍，光武皇帝即用千里馬駕鼓車，用寶劍賜給騎士，手裡也不拿珠玉」這段文字時，她不禁頻頻嘆息。當時發生楚王劉英「大逆」一案，被拘囚的人相互證引，使株連被逮的人甚多。馬皇后擔心其中有以片面之辭誣陷無辜的情況，便找機會向明帝進言，神情淒傷，言辭悲戚，於是明帝穿衣夜起，徬徨不安，認真考慮接受馬皇后的建議，這些都不是臣民所能知道的。

馬皇后志在克己輔君，從來不以私家利益干預朝政。她的兄長為虎賁中郎將，她的弟弟為黃門侍郎，但在永平年間均未曾升遷。明帝身體不好，有一次召來馬皇后弟弟黃門侍郎馬防侍奉醫藥，從早至晚，十分勤勞。但是等到明帝去世，馬皇后作《起居注》，卻刪去弟弟馬防侍奉湯藥這件事。公卿諸侯上書，提議遵奉舊典，外戚舅氏以恩澤封侯。當時馬皇后已身為皇太后，她對此下詔說：「外戚專橫恣肆，盛傳於世，永平年間，常對外戚嚴加精選磨練，深知舅氏不可放縱，不讓他們在朝廷官居要職。現在連年水災旱災，流民塞滿道路，甚至發生饑荒，此時此際封賞舅氏，簡直不合時宜，因此我們不能這麼辦。再說先帝說過：『我兒子封王不該與光武帝之子相等』，諸王的封地僅有光武帝子楚王、淮陽王的一半，而我這個馬皇后又怎麼能與陰皇后相比呢？我自己約束修整，希望能做到上不負先帝之恩，下不虧先人之德，身穿粗帛衣裙，食物不求美味，左右侍從，都無香薰的衣飾，所穿不過是布帛罷了。像這個樣子，無非是想以自己的行動來率領眾人。我以為外戚看我節儉，一定感到傷心而克制自己，但是他們反說我素來本性喜儉，而無動於衷。我從前經過濯龍園門上，見外家前來問候起居，車如流水馬如龍，奴僕戴有綠色的臂套，衣領衣袖都是純白色，回頭看看我身旁的侍御，遠遠趕不上他們那麼豪華氣派。我沒有譴責他們，只是減少他們每年的費用，以便讓他們默默地放棄喧鬧取樂的奢侈生活。最了解臣子的莫過於君主，更何況是皇親國戚呢？人們想要封侯進爵，是想以俸祿贍養自己的父母、祭祀祖先，以及圖個自身的溫飽。現在皇親國戚祭祀就享受大官的犧牲，玩賞有郡國的珍寶，吃的是司農的糧食，穿的是皇室的絲絹，還能不知足？必定要當上一縣之縣令嗎？長樂宮負有規勸告誡的職責，不能封爵外家，不然的話，我們宮內不是要愧對世人了嗎？」在這之前，城門越騎校尉馬防等為母治喪，所建墳塋稍稍大了一點。以後馬皇后過問此事，馬防等驚慌恐懼，即刻加以削減。從此，宮內上下相承，都遵守法度，各國諸侯，也不敢觸犯禁令。廣平王、鉅鹿王、樂成王入朝問安，他們的車騎鞍勒，都是純黑色，沒有金銀文彩裝飾，馬也不超過六尺；漢章帝稟告馬太后，依照她的意見，賜給他們五百萬。新平公主身穿天青色的絲絹，衣領直豎，受到責備，不得厚賜。於是親戚一體，全受感染，教化雖然不嚴，但潛移默化中都自動信從，這是馬皇后事必躬親、行必率先的結果。馬皇后還在濯龍園設置織室、蠶室，親自往來觀察，以為娛樂；她教育小王孫，常常考問誦讀經史的情況，生活和樂。早晚論道，終身不渝。她視養章帝，比親生兒子還要好，章帝侍奉她，也竭盡孝道。君子說：「馬皇后對家庭是眾女的模範，對國家是母后的表率。」《詩經》上說：「順天順民好君王，百姓對他大讚揚。光明有道善治理，考用輔臣國勢昌。」說的就是這種情況。

二十、梁夫人嫕（續〈辯通〉第十八）

梁夫人嫕者，梁竦❶之女，樊調❷之妻，漢孝和皇帝❸之姨，恭懷皇后❹之同產姊也。初，恭懷后以選入掖庭，進御於孝章皇帝❺，有寵，生和帝，立為太子，竇后❻母養焉。和帝之生，梁氏喜相慶賀，聞竇后。竇后驕恣，欲專恣害外家，乃誣陷梁氏。時竦在本郡安定，詔書收殺之，家屬移九真❼。

後和帝立，竇后崩，諸竇以罪惡誅放。嫕從民間上書自訟曰：「妾同產女弟貴人，前充後宮，蒙先帝厚恩，得見寵幸❽。皇天授命，育生❾

明聖，託體⑩陛下。為竇憲⑪兄弟所譖訴而破亡，父竦冤死牢獄⑫，體骨不掩，老母孤弟，遠徙萬里。獨妾脫身，竄伏草野，嘗恐沒命，無由自達。今遭陛下神聖之德，攬統萬幾⑬，憲兄弟姦惡伏誅，海內曠然⑭，各得其所。妾幸蘇息⑮，拭目⑯更視，敢昧死自陳：父既湮沒⑰，不可復生，母垂年七十，弟棠等遠在絕域⑱，不知死生。願乞母弟還本郡，收葬竦枯骨。妾聞文帝即位，薄氏蒙達⑲；宣帝繼統，史氏復興⑳。妾自悲既有薄、史之親，獨不得蒙外戚餘恩。」

章疏上，天子感悟，使中常侍㉑、掖庭令雜訊問，知事明審，引見。嫕對上泣涕，賞賜義姊。嫕既素有節行，又首建此事，上嘉寵之，稱梁夫人，擢嫕夫樊調為郎中，遷羽林郎將。恭懷后遂乃改殯於承光宮，葬西陵；追諡竦為褒親愍侯，徵還母及弟等；及既到，皆封侯，食邑五千戶。君子謂：「梁夫人以哀辭發家，開悟時主，榮父之魂，還母萬里，為家門開三國之祚㉒，使天子成母子之禮。」《詩》云：「世之不顯，厥猶翼翼。思皇多士，生此王國㉓。」此之謂也。

【章旨】記敘梁夫人嫕上書自頌，開悟時主，以表揚她為家門開三國之祚，使天子成母子之禮的賢德。

【注釋】❶梁竦　字叔敬，東漢安定烏氏（今甘肅平涼西北）人。好讀書，著有《七序》。其二女為貴人，小貴人生和帝。後為竇后所忌，兩貴人被殺，他也死在獄中。和帝即位，追封為褒親愍侯。見《後漢書・梁統傳》。❷樊調　東漢南陽人，為光武帝舅氏樊宏之曾孫。❸孝和皇帝　即漢和帝劉肇。❹恭懷皇后　即漢章帝皇后，漢和帝之母。❺孝章皇帝　即漢章帝劉炟。❻竇后　漢章帝皇后。❼九真　郡名，在今越南北部。❽寵幸　原作「龍乘」，據《後漢書・梁統傳》校改。❾育生　誕生。❿託體　附體。⓫竇憲　字伯度，東漢扶風平陵（今陝西咸陽西北）人，為竇后之兄。章帝死，和帝即位，他操縱朝政。曾率兵擊敗北匈奴，追至燕然山，任大將軍。後竇氏被誅，他也自殺。見《後漢書・竇融傳》。⓬牢獄　原作「年獄」，據《後漢書・梁統傳》校改。⓭萬幾　亦作「萬機」，指皇帝日常處理的紛繁政務。原作「萬里」，據《後漢書・梁統傳》校改。⓮曠然　明亮的樣子。原作「黯然」，據《後漢書・梁統傳》校改。⓯蘇息　亦作「穌息」，緩解。此指活下來。⓰拭目　原作「我目」，據《後漢書・梁統傳》校改。⓱湮沒　埋沒。指死亡。⓲絕域　邊遠窮荒之地。⓳文帝即位二句　指文帝即位，尊薄姬為皇太后。見《漢書・文帝紀》。文帝，即西漢文帝劉恆。薄氏，薄姬，漢高祖劉邦之姬，劉恆之母。⑳宣帝繼統二句　宣帝初生，母王夫人死，由史良娣之母貞君撫視。宣帝即位，以舊恩封史良娣之兄史恭之三子。見《漢書・宣帝紀》。宣帝，即西漢宣帝劉詢。史氏，即宣帝祖母史良娣。㉑中常侍　官名，出入宮廷，侍從皇帝，為列侯至郎中的加官。東漢時用宦官為中常侍，傳達詔令與掌理文書，權力漸大。㉒三國之祚　指和帝封梁竦之子梁棠為樂平侯、梁雍為乘氏侯、梁翟為單父侯。㉓世之不顯四句　見《詩經・大雅・

文王》。不，同「丕」。大。顯，光明。猶，計謀。翼翼，忠敬。思，助詞。皇，美好。士，此指文武百官。

【語譯】 梁夫人嫕，是東漢梁竦的女兒，樊調的妻子，漢和帝的姨媽，恭懷皇后同母所生的胞姊。起初，恭懷皇后被選入後宮，進御於漢章帝，受到寵愛，生下和帝，被立為太子，竇皇后將他看作親生子撫育他。和帝出生時，梁氏家族歡喜得相互慶賀，被竇皇后所聞知。由於竇皇后驕橫放縱，企圖專擅後宮而嫉害其他外戚，於是誣陷梁氏。當時梁竦在家鄉安定郡，漢章帝下詔拘捕、殺害他，並將家屬流放到九真。

後來，漢和帝即位，竇皇后去世，竇氏因罪惡纍纍，或被誅殺，或被流放。梁嫕從民間上書鳴冤說：「我的胞妹梁貴人，以前選充後宮，承蒙先帝厚恩，受到寵愛。由於皇天授命，誕生聖明君主，而託身於陛下。但我梁氏一家卻被竇憲兄弟所誣陷而破亡，父親梁竦含冤負屈，死於牢獄，屍骨得不到掩埋，老母孤弟，也流徙萬里。唯獨我一人僥倖脫身，在草野民間躲藏隱匿，常常擔心死於非命，又無法鳴冤叫屈。現在遇上陛下神聖之恩德，統攬政務，竇憲兄弟因奸惡伏法，全國開明安定，臣民各得其所。我有幸活著，拭目而視，敢冒死陳述：老父已死，不能復生，老母年將七十，弟弟梁棠等遠在窮荒邊境，不知是死是活。我希望請求老母弱弟能返回故郡，老父屍骨能予以收葬，入土為安。我曾聽說文帝即位，薄姬得以發達；宣帝繼位，史氏得以復興。我不能不私自悲嘆，雖有薄氏、史氏之親情，卻不能蒙受外戚的餘恩。」

奏章上奏後，和帝大為感悟，派中常侍、掖庭令一同訊問，獲悉所奏之事一一屬實，便召見梁嫕。梁嫕面奏和帝，不禁痛哭流涕，和帝賞賜這個有義行的姨母。梁嫕素有節行，又首先倡議平反冤獄事，和帝對她很讚賞，賜她梁夫人的稱號，並且提升她丈夫樊調為郎中，隨即又升遷為羽林郎將。另外將恭懷皇后的靈柩停放在承光宮，安葬於西陵；追謚梁竦為褒親愍侯，徵召梁嫕母親和其弟梁棠等人返回故郡；其弟等人都封侯，食邑五千戶。君子說：「梁夫人通過哀婉之辭表白家事，啟迪感悟當時君主，使父親在天之靈得到榮寵，使母親從遠徙萬里返回故郡，為家門開創三國之福祚，使天子完成母子之大禮。」《詩經》上說：「世代榮貴功顯昭，謀事忠敬又勤勞。文臣武將多賢士，此生有幸生周朝。」說的就是這種情況。

古籍今注新譯叢書

【哲學類】

新譯四書讀本	謝冰瑩等編譯
新譯學庸讀本	王澤應注譯
新譯論語新編解義	胡楚生編著
新譯孝經讀本	賴炎元等注譯
新譯易經讀本	郭建勳注譯
新譯周易六十四卦經傳通釋	黃慶萱注譯
新譯乾坤經傳通釋	黃慶萱注譯
新譯易經繫辭傳解義	吳 怡著
新譯禮記讀本	姜義華注譯
新譯儀禮讀本	顧寶田等注譯
新譯孔子家語	羊春秋注譯
新譯老子讀本	余培林注譯
新譯帛書老子	趙 鋒注譯
新譯老子解義	吳 怡著
新譯莊子讀本	黃錦鋐注譯
新譯莊子讀本	張松輝注譯
新譯莊子本義	水渭松注譯
新譯莊子內篇解義	吳 怡著
新譯列子讀本	莊萬壽注譯
新譯管子讀本	湯孝純注譯
新譯墨子讀本	李生龍注譯
新譯公孫龍子	丁成泉注譯
新譯晏子春秋	陶梅生注譯
新譯鄧析子	徐忠良注譯
新譯荀子讀本	王忠林注譯
新譯尹文子	徐忠良注譯
新譯尸子讀本	水渭松注譯
新譯鶡冠子	趙鵬團注譯
新譯鬼谷子	王德華等注譯
新譯韓非子	傅武光等注譯
新譯呂氏春秋	朱永嘉等注譯
新譯韓詩外傳	孫立堯注譯
新譯淮南子	熊禮匯注譯
新譯春秋繁露	朱永嘉等注譯
新譯新書讀本	饒東原注譯
新譯新語讀本	王 毅注譯
新譯潛夫論	彭丙成注譯
新譯論衡讀本	蔡鎮楚注譯
新譯申鑒讀本	林家驪等注譯
新譯人物志	吳家駒注譯
新譯張載文選	張金泉注譯
新譯近思錄	張京華注譯
新譯傳習錄	李生龍注譯
新譯呻吟語摘	鄧子勉注譯
新譯明夷待訪錄	李廣柏注譯

【文學類】

新譯詩經讀本	滕志賢注譯
新譯楚辭讀本	林家驪注譯
新譯楚辭讀本	傅錫壬注譯
新譯文心雕龍	羅立乾注譯
新譯六朝文絜	蔣遠橋注譯
新譯世說新語	劉正浩等注譯
新譯昭明文選	周啟成等注譯
新譯古文觀止	謝冰瑩等注譯
新譯古文辭類纂	黃 鈞等注譯
新譯樂府詩選	溫洪隆注譯
新譯古詩源	馮保善注譯
新譯千家詩	邱燮友等注譯
新譯詩品讀本	成 林等注譯
新譯花間集	朱恒夫注譯
新譯南唐詞	劉慶雲注譯
新譯絕妙好詞	聶安福注譯
新譯唐詩三百首	邱燮友注譯
新譯宋詩三百首	陶文鵬注譯
新譯宋詞三百首	汪 中注譯
新譯宋詞三百首	劉慶雲注譯
新譯元曲三百首	賴橋本等注譯
新譯明詩三百首	趙伯陶注譯
新譯清詩三百首	王英志注譯
新譯清詞三百首	陳水雲等注譯
新譯唐人絕句選	卞孝萱等注譯
新譯唐才子傳	戴揚本注譯
新譯拾遺記	石 磊注譯
新譯搜神記	黃 鈞注譯
新譯唐傳奇選	束 忱等注譯
新譯宋傳奇小說選	束 忱注譯
新譯明傳奇小說選	陳美林等注譯

新譯容齋隨筆選　朱永嘉等注譯
新譯明散文選　周明初注譯
新譯明清小品文選　鄭　婷注譯
新譯人間詞話　馬自毅注譯
新譯白香詞譜　劉慶雲注譯
新譯幽夢影　馮保善注譯
新譯菜根譚　吳家駒注譯
新譯小窗幽記　馬美信注譯
新譯圍爐夜話　馬美信注譯
新譯郁離子　吳家駒注譯
新譯歷代寓言選　黃瑞雲注譯
新譯賈長沙集　林家驪注譯
新譯揚子雲集　葉幼明注譯
新譯曹子建集　曹海東注譯
新譯建安七子詩文集　韓格平注譯
新譯阮籍詩文集　林家驪注譯
新譯嵇中散集　崔富章注譯
新譯陸機詩文集　王德華注譯
新譯陶淵明集　溫洪隆注譯
新譯江淹集　羅立乾等注譯
新譯庾信詩文選　歸　青注譯
新譯初唐四傑詩集　李福標注譯
新譯駱賓王文集　黃清泉注譯
新譯王維詩文集　陳鐵民注譯
新譯孟浩然詩集　楊　軍注譯
新譯李白詩全集　郁賢皓注譯
新譯李白文集　郁賢皓注譯
新譯杜甫詩選　張忠綱等注譯

新譯杜詩菁華　林繼中注譯
新譯高適岑參詩選　孫欽善等注譯
新譯昌黎先生文集　周啟成等注譯
新譯劉禹錫詩文選　閻　琦注譯
新譯柳宗元文選　卞孝萱等注譯
新譯白居易詩文選　陶　敏等注譯
新譯元稹詩文選　郭自虎注譯
新譯李賀詩集　彭國忠注譯
新譯杜牧詩文集　張松輝注譯
新譯李商隱詩選　朱恒夫等注譯
新譯范文正公選集　王興華等注譯
新譯蘇洵文選　羅立剛注譯
新譯蘇軾文選　滕志賢注譯
新譯蘇軾詞選　鄧子勉注譯
新譯蘇轍文選　朱　剛注譯
新譯曾鞏文選　高克勤注譯
新譯王安石文選　沈松勤注譯
新譯唐宋八大家文選　鄧子勉注譯
新譯柳永詞集　侯孝瓊注譯
新譯李清照集　姜漢椿等注譯
新譯陸游詩文選　韓立平注譯
新譯辛棄疾詞選　聶安福注譯
新譯歸有光文選　鄔國平注譯
新譯唐順之詩文選　馬美信注譯
新譯徐渭詩文選　周　群等注譯
新譯薑齋文集　平慧善注譯
新譯顧亭林文集　劉九洲注譯
新譯納蘭性德詞　馮　乾注譯

新譯方苞文選　鄔國平等注譯
新譯鄭板橋集　朱崇才注譯
新譯袁枚詩文選　王英志注譯
新譯李慈銘詩文選　潘靜如注譯
新譯聊齋誌異選　任篤行等注譯
新譯閱微草堂筆記　嚴文儒注譯
新譯浮生六記　馬美信注譯
新譯弘一大師詩詞全編　徐正綸編著

歷史類

新譯史記　韓兆琦注譯
新譯漢書　吳榮曾等注譯
新譯後漢書　魏連科等注譯
新譯三國志　吳樹平等注譯
新譯資治通鑑　張大可等注譯
新譯史記—名篇精選　韓兆琦注譯
新譯尚書讀本　吳　璵注譯
新譯尚書讀本　郭建勳注譯
新譯周禮讀本　賀友齡注譯
新譯逸周書　牛鴻恩注譯
新譯左傳讀本　郁賢皓等注譯
新譯公羊傳　雪　克注譯
新譯穀梁傳　顧寶田注譯
新譯春秋穀梁傳　周　何注譯
新譯戰國策　溫洪隆注譯
新譯國語讀本　易中天注譯
新譯說苑讀本　左松超注譯
新譯說苑讀本　羅少卿注譯

新譯說苑讀本